撰 稿 人

康树华：第十三章，第十四章。

张小虎：前言，第一章至第九章，第十五章。

狄世深：第十章，第十一章。

李　伟：第十二章。

陈谦信：第十六章。

王丽华：第十七章。

马振华：第十八章。

兰　迪：第十九章。

侯毅康：第二十章。

郭纹静：第二十一章。

陈梦寻：第二十二章。

前　言

作为国家级规划教材,本书在内容目标上致力于做到:概念准确,表达清晰,阐述系统;体系完整,内容丰富,重点突出;论述客观,说理透彻;理论联系实际,总结实践经验;反映时代精华,力求创新开拓。在体系结构上,本书不拘泥于以往犯罪学导论、犯罪现象论、犯罪类型论、犯罪原因论、犯罪防治论的一般性框架,而是遵循学科知识应有的规律以总论与分论的体例展开犯罪学知识体系(详见目录)。

本书的这一"内容目标"及"体系结构",在2004年本书第1版入选普通高等教育"十五"国家级规划教材时即已确立(2009年本书第2版入选普通高等教育"十一五"国家级规划教材)。本书第2版及以后的各版教材均保持了这一"内容目标"及"体系结构"。本书自第1版出版以来取得了良好的社会效益,成为许多高校选定的专业教学用书,并且经过反复修订完善,其具体内容更为精准、深入、系统及富有时代气息。

本书第1版及其后的各版,均由北京大学法学院康树华教授及中国人民大学法学院张小虎教授共同担任主编,并且书中的核心内容及主要章节均由两位主编撰写。两位主编毕生致力于犯罪学及刑法学的教学科研与理论实践。参与编撰的其他作者系来自北京大学、中国人民大学、北京师范大学、中国人民公安大学、中国法学会以及其他有关高校及司法实际部门的优秀学者,他们均获得法学博士学位,许多作者的博士学位论文与所写章节直接相关,并且在相关领域取得了突出的成就。正是由于全体作者的努力,使本书将犯罪学知识深入浅出、生动形象地跃然纸上。

本书第5版在此前第4版的基础上,全面系统地进行了资料的更新及内容的补充修正。尤其是,作为对社会犯罪问题的研究,本书坚持正确的政治思想导向,立足中国的社会现实,注重本土民族文化及社会时代背景,强调"经验性的研究方法"及"解决社会实际问题"的科学学风,充分把握国内外犯罪学理论研究的前沿成果,以期构建中国自主的犯罪学知识体系,努力为我国的犯罪预防及控制作出贡献。

在保持总论与分论的架构下,本书进一步遵循学习及掌握犯罪学应有的科学规律,以"认识犯罪学、学会分析犯罪(方法论)、认识犯罪、解释犯罪、治理犯罪、探究典型犯罪类型"的总体思路,更为明晰地展示犯罪学的知识脉络。本书还着力把握当代犯罪学发展的理论前沿,新增了"生命历程犯罪学的范式""高新科技犯罪"等专章,而"19世纪欧洲犯罪原因理论的开拓""20世纪以来的犯罪社会学理论"等专章的新增,也使本书的犯罪学知识的覆盖更为全面及完整。同时,本书继续保持精准与简洁的风格。

新中国成立之初,我国尽管在犯罪控制方面取得了重大成效①,然而由于受当时单纯朴素观念的支配,认为社会主义制度就是犯罪的当然屏障,从而犯罪学理论并未受到应有的重视。相对于法学的其他学科,犯罪学鲜有被论及,更遑论犯罪学的教学与科研了。改革开放之后,在实事求是、尊重科学的思想背景下,人们对犯罪问题也渐渐有了辩证的认识。从这个意义上说,我国当代犯罪学的真正兴起,得益于改革开放所带来的"科学春天"。随后在党和国家的关怀和进一步推动下,在犯罪学全体同仁们的共同努力下,我国的犯罪学研究日益繁荣兴旺,取得了令人瞩目的重大发展与成就。②

我国目前正面临着巨大的社会变革及较大的犯罪波动态势,观念与思想的革新也为理论的突破提供了广阔的空间,现代信息科技更是给各国知识的交流带来了前所未有的便捷。本来,这些均给我国犯罪社会学的繁荣,赋予了一定的条件。然而,非常惋惜的是,我国的犯罪学研究并未很好地把握住这一契机,长期以来处于发展中的徘徊状态。目前,我国的犯罪学研究尽管取得了较大发展,然而相比当代相对发达的犯罪学理论,仍然有着较大的距离,存在着诸多亟待推进的成分。例如,犯罪学研究并未得到充分的重视,犯罪问题的实证研究明显不足,犯罪原因的分析流于常识化,犯罪对策过于宏观且无具体的针对性,犯罪学与社会学的脱节呈现为常态,生命历程犯罪学这一当今极富生命力的研究领域更显薄弱。

构建具有较为明显的专业特征的犯罪原因理论,乃至形成各具特色的犯罪原因理论流派,理应成为我国当代犯罪社会学研究的迫切期待,这也是使我国当代刑事科学从根本上步入科学之途的关键性"转型"。英美法系及大陆法系的法治主义蓬勃发展的"生命轨迹",充分证明了这一点。犯罪社会学是刑事政策的思想根基,而刑事政策思想是刑法制度体系的灵魂,刑法典是刑事政策的法律化及条文化。基于犯罪原因的揭示而构建合理的刑事政策,再将这一合理的刑事政策予以刑事处置的规范体现,这是当代刑事科学合理建构的必然性脉络及规律性的展示。③ 科学的犯罪社会学理论,有助于推进对刑事政策的基本原理、各项具体政策的时代精神及规范内容的深入探讨,进而较为系统与合理地对我国的刑法制度予以深入并切合社会现实的改革。然而,我国目前较为贫瘠并薄弱的犯罪社会学理论,却难以承载得起过于沉重的刑事政策学,尤其是过于虚化及膨胀的规范刑法学的大厦。④ 应当着力建立起强有力的犯罪社会学这个刑事科学的知识基奠,以便为从根本上更为科学合理地应对由于社会转型而形成的犯罪波动态势,提供精准的思想灵魂及客观的制度规则。

一百多年前,犯罪实证学派巨擘、意大利著名犯罪学家菲利(Enrico Ferri),在其

---

① 猖獗于旧中国的黑社会犯罪以及吸毒、卖淫嫖娼等社会丑恶现象,在强大的新生政权的围剿下,彻底地消失了。这在世界范围内都不失为一个公认的奇迹。

② 详见张小虎:《The 40 Years Development and Prospects of Criminology Research in Contemporary China(当代中国犯罪学研究的40年发展及展望)》,载《中国法学(英文版)》2019年第5期。

③ 详见张小虎:《刑法学(第二版)》,北京大学出版社2022年版,第193页;张小虎:《宽严相济刑事政策的基本思想与制度建构》,北京大学出版社2018年版,第13页。

④ 详见张小虎:《生命历程犯罪学的关键性维度及本土化期待》,载《社会科学》2022年第4期。

名著《犯罪社会学》中就指出,想靠刑事制裁遏制住犯罪,这是不可能的,控制犯罪必须使社会结构协调起来。"应当确信,就社会防范犯罪和提高民众道德水平而言,预防犯罪的改革哪怕只是措施上的一丝一毫的进展,其所拥有的效益也比出版一部完整的刑法典要高出一百倍。"① 纵观当代世界发展,许多国家的犯罪社会学已经相当发达,而生命历程犯罪学可谓是当今犯罪社会学的新高峰。② 20 世纪初,美国社会学家谢尔登·格鲁克(Sheldon Glueck)和埃利诺·格鲁克(Eleanor Glueck)夫妇,针对犯罪研究所搜集的案卷资料达 60 多箱③;美国社会学家克劳森(John Clausen),对一群出生于 20 世纪初的男性和女性,做了长达六十多年的跟踪调查。④ 相比这些犯罪学的研究,我国目前犯罪社会学的薄弱确实令人汗颜。在我国目前社会转型的深化期,开拓、推进及大力繁荣适合我国国情的犯罪社会学研究,刻不容缓。

张小虎

2023 年 3 月 30 日

---

① Enrico Ferri, *Criminal Sociology*, Illinois:Project Gutenberg's Etext, 1996, p.51.
② 详见张小虎:《生命历程犯罪学的本土探究:典型罪案与核心原则》,载《社会学研究》2021 年第 4 期。
③ John H. Laub & Robert J. Sampson, "Integrating Quantitative and Qualitative Data", in Janet Z. Giele & Glen H. Elder eds., *Methods of Life Course Research: Qualitative and Quantitative Approaches*, London: SAGE Publications Ltd, 1998, pp.213—214.
④ John Clausen, *American Lives: Looking Back at the Children of the Great Depression*, New York: Free Press, 1993. p.21.

目　录

上篇　犯罪学总论

第一编　犯罪学的蕴意与理论源流：认识犯罪学

第一章　犯罪学概述 …………………………………………（3）
　第一节　犯罪学的概念 …………………………………………（3）
　第二节　犯罪学与相邻学科的关系 ……………………………（9）
　第三节　犯罪学研究的基本路径 ………………………………（14）
　第四节　犯罪学的理论体系 ……………………………………（21）

第二章　犯罪学的形成与发展 ………………………………（25）
　第一节　犯罪学诞生之前的犯罪原因观念 ……………………（25）
　第二节　刑事近代学派肇始及犯罪学诞生 ……………………（26）
　第三节　犯罪学理论发展的里程碑 ……………………………（28）

第三章　19世纪欧洲犯罪原因理论的开拓 …………………（29）
　第一节　犯罪实证学派 …………………………………………（29）
　第二节　19世纪后期的犯罪社会学 ……………………………（36）

第四章　20世纪以来的犯罪社会学理论 ……………………（44）
　第一节　社会结构理论概述 ……………………………………（44）
　第二节　社会结构理论分支选读 ………………………………（45）
　第三节　社会化过程理论概述 …………………………………（54）
　第四节　社会化过程理论分支选读 ……………………………（55）

第二编　犯罪学方法论：学会分析犯罪

第五章　犯罪学研究方法 ……………………………………（59）
　第一节　犯罪学研究的科学方法论 ……………………………（59）
　第二节　犯罪学研究的基本观念 ………………………………（61）
　第三节　犯罪学研究的经验性方法 ……………………………（67）

第六章　生命历程犯罪学的范式 ……………………………（78）
　第一节　生命历程犯罪学的开拓性演进 ………………………（78）
　第二节　生命历程犯罪学的经验性特质 ………………………（81）

第三节　生命历程犯罪学的结构性维度 ………………………………………… (85)

第三编　犯罪的本质与现象:认识犯罪

第七章　犯罪本质 ……………………………………………………………… (92)
　　第一节　犯罪概念的基本层次 …………………………………………………… (92)
　　第二节　犯罪学的犯罪分类 ……………………………………………………… (95)
第八章　犯罪现象的表现与测量 ………………………………………………… (97)
　　第一节　犯罪现象的表现形式 …………………………………………………… (97)
　　第二节　犯罪现象的测量 ………………………………………………………… (108)

第四编　犯罪原因论:解释犯罪

第九章　犯罪的社会原因 ………………………………………………………… (113)
　　第一节　犯罪原因的社会因素 …………………………………………………… (113)
　　第二节　当代中国社会罪因机制 ………………………………………………… (124)
第十章　犯罪原因的生物因素 …………………………………………………… (128)
　　第一节　年龄与犯罪 ……………………………………………………………… (128)
　　第二节　性别与犯罪 ……………………………………………………………… (130)
　　第三节　遗传与犯罪 ……………………………………………………………… (131)
第十一章　犯罪原因的心理因素 ………………………………………………… (134)
　　第一节　人生观与犯罪 …………………………………………………………… (134)
　　第二节　个体心理失衡与犯罪 …………………………………………………… (136)
　　第三节　个体需要与犯罪 ………………………………………………………… (137)
　　第四节　人格障碍与犯罪 ………………………………………………………… (139)
　　第五节　个性特征与犯罪 ………………………………………………………… (141)
第十二章　犯罪被害人的考究 …………………………………………………… (144)
　　第一节　犯罪被害人概述 ………………………………………………………… (144)
　　第二节　犯罪被害人与犯罪人的互动关系 ……………………………………… (145)
　　第三节　被害性 …………………………………………………………………… (148)

第五编　犯罪对策论:治理犯罪

第十三章　犯罪预测 ……………………………………………………………… (153)
　　第一节　犯罪预测概述 …………………………………………………………… (153)
　　第二节　犯罪预测的内容 ………………………………………………………… (157)
　　第三节　犯罪预测的步骤与方法 ………………………………………………… (159)

第十四章 犯罪预防 (162)
第一节 犯罪预防概述 (162)
第二节 犯罪预防体系 (167)

第十五章 刑事政策的观念与内容 (173)
第一节 刑事政策思想的兴起 (173)
第二节 刑事政策的概念与特征 (174)
第三节 刑事政策学的学科地位 (180)
第四节 我国刑事政策的基本内容 (183)

下篇 犯罪学分论

第六编 典型常见犯罪

第十六章 暴力犯罪 (191)
第一节 暴力犯罪的概念 (191)
第二节 暴力犯罪的状况与特点 (192)
第三节 暴力犯罪的原因 (196)
第四节 暴力犯罪的对策 (199)

第十七章 财产犯罪 (204)
第一节 财产犯罪的概念 (204)
第二节 财产犯罪的状况与特点 (205)
第三节 财产犯罪的原因 (209)
第四节 财产犯罪的对策 (213)

第七编 独特型犯罪

第十八章 有组织犯罪 (216)
第一节 有组织犯罪的概念 (216)
第二节 有组织犯罪的状况与特点 (217)
第三节 有组织犯罪的原因 (220)
第四节 有组织犯罪的对策 (223)

第十九章 高新科技犯罪 (226)
第一节 高新科技犯罪的概念 (226)
第二节 高新科技犯罪的状况与特点 (227)
第三节 高新科技犯罪的原因 (234)
第四节 高新科技犯罪的对策 (236)

第八编　主体类型性犯罪

第二十章　流动人口犯罪 (239)
第一节　流动人口犯罪的概念 (239)
第二节　流动人口犯罪的状况与特点 (240)
第三节　流动人口犯罪的原因 (244)
第四节　流动人口犯罪的对策 (247)

第二十一章　职务犯罪 (250)
第一节　职务犯罪的概念 (250)
第二节　职务犯罪的状况与特点 (252)
第三节　职务犯罪的原因 (256)
第四节　职务犯罪的对策 (258)

第二十二章　青少年犯罪 (262)
第一节　青少年犯罪的概念 (262)
第二节　青少年犯罪的状况与特点 (262)
第三节　青少年犯罪的原因 (264)
第四节　青少年犯罪的对策 (266)

上 篇

犯罪学总论

第二編

找出老祖宗

第一编 犯罪学的蕴意与理论源流:认识犯罪学

第一章 犯罪学概述

第一节 犯罪学的概念

一、犯罪学概念考察

(一)犯罪学的词源

在词源上,犯罪学(criminology)由拉丁文 crimcn(犯罪、罪行)与 logos(学说、知识)组合而成。法国人类学家托皮纳尔(Paul Topinald)在 1879 年出版的《人类学》一书中首次使用"犯罪学"这一术语,意思是研究犯罪行为问题的科学。意大利犯罪学家加罗法洛(Raffaele Garofalo)于 1885 年出版了题为《犯罪学》[①]的著作,以"犯罪人(人类学因素、社会因素)、遏制犯罪(应对犯罪的合理刑事措施)"作为核心内容,成为第一部以犯罪学命名的学术著作。意大利犯罪学家龙勃罗梭(Cesare Lombrosr)1876 年在米兰出版了他的代表作《犯罪人论》,1878 年又在都灵出版了《犯罪人论》的第二版[②],强调实证学的研究方法,注重犯罪人的生物学特征,引起了学术界的广泛注意,他为之名声大震,被誉为犯罪学之父。此后犯罪学这个术语被广泛地采用。

(二)犯罪学界说的争议及定位

作为一门独立的学科,犯罪学应当有自身的学科性质、关注焦点、研究领域等,这些正是犯罪学概念的核心内谷。对此,国内外犯罪学研究颇有争议,主要观点如下:(1)刑法学的辅助:认为犯罪学是刑法学的辅助学科。[③] (2)刑事法学分支:认为犯

[①] 参见〔意〕加罗法洛:《犯罪学》,耿伟、王新译,中国大百科全书出版社 1996 年版。
[②] 参见〔意〕切萨雷·龙勃罗梭:《犯罪人论》,黄风译,中国法制出版社 2000 年版。
[③] 参见〔日〕藤本哲也:《犯罪学绪论》,日本成文堂 1984 年版,第 16 页;〔法〕卡斯东·斯特法尼等:《法国刑法总论精义》,罗结珍译,中国政法大学出版社 1998 年版,第 55 页。

学是刑事法学的分支学科。① (3) 刑事科学分支:认为犯罪学是刑事科学的分支学科。② (4) 刑事科学整体:认为犯罪学包括了诸多刑事科学。③ (5) 社会学分支:认为犯罪学是社会学的分支学科。④ (6) 社会法学:认为犯罪学是社会科学与法学的相互结合的学科。⑤ (7) 社科一级学科:认为犯罪学是社会科学中独立的综合性的一级学科。⑥ 应当说,将犯罪学作为刑事科学中的一个分支学科,有其合理性。犯罪学是刑事科学中的事实科学。不过,需要进一步揭示犯罪学的研究对象、基础理论、研究方法、知识结构等。

犯罪学,是融合各种有关学科的知识,阐释犯罪本质,表述犯罪现象,揭示犯罪原因,寻求犯罪对策的刑事科学。犯罪学包括:中国犯罪学、外国犯罪学、比较犯罪学、沿革犯罪学、犯罪社会学、犯罪心理学、犯罪生物学、被害人学等。刑法学、监狱学、刑事诉讼法学、刑事侦察学等,是犯罪学的相关学科,它们共同构成刑事科学。

二、犯罪学概念解析

犯罪学概念涉及犯罪学的基本内容、知识结构、事前事实科学特征、学科结构、分支学科、相关学科等方面。

(一) 犯罪学研究的基本内容

犯罪本质、犯罪现象、犯罪原因、犯罪对策是犯罪学研究的最基本的内容。

1. 犯罪本质

犯罪本质确定犯罪的内在规定性,具体划定犯罪现象的边界,构成犯罪学研究的基础。犯罪学以犯罪为研究对象,而犯罪本质的基本蕴含决定着犯罪现象的具体界定,由此为犯罪学的进一步研究提供了前提。

犯罪本质是颇值探究的理论问题,它既表现为一种客观存在的社会事实,又表现为一种社会主体的价值观念。不仅如此,犯罪本质在不同的历史时期、在不同的地域范围、在不同的社会群体等,也有着各不相同的表现。犯罪学领域不同的学者对犯罪本质有着不同的界说。⑦

犯罪学的犯罪本质**独具特点**。刑法学研究犯罪实质(与犯罪形式相对),展示刑法规范的内在价值属性,回答刑法为什么将某些行为规定为犯罪的问题;犯罪学研究

---

① 参见张智辉:《犯罪学》,四川人民出版社1989年版,第6页。
② 参见〔德〕汉斯·海因里希·耶赛克、托马斯·魏根特:《德国刑法教科书》,徐久生译,中国法制出版社2001年版,第52页;储槐植、许章润等:《犯罪学》,法律出版社1997年版,第5页。
③ 参见〔波兰〕布鲁诺·霍尼斯特:《比较犯罪学》,高明译,辽宁人民出版社1989年版,第2—4页。
④ Edwin Sutherland and Donald Cressey, *Principles of Criminology*, 6th ed., Philadelphia: J. B. Lippincott, 1960, p. 2;〔美〕D·斯坦利·艾兹恩、杜格·A·蒂默:《犯罪学》,谢正权等译,群众出版社1988年版,第2—3页。
⑤ 参见陈明华等:《比较犯罪学》,中国人民公安大学出版社1992年版,第10页;〔俄〕阿·伊·道尔戈娃:《犯罪学》,赵可等译,群众出版社2000年版,第27—28页。
⑥ 参见郝宏奎:《论犯罪学的学科性质和地位》,载《公安大学学报》1996年第6期;邱国梁:《犯罪学》,上海社会科学院出版社1989年版,第10、13页。
⑦ 详见张小虎:《当代中国社会结构与犯罪》,群众出版社2009年版,第129—130页。

犯罪本质(与犯罪现象相对),揭示犯罪事实的根本属性(犯罪本源),探寻刑法应当将哪些行为规定为犯罪的问题。从这个意义上说,犯罪学犯罪本质的研究有其独特的意义,奠定刑法学犯罪界定的基石。犯罪学的犯罪本质超越于刑法的框架,提供刑法立法的指导,并以观念形态更为间接地波及司法。

2. 犯罪现象

犯罪现象展示犯罪的具体表现状况,提供犯罪学知识体系的最基本的经验性基础。在犯罪学看来,犯罪行为、犯罪人、犯罪率等的形成受一定的因果律支配,是生物因素、自然因素、社会因素等综合影响的结果。

犯罪学揭示犯罪的**形成机制**,而犯罪现象及其因果关系是这一形成机制的重要表现。具体包括:犯罪形成结果的现象,即犯罪行为、犯罪人、犯罪率等的表现形式;犯罪形成过程的现象,即决定犯罪的生物因素、自然因素、社会因素的表现形式等。

同时,犯罪学研究以控制和预防犯罪为终极目标,犯罪学不仅研究**法定犯罪现象**,而且研究与法定犯罪现象密切相关的**应然犯罪现象、违法越轨现象、社会危险现象**等。其中,应然犯罪现象,展示应予犯罪法定化的危害社会行为;违法越轨现象,展示违反其他法律法规或者违反社会习惯道德准则的事实;社会危险现象,展示行为具有社会危害及行为人具有社会危险并由刑法明文规定可予适用保安处分的事实。

3. 犯罪原因

犯罪原因属于犯罪学研究的核心,狭义的犯罪学甚至将犯罪原因学等同于犯罪学。犯罪原因力求揭示决定犯罪行为、犯罪人、犯罪率等犯罪现象形成的关键性**因素**,包括生物因素、心理因素、自然因素、社会因素,阐释这些因素导致犯罪形成的作用机制,凸显出诸种致罪因素中最为**核心的因素**等。

犯罪原因的研究可以基于生物的、心理的、社会的等不同的**视角**而展开,由此形成犯罪原因的生物学理论、心理学理论、社会学理论。根据解析**对象**的不同,犯罪原因也可以分为个体犯罪原因与社会犯罪原因。前者针对个体犯罪行为、犯罪人等个体犯罪现象以及犯罪的微观环境,分析个体犯罪现象形成的原因;后者聚焦于犯罪率等整体犯罪现象以及犯罪的宏观环境,探究整体犯罪现象形成的原因。犯罪原因除了从犯罪人角度进行研究,还可以从被害人角度剖析,即所谓犯罪被害人原因。

4. 犯罪对策

犯罪对策是基于对犯罪原因的揭示,而提出的预防和控制犯罪的各种原则和措施。犯罪严重地伤害了被害人,危害了社会,是社会的垃圾,应当受到刑事处置[①]。但是,"关于预防犯罪措施的改革哪怕只进步一点,也比出版一部完整的刑法典的效力要高一百倍。"[②]研究犯罪的**目的**,就是要协调社会结构而强健社会机体,控制犯罪、预防犯罪。

[①] 关于刑事处置的概念,详见张小虎:《刑法学(第二版)》,北京大学出版社 2022 年版,第 408 页。在犯罪学的视角下,刑事处置(刑事措施)与社会措施具有相对的意义。详见张小虎:《宽严相济刑事政策的基本思想与制度建构》,北京大学出版社 2018 年版,第 13—15 页。

[②] 〔意〕恩里科·菲利:《犯罪社会学》,郭建安译,中国人民公安大学出版社 1990 年版,第 94 页。

犯罪寄生于社会,倘若我们将视角转向宏观的社会结构,我们会发现犯罪与**社会结构**有着密切的联系。这样,我们在制裁犯罪的同时,不得不深入地思考一下社会结构方面的不足。从这个意义上说,德国刑法学家李斯特(Franz Liszt)的著名论断"最好的社会政策,就是最好的刑事政策"极为深刻。因此,要治理犯罪,我们必须从包括刑事法律制度、社会保障体系以及其他的社会经济结构、政治结构等方面进行改革。

(二)犯罪学的知识结构

犯罪问题极其复杂[1],犯罪学的研究尤其需要融合各种有关学科的知识。刑法学、社会学、心理学、生物学等学科,是犯罪学研究不可缺少的知识基础。

1. 刑法学

犯罪学研究需要刑法学的知识基础。尽管犯罪学所研究的犯罪问题比刑法学上的犯罪界定要宽泛,不过刑法学的犯罪界定为犯罪学的研究对象确立了最基本的及最核心的标志。法国著名社会学家涂尔干(Emile Durkheim,又译为"迪尔凯姆")指出:"犯罪这件事情,犯罪的根本性质不是刑罚,不过刑罚能够将犯罪的现象表现,即让人感受到外形,因此,要使人懂得什么是犯罪,只能从它的外部表现的一个方面即刑罚开始进行研究。"[2]美国学者也指出:"最精确、最明确的犯罪定义是,把犯罪定为刑法典所禁止的行为",而且"这是唯一可以接受的犯罪定义","如果没有法典,那犯罪存在于何处呢?"[3]美国犯罪学之父萨瑟兰(Edwin Sutherland)也强调:"犯罪行为是违反刑事法的行为……除非为刑事法所禁止,否则不为犯罪。而刑事法则是由官方机构所发布的有关人类行为的一套集体规范。它应毫无差别地被引用至社会各阶层,而由国家对违反者施以惩罚。"[4]犯罪与违法的法律的界定,不仅使犯罪与违法的蕴意清晰、明确,而且也为犯罪学研究的**共同对话**构建了基本、统一的逻辑前提。

2. 社会学、心理学

犯罪学的研究需要社会学、心理学等有关学科的知识基础。犯罪学以探索犯罪原因为核心,而犯罪原因必须通过对犯罪现象的认识、剖析去揭示,犯罪现象是犯罪原因的具体表现。犯罪由具有一定的生物学基础和社会生活背景的犯罪人所实施,一定社会面的犯罪率又是超脱了具体犯罪人特征的一种反社会行为的整体表现。因而,**犯罪现象**表现为犯罪人现象,包括犯罪人的生物学现象、犯罪人的心理学现象、犯罪人的微观社会环境现象,犯罪率现象,包括犯罪率的宏观社会环境现象等。认识、剖析这些犯罪现象,揭示犯罪原因,不能没有较为精湛的社会学、心理学等知识的背景。

尽管在现代科学看来,任何学科均不是孤立的,例如刑法学的研究也需要哲学、社会学、经济学等的支持,不过**犯罪学**以社会犯罪事实为研究素材,侧重于经验方法,

---

[1] 张小虎:《论犯罪学理论的特征》,载《青少年犯罪问题》2000年第5期。
[2] 〔法〕埃米尔·迪尔凯姆:《社会学方法的规则》,胡伟译,华夏出版社1999年版,第35页。
[3] 转引自〔美〕理查德·昆尼:《新犯罪学》,陈兴良等译,中国国际广播出版社1988年版,第2—3页。
[4] Edwin Sutherland and Donald Cressey, *Principles of Criminology*, 8th ed., Philadelphia: J. B. Lippincott, 1970, p. 3.

观测犯罪现象、揭示犯罪原因、寻求犯罪对策,这种研究路径及理论聚焦更为注重社会学、心理学等学科知识的运用。运用**社会统计学**,我们可以搜集、分析犯罪率以及诸多致罪因素;运用**社会学理论**(例如,个体社会化理论、社会结构理论),我们可以洞察处于社会中的犯罪与社会因素的深刻关系;运用**心理学理论**,我们可以探究犯罪人的心理特征。

(三)犯罪学的事前事实科学特征

犯罪学是一门以罪前研究为着眼点的刑事事实科学,从而犯罪学具有事实科学与罪前研究的特征。

1. 事实科学

展示犯罪事实、揭示犯罪事实、治理犯罪事实,是犯罪学研究的基本路径,犯罪事实贯穿于犯罪学研究的始终。犯罪本质阐释犯罪事实的内在属性,为犯罪现象划定边界;犯罪现象表述犯罪事实的外在状况,为犯罪原因提供经验基础;犯罪原因探究犯罪事实的因果关联,确认关键性的致罪因素、诸种致罪因素之间的作用关系、各种致罪因素与犯罪之间的作用关系,由此揭示犯罪的形成机制,为犯罪对策奠定理论依据;犯罪对策寻求犯罪事实的治理原则及措施,使犯罪得以控制与预防。尤其是,犯罪学理论的核心是对犯罪现象的原因解释,而这一理论的科学性就在于对犯罪现象的原因解释与实然的因果事实一致。为了展示犯罪事实、揭示犯罪事实,经验方法是最基本的、最重要的研究手段;犯罪学以构建综合性命题为主导。犯罪学研究的事实重心与经验方法,凸显出犯罪学的事实科学特征。

2. 罪前研究

刑法学力求构建合理的刑事惩罚的具体规则,属于(犯罪)事后的规范科学;刑事侦察学力求再现案犯作案过程,使案件事实充分暴露无遗,属于(犯罪)事中的事实科学;犯罪学力求揭示犯罪原因机制从而控制预防犯罪,属于(犯罪)事前的事实科学。在犯罪学研究中,一个人为什么陷入犯罪与社会为什么存在犯罪,是犯罪原因的研究,它们构成了犯罪学研究的核心。犯罪原因在犯罪学知识体系中的核心地位,展示了犯罪学致力于揭示犯罪前的罪因机制的理论视角。在某种意义上,犯罪学正是诞生于刑事科学领域的研究方法的革新与研究视角的转换。其中,方法革新表现为由崇尚理性的思辨到注重经验性的观察;视角转换表现为由事后的刑罚理性到事前的罪因机制。[①]

(四)犯罪学的学科结构

犯罪学包括中国犯罪学、外国犯罪学、比较犯罪学、沿革犯罪学。这是立于犯罪学所研究的犯罪本质与犯罪现象、犯罪原因、犯罪对策之国别的角度,对于犯罪学所作的划分。

[①] 刑事近代学派始于犯罪学,意大利犯罪学家、精神病学家切萨雷·龙勃罗梭(Cesare Lombroso)既是犯罪学的创始人也是刑事近代学派的鼻祖。他的著作《犯罪人论》的出版标志着犯罪学作为一门独立学科的诞生。龙勃罗梭的天生犯罪人论令人难以置信,然而其以实证主义的研究方法和由犯罪人揭示罪因反过来指导刑罚的思路,博得了他在刑事科学领域中的杰出地位。

中国犯罪学，是以中国社会背景下的犯罪本质与现象、犯罪原因、犯罪对策等为研究对象的刑事事实科学。外国犯罪学，是以中国以外的其他某一国家社会背景下的犯罪本质与现象、犯罪原因、犯罪对策等为研究对象的刑事事实科学。比较犯罪学，是以世界各国现行社会背景下的犯罪本质与现象、犯罪原因、犯罪对策为主，对之进行比较研究，揭示其异同、优劣的知识体系。沿革犯罪学，是运用历史的方法，阐明世界各国古今犯罪学思想、理论、实践的发展轨迹，揭示其嬗变规律的科学。

（五）犯罪学的分支学科

犯罪学包括犯罪社会学、犯罪心理学、犯罪生物学、犯罪被害人学等分支学科。这是立于犯罪学的研究视角和理论背景的视角，对于犯罪学所作的划分。

犯罪社会学，是指运用社会学的理论和研究方法，对犯罪的社会本质、现象、原因、对策进行研究而形成的犯罪社会理论与实践的知识体系。**犯罪心理学**，是指运用心理学的理论和研究方法，对犯罪的心理现象、原因、对策进行研究而形成的犯罪心理理论与实践的知识体系。**犯罪生物学**，是指运用生物学的理论和研究方法，对犯罪的生物现象、原因、对策进行研究而形成的犯罪生物理论与实践的知识体系。**犯罪被害人学**，是指以犯罪被害人为视角，运用各种有关学科的知识，对被害人被害的特征、原因、补偿和预防等进行研究而形成的有关犯罪被害的理论与实践的知识体系。

（六）犯罪学的相关学科

刑法学、监狱学、刑事诉讼法学、刑事侦察学等是犯罪学的相关学科，它们共同构成刑事科学。

1. 刑事科学整体领域

刑事科学，是指研究犯罪事实与规范处置的一系列知识体系，包括刑事事实学与刑事规范学。**刑事事实学**，注重经验的方法，以社会事实为知识平台，描述事实现象，重在揭示现象形成机理的事实，探索事实的社会意义，包括犯罪学、刑事侦察学等。**刑事规范学**，注重思辨的方法，以法律规范为知识平台，注释法律规范，重在揭示法律规范的形式构造与实质意义，探寻法律规范的应然，包括刑法学、刑事诉讼法学等。

德国刑法学家**李斯特**提出全体刑法学的概念，将刑事政策、犯罪学、刑罚学、行刑学等纳入全体刑法学的范畴。① 我国刑法学家**甘雨沛**教授阐述了当代全体刑法学的趋势，指出："19世纪的刑法学是合，融刑法学、犯罪学、诉讼法学、行刑学为一体；20世纪的刑法学是分，除上述学科相继独立外，还出现一些边缘学科；将来必走向统一、联合，成为一个熔刑事立法论、适用解释论、行刑与保安处分论以及刑事政策论等为一炉的全面规制的'全体刑法学'。"② 德国学者**耶赛克**等将刑法学、刑事诉讼法学、行刑法学界定为刑事法学，刑事法学与犯罪学共同构成刑事科学。③

---

① 参见〔波兰〕布鲁诺·霍尼斯特：《比较犯罪学》，高明等译，辽宁人民出版社1989年版，第3—4页。
② 《刑事法学要论》编辑组：《刑事法学要论》，法律出版社1998年版，序。
③ 参见〔德〕汉斯·海因里希·耶塞克、托马斯·魏根特：《德国刑法教科书》，徐久生译，中国法制出版社2001年版，第52页。

2. 刑事科学各个部门

从科学研究来讲,我们应当拓宽视野,注重刑事科学各学科间的交融,乃至在人文科学、社会科学、自然科学等更大的知识背景下,展开刑事科学及其内在各个学科的研究;同时,刑法的实际运作,也不可避免地要与刑事诉讼、刑事侦察等协调、整合,并需要犯罪学、刑事政策学等基本理念的具体指导。

不过,就刑事科学领域内部各个学科之间的**相对意义**而言,犯罪学并不包括刑法学、刑事诉讼法学、刑事侦察学、监狱学等,而是与这些学科之间有着密切的关联,从而它们共同构成刑事科学。**刑法学**,是研究刑法及其所规定的犯罪与刑罚以及社会危险行为与保安处分的科学,是法律规范学中一门重要的学科。**刑事诉讼法学**,是研究刑事诉讼法律规范,揭示刑事诉讼原理、原则,探寻刑事诉讼应有价值的知识体系。**刑事侦察学**,是运用刑案规律以及奠定于刑案规律之上的策略方法和技术手段,揭露、证实犯罪的刑事科学。**监狱学**,是研究监狱法、狱政管理以及监禁刑的执行、对罪犯的教育改造等刑事执行的刑事科学。

第二节 犯罪学与相邻学科的关系

犯罪学与相邻学科之间的关系,是指犯罪学同与其密切相关的学科之间的区别与联系。这种"密切相关",既可以表现在学科结构的属性上,即犯罪学与同属于刑事科学的刑法学、监狱学、刑事政策学等学科之间的关系;也可以表现在研究方法的互补上,即犯罪学与社会学、心理学、生物学等学科之间的关系。其中,犯罪学与社会学、心理学等非刑事科学的学科的区别较为明显;而在刑事科学领域中,犯罪学与刑法学、刑事政策学、刑事侦察学的关系颇具代表性。

一、犯罪学与刑法学

1. 犯罪学与刑法学的区别

学科性质不同:刑法学以刑法规范为其研究的基本内容,属于规范学;犯罪学以犯罪事实为其研究的核心所指,属于事实学。**刑法学**以刑法规范为研究素材,侧重于思辨性方法,注释法律、挖掘法理、揭示法律应然(包括解释论的规范的应然蕴含以及立法论的规范的应然呈现);其理论核心是犯罪构成理论体系及刑法处置理论体系。**犯罪学**以社会犯罪事实为研究素材,侧重于经验性方法,观测犯罪现象、揭示犯罪原理、寻求犯罪对策;其理论核心是犯罪原因理论及犯罪防控理论。相对而言,刑法学具有浓重的规范学色彩,而犯罪学则具有较强的事实学特征。

思维模式不同:**犯罪学**理论的核心是对犯罪现象的犯罪原因的揭示,重在解释犯罪现象的因果事实,反思因果事实的社会意义,探索人类理性的犯罪对策。由此,犯罪学具有较强的实证色彩,更为强调经验性[①]方法的运用,构建综合性命题[②]。犯罪学的理论轨迹是"犯罪现象(犯罪本质)—犯罪原理—犯罪对策"。从这个意义上说,犯罪学是社会学型的科学。**刑法学**理论的核心是对刑法条文的法理意义的展示,重在解释刑法规范的蕴含,反思规范的应然设置,探索人类理性的规范的价值取向。由此,刑法学具有较浓厚的思辨色彩[③],强调基于先期命题(一种价值观的立场)运用逻辑演绎句法规则,构建分析性命题[④]。刑法学的理论轨迹是"刑法规范—刑法理论—刑法应然"。从这个意义上说,刑法学是哲学型的科学。[⑤]

研究视角不同:犯罪学注重犯罪前的研究。犯罪学研究的基本路径是,分析犯罪本质与现象,揭示犯罪原因,寻求犯罪对策,其宗旨是构建合理的犯罪控制与预防体系,将犯罪遏制在形成之前。犯罪本质与犯罪现象的研究,为犯罪原因的揭示提供基础,而犯罪原因与犯罪对策的研究则直接服务于犯罪学研究的宗旨。**刑法学**注重犯罪后的研究。刑法学研究的基本路径是,分析刑法规范,揭示刑法规范的法理意义,探索刑法规范的应然,其宗旨是构建合理的刑事惩罚的具体规则,使犯罪受到应有的刑事处置。[⑥] 刑法规范的研究,为刑法理论的构建提供素材,而刑法理论及刑法规范应然的研究则致力于刑法学研究的宗旨。

2. 犯罪学与刑法学的联系

刑法学的犯罪的法律界定,为犯罪学所研究的犯罪现象提供了最精确、最明确以及最核心的边界。尽管犯罪学对犯罪关注的视野更为开阔,包括法定犯罪与违法行为、越轨行为、社会危险行为等,但是其核心依然是法定犯罪。这不仅因为以法定犯罪为内容的刑事司法统计是犯罪学研究的重要资料之一,而且这种法定犯罪的相对确定与明确也是犯罪学理论得以对话的基本逻辑前提。

犯罪学的犯罪现象的解释的成果,诸如犯罪原因、刑事政策,也为刑法学理论的进一步开拓奠定了基础。犯罪学的理论成果在一定程度上将引起刑法学的重大变

---

① **经验性方法**使用人的感官如视觉和听觉来观察外部世界,其观察结果又可以由别人用同样的过程来检验其正确性。可见经验性方法是一种极为普遍和开放的获得知识的途径。因为它依赖于感官观察,而这又是可以重复进行的,所以它减少了个人偏见、情绪化成分以及歪曲性论断。参见〔美〕戴维·波普诺:《社会学》,李强等译,中国人民大学出版社1999年版,第35页。

② **综合性命题**,是指基于诸多相互关联的经验事实而形成统一的具体陈述。例如,转型期中国社会犯罪率的增长与社会分层的失衡密切相关。这一命题的基础,来源于转型期中国社会犯罪率波动状况与转型期中国社会阶层结构状况之间的相应变化关系的经验性事实。

③ **思辨性方法**,是指基于纯然的概念、原理、规则、先期命题,进行分析、判断、逻辑推导,从而获得知识结论的一种认识途径。

④ **分析性命题**,是指基于概念、原理或者若干经验结论,经由理性演绎而推导出的具体陈述。例如,偶然防卫并非正当防卫。这一命题的基础,来源于偶然防卫的构成条件、正当防卫的构成条件、违法阻却理论、主观违法性论等,有关犯罪成立条件的概念、原理、规则。详见张小虎:《刑法学(第二版)》,北京大学出版社2022年版,第144—145页。

⑤ 当然,这只是从总体上对学科的理论侧重所作的一种大致的评价,并不意味着犯罪学无需思辨性分析,刑法学不能运用经验性方法。实际上就科学研究来说,哲学与社会学都是必不可少的。哲学有助于演绎的思考、理论的升华,社会学有助于综合的分析、事实的观察。不过就哲学与社会学的关系来说,社会学与哲学有着不同的理论侧重与研究方法。

⑥ 即使是目的刑论,也不否认对于犯罪处罚的合理。

革。自由意志、理性选择的犯罪观念,奠定了刑事古典学派的刑事惩罚的基础,在这里刑罚针对的是行为;而环境决定、行为决定的犯罪观念,造就了刑事近代学派的刑罚目的的崛起,由此应受惩罚的不是行为而是行为人。①

二、犯罪学与刑事政策学

刑事政策学,是指研究国家为有效地控制、预防犯罪,而制定的社会据以应对犯罪的宏观原则与具体方法的刑事科学。

1. 犯罪学与刑事政策学的区别

权力成分的差异:这主要是就两门学科的**内容**而言的。**刑事政策学**研究的对象刑事政策,具有一定的权力色彩。刑事政策由国家或者执政党予以决策,并通过具体的立法、司法或者行政管理在全社会中推行。"政策和策略是一种政治措施,从本质上讲,无论政策和策略涉及哪一具体的生活领域,都属于政治的范畴,是政治概念。"②从某种意义上说,犯罪学与刑事政策学均为一定的政治服务。不过**犯罪学**所研究的犯罪本质与现象、犯罪原因、犯罪对策,犯罪事实所占的比重更大,其以认识、探究、揭示客观犯罪为前提,即使是改造客观犯罪的犯罪对策,也具有更为广泛的意义,而不只是国家的决策、行动。表现在,措施方法的多样性、参与者的社会性、内容的应然性等。例如,健全社会保障、增加就业机会、推进道德整合、构建菱形社会、刑罚改革、监狱改良、社会帮教、群防群治、社区防范、人民调解。由此,权力的成分被一定程度地冲淡。

思维模式的差异:犯罪学是较为典型的事实科学,揭示犯罪本质与现象的事实特征,探索犯罪原因的规律性事实,运用对犯罪事实的认识知识,提出并实施社会防控犯罪的最佳方案。因此,在犯罪学的研究中,经验性方法的运用是首要的、必要的,犯罪学以构建综合性命题为主流。**刑事政策学**,注重合理的刑事政策的架构,追寻刑事政策的价值目标,这其中有国家意志、社会意志等的统一与调和,并带有一定的规范性。因此,在刑事政策学研究中,思辨性方法是重要的手段,刑事政策学以构建分析性命题为主流。

研究内容的侧重有所不同:狭义的犯罪学又称犯罪原因学,以犯罪原因为重心;广义的犯罪学尽管也包括**犯罪对策**,不过这里的犯罪对策具有更为广泛的意义,在一定程度上表现为遏制犯罪的社会政策。广义上讲,一切有利于防控犯罪的措施、方法、策略等,诸如社会帮教、群防群治、综合治理乃至普法教育、人民调解,都是犯罪对策。而**刑事政策**则主要是应对犯罪的刑事方面的宏观原则与具体方法。有论著认为,刑事政策的中心是科学合理地组织对犯罪的反应,具体表现在三个方面:打击面的宽窄;打击力度的大小;惩治方式的设计。③ 刑事政策的横向结构有:定罪政策、刑

---

① 详见张小虎:《当代中国社会结构与犯罪》,群众出版社2009年版,第149—151页;张小虎:《从犯罪的刑罚学到刑罚的犯罪学》,载《犯罪研究》2000年第5期。
② 肖扬主编:《中国刑事政策和策略问题》,法律出版社1996年版,第1—2页。
③ 参见储槐植、许章润:《犯罪学》,法律出版社1997年版,第15页。

罚政策、处遇政策；刑事政策的纵向结构有：基本刑事政策、具体刑事政策。① 可见，刑事政策围绕着罪刑惩罚而展开。

2. 犯罪学与刑事政策学的联系

犯罪学为刑事政策学提供经验性基础，合理的刑事政策建立在对犯罪的正确认识之上。犯罪原因是刑事政策的起点，刑事政策是犯罪原因的归宿。犯罪学的思想理念推动着最好刑事政策的奠定，而最好的刑事政策又引导着合理的刑法规范的构建。

三、犯罪学与刑事侦察学

刑事侦察学，是运用刑案规律以及奠定于刑案规律之上的策略方法和技术手段，揭露、证实犯罪的刑事科学。②

1. 犯罪学与刑事侦察学的区别

研究视角的区别：(1) **犯罪学**立于罪前的视角，包括微观及宏观的研究。**A. 罪前视角**：犯罪学研究以犯罪原因为核心；犯罪原因在犯罪学知识体系中的核心地位，展示了犯罪学致力于揭示犯罪前的罪因机制的理论视角。**B. 微观与宏观**：犯罪学既是犯罪的微观研究（一个人为什么陷入犯罪，即个体犯罪现象的形成机制），又是犯罪的宏观研究（社会为什么存在犯罪，即整体犯罪现象的形成机制）。(2) **刑事侦察学**立于罪中的视角，主要呈现为微观的研究。**A. 罪中视角**：刑事侦察力求再现案犯的作案过程，以使犯罪实施的每一个事实细节都被充分地暴露无遗，从而展示了刑事侦察学致力于揭示罪中犯罪实施事实的研究视角。**B. 微观研究**：刑事侦察始终以具体的刑事案件的表现与侦破为研究的起点与归宿；侦察之初是一起具体的刑案之"谜"，侦察终结是对这一"谜"之解。

研究内容的区别：(1) **犯罪学·罪因核心**：犯罪学，是阐释犯罪本质，表述犯罪现象，揭示犯罪原因，寻求犯罪对策的刑事科学。犯罪学关注下列基本问题：犯罪本质的研究（犯罪是什么）；犯罪现象的研究（犯罪怎么样）；犯罪原因、犯罪条件的研究（犯罪为什么，包括一个人为什么陷入犯罪、社会为什么存在犯罪、犯罪在什么条件下得以发生）；犯罪对策的研究（犯罪怎么办，即社会如何对付犯罪）。(2) **刑事侦察学·刑案侦破**：刑事侦察学，是研究侦察机关如何运用刑事策略方法和技术手段揭露、证实犯罪的科学。刑案与侦破，是刑事侦察的起点与归宿。刑案规律与侦破规律，是刑事侦察学的两大核心内容。③ 刑案规律，又称刑事案件规律，是指案犯作案所涉及的诸客观事物之间或事物内部诸要素之间本质的、固有的、必然的联系，其统一在刑案

---

① 参见杨春洗主编：《刑事政策论》，北京大学出版社1994年版，第15—23页。
② 刑事侦察（查）理论，对于刑事侦察（查）学的界说不一。有的称为"侦察学"，有的谓之"侦查学"；界说的内容也各有特点。不过基本均强调刑事侦察（查）是针对犯罪案件，采用特定的刑事技术和策略手段，揭露证实犯罪。当然严格说来，"**侦察**"与"**侦查**"是有区别的，前者注重研究公安机关如何运用侦察策略手段和刑事科学技术发现、揭露、证实犯罪，后者则强调公安机关、人民检察院和军队保卫部门等依法进行专门调查和采取有关强制措施。
③ 详见张小虎：《应加强对刑案规律的系统研究》，载《中国刑警学院学报》1995年第1期，第32—34页。

之中,从刑案不同的侧面,尤其是内含的细节,反映了刑案的本质。① 侦破规律,又称侦察破案规律,是指运用刑案规律侦破刑案的诸认识、活动规律,其统一在侦破之中,从技术、分析、措施、方法、策略等方面展现了侦破的本质。② 刑案学与侦破学,是刑事侦察学的两大知识体系。刑案学,是指探索刑案规律从而建构的知识体系,其构成刑事侦察学的基础。侦破学,是指探索侦破规律从而建构的知识体系,其构成刑事侦察学的宗旨。刑事侦察学,是刑案学与侦破学的有机结合。

2. 犯罪学与刑事侦察学的联系

学科性质的归属:犯罪学与刑事侦察学,就学科性质而言,均属于事实科学。**(1) 犯罪学**:展示犯罪事实、揭示犯罪事实、治理犯罪事实,是犯罪学研究的基本路径,**犯罪事实**贯穿于犯罪学研究的始终。尤其是,犯罪学理论的核心是对犯罪现象的原因的解释,而这一理论的科学性就在于对犯罪现象的原因的解释与实然的因果事实一致。为了展示犯罪事实、揭示犯罪事实,经验性方法是最基本的、最重要的研究手段;犯罪学以构建综合性命题为主导。犯罪学的理论轨迹是"犯罪现象(犯罪本质)—犯罪原理 犯罪对策"。犯罪学研究的事实重心与经验性方法,凸显出犯罪学的事实科学特征。**(2) 刑事侦察学**:对案犯作案的再现,需要从与案件有关的事物的因果律中去探寻,这是对刑事案件的一种事实研究。侦察工作必须通过口头告诫,提出建议来进行探讨,而不能靠法律条文规定和硬性的理论。即使在处理某一案件时,选择的方法最有条理,工作也竭尽全力,然而恰当的直觉和灵感的因素对侦察结果也有影响。另一方面,刑事侦察有一般的原理和特殊的定理。如果侦察员的行动符合这些原理和定理,案件肯定能迎刃而解。③ 这种原理、定理就是刑案规律、侦察规律,这种规律更具技术性、经验性和广泛性。④ 可见刑事侦察是一门实践性极强的事实科学。

经验素材与开阔视野:刑事侦察对具体案件的侦破,涉及具体案件的背景以及广泛的社会背景,这为犯罪学的研究提供了经验性的素材。而犯罪学研究的理论成果,例如某些特殊类型的犯罪人的行为特征,开阔了刑事侦察破案的视野⑤,并在一定程度上为刑事侦察提供理论基础。

---

① 例如,在杀人案中被害人与案犯有着特定的社会互动。
② 例如,侦破杀人案先查被害人,尤其是对于那些被害人身份不明的杀人案件。
③ 参见[美]查尔斯·奥哈拉《刑事侦察学基础》,群众出版社1990年版,第1页。
④ 详见张小虎:《刑案规律应有其特定的含义及特征》,载《刑侦研究》1996年第6期,第31—33页。
⑤ 例如,侦察人员成功地运用变态人格特征,破获了较为典型的疑案。某市中心医院产房一女婴失踪。根据侦察起始阶段初步掌握的一些情况,侦察人员从心理正常者行为一般规律出发,对该案进行了分析、判断,设想了多种可能性:女婴父母重男轻女,会不会窃婴杀害;是否有人窃婴领养或贩卖;会不会值班护士因失职致婴儿死亡而藏婴避责等。根据该多种可能性,侦察措施多管齐下。经过艰苦细致的工作,新的信息逐步显现。尤其是有了重大发现——女婴的尸体在医院附近一隐蔽、不易被常人注意的阴沟里找到。经验尸,发现女婴阴部被掏挖。很明显,案犯窃女婴是为了对其进行猥亵。以刚出生的婴儿作为猥亵的对象,符合性心理变态者的行为一般规律。针对这一新情况,侦察人员适时地改变了思维方法,拓宽了思维空间,将眼光转向性心理变态者,运用性心理变态者行为一般规律对案情进行了复析,认为:(1) 藏尸地点隐蔽,案犯应熟悉该地区地形,为本地人;(2) 案犯窃婴,残害至死后找奖其隐蔽的地点抛尸,证明案犯神志清楚,智能正常;(3) 作为性心理变态者,案犯很可能平时工作积极认真而性情孤僻。由此,大大缩小了侦察范围,一举破获了这起疑案。

第三节　犯罪学研究的基本路径

研究视角的独特与研究问题的相对确定,是一门学科得以成立的关键之一。另一方面,学科研究基本问题的明晰,为该学科的学术对话构建了共同的平台与语境,标志着该学科趋于成熟。

一、犯罪学研究基本路径的抽象意义

（一）犯罪学研究基本路径的概念及特征

犯罪学研究的基本路径,是指表明犯罪学独特意义的、作为犯罪学研究焦点的、揭示犯罪学研究深层内涵的理性课题,以及由此而展开的犯罪学研究的核心知识脉络。具体地说,其具有**如下特征**：

独特意义：犯罪学研究的基本路径依存于犯罪学的学科框架与知识领域。有时针对同一问题,刑事科学的不同学科对之均有所研究,然而不同学科研究的视角与重心是有所差异的。例如,虽然刑法学与犯罪学均研究犯罪的内在属性,然而刑法学揭示犯罪的规范意义的内在实质,回答为什么有关行为被规定为犯罪的问题,犯罪学揭示犯罪的社会事实意义的内在本质,回答在本源上犯罪究竟是什么的问题。

研究焦点：犯罪学研究的基本路径展示犯罪学研究的知识枢纽。总体上讲,犯罪学的知识结构较为广博,包括：研究方法、研究内容,总论性的知识、分论性的知识,犯罪现象的描述、犯罪本质的分析,等等。犯罪学研究的基本路径凸显其中相对核心的知识块的问题路径。例如,作为知识块的犯罪本质、犯罪现象、犯罪原因、犯罪对策等问题,作为犯罪原因的一个人为什么陷入犯罪、社会为什么存在犯罪、犯罪在什么条件下得以发生等问题。

深层内涵：犯罪学研究的基本路径揭示犯罪学研究的理性问题。这意味着,这些问题旨在表述犯罪学研究中有关核心课题的"应然"或"终极"的意义。例如,应当如何客观地描述犯罪现象？犯罪现象的事实到底怎样？应当如何展开犯罪原因？犯罪原因的事实到底是什么？应当怎样构建与运作犯罪对策？同时,作为这些问题的回答,也必然是在理性分析的基础上所得出的结论。

课题脉络：犯罪学研究的基本路径具体表述犯罪学研究的问题路径。就形式而言,这是一种"问题"的表述模式。例如,犯罪是什么（犯罪本质的研究）？犯罪怎么样（犯罪现象的研究）？犯罪为什么（犯罪原因的研究）？犯罪怎么办（犯罪对策的研究）？就内容而言,这是一种"路径"的具体演绎。例如,针对犯罪怎么样,具体研究路径的延伸可以是：如何合理地予以犯罪的定量描述？犯罪现象量的现实状况如何？等等。

（二）犯罪学研究基本路径与有关概念

犯罪学研究的基本路径不同于犯罪学的理论体系。犯罪学的理论体系,是指犯罪学的全部知识内容所构成的有机统一整体,其全面、系统地展示了犯罪学知识的风

貌,具体包括:犯罪学总论(犯罪学概述、犯罪学研究方法、犯罪本质、犯罪现象等);犯罪学分论(职务犯罪,暴力犯罪,恐怖主义犯罪等)。而犯罪学的基本路径仅为犯罪学研究的知识焦点和问题路径。

犯罪学研究的基本路径也不等于犯罪学的研究对象。犯罪学的研究对象,是指犯罪学研究所直接针对的具体事象(可观察物)。应当说,犯罪学的研究对象是基于犯罪本质明晰的犯罪现象,通过犯罪现象揭示犯罪原因进而寻求犯罪对策。因此,犯罪本质、犯罪现象、犯罪原因、犯罪对策构成犯罪学研究的基本内容。而犯罪学研究的基本路径是犯罪学研究的理性问题和路径延伸。

二、犯罪学研究基本路径的具体展开

犯罪学以犯罪原因为核心,关注下列基本问题:(1)犯罪是什么?(2)犯罪怎么样?(3)犯罪为什么?(4)犯罪怎么办?

(一)犯罪本质的研究:犯罪是什么

这是犯罪学研究的基础问题。"犯罪是什么"重在揭示犯罪本质的事实意义,探索犯罪的刑法界定的社会本源。这一问题又可以分为如下几个层次:

1. 犯罪概念的层次

总体上,犯罪概念回答三个不同层次的问题:A. 哪些行为是犯罪(刑法将哪些行为规定为犯罪);B. 为什么这些行为是犯罪(刑法为什么将这些行为规定为犯罪);C. 应当将哪些行为作为犯罪(基于在本源上犯罪究竟是什么的回答,刑法应当将什么行为规定为犯罪)。其中,A 表述犯罪的形式标准,属于刑法学研究的范畴;B 表述犯罪的实质意义,刑法学对之予以规范意义的阐述,而作为这一实质意义的基奠是更深层次的犯罪学对犯罪所予以的社会事实的本质意义的揭示;C 表述犯罪的社会事实的本质意义,是犯罪学对于犯罪本质的更深层次的研究,其引导、评价着法定的犯罪。[1]

2. 犯罪观念的相对

犯罪是特定主体的界定,而不同主体又有其独特的价值观念,这就是在同一时空中犯罪观念的冲突表现[2]。具体地说,不同个体对于犯罪的界定具有差异,不同群体对于犯罪的界定也存在差异。例如,英国著名社会学家安东尼·吉登斯(Anthony Giddens)指出:"甚至在一个社会或团体中,价值观也可能是相互矛盾的……在这个变单的时代,整个世界充满了人员、思想、商品和信息的流动,我们会遇到文化价值观相互冲突的场合,这并不足为奇。"[3]

3. 法定犯罪的定位

尽管社会的犯罪观念存在着冲突,但是为了构建一个有序的社会,必然要有一个相对统一的、占据主导地位的思想意识,由此社会才不至于在冲突中混乱甚至毁灭。

---

[1] 详见本书"第七章犯罪本质"。
[2] 与此不同,本题下文所阐述的"犯罪的时空差异",是指处于不同时空中的犯罪界定的差异性。
[3] 〔英〕安东尼·吉登斯:《社会学》,赵旭东等译,北京大学出版社 2003 年版,第 30 页。

从而国家以其优越的地位与权力,确立与倡导社会的主流规范,具体设置犯罪的边界与内容。① 基于法定犯罪的生成机制与社会背景的视角,犯罪表现为严重背离一个社会主流社会规范的行为。

4. 法定犯罪的应然

法定犯罪由国家规定,这是相对明确的,关键问题是,国家应当如何设置犯罪,或者说,应当将哪些行为规定为犯罪。这就需要从人类社会文明发展的角度,探索犯罪的应然边界(应然刑法的犯罪边界)。从这意义上说,国家对于犯罪的规定**不能是任意的**,需要考虑到作为其生存基础的社会支持因素,而利益调整是核心问题。② 因此,犯罪应当是严重侵犯一个社会绝大多数人共同利益的行为。

5. 应然犯罪的根基

应然犯罪还有其物质根基,从而需要考究的是,应然犯罪的终极基础是什么,或者说,到底是什么决定了一个社会的应然犯罪。这是在揭示"客观的应然犯罪"的基础上,基于社会发展的规律,探索应然犯罪的社会结构平台。这也意味着应然的犯罪,有其社会的必然的意义。对此,应当说犯罪的具体内涵根植于特定历史时期的社会所赖以生存的物质生活条件。

6. 犯罪的时空差异

犯罪概念也具有时空的差异。具体表现为:(1) 时代考察:一个国家在其发展的不同历史阶段,对于犯罪有着不同的界定;(2) 空间考察:同一时代的不同国家,对于犯罪的界定也存在着差异;(3) 整体与具体:犯罪概念的时空差异,不仅表现在整体犯罪下的各种犯罪设置范围上的差异,而且表现在具体犯罪下的具体内容设置上的差异;(4) 自然犯:时空差异也使对于自然犯的具体意义的探讨,有了更为明晰的思路。③

(二) 犯罪现象的研究:犯罪怎么样

这是犯罪学研究的又一基础问题。"犯罪怎么样"重在描述法定犯罪的现实表现,合理地展示犯罪现象的客观状况。这一问题又可以分为如下几个方面:

1. 犯罪现象量的描述

具体包括:**(1) 应当如何定量地客观描述犯罪现象**:犯罪现象存在整体的量的描述(例如,全部案件的发案率)、类型的量的描述(例如,盗窃案件的发案率);犯罪现象也有总量指标的描述(例如,总体单位总量、总体标志总量)和相对指标的描述(例如,结构相对指标、比例相对指标)等。**(2) 犯罪现象量的客观事实到底怎样**:应当正确阐明某种量的意义。例如,抢劫罪发案率(强度相对指标)逐年持续上升,而抢劫罪与

---

① 法国著名社会学家涂尔干指出:"统治权将那些能够对自己产生危害的行为定义为犯罪……统治权在集体感情那里获得了一切权力,并用来罗织各种犯罪和违法的罪名。"〔法〕埃米尔·涂尔干著:《社会分工论》,渠敬东译,生活·读书·新知三联书店 2000 年版,第 47 页。

② "人们奋斗所争取的一切,都同他们的利益有关。"《马克思恩格斯全集》第 1 卷,人民出版社 1960 年版,第 82 页。

③ 对此,意大利犯罪学家加罗法洛(Raffaele Garofalo)与法国社会学家涂尔干(Emile Durkheim)有着不同的见解。

盗窃罪相比(比例相对指标)逐年持续下降,对此不能说抢劫罪得以有效遏制,而是抢劫罪在强度上依然日益严重,只是相对而言,增幅不如盗窃罪的大。同时,也应当注意整体特征与类型特征的关系。①

2. 犯罪现象质的描述

具体包括:**(1) 应当如何定性地客观描述犯罪现象**:定性描述主要是个案的展示。可以进行历时性的描述,例如,具体考察一个人陷入犯罪的整个历程;可以进行共时性的描述,例如,某一具体案件的犯罪人、被害人、作案手段、时间地点等;可以进行比较性的描述,例如,同一家庭的兄弟二人的成长历程与行为状况的比较。**(2) 犯罪现象质的客观事实到底怎样**:应当正确认识某个典型个案的意义。个案只是一种典型示例,是否具有普遍意义,有待量的说明;个案事实对于犯罪现象的展示,也是多侧面的,从而应有考察的具体视角。另外,某些犯罪特征与具体犯罪类型具有一定的关联,从而不能将盗窃案的独特表现视作整体犯罪状况规律②。

3. 整体与类型的特征

如上所述,有时一些犯罪特征与具体犯罪类型具有一定关联,因此,应当特别注意某种现象描述所蕴含的具体意义。立于整体犯罪表述犯罪特征,其内容应当是说明整体犯罪现象的共性表现,易言之,不能以类型性的犯罪特征作为整体犯罪状况的佐证。**例如**,立于描述整体犯罪状况特征,倘若统计数据表明,未成年罪犯在未成年人总量中所占比率(未成年犯罪比率,结构相对指标)逐年增长,由此可以说"未成年人犯罪逐年增长"甚或放开一些说"未成年人犯罪日益严重"③,但是如果据此简单地说"犯罪成员低龄化",这就值得推敲了。因为倘若要得出"犯罪成员低龄化"这一结论,至少应当是统计资料表明,未成年罪犯在罪犯总量中所占比率(未成年罪犯比率,结构相对指标)逐年增长④,同时在更为严谨的意义上,还应当回答,成员低龄化是多数犯罪类型的共有现象,还是少数犯罪类型的共有现象,甚或是某些个别犯罪类型的特有现象。即便是犯罪成员表现出低龄化问题,也有可能由于盗窃犯罪占整个刑事犯罪的大多数,从而仅仅是"盗窃犯罪成员低龄化"。显然,"盗窃犯罪成员低龄化"与"犯罪成员低龄化"的意义并不完全相同。

(三) 犯罪原因、犯罪条件的研究:犯罪为什么

这是犯罪学研究的核心问题。"犯罪为什么"重在揭示犯罪现象的形成机制与发生机制,探索犯罪现象与各种致罪因素之间的相互作用关系。这一问题又可以分为如下几个方面:

1. 犯罪原因的微观研究(一个人为什么陷入犯罪)

一个人为什么陷入犯罪,其观察的焦点在于个体犯罪现象的形成机制。犯罪原

---

① 详见本题下文"整体与类型的特征"。
② 即使通过量的说明,在某类犯罪中具有的普遍现象,也不等于其就是所有犯罪或者多数犯罪类型的共有现象。
③ 严格来讲,"日益严重"不仅表现为主体的数量比例关系,而且也包括犯罪的性质、手段等的表现。
④ 未成年犯罪率,包括以下 A 与 B 两种情形:A. 未成年犯罪比率:未成年罪犯在未成年人总量中所占比率;B. 未成年罪犯比率,未成年罪犯在罪犯总量中所占比率。

因的微观研究存在如下思考路径:(1) **生物或心理**:犯罪生物学与犯罪心理学,均以个体犯罪形成为研究核心,属于犯罪原因的微观研究。**犯罪生物学**,从生物学的角度,揭示个体的遗传基因、生理机能、病理机制对犯罪的影响。**犯罪心理学**,从心理学的角度,探索个体实施犯罪行为的心理结构的形成及其变化的规律。(2) **微观社会**:犯罪社会学对犯罪原因的研究分为微观与宏观两个方面,其中研究一个人为什么陷入犯罪是犯罪社会学对犯罪原因的微观研究,其核心是揭示个体的社会化过程、社会化的执行单位(家庭、同辈群体、学校、社区、大众传播媒介以及工作单位)对个体不良个性的形成的影响。一个人为什么陷入犯罪的研究也可以运用生命历程的研究范式予以展开。生命历程犯罪学以特定的社会结构及社会变迁为背景,经验性地纵向追踪人类的生命轨迹及生活转型,深入考察重大生命事件、年龄级角色等对犯罪人的犯罪生涯(犯罪的参与、频率、严重性、持续性、终止)的影响。①

2. 犯罪原因的宏观研究(社会为什么存在犯罪)

社会为什么存在犯罪,其观察的焦点在于整体犯罪现象的存在机制与形成机制。社会为什么存在犯罪又可以分为三个具体的问题:作为社会常态现象的犯罪;作为社会反常现象的犯罪;犯罪现象的形成与变化机理。(1) **常态犯罪**:人类社会的过去与现在,乃至未来相当长的历史时期,犯罪作为一种社会现象与社会相伴生。犯罪为社会提供反面警示、犯罪给社会增强张力、犯罪给予人类精神震撼、犯罪促进制锁业发展、犯罪推动各类安全防范系统,"有些犯罪行为,看起来是触动了现时的道德,实际上它已经预定了将来的道德"②。犯罪源于社会,当社会处于相对稳定状态,社会的犯罪现象也保持在一定水平,这时的犯罪是社会有机体正常的生理排泄。我们所要做的是规范这种排泄,治理犯罪就是不让这种排泄物去任意地污染社会环境。(2) **反常犯罪**:当社会处于急剧的转型时期,倘若社会结构出现紊乱,则犯罪是社会有机体反常的病理排泄。犯罪是社会的晴雨表,犯罪率的急剧波动,反映了社会的不稳定状态。社会的疾病导致了社会犯罪现象的反常。固然对于反常的犯罪应当采取相应的刑事措施,但是更为重要的是应当通过改善社会政策来治理犯罪。不仅不能让犯罪这种排泄物去任意污染社会,而且要使这种排泄正常化。作为社会正常现象的犯罪与作为社会反常现象的犯罪,仅限于犯罪研究的宏观视角③,从微观角度来说,犯罪均是不正常的。(3) **犯罪机理**:科学的宗旨在于探索事物的规律性,由此对事物现象作出抽象的、高度概括性的解释,从而构建理论。**犯罪原因的宏观研究**,描述整体犯罪现象以及有关的社会结构状况,探索犯罪现象与社会结构之间的必然的、规律性的因果联系。具体地说,揭示宏观社会结构中的关键性的致罪因素、这些致罪因素之间的相互作用以及这些致罪因素与相互作用对于犯罪形成的影响,由此追寻整体犯罪现象形成的抽象的、具有一定的普遍适用性的解释理论。(4) **微观与宏观**:比

---

① 详见张小虎:《生命历程犯罪学的本土探究:典型罪案与核心原则》,载《社会学研究》2021年第4期;张小虎:《生命历程犯罪学的关键性维度及本土化期待》,载《社会科学》2022年第4期。
② 〔法〕埃米尔·迪尔凯姆:《社会学方法的规则》,胡伟译,华夏出版社1999年版,第57页。
③ 宏观社会结构与社会犯罪现象之间的关系。

较犯罪社会学对于犯罪原因的微观研究与宏观研究。犯罪社会学微观研究,是以抽象个体①的犯罪形成过程为线索,对犯罪进行微观的分析;犯罪社会学宏观研究,是揭示宏观的社会结构及其变迁与整体犯罪现象之间的关系。一个人为什么陷入犯罪,在一定程度上是社会为什么存在犯罪的缩影;而对社会为什么存在犯罪的研究,有助于从更深层次上去具体揭示一个人为什么陷入犯罪。在犯罪社会学研究中,一个人为什么陷入犯罪、社会为什么存在犯罪,这二者既有区别又相互关联,构成犯罪社会学研究的主线。

从犯罪学学科类型来说,犯罪心理学、犯罪生物学主要是一种微观的研究,表现为以揭示一个人为什么陷入犯罪为主题;不过,犯罪社会学研究犯罪,既有微观的探索也有宏观的分析。揭示不良的社会化与犯罪之间的关系、生命历程犯罪学的微观分析②,构成了犯罪社会学的微观研究;分析社会结构、社会变迁对社会犯罪现象的影响,则属于犯罪社会学的宏观研究。因此,不能认为犯罪社会学只是对犯罪的宏观研究。

3. 犯罪发生条件的研究(犯罪在什么条件下得以发生)

一个人为什么陷入犯罪、社会为什么存在犯罪,两者从犯罪形成的实质方面对犯罪进行了深入的思考。而犯罪在什么条件下得以发生,主要是从犯罪实施的时空等条件,来具体说明这种"条件"对处于临界状态犯罪的最终发生的作用。如果说"一个人为什么陷入犯罪、社会为什么存在犯罪"是研究犯罪的孕育机制,那么"犯罪在什么条件下得以发生"则是研究犯罪的表现机制。假如犯罪已成定势或者犯罪定势既已形成,那么要使犯罪实际发生还需要具体的条件,犯罪条件的研究包括:**(1) 被害条件**:犯罪在什么条件下得以发生,包括了对被害人无形中所提供的犯罪条件的研究。"犯罪被害人是犯罪发生及其控制过程中的一个基本因素。"③不过,尽管犯罪条件的研究与被害人的研究紧密相关,但是两者并不完全一致。犯罪条件的研究只是关注被害人研究诸问题④中的一部分,即主要研究被害人之所以被害的一些个人要因。**(2) 管理漏洞**:犯罪条件还甚为关注单位管理制度上的一些薄弱环节等给犯罪带来

---

① 不可否认个体与个体之间在遗传等方面有着一定的差异,这种差异对个体个性的形成乃至犯罪的选择会有所影响,但是犯罪社会学对个体犯罪形成过程研究的重心在于一般意义上的个体,或曰抽象的(普遍的)个体。

② 生命历程犯罪学是要将纵向的个人层面的动态数据以及对这些数据的微观分析,嵌入到其所经历的宏观或中观等多层次社会运行模式的历史过程中。经验性研究及纵向探索的独特研究方法,再加上犯罪生涯、轨迹、转型等特有的理论概念和视角,决定了生命历程犯罪学是现代犯罪学中一个独特的、富有生命力的组成部分,是可以宽厚有力地承载现代犯罪学思想的独特研究范式。详见张小虎:《生命历程犯罪学的本土探究:典型罪案与核心原则》,载《社会学研究》2021年第4期。

③ 〔德〕汉斯·约阿希姆·施奈德:《国际范围内的被害人》,许章润等译,中国人民公安大学出版社1992年版,第4页。

④ **被害人学**,是研究被害人的特征、补偿和预防的科学。它通过对被害人的概念、被害人的共同人格特征、产生被害人的社会原因、容易成为被害人的个人要因以及发现这些要因时怎样进行治疗等问题的研究,寻找预防被害的有效途径和对被害人的补偿办法,以唤醒广大社会成员的警戒心,使之免遭犯罪之害,在尽可能的范围内减少被害的发生,减轻受难的程度,帮助被害人恢复正常生活。参见张智辉、徐名涓编译:《犯罪被害者学》,群众出版社1989年版,第1页。

的可乘之机。例如,1997年7月,北京W公司到J店里买了1500元的水暖器材,交给店主一张空白支票后,提货走了。半小时后,一位青年急匆匆赶到J店,说支票上印章有误,要收回支票,同时拿出1500元现金付了款。店主毫不怀疑,将支票给了他。其实,该青年是个骗子。这里不可否认,J店的疏于防范未按规定操作给犯罪以可乘之机,使自己成为被害人之一。① **(3) 技术防范**:遏制犯罪发生的技术防范也是犯罪发生条件研究的重要课题。例如,针对盗窃自行车犯罪猖獗的情况,捷安特自行车厂家推出了车把锁的设计。锁、车一体,并且钥匙只能按独特密码专门配制。罪犯即使窃得这样的自行车也难以从中获益,从而增加了犯罪的成本。这尽管不能从根本上消除盗窃自行车犯罪,但却可以减少这类犯罪的相当一部分。因此,从一定程度上说,切断犯罪条件,虽不能治本但却可以治标。

(四) 犯罪对策的研究:犯罪怎么办

这是犯罪学研究的归宿问题。"犯罪怎么办"重在探索应对犯罪的客观合理的刑事处置与社会政策。这一问题又可以基于如下思路展开:

1. 犯罪对策的研究问题脉络

基于不同的视角,"犯罪怎么办"的基本课题具体表现为:**(1) 刑事对策与社会对策**:刑事对策是犯罪对策的微观研究,主要寻求有利于遏制犯罪的、对犯罪人最合理的刑事处置,包括刑罚处罚与保安处分;社会对策是犯罪对策的宏观研究,主要着眼于宏观的社会结构,寻求遏制犯罪的最好的社会政策,例如,构建强有力的社会道德整合、确立合理的税收政策、建立健全社会保障体系等。**(2) 犯罪预防与犯罪控制**:犯罪预防,是指基于犯罪原因的揭示,由国家、社会乃至个人采取各种方略与措施,致力于减少、消除犯罪形成的致罪因素,对于个体犯罪现象以及社会犯罪现象,予以预先防范的一系列活动。犯罪控制,是指基于犯罪条件的揭示,由国家与社会采取各种措施与方法,致力于减少、消除犯罪发生的致罪因素,对于个体犯罪现象以及社会犯罪现象,予以限控与遏制的一系列活动。

2. 犯罪原因对犯罪对策的影响

犯罪原因的揭示,对犯罪对策研究有着重要的意义。如果犯罪是理性人的自由选择,那么就应当以法律威慑来预防犯罪(刑事古典学派相对主义)、以报应刑来惩罚犯罪(刑事古典学派绝对主义);如果犯罪是经验人的必然行为(或由于先天的遗传所致、或由于后天不良的社会化所形成的人格所致),那么就应当针对不同情况对犯罪人进行剥夺或者救治(刑事近代学派的剥夺犯罪能力主义或者矫正改善主义)。倘若将研究视角转向宏观的社会结构,我们会发现犯罪与社会结构有着密切的联系,犯罪寄生于社会。因此,治理犯罪的根本措施,在于完善市场公正和健全社会公正等机制,以最好的社会政策构建最优的社会结构。

---

① 后来W公司到法院告J店用那张支票多支取了9万元。该青年构成票据诈骗罪。法院判决先由J店承担民事责任,赔偿W公司的损失。因为W公司没有过错,而J店未核实来人身份,让人骗走空白支票,并由此让骗子骗支9万元,有过错。参见涂俊峰、石锋丽:《当心,票据陷阱》,载《法制日报》1999年10月8日第5版。

3. 犯罪对策的相对独立意义

在"犯罪怎么办"的研究中,也应当认识到,即使明确了犯罪形成的机理,不一定就能找到一套切实可行的犯罪对策;即使有了一套理想的犯罪对策,也不一定就能够使之落到实处。犯罪是极其复杂的,因为犯罪是人的社会行为,人是世界上最为复杂的事物[①],人之初性本善还是性本恶,自从人类几大文明的奠基时代(或曰轴心时代)时起,多少先哲们对之苦苦探索,然而争论至今仍无结果,更何况由人与人的互动所组成的社会以及其中的社会现象。从这个意义上说,社会科学的复杂性并不亚于自然科学。就是在自然科学领域,机理明确,也不一定就有有效的对策。例如,人对毒品的依赖机理,在医学上早已明确,这是由于毒品作为外源性阿片类物质作用于人体内的阿片受体,产生一系列的生理反应,一旦停用就会产生戒断症状,出现流涎流涕、腹痛腹泻、恶心呕吐等,迫使吸毒者不仅在生理上而且在心理上对毒品产生依赖,由此吸毒者会不择手段地去获取毒品。目前,世界各国众多的司法、医务工作者长期以来一直都苦苦地寻找着戒毒的有效方法,然而至今未果。据医学界药物方面的权威人士报道:吸毒者脱毒后在第一个月复吸率高达80%。[②] 因此,犯罪机理的明确,有助于犯罪对策的优选,但是犯罪对策的切实可行与落到实处,并不完全取决于犯罪机理的清晰。这就是说,在积极探索犯罪机理的同时,我们还应注重对犯罪对策运作机制的研究。

第四节 犯罪学的理论体系

犯罪学理论体系,是指犯罪学知识整体的结构框架。对此,不同的学者存在不同的体系建构。本书基于基础理论与具体应用的不同层面,以犯罪学研究的基本路径为核心线索,确立犯罪学的总论(若干内容)及分论(若干内容)的知识框架。

一、犯罪学理论体系的考察

如果以1878年意大利犯罪学家龙勃罗梭出版其代表作《犯罪人论(第二版)》为标志,作为犯罪学的诞生,则犯罪学至今已有一百余年的发展。经过历史的积淀与当今的努力,犯罪学已经基本形成犯罪现象论、犯罪原因论、犯罪对策论、犯罪类型论的知识体系。但是,中外不同的学者在对其具体内容体系的划分上,仍表现出一定的差异。

(一)中外代表性犯罪学著作的理论体系

1.《犯罪人论》的体系结构

《犯罪人论》是意大利犯罪学家龙勃罗梭的代表作。《犯罪人论》共18章,大致表现出犯罪人现象、犯罪原因、犯罪防治的体系结构。**(1) 犯罪人现象**(第1—13章):包

---

① 法国著名社会学家涂尔干指出:"在所有的现象中,人类的意志是最复杂的。"〔法〕埃米尔·迪尔凯姆:《自杀论——社会学研究》,冯韵文译,商务印书馆1996年版,第119页。

② 参见秦伯益:《纳曲酮使用中的问题和经验》,载《中国药物滥用防治杂志》1999年第2期,第4页。

括犯罪人的生物、道德、文化、行为特征等表现。**(2)犯罪原因**(第14—16章):从气候、种族、文化、饮食、遗传、年龄、精神病等方面对犯罪人的犯罪原因进行了分析;其中"结伙犯罪"一章,既是对土匪、黑手党、卡莫拉等结伙犯罪现象的表述,也是对其原因的分析。**(3)犯罪防治**(第17—18章):阐明针对不同的犯罪人进行合理的犯罪惩罚与治理的必要性与具体方法。①

2. 其他代表性《犯罪学》的体系结构

俄罗斯学者道尔戈娃所著《犯罪学》的体系为:第一编犯罪学是一门科学,阐述犯罪学的概念、对象、历史、体系、研究方法等问题;第二编犯罪及犯罪研究,阐述犯罪活动、犯罪现象、犯罪特征等问题;第三编犯罪的决定和因果关系,阐述犯罪原因、犯罪社会原因、犯罪条件等问题;第四编同犯罪作斗争,阐述犯罪的一般预防、特殊预防等问题;第五编犯罪学理论及在国外的发展,阐述犯罪遗传学、犯罪社会学等理论;第六编某些犯罪类型及同其斗争的特殊性,阐述暴力犯罪、财产犯罪、有组织犯罪、未成年人犯罪等犯罪类型;第七编犯罪的区域性特点。②

德国学者施奈德的专著《犯罪学》,共分七个部分:(1)导论:犯罪学研究的几个问题,阐述犯罪学的主要研究对象与方法;(2)作为人道与社会科学的犯罪学,阐述犯罪学的概念、历史、组织机构;(3)犯罪的统计、规模、结构及其历史发展与地域分布;(4)犯罪学的主要流派,阐述犯罪生物学、心理病理学、犯罪社会学、社会心理学犯罪理论等;(5)犯罪、性别和年龄,阐述妇女犯罪、青少年犯罪、老年人犯罪等;(6)造成犯罪的社会原因和对犯罪的控制;(7)对犯罪行为的正式反应,阐述犯罪的刑法处置等。③

美国学者西格尔(Larry J. Siegel)所著《犯罪学》的体系为:(1)犯罪、法律和犯罪学的概念,包括犯罪和犯罪学、犯罪的本质和外延、被害人和被害。(2)犯罪原因理论,包括理性选择理论、生物及心理特质理论、社会结构理论、社会化过程理论、社会冲突理论、生命历程犯罪学。(3)犯罪类型,包括暴力犯罪、政治犯罪与恐怖主义、财产犯罪、企业犯罪、公共秩序犯罪(性犯罪及精神药品滥用)、网络犯罪、跨国有组织犯罪。(4)刑事司法体系,包括刑事司法程序、警察与法庭、惩罚与矫正。④

我国台湾学者黄富源、范国勇、张平吾合著《犯罪学概论》的体系为:(1)导论篇,包括犯罪学的概念、学科地位、研究对象、历史发展、犯罪现象等。(2)研究方法与统计篇,包括犯罪学研究的理论基础、研究方法、犯罪统计。(3)犯罪原因篇,包括犯罪生物学、犯罪社会学、犯罪心理学、犯罪生态学、冲突犯罪学。(4)犯罪类型篇,包括暴力犯罪、财产及经济犯罪、无被害者犯罪、组织犯罪与黑金政治、跨国犯罪、政府犯罪、被害者学等。(5)犯罪刑罚篇,包括犯罪刑罚的概念、刑罚与保安处分。(6)犯罪

---

① 〔意〕切萨雷·龙勃罗梭:《犯罪人论》,黄风译,中国法制出版社2000年版。
② 参见〔俄〕阿·伊·道尔戈娃:《犯罪学》,赵可等译,群众出版社2000年版。
③ 〔德〕汉斯·约阿希姆·施奈德:《犯罪学》,吴鑫涛、马君玉译,中国人民公安大学出版社、国际文化出版公司1990年版。
④ Larry J. Siegel, *Criminology*, 11th ed., Belmont: Wadsworth, 2012.

处理篇,包括犯罪处遇、犯罪预防与控制。①

以 1992 年《犯罪学通论》②,尤其是 1995 年《犯罪学大辞书》③的出版为标志,中国犯罪学基本上确定了"绪论"(即犯罪学概念、研究对象、研究方法与任务等)、"犯罪现象论""犯罪原因论"和"犯罪类型论"的"四论"的理论体系。

(二)狭义犯罪学与广义犯罪学的理论体系

1. 狭义犯罪学的体系结构

狭义犯罪学,又称犯罪原因学,是以犯罪现象、犯罪原因为研究对象的科学,包括犯罪生物学与犯罪社会学。**犯罪生物学**,运用生物学的理论和研究方法,研究个体犯罪现象,揭示犯罪个体的生物因素对犯罪的影响。广义的生物学包括犯罪人类学、犯罪心理学、犯罪精神病学及狭义的犯罪生物学。**犯罪社会学**,运用社会学的理论和研究方法,研究个体犯罪现象或者整体犯罪现象,揭示社会微观环境因素或者社会宏观结构因素对犯罪的影响。包括犯罪地理学、犯罪统计学、犯罪社会心理学等。

由于受本国学术背景的影响,不同国家狭义犯罪学中犯罪社会学与犯罪生物学的比重有所不同。在德国,由于生物学的研究较为发达,因而犯罪生物学所占犯罪学的比重较大;而在美国,由于社会学的研究较为发达,因而犯罪社会学所占犯罪学的比重较大。总的来讲,欧陆国家(法国、德国、意大利等)倾向于狭义的犯罪学。

2. 广义犯罪学的体系结构

广义犯罪学,除了研究犯罪现象、犯罪原因之外,也探究防治犯罪的对策,表现为以犯罪现象、犯罪原因、犯罪对策为研究对象的科学,包括犯罪原因学与犯罪对策学(犯罪防治学)。**犯罪原因学**,运用生物学、社会学的理论和研究方法,研究个体犯罪现象或者整体犯罪现象,揭示生物因素或者社会因素对犯罪的影响,包括犯罪生物学、犯罪社会学。**犯罪对策学**,在通过犯罪现象揭示犯罪原因的基础上,提出一套合理的防治犯罪对策,包括刑罚学、监狱学、犯罪侦查学、警察学等。

总的来讲,英国、美国、中国、日本等国家倾向于广义的犯罪学,并且广义犯罪学是当今世界犯罪学研究的主流。例如,美国犯罪学之父萨瑟兰认为,犯罪学的内容有三:形成法律的过程、违反法律的过程、对违法者反应的过程(Processes of making laws, of breaking laws, and of reacting toward the breaking of laws)。④

二、犯罪学理论体系的确立

犯罪本质、犯罪现象、犯罪原因、犯罪对策是犯罪学的主要内容,不过犯罪学作为一门独立的学科,应当有其基础理论与基础理论的具体应用。在理论聚集、理论地位及知识内容等方面,总体问题与具体问题既存在具体层次上的区别又有着密切的关

---

① 参见黄富源、范国勇、张平吾:《犯罪学概念》,台湾三民书局 2002 年版。
② 康树华主编:《犯罪学通论》,北京大学出版社 1992 年版。
③ 康树华、王岱、冯树梁主编:《犯罪学大辞书》,甘肃人民出版社 1995 年版。
④ Edwin Sutherland and Donald Cressey, *Principles of Criminology*, 8th ed., Philadelphia: J. B. Lippincott, 1970, p. 3.

联,总论指导分论而分论的具体化内容又有助于总论知识的建构。有鉴于此,本书将犯罪学理论体系确立为:上篇犯罪学总论;下篇犯罪学分论。

(一)上篇犯罪学总论

总论部分主要阐述犯罪学的基础理论,从犯罪整体的视角分析犯罪学的基本观念。主要包括:(1)犯罪学的蕴意与理论源流(认识犯罪学),复分为犯罪学概述、犯罪学的形成与发展等。(2)犯罪学方法论(学会分析犯罪学),复分为犯罪学研究方法、生命历程犯罪学的范式。(3)犯罪的本质与现象(认识犯罪),复分为犯罪本质、犯罪现象的表现与测量。(4)犯罪原因论(解释犯罪),复分为犯罪的社会原因、犯罪原因的生物因素等。(5)犯罪对策论(治理犯罪),复分为犯罪预测、犯罪预防等。

(二)下篇犯罪学分论

分论部分主要阐述犯罪学的特别理论,从犯罪个别类型的视角分析犯罪学的具体知识。主要包括:(1)典型常见犯罪,复分为暴力犯罪、财产犯罪。(2)独特型犯罪,复分为:有组织犯罪、高新科技犯罪。(3)主体类型性犯罪,复分为外来人口犯罪、职务犯罪、青少年犯罪。

第二章　犯罪学的形成与发展

犯罪学伴随着刑事近代学派的兴起而诞生，有其较为浓厚的实证主义科学思想的理论背景。同时，欧洲大陆的一些社会学家有力地推进了犯罪学的理论研究，奠定现代犯罪学理论的思想基础。目前，犯罪学研究中心又转移到了美国，形成了当代较具代表性的社会结构理论、社会化过程理论与冲突理论。

第一节　犯罪学诞生之前的犯罪原因观念

一、前科学时代的犯罪原因观念

人类在前科学时代对犯罪问题的解释可谓是"超越现实的解释"。在古代，生产力水平低下，人类尚未完全摆脱蒙昧，认识能力极为有限。受制于外界自然的神奇力量，拥有丰富的想象力的人类，便创造出似乎是蕴藏于自然界深处的万能之神，这些自然之神主宰着人类的幸福与痛苦，有着不可触犯的绝对权威与无所不及的能量。统治者借助于"神"来为其统治辩护，统治者是神而不是人，神权、神治是这个时代的特点。在中世纪，占主导地位的政治思想依然是君权神授，君权源于神的授意，君主是"替天行道"。因此，在古代、中世纪，关于犯罪、刑法的思想，从根本上也归结为神说。"神权统治，神意的法，这种思想理论贯串着古代和中世纪整个政治法律思想体系中。无论古代与中世纪，这种思想理论体系的精神实质是相同的……都是'托神而治'，假神道以欺世罔民。"[①]

固然，这万能之神也笼罩着犯罪原因的解释。犯罪被看作是魔鬼的驱使，是对神的亵渎，对上天的触犯。因此，对罪犯的惩罚在实质上是对魔鬼制裁；使罪犯受到严重的痛苦是为了安抚受到亵渎的神灵，是神的意志的体现。尤其是，神学将惩罚本身变成了一种报偿，严刑峻法的结果恰恰就是人们幸福的开始。加之，当时的自然平等观念与血缘宗族制度，以血族复仇、同态复仇等方式回击犯罪，也就是天经地义的事了。火可以去除污秽使人净身，所以对所有的异端分子都要被处以火刑。轮回转世使人们信服，今世受到的惩罚越是严厉与深刻，来世得到的回转的幸福就越为丰厚与完美。由此，为了产生最大的威慑效果、为了让犯罪人赎罪、为了上帝的意愿，统治者们穷极想像力和创造力，创新出锯刑、轮刑、溺刑、碟刑等残忍的肉刑、死刑的行刑方式。这种魔鬼之罪与上天之罚或神灵之罚，在中外有着相似的历史轨迹。显然，这是背离科学的罪因观与惩罚观。

---

① 甘雨沛：《比较刑法学大全》（上册），北京大学出版社1997年版，第234—235页。

二、刑事古典学派的犯罪原因论

犯罪研究真正成为一门科学,应当归功于 18 世纪 60 年代刑事古典学派的诞生。15、16 世纪欧洲的文艺复兴为自然科学的发展开辟了广阔的空间,人类的思想逐步从中世纪神学的统治下解放出来。18 世纪欧洲的启蒙运动进一步提出了"公民""社会契约""普遍意愿""人权"和强有力的"自由、平等、博爱"的口号。① 在这一时代的背景下,1764 年意大利学者贝卡利亚(Cesare Beccaria)发表了《论犯罪与刑罚》一书,标志着现代刑事科学的诞生,贝卡利亚也成为刑事古典学派的鼻祖。

不过,刑事古典学派对犯罪问题的解释只是"理想主义的解释"。在刑事古典学派那里,犯罪原因不是罪刑处置的核心,问题的关键是刑罚的理性。这就是说,意志自由与趋利避害是人类之本性;犯罪人与普通人都一样,都是受趋利避害原则支配并且有着意志自由的理性人;犯罪只是这种理性人自由选择的结果。因此,要遏制犯罪,必须刑罚的恶果大于犯罪的好处。在此,理性人、意志自由论与心理强制说是关键词。按照这一思路,犯罪原因的解析是较为明确的,需要着力探寻的是犯罪后的合理的刑事处置,这是"犯罪的刑罚学"②。刑事古典学派的犯罪与刑罚的思想,犹如东升的旭日一扫刑事寰宇的沉寂与黑暗,开创了刑事科学的先河。然而,其只是简单机械与各案归一的罪因定论,事实上犯罪原因并非如此简明。尽管刑事古典学派以系统、精确的理性思辨论证了刑罚的合理性,从而构建了刑罚理论的科学大厦,但是其对犯罪原因的认识只是单纯的主观逻辑演绎,是主观理想化的而非现实的。刑事古典学派思想的重心,不在以犯罪人及其犯罪原因的特征为核心的犯罪学上,此时犯罪学尚未真正地诞生。

第二节 刑事近代学派肇始及犯罪学诞生

刑事近代学派的肇始标志着犯罪学的诞生。刑事近代学派将实证研究的探针刺入罪因的魔球,以实证科学揭示犯罪原因,建构了刑罚的犯罪学。③ 在这里,犯罪学的学科特征及核心思想才真正地得以形成与确立。

一、刑事近代学派的肇始

实证主义精神的科学思想感召,是犯罪学形成的重要思想背景。18、19 世纪,现代天文学、物理学、化学、生物学、生理学等先后创立,自然科学取得了长足的进展。自然科学的研究成果及其精确的验证方法给社会思想家以深刻的启示,以科学实证的方法研究自然、社会成为当时的一种时尚。作为数学家、物理学家的孔德(Auguste

---

① 参见〔英〕阿伦·布洛克:《西方人文主义传统》,董乐山译,生活·读书·新知三联书店 1997 年版,第 124 页。
② 详见张小虎:《从犯罪的刑罚学到刑罚的犯罪学》,载《犯罪研究》2000 年第 5 期。
③ 同上。

Comte),于 1830 年至 1842 年发表了六卷本的《实证哲学教程》巨著,1838 年他在该著第四卷中第一次提出了"社会学"这个新名词,意图建立一门用自然科学的精确方法来研究社会的科学。社会学领域通常认为,这标志着社会学的诞生,并将孔德誉为社会学之父。社会学的思想大大地推进了对犯罪问题的探索,它不仅将犯罪研究的视角由犯罪后的惩罚引向犯罪前的罪因机制,而且为犯罪原因的揭示提供了强有力的社会理论与实证方法。实际上,犯罪是一种社会现象,犯罪率随着社会结构要素的不同而波动,社会变迁影响着犯罪,社会交往也与犯罪紧密相关。[①] 虽然不能绝对地说犯罪原因是单一的社会因素,也不乏有从生物学、心理学的视角探索犯罪原因的犯罪生物学理论、犯罪心理学理论,但是社会因素是犯罪形成的主要原因,犯罪社会原因理论是当代犯罪原因理论的主流。在实证主义思想的感召下,1878 年意大利犯罪学家龙勃罗梭的《犯罪人论(第二版)》在意大利的出版引起了广泛的关注,标志着犯罪学的诞生,也是刑事近代学派的肇始。

二、刑事近代学派的犯罪原因论

刑事近代学派对犯罪问题的解释可谓是"现实主义的解释"。龙勃罗梭率先将犯罪人从犯罪行为中分解出来,提出欲揭示犯罪的原因,必先研究实施犯罪的人。由此,犯罪不只是以标准的犯罪构成要件为统帅的行为的统一体,而是由犯罪行为与犯罪人两个不同质的要素构成的有机系统。这里的犯罪人不是融于行为之中的犯罪人,而是作为行为这个结果的原因而存在的有其特定的生物、心理、社会化过程的犯罪人。这是以犯罪原因为重心的对犯罪的分析。行为的原因有待于从行为人中得到解释,而行为人并非是人人如一的抽象的理性人,而是有着不同的人类学或者社会学的基础的具体的经验人。这些经验人的形成有其原因;同时这些经验人也存在着不同的类型。进而,犯罪人构成了研究的中心,对犯罪的分化不再仅仅是行为的类型,而更重要的是表现着不同的犯罪原因的行为人的类型。应受惩罚的不是行为而是行为人。刑罚的目的不在于报应,而在于预防再犯防卫社会。有着不同犯罪原因的犯罪人的分化,决定了预防再犯防卫社会措施的多元化,刑罚不再是唯一的,甚至于也不是主要的。

在这里,思想的变革、方法的变革与体系的变革,使犯罪学真正地成为一门独立的学科。**(1)思想的变革**:刑事近代学派以"经验人"的概念取代了刑事古典学派的"理性人",由此能够对不同犯罪作区分的不是外部行为特征的差异,而是行为人内在的人格特征(人身危险性)的不同,显然这是行为人中心的理论逻辑。[②] **(2)方法的变革**:刑事近代学派强调运用实证方法构建理论命题,即通过使用人的感官如视觉和听觉来观察外部世界,从而得出事实结论,其观察结果又可以由别人用同样的过程来检验其正确性。**(3)体系的变革**:刑事近代学派以犯罪原因与犯罪防控构建刑事科学

---

① Larry J. Siegel, *Criminology Theories, Patterns, and Typologies*, 4th ed., New York: West Publishing Company, p. 213.

② 详见张小虎:《刑法学(第二版)》,北京大学出版社 2022 年版,第 11 页。

的知识脉络,其理论焦点在于以犯罪人为主线的罪因机制理论以及以适合于罪因机制的犯罪对策理论。由此可见,在犯罪学的思想框架下,经验人、行为决定论、罪犯处遇[①]等是关键词。

第三节 犯罪学理论发展的里程碑

刑事近代学派确立了犯罪学研究的核心思想、根本方法及知识体系,循此科学轨迹,罪因科学的列车呼啸前行,越过了科学史上的一个个里程碑。

一、19世纪欧洲大陆的犯罪原因论

19世纪犯罪学研究的中心在欧洲大陆,意大利学者菲利(Enrico Ferri)的犯罪原因三元论成为列举致罪因素考究罪因的经典[②];德国学者李斯特(Franz Liszt)的犯罪原因二元论确立了社会因素在罪因中的核心地位。法国学者涂尔干(Emile Durkheim)的社会失范论与犯罪功能论、法国学者塔尔德(G. Tarde)的犯罪模仿论、比利时学者凯特勒(Lambert Quetelet)的犯罪统计学等许多著名论断的拓荒,为当代犯罪学理论的繁荣奠定了坚实的思想基础。关于19世纪罪因理论的具体内容,本书在第三章中具体阐释。

二、20世纪以来的犯罪原因论

20世纪以来犯罪学研究的中心转移到美国,美国社会学家默顿(Robert Merton)的社会反常理论、美国社会学家萨瑟兰(Edwin Sutherland)的差异交往论、美国社会学家赫希(Travis Hirschi)的社会控制理论、美国社会学家利默特(Edwin Lemert)的标签理论等许多著名论断的雕琢,使粗犷的罪因思想日益深入与精确,并形成了各具特色的学术流派,从而开创了罪因机制的理论时代[③]。如今,对于罪因机制的揭示已经成为专业犯罪理论研究所应有的基本特质。关于20世纪以来罪因理论的具体内容,本书在第四章中具体阐释。

---

① 罪犯处遇,与刑事制裁相对,是指专门从教育矫治的特殊预防的需要出发,探讨对于罪犯的恰当处置,并且关联侦查、起诉、审判、执行等整个刑事司法过程,对于矫正教育罪犯所需的处置予以考究。详见张小虎:《宽严相济刑事政策的基本思想与制度建构》,北京大学出版社2018年版,第195页。

② 犯罪学理论的"罪因要素",以社会原生态的一些社会素材为原料,对其进行简单的类型性归纳,从中列举出致罪的核心因素,诸如,"政治因素""经济因素""文化因素""社区环境""家庭因素"等,着力阐释各个致罪因素对于犯罪的作用关系。菲利的犯罪原因三元论,将致罪的核心因素归为"人类学因素""自然因素""社会因素"三个方面。在犯罪学研究的早期阶段,其在罪因要素的揭示上相对客观、系统与明晰。

③ 犯罪学理论的"罪因机制",以基于原生态的社会素材加工制作而成的社会机制要点为元素,过滤出其中的关键性致罪元素作为核心致罪要素,诸如,"文化目标""合法方法""中产阶级测量标尺""差异交往""社会纽带"等,考究在犯罪形成中这些致罪要素之间的作用关系,以及这些致罪要素与犯罪之间的作用关系。例如,默顿的"目标"与"方法"之间的背离促成"犯罪"的命题。详见张小虎:《宽严相济刑事政策的基本思想与制度建构》,北京大学出版社2018年版,第238页。

第三章　19世纪欧洲犯罪原因理论的开拓

19世纪欧洲的犯罪原因理论,为现代犯罪原因理论的发展与繁荣奠定了坚实的基础。这其中:既有对致罪因素的科学提炼,如犯罪原因三元论、犯罪原因二元论;也有对常态社会与反常社会的犯罪原因的不同分析,如犯罪功能论与社会失范论;既有宏观社会结构的犯罪原因考究,如社会失范论;也有微观个体的犯罪原因的探究,如犯罪模仿论。

第一节　犯罪实证学派

龙勃罗梭以及同是意大利著名犯罪学家的加罗法洛(Raffaele Garofalo)、菲利(Enrico Ferri)等对犯罪问题进行了开拓性的研究,创立了独树一帜的犯罪实证学派,他们三人也被誉为"犯罪学三圣"。犯罪实证学派的最初形态是犯罪人类学派,其后又发展为犯罪社会学派,从而形成了犯罪人类学派与犯罪社会学派两个分支。其中,龙勃罗梭是犯罪人类学派的主要代表,菲利是犯罪社会学派的主要代表。

一、龙勃罗梭的犯罪学思想

龙勃罗梭勤于笔耕,一生著作多达三百余种,《犯罪人论》是其经典的代表作。龙勃罗梭的功绩在于他将实证主义的方法引入刑法研究,并且使对刑法问题的探讨从行为中心转向行为人中心。尽管龙勃罗梭的天生犯罪人论难以为学界所接受,但是他对刑法研究方法的变革以及研究视角的转换使他摘取了犯罪学之父的桂冠。龙勃罗梭的学术思想丰富,兹择要介绍如下:

(一)犯罪主要是一种返祖遗传

龙勃罗梭刑法研究的路径是,犯罪的原因各有不同,这种原因存在于犯罪人的现实世界,应当采用实证的方法探索犯罪原因,由此针对不同的犯罪原因采取不同的刑事处置。这样,在刑法研究中,实证方法成为必要的手段,犯罪原因成为核心的内容。

在早期的著述中,龙勃罗梭主要注意遗传等先天因素对犯罪的影响。作为一名监狱医生,他对几千名犯人作了人类学的调查,并进行了大量的尸体解剖。1870年12月,在意大利帕维亚监狱,龙勃罗梭打开了全意大利著名的土匪头子维莱拉尸体的头颅,发现其头颅枕骨部位有一个明显的凹陷处,它的位置如同低等动物一样。这一发现触发了他的灵感,由此他认为,犯罪人与犯罪真相的神秘帷幕终于被揭开了,原因就在于原始人和低等动物的特征必然要在我们当代重新繁衍,从而提出了他的天生犯罪人理论。

龙勃罗梭的天生犯罪人理论,包括四个方面的主要内容:(1)体格异常:犯罪人的体格和心理呈现许多异常表征,与普通人的不同。(2)人种变种:犯罪人是人种的变种,属于人类学上的一种退化现象。(3)返祖蜕变:犯罪人是蜕变到低级的原始人的类型,是现代社会的"野人"。(4)犯罪遗传:犯罪人基于隔代遗传或者返祖遗传而有犯罪的习性,犯罪习性具有天赋。①

(二)犯罪取决于多种因素

龙勃罗梭的天生犯罪人理论一经传播,马上遭到来自各方面的抨击。当看到龙勃罗梭搜集的那些相貌不对称和有特征的罪犯画像时,法国人类学家托皮纳尔(Paul Topinald)②尖刻地挖苦说:"这些肖像看起来与龙氏朋友们的肖像一模一样。"英国犯罪学家戈林(Charles Goring)经过12年的工作,根据96种特征考察了3000名以上罪犯,在科学验证的事实之上,戈林断言,不存在天生犯罪人类型,犯罪不是由遗传而来的,他呼吁犯罪学家把心理特征,特别是智力缺陷作为犯罪行为的原因来加以研究。

在这种情况下,龙勃罗梭在后期的著作中也修正了自己的观点,从只注重犯罪的遗传等先天因素,到把犯罪原因扩大到堕落等后天因素的影响,对犯罪的生理、心理、环境、气候等多方面的原因进行了探讨,并强调智力、情感、本能、习惯、下意识反应、语言、模仿力等心理因素与政治、经济、人口、文化、教育、宗教、环境等社会因素以及自然因素的作用,天生犯罪人在罪犯总数中的占比也一再降低,由原来的70%降至33%,由此形成综合的犯罪原因论。他指出:"导致犯罪发生的原因是很多的,并且往往缠结纠纷。如果不逐一加以研究,就不能对犯罪原因遽下断语。犯罪原因的这种复杂状况,是人类社会所常有的,决不能认为原因与原因之间毫无关系,更不能以其中一个原因代替所有。"③

(三)针对犯罪人的不同类型施以相应的刑事处置

基于对犯罪原因的揭示,龙勃罗梭提出了救治犯罪的新方法。他认为,人类学的研究告诉我们,犯罪和出生、死亡、妊娠一样,既是自然的现象,也是必然的现象。既然犯罪是必然的,几乎是无可救药的,那么犯罪的对策也不应该是单一的惩罚性的刑罚,而应以犯罪的危险状态为根据,针对犯罪的不同情况,采取救治措施。

龙勃罗梭将犯罪人分为三种:(1)生来犯罪人,又称天生犯罪人,这部分犯罪人之所以犯罪,主要是因为遗传因素的作用,从而可将之称为遗传犯罪人。(2)倾向犯罪人,与生来犯罪人存在较大区别但又有一定联系,基于遗传因素的视角,也可谓是贴近生来犯罪人的一种形态。(3)偶然犯罪人,包括情感犯罪人,这类犯罪人并不因为遗传而犯罪,从而与生来犯罪人完全无关,而是与生来犯罪人相对的一种犯罪类型。

---

① 〔德〕汉斯·约阿希姆·施奈德:《犯罪学》,吴鑫涛、马君玉译,中国人民公安大学出版社、国际文化出版公司1990年版,第114—115页。

② 托皮纳尔在1879年出版的《人类学》一书中首次使用犯罪学这一术语,意思是研究犯罪行为问题的科学。

③ 转引自陈兴良:《刑法的启蒙》,法律出版社1998年版,第176—178页。

龙勃罗梭致力于对犯罪人的人类学特征的揭示,认为可以从犯罪人的体格特征与心理特征上,将犯罪人与普通人以及将不同类型的犯罪人区别开来。例如,天生犯罪人具有如下特征:(1)生理特征:扁平的额头,头脑突出,眉骨隆起,眼窝深陷,巨大的颌骨,颊骨同耸,齿列不齐,非常大或非常小的耳朵,头骨及脸左右不均,斜眼,指头多畸形,体毛不足等。(2)精神特征:痛觉缺失,视觉敏锐;性别特征不明显;极度懒惰,没有羞耻感和怜悯心,病态的虚荣心和易被激怒;迷信,喜欢文身,惯于用手势表达意思等。①

在犯罪分类的基础上,龙勃罗梭提出了相应的救治措施。(1)刑罚遏制措施:对遗传性犯罪人采取刑罚遏制措施,使犯罪人丧失犯罪或者再犯罪的能力或条件,防止其再犯罪。具体地说,对于尚未犯罪但有犯罪倾向的人实行保安处分,即预先使之与社会隔离;对于具有犯罪生理特征者予以生理矫治,即通过医疗措施如切除前额、剥夺生殖机能等来消除犯罪的动因;将危险性很大的人流放荒岛、终身监禁乃至处死。(2)刑罚替代方法:对偶发性犯罪人、情感性犯罪人,应当施以法庭警告、训诫、善行保证、不定期刑、罚金刑、缓刑、假释或置于矫正机构进行矫正等刑罚替代方法。龙勃罗梭不赞成自由刑尤其是短期自由刑,他认为监狱使罪犯聚于一处,互为习恶,徒增犯罪之事,监狱教育只能产生出更多的累犯和惯犯。②

二、加罗法洛的犯罪学思想

加罗法洛于1885年出版了题为《犯罪学》③的著作,以犯罪(自然犯、法定犯)、犯罪人(人类学因素、社会因素)、遏制犯罪(应对犯罪的合理刑事措施)作为核心内容,成为第一部以犯罪学命名的学术著作。加罗法洛是龙勃罗梭的学生,他一方面坚持龙勃罗梭的犯罪人类学的思想立场,以及实证和归纳的研究方法,同时他又开拓性地将犯罪区分为自然犯与法定犯,并强调应当区分这两种犯罪的原因,采取不同的对策,尤其是他对自然犯罪人进行了深入的研究,提出了一系列的独特见解。兹择要介绍加罗法洛的犯罪学思想如下:

(一)提出自然犯与法定犯的概念

加罗法洛在龙勃罗梭的"天生犯罪人"的理论基础上,运用实证和归纳的方法,将犯罪区分为自然犯和法定犯,并认为该两种犯罪各有不同的原因,需要采取不同的对策。**(1)自然犯**,是指违背人类在最低限度上所应有的、贯穿于人类社会始终的怜悯情感或正直情感的犯罪。即在一个行为被公众认为是犯罪前,必需有其不道德的因素,犯罪是对道德的伤害,"而这种伤害又绝对表现为对怜悯和正直这两种基本利他情感的伤害。而且,对这些情感的伤害不是在较高级和较优良的层次上,而是在全社会都具有的平常程度上,而这种程度对于个人适应社会来说是必不可少的。"④这就意

---

① 〔美〕汉斯·托奇主编:《司法和犯罪心理学》,周嘉桂译,群众出版社1986年版,第214页。
② 参见刘麒生:《郎伯罗梭氏犯罪学》,商务印书馆1938年版,第362页以下。
③ 参见〔意〕加罗法洛:《犯罪学》,耿伟、王新译,中国大百科全书出版社1996年版。
④ 同上书,第44页。

味着,我们可能发现,在人类存在的这个非常广泛的领域中,怜悯情感和正直情感具有同一性,犯罪就在于其行为侵犯了这种同样的两种情感之一。① **(2) 法定犯**,是指由法律所规定的犯罪。在此,法定犯是一个模糊的定义。因为它几乎可以适合于任何一个从不同角度都将被看作对社会有害的行为。加罗法洛指出,法律学者"并不把犯罪看作是一个心理异常的人,而是看作仅仅因为做了法律禁止且应受到惩罚的行为而不同于他人的人。法律学者只在外部形式上研究犯罪,却不从心理实验的角度进行分析;犯罪的起源从来不是他考虑的问题,他所关心的是查明各种重罪与重罪的外部特征,即按照它们所侵犯的权益对事实分类。他要寻找的刑罚是一种均衡而且'抽象'的公正的刑罚,而不是经验证明能在总体上有效地减少犯罪的刑罚。"②

(二) 衡量犯罪的标准是犯罪人的人身危险性

加罗法洛否定刑事古典学派关于"衡量犯罪的标准是犯罪对社会的危害性"的思想,主张犯罪人的人身危险性大小是决定罪行轻重的标准,而犯罪人的人身危险性是指未然之罪的可能性。他指出:"如果不了解罪犯的生活经历和心理,就不可能评估危险和惊恐的轻重。社会的危险并不是个人已经遭受的危险,而是持续下来的危险。就危险本身来说,已经遭受的危险并不具有社会性的意义,其意义仅在于它是一种能够使我们确定将来所面临危险的因素。"③文中的"危险"就是我们现在所称的"危害"。不过,这个"危害"被定位于罪犯的特征。

加罗法洛不赞成刑事古典学派所谓的罪刑相适应的思想,认为寻求一种罪行的定量标准是完全无益的,因为不同的犯罪有不同的属性,难以形成一个统一的定量标准,即使在同一种犯罪中使用损害的检验标准也只会使我们去评估受害者应受的物质或金钱上的补偿,因而必须彻底抛弃刑事古典学派的刑罚等级、罪刑关系、罪刑均衡。他强调:"我们应当处理的问题是在各种类别的犯罪中,罪犯对生活的适应问题。换言之,我们的努力不应是评估罪犯所承受的损害程度,而应是确定遏制的方式,而且这种方式应当很适合于罪犯的特征"④罪犯应当严格地服从于社会预防措施的需要,由此,罪犯所受到惩罚的依据,是构成罪犯个性的所有因素,即罪犯的精神、天性和特性。⑤

(三) 针对犯罪人的不同类型施以相应的刑事处置

基于自然犯与法定犯的区别,加罗法洛认为法定犯实际上不一定就是犯罪。犯罪是侵害人类最低限度的、人类社会所共有的正直情感或怜悯情感这两种情感之一的行为。这就是说,只有自然犯才是真正的犯罪,自然犯的犯罪原因有其犯罪人的特有的恶劣本质,而法定犯只是因为法律规定才使其成为犯罪人。由此,加罗法洛一方面将有关法定犯剔除于犯罪之外,另一方面对自然犯作了犯罪人类型的划分并赋予

---

① 参见〔意〕加罗法洛:《犯罪学》,耿伟、王新译,中国大百科全书出版社1996年版,第29页。
② 同上书,第62—63页。
③ 同上书,第263页。
④ 同上书,第266—268页。
⑤ 参见同上书,第273页。

各别的刑事处置。加罗法洛将自然犯罪人分为两大类型:(1)伤害怜悯感的犯罪:对怜悯感或仁慈感的伤害。包括:侵害人的生命和所有意在对人产生身体伤害的行为;立即造成身体和精神上痛苦的客观行为;直接造成精神痛苦的行为。(2)伤害正直感的犯罪:对于正直感的伤害。包括:对财产的暴力侵犯;不包含暴力但存在违反诚实情况的犯罪;以正式或庄严方式所作的对个人财产或民事权利造成间接侵害的陈述或记载。

根据自然犯罪人的不同类型,分别施以不同的刑事处置。例如,谋杀犯,缺乏道德意识和最低程度的怜悯感,具有先天的心理异常,不能同化在人类社会中,属于极端、典型的罪犯,对这些罪犯,通常的处置是适用死刑①,将他们绝对消除,例外处置是,禁闭于精神病院。又如,暴力犯,缺乏仁慈或怜悯感,不过其在精神上和生理上又均离常人不远,包括杀人犯、暴力劫持、强奸犯、有可能改变其天性的少年犯等,对这些犯罪人,分别不同情况施以流放荒地、禁闭于精神病院或拘留于海外惩戒营等措施。②

三、菲利的犯罪学思想

菲利是龙勃罗梭的学生,他承认犯罪与遗传等先天因素有着密切的联系,十分注重犯罪的人类学因素。但是,菲利又不满足于犯罪人类学派的理论,更为关注犯罪的社会原因,提出了犯罪原因三元论、犯罪饱和论、刑罚的替代措施、社会责任论等著名论断,从而开创了犯罪社会学派的先河。他的著述主要有:《犯罪社会学》《实证派犯罪学》《刑法论》等。兹择要介绍菲利的犯罪学思想如下:

(一)犯罪原因三元论

菲利既否定刑事古典学派犯罪原因的自由意志论,又不赞成将犯罪原因仅归结为自然因素。他指出:"任何一种犯罪,无论是谁犯的,也无论是在什么情况下犯的,都不能认为它不是行为人自由意志的选择就是自然原因的必然结果。因为前一种解释没有科学价值。除非认为犯罪是特定生理和心理构成在特定自然和社会环境中作用的结果,不能对犯罪作出任何其他科学的解释。实际上,对人或动物的其他任何行为来说都是如此。"③由此菲利断言:"犯罪是多种原因的结果,这些原因总是连成一个复杂的网络,尽管如此,通过认真的研究,这些原因还是可以查明的。"④无论哪种犯罪,从最轻微的到最残忍的,都不外乎是犯罪者的自然心理机制和生理状态,其所处的自然条件和其出生、生活或工作于其中的社会环境三种因素相互作用的结果。

菲利的犯罪原因三元,即人类学因素、自然因素和社会因素。(1)人类学因素,包括罪犯的生理、心理、个人状况三个次种类。罪犯的生理状况包括:颅骨异常、脑异

---

① 与龙勃罗梭的见解同出一辙,1885年加罗法洛在其名著《犯罪学》中,将这些谋杀犯类比作"纯粹的野兽""永远的敌人",主张对他们应当适用死亡,除此之外没有更好的办法。〔意〕加罗法洛:《犯罪学》,耿伟、王新译,中国大百科全书出版社1996年版,第333—334页。
② 参见同上书,第329—353页。
③ 〔意〕恩里科·菲利:《犯罪社会学》,郭建安译,中国人民公安大学出版社1990年版,第42页。
④ 〔美〕里查德·昆尼等:《新犯罪学》,陈兴良等译,中国国际广播出版社1988年版,第50页。

常、主要器官异常、感觉能力异常、反应能力异常和相貌异常及文身等所有生理特征。罪犯的心理状况包括：智力和情感异常，尤其是道德情感异常，以及罪犯文字和行话等。罪犯的个人状况包括：种族、年龄、性别等生物学状况和公民地位、职业、住所、社会阶层、训练、教育等生物社会学状况。(2) 自然因素，是指气候、土壤状况、昼夜的相对长度、四季、平均温度和气象情况及农业状况。(3) 社会因素，包括人口密集、公共舆论、公共态度、宗教、家庭情况、教育制度、工业状况、酗酒情况、经济和政治状况、公共管理、司法、警察、一般立法情况、民事和刑事法律制度等。①

关于犯罪原因三因素在犯罪自然形成过程中各自所起的相对作用，菲利认为，对此没有一个普遍适用的明确答案，"人类学因素、自然因素和社会因素的相对作用，随着每一种违法行为的心理学和社会学特征不同而不同。例如，如果我们研究侵犯人身、侵犯财产和侵犯人身贞洁这三大类犯罪，那么各种决定因素，尤其是生物学因素和社会因素对杀人、盗窃和猥亵奸污罪的产生显然具有明显不同的作用。在每一种犯罪中，这三种因素的作用都是如此。社会因素，尤其是经济状况对盗窃罪的产生具有不可否认的作用，但对杀人和猥亵奸污罪的产生所起的作用则要小得多。同样，三种犯罪原因在每一种犯罪中所起的作用都因犯罪的种类不同而大小不相同。"②

（二）犯罪饱和论

犯罪饱和论又称犯罪饱和法则，是菲利在犯罪原因分析的基础上得出的一个重要的结论。其核心命题是，特定的社会状况会存在相应数量的犯罪，这就如同化学上的饱和溶液现象。具体内容包括：(1) 三元因素的决定：犯罪饱和现象奠基于犯罪原因的三元因素规律。这就是说，犯罪是由人类学因素、自然因素和社会因素相互作用而成的一种社会现象。由此，"每一个社会都有其应有的犯罪，这些犯罪的产生是由于自然及社会条件引起的，其质和量是与每一个社会集体的发展相适应的。"③"自然的和社会的环境，借助于行为人先天遗传的和后天获得的个性倾向及其他偶然的刺激，必然决定一个国家某一时期的犯罪在质和量上的程度。"④(2) 犯罪饱和的法则：社会的犯罪现象犹如化学上的饱和溶液现象。"犯罪统计资料表明，犯罪从总体上看增长了，但各年度之间或多或少有些波动，或升或降有些变化。因此，每一年度犯罪的多少显然都是由不同的自然和社会环境，按照犯罪饱和法则，与行为人的遗传倾向和偶然冲动相结合而决定的。就像我们发现一定数量的水在一定的温度之下就溶解为一定数量的化学物质但并非原子的增减一样，在一定的自然和社会环境下，我们会发现一定数量的犯罪。"⑤

菲利的犯罪饱和论并非是一种消极的宿命论，相反从犯罪原因三元论中，菲利也充分彰显了其对犯罪预防的积极倡导。他认为，尽管不能最终消灭由人类学因素、自

---

① 〔意〕恩里科·菲利：《犯罪社会学》，郭建安译，中国人民公安大学出版社 1990 年版，第 41—42 页。
② 同上书，第 44 页。
③ 〔意〕恩里科·菲利：《实证派犯罪学》，郭建安译，中国政法大学出版社 1987 年版，第 43 页。
④ 〔意〕恩里科·菲利：《犯罪社会学》，郭建安译，中国人民公安大学出版社 1990 年版，第 98 页。
⑤ 同上书，第 56 页。

然因素所决定的犯罪,但是通过改善社会环境可以减少和控制相当一部分由社会因素所导致的犯罪。菲利指出:"我们实证主义者并不对此(犯罪)进行或多或少的宿命论的解释,因为我们已证明,尽管我们依据仅有的方案所进行的减少和消灭犯罪的工作开始是徒劳无益的,但犯罪也绝不是我们不可改变的命运。事实上,犯罪的差额是由物质条件和社会条件决定的。通过改变最易改变的社会环境,立法者可以改变自然环境及人的生理和心理状况的影响,控制很大一部分犯罪,并减少相当一部分犯罪。我们深信,一个真正文明的立法者,可以不过多地依赖刑法典,而通过社会生活和立法中潜在的救治措施来减少犯罪的祸患。""我从未相信在最近或不远的将来人类能够消灭全部犯罪。甚至于在以彻底改变、建立在友谊及社会正义基础之上的未来社会为目标的社会主义社会中,也不能自己天真地绝对深信犯罪、精神病和自杀将会从地球上全部消失。但是我们坚信,犯罪、精神病及自杀的某种特有形式将会消失,除了由于创伤及自然等因素的影响而产生的、少见的偶发形式之外,其他任何形式的犯罪、精神病及自杀都将完全消失。"①

(三)刑罚的替代措施

根据犯罪饱和论,在犯罪对策上菲利提出了刑罚的替代措施。其核心命题是,对于犯罪来说刑罚尽管是必要的,但是由于其效益很有限因而应当协调社会来遏制犯罪。具体地说:

刑罚虽系必要但效果有限:(1)刑罚的存在是必要的:只要存在犯罪,那么应对犯罪的刑罚就是必要的。因为"犯罪饱和法则注定了,每一个社会环境由于与个人和社会缺陷密不可分的自然因素的作用,而不可避免地要产生的犯罪的最低数量。对这一最低数量的犯罪来说,以一种形式或另一种形式而存在的刑罚将永远是首要的措施,尽管其对于防止犯罪行为的产生并不是很见效。"②(2)刑罚的效果是有限的:对于遏制犯罪来说,刑罚的效果是极其有限的。"因为经验使我们确信刑罚几乎完全失去了威慑作用,所以为了社会防卫的目的,我们必须求助于最有效的替代手段。"③"关于预防犯罪措施的改革哪怕只进步一点,也比出版一部完整的刑法典的效力要高一百倍。"④

调整社会机体是重心:尽管刑罚是永久的必要的,但其应成为次要手段,而刑罚的替代措施则应成为主要手段。所谓刑罚的替代措施就是,考究犯罪的个人、自然及社会的原因,由此确立协调社会整体关系的社会措施,使社会有机体的机能得以增强,从而通过疏导将人类引向非犯罪的轨道。这就是菲利所说的:"立法者,通过研究个人和集体行为的产生、条件和结果,逐渐认识到人类的心理学和社会学规律,据此能够控制许多导致犯罪产生的因素,尤其是社会因素,并因此确保对犯罪的形成产生一种间接但更确定的影响。也就是说,在各种立法、政治、经济、行政和刑罚手段中,

---

① 〔意〕恩里科·菲利:《实证派犯罪学》,郭建安译,中国政法大学出版社1987年版,第43、56页。
② 〔意〕恩里科·菲利:《犯罪社会学》,郭建安译,中国人民公安大学出版社1990年版,第80页。
③ 同上。
④ 同上书,第94页。

从最大的机构到最小的单位,社会体制将会得到调整,从而使人类行为并不总是无益地为镇压所威慑,而是被不知不觉地导向非犯罪的轨道上去,为在最小限度地导致暴力滋扰和违法机会的条件下发挥个人能力和满足个人需要留下充分的余地。"[1]例如,为了防止酒精中毒以及因酒精而引起的犯罪,可以采取如下间接措施:提高酒的税率,降低咖啡、茶和啤酒等有益健康的饮料的税率;严格限制酿酒和卖酒执照的发放数量;像美国那样加重持有酿酒和卖酒执照者的法律责任;将酗酒者开除出工会……[2]**注重犯罪原因与犯罪预防**:刑罚的替代措施的确立与实施,以犯罪原因的考究为前提及基础,并且旨在实现对犯罪的事先防控。"刑罚的替代措施的目标不是使所有重罪和轻罪都不可能产生,而是在任何特定的自然和社会环境下都力争将它减少到最小的数量。"[3]菲利指出:"家庭、学校、男女交往的日常经验和社会生活的历史从侧面告诉我们,为了减少情感爆发的危险,消除其产生的原因比当它已经聚集力量时刻待发时再去制止它更有益。"[4]

第二节 19世纪后期的犯罪社会学

19世纪后期,德国刑法学家李斯特的犯罪原因二元论、法国社会学家塔尔德的犯罪模仿论、法国社会学家涂尔干的社会失范论、犯罪功能论,构成了当时犯罪学研究的典型与主流,并且为其后的犯罪学发展奠定了坚实的基础。当代美国犯罪原因的许多重要学说,正是在汲取了19世纪后期犯罪原因理论知识养分的基础上,经发展而成为当今的主流。

一、李斯特的犯罪社会学理论

德国刑法大师、刑事近代学派巨擘李斯特(Franz Liszt),力倡刑事社会学的基本思想,提出了"应受惩罚的不是行为而是行为人""最好的社会政策就是最好的刑事政策"等著名论断,系统地阐述了犯罪原因二元论、社会责任论、社会防卫论、教育刑论等思想,有力地推进了刑事领域的变革。李斯特的著作主要有:《德国刑法教科书》《刑法目的观念》《作为社会病态表现的犯罪》《刑法论文与演讲集》。兹择要介绍李斯特的犯罪学思想如下:

(一)犯罪原因二元论

犯罪原因二元论的核心命题是,个人原因与社会原因是犯罪的决定性因素,并且犯罪的社会原因更居主导地位。在此,可贵的是,李斯特不仅确立了犯罪原因之社会因素的决定性作用,而且阐明了犯罪原因研究中的微观问题与宏观问题的区别。具体内容包括:

---

[1] 〔意〕恩里科·菲利:《犯罪社会学》,郭建安译,中国人民公安大学出版社1990年版,第81页。
[2] 同上书,第85页。
[3] 同上书,第95页。
[4] 同上书,第79页。

犯罪原因的二元因素：(1) 否定犯罪的人类学因素：李斯特否定龙勃罗梭的犯罪人类学观点，认为遗传倾向只是由于外部环境的影响才表现为犯罪或精神障碍的，犯罪人跟普通人完全一样，普通人只不过是由于在与外部情况结合时的幸运，才没有陷于犯罪而已。(2) 自然因素归于社会因素：李斯特虽然同意菲利将社会因素视为犯罪原因之一，但是不主张将自然因素独立于社会因素之外，而是认为自然因素只是社会因素之一种。他指出，冬季之所以发生财产犯罪多，尽管与收入减少、燃料短缺有关，然而终归还是由经济、社会原因决定的。(3) 二元因素具体定位：在考究龙勃罗梭与菲利关于犯罪原因的观点的基础上，李斯特确立了犯罪原因的社会因素和个人因素，指出："犯罪一方面是犯罪人在犯罪时个性的产物，另一方面是犯罪人在犯罪时所处的外部的尤其是经济关系的产物。"①

二元因素的视角与内容：社会因素与个人因素考究的焦点议题不同，从而内容也各不相同。其中：(1) 社会因素，是指在犯罪原因宏观视角下，社会犯罪现象的社会群体的生活状况。即"将犯罪作为社会生活现象进行研究时"，犯罪社会现象的社会生活因素。由于"犯罪不是绝对的""不是社会病状"，因此"犯罪的根源应当在正常的社会生活中寻找"。犯罪人周围的社会环境，特别是经济环境，例如，失业、恶劣的居住条件、低工资、生活必需品价格高昂、酗酒等，构成犯罪的社会因素。尤其，贫困是培养犯罪的最大基础，也是遗传素质所以质变的培养液。(2) 个人因素，是指在犯罪原因微观视角下，具体犯罪人个人性格上的原因。即"将特定犯罪人的特定行为纳入视线时"，犯罪人的个人特性。这是对具体的犯罪人进行解剖学、生理学和心理学的研究，包括对这一犯罪人的父母特性的研究，此时，"决定实施这一犯罪行为的外在特征群就会被浓缩至最小量"②。

社会因素占据主导地位：在社会因素与个人因素中，李斯特更强调社会因素对犯罪发生的作用，认为犯罪原因大部分在社会，研究犯罪原因就必须研究社会缺陷，因此"最好的社会政策，也就是最好的刑事政策"。在犯罪二元论的基础上，李斯特强调"社会责任论""社会防卫论""教育刑论"，确立了近代刑罚制度的基础。

（二）社会防卫论

传统的社会防卫观念，可以溯及至古希腊柏拉图有关罪犯的教育改造思想。柏拉图主张，应当将可能改造的犯罪人收容于称作"悔悟之家"的特定场所，由此在对犯罪人进行危险性的思想预测的基础上，给予相应的教育和改造以及医学性的治疗处遇。

李斯特继承了社会防卫的这一基本思想，系统地提出了社会防卫论。(1) 刑罚个别化：李斯特主张犯罪人的情况具有个别性，应当考虑犯罪人的反社会性或社会危险性的不同对之进行分类，并相应地施以不同的处分，由此实行刑罚的个别化，从而达到防卫社会的目的。他强调"应受处罚的不是行为而应当是行为人"，"刑罚以及责

---

① 〔德〕冯·李斯特：《论犯罪、刑罚与刑事政策》，徐久生译，北京大学出版社 2016 年版，第 183 页。
② 同上书，第 183—185 页。

任之对象,并非行为,而系由于实行行为所证明之'行为者的犯罪情操''行为者对于法秩序之态度'以及'行为者之全部的心理特征',此即系行为者之反社会性及危险性是也。"①(2)刑罚的机能:李斯特认为犯罪是行为人特质与环境影响下的产物,而刑罚应当针对行为人未来可能发生犯罪的原因,作为抗治导致行为人产生犯罪因素的手段,注重对于个别行为人的效应。刑罚的强制特质有二:其一,间接的、心理的强制或动机,即刑罚赋予行为人所欠缺之动机,具体表现为一方面改善并强化行为人利他的社会性动机,另一方面由刑罚的威吓以抑制行为人自我的、犯罪倾向的任意性动机;其二,直接的、机械性强制,即刑罚具有暂时或长期管收犯罪人的特质,将未来无社会适格的个人加以筛选并排除于社会之外。因此,刑罚同时具有"改善""威吓"及"排害"的效应。(3)缓和的保安处分一元论:保安处分是指这样一些国家处分,其目的要么是将具体之个人适应社会(教育性或矫正性处分),要么是使不能适应社会者从社会中被剔除(狭义的保护性或保安性处分)。李斯特还认为他在事实上,虽然追随着所谓刑罚同保安处分要加以区分的二元论,但是作为将来的发展方向来说,应该是转向两者不加区分的一元论。②

二、塔尔德的犯罪社会学理论

法国社会学家塔尔德(Gabriel Tarde)是19世纪末、20世纪初犯罪社会学的先驱,创立了犯罪模仿论的犯罪原因学说。犯罪模仿论表现为最早的带有直观性的社会学习理论,是社会学习理论的最初渊源。以塔尔德的犯罪模仿论为基础,美国学者班杜拉(Albert Bandura)创建了现代社会学习理论,后来又由美国著名学者萨瑟兰(Edwin Sutherland)发展为"差异交往论",又称"不同交往论""不同接触论""不同联系理论"。塔尔德的著作主要有:《比较犯罪论》《模仿规律》《刑罚哲学》《刑法研究与社会研究》《社会逻辑学》《普遍的对抗》《社会规律》。兹择要介绍塔尔德的犯罪学思想如下:

(一)社会现象的形成

塔尔德主张社会心理流转构成社会现象,其反对社会学中的生物学概念和社会中心概念,致力于建立一种心理学的社会学。具体地说,塔尔德认为社会现象的本质是心理的,它们由一些个人的心灵的某种交互作用所构成;他首次用欲求、意向和信仰的社会心理学概念,来解释社会现象和社会历程;社会现象基于构成社会的人的行动,而行动又决定于行动者欲求之类的因子。这就是说,一些个人的欲求、信仰之类的交换和流转,构成社会现象;它们经由三种主要形式,即重演或模仿、对抗、适应或发明;因此,重演或模仿、对抗、适应或发明,是社会现象的实质;不过,在这三种形式的历程中,最先的还是发明,随后才有重演或模仿。发明是个人的潜在的欲求的结

---

① 转引自马克昌主编:《近代西方刑法学说史略》,中国检察出版社1996年版,第191页。
② 参见柯耀程:《变动中的刑法思想》,中国政法大学出版社2003年版,第372页;〔德〕弗兰茨·冯·李斯特著,埃贝哈德·施密特修订:《德国刑法教科书》,徐久生译,法律出版社2000年版,第401页;〔日〕大塚仁:《新派刑法学》,载《外国政法学术资料》1964年第4期,第9页。

果,它可以是一种观念,也可以转而为行为,并被其他个人重演或模仿,甚至出现模仿浪潮,从而由近及远,推向全社会。当另一个发明,即另一种观念或行动形成又一个模仿的浪潮时,两个或两个以上的浪潮就会发生对抗。对抗的结果,要么两个或两个以上的浪潮同遭毁灭;要么较弱的一方遭到淘汰;要么彼此相互适应,从而引起又一种新的发明。新的发明同样形成模仿的浪潮,同样发生对抗,同样毁灭、淘汰或者适应,再出现一种新的发明。如此往复不断。由此可见,在社会历程的三种形式中,模仿和发明是主要的,它们是社会生活的动力,而发明则是社会变迁、进步的原因。"任何一种革新或完善,不管怎样软弱无力,都是同以前的全部社会现象,同语言、宗教、政治、法律、工业、艺术的革新相关联的。""哪里没有这些心理关系,哪里就没有社会"。①

(二)犯罪模仿论

基于社会现象形成的这一思想,塔尔德认为,任何行为包括犯罪行为都是后天学会的,犯罪行为同样受着模仿规律的支配,犯罪行为是一种手工业。具体地说:(1)模仿规律:塔尔德指出,社会上有两类人,一类是天才发明者,另一类是绝大多数模仿者,后者重复前者的行为。模仿规律有三条:模仿取决于交往的程度,互相保持密切接触和亲密关系的个人之间最容易模仿彼此的行为;模仿往往是由较高社会阶层向较低社会阶层、从城市向农村蔓延,青少年模仿老年人,穷人仿效富人,农民仿效贵族;当两种互相排斥的行为同时出现时,其中一种行为能为另一种行为所代替,较老式的行为衰退,较新式的行为流行。②(2)犯罪的社会原因:塔尔德断言,社会变动对犯罪的性质、犯罪行为的方式和犯罪人口成分有着深刻的影响。各种社会因素对现存的犯罪类型都有一定的关系,某些社会因素特别容易引起犯罪行为。这些因素有,作为犯罪活动滋生地的城市的发展、工业化社会带来的更大的物质利益和可以避开可怕的刑罚的机会等等。他主张,法庭的职能应当归结为确定被告有罪或者无罪,至于具体量刑应由专门的委员会来决定。③

三、涂尔干的犯罪社会学理论

涂尔干(Emile Durkheim)是法国早期社会学家、欧美最著名的社会学家之一、西方社会学学科体系和专业体系的奠基者。同时,涂尔干在犯罪研究方面也作出了杰出的贡献。④ 基于实证主义的方法原则,社会现象的客观性及社会性、功能主义分析等社会学理论,涂尔干对自杀、犯罪等社会现象进行了深入的剖析,创立了社会失范论、犯罪功能论等著名的犯罪学学说。其中,社会失范论在美国进一步发展成紧张理论。涂尔干的主要著作有:《社会劳动分工论》《社会学方法规则》《自杀论:社会学研

---

① 参见王养冲:《西方近代社会学思想的演进》,华东师范大学出版社1996年版,第112—113页。
② 参见〔德〕汉斯·约阿希姆·施奈德:《犯罪学》,吴鑫涛、马君玉译,中国人民公安大学出版社1990年版,第531页;邱国梁:《犯罪学》,上海社会科学院出版社1989年版,第71—72页。
③ 参见邱国梁:《犯罪学》,上海社会科学院出版社年版1989年版,第72页。
④ Robert Nisbet, *The Sociology of Emil Durkheim*, New York: Oxford University Press, 1974, p. 209.

究》《宗教生活的基本形式》等。

(一)社会失范论

社会失范论的核心命题是,一个社会的社会结构急剧变动,会引发社会的病态,而在社会的病态状况下,社会的价值体系陷于崩溃,社会越轨及犯罪现象就会丛生。具体内容包括:

两种病态的自杀现象:对病态的自杀现象的揭示,是涂尔干社会失范论的实证基础。涂尔干在对自杀现象进行实证研究时指出:"利己主义自杀和反常自杀的发展可以被看成是病态的,只有这两种自杀是我们必须关心的。"(1)反常自杀,是一种比较现代化的容易和杀人相结合的自杀。导致反常自杀的因素有二:其一,个人活动失常:反常自杀"产生于这些人的活动失常并由此受到损害"①。"反常实际上产生一种激怒和厌烦的状态,这种状态根据不同的情况可以转而针对自己或针对他人:在前一种情况下会引起自杀,在后一种情况下会引起杀人。至于决定这种受到过分刺激的力量发展方向的因素,可能与个人的道德素质有关,根据这种素质的强弱朝一个方向或朝另一个方向发展。一个道德观念较差的人宁愿杀人而不愿自杀。"②其二,社会控制薄弱:社会混乱,不能控制个人情欲。反常自杀"不取决于个人与社会相联系的方式,而取决于社会管理个人的方式"。对于反常自杀来说,社会不能影响真正的个人情欲,使情欲得不到调节和控制。③ "这就是为什么今天在大城市和有高度文明的地区杀人和自杀有某种程度上平行发展的原因。因为在这些地方,反常达到了尖锐的状态。同样的原因妨碍杀人迅速减少,就像自杀增多那样。"④(2)利己主义自杀:导致利己主义自杀的因素也有二:其一,过度个人主义:过度个人主义仅仅以自己为目的,然而个人太微不足道了,他不仅受到空间的限制,而且受到时间的严格限制。因此,如果我们除了自己没有其他目的,我们就不能摆脱这样的念头:我们的努力终究注定要化为泡影,因为我们自己也必然要化为乌有。但是毁灭使我们感到害怕。在这种情况下,我们可能不会有勇气活下去。⑤ 其二,集体力量虚弱:个人所属的群体越是虚弱,他就越是不依靠群体,因而越是只依靠他自己,不承认不符合他私人利益的其他行为规则。利己主义自杀的根源,是社会在各方面都没有足够的整合作用使它的所有成员从属于它。因此,这种自杀之所以过分地增加,是因为它所依赖的这种状态本身在蔓延,是因为混乱而虚弱的社会听任它的许多成员完全摆脱它的影响。⑥

自杀急剧增长与社会结构病态:尽管涂尔干强调犯罪是社会的正常现象,但是他认为犯罪率的急速增长则是病态。他指出,自杀增加的根源很可能是现在伴随着文明的进步而来的一种病态状态;自杀与社会结构最根深蒂固的东西有关,因为自杀表现了社会的情绪,而民族的情绪像个人的情绪一样,反映了机体最根本的状态。因

---

① 〔法〕埃米尔·涂尔干:《自杀论——社会学研究》,冯韵文译,商务印书馆1996年版,第240页。
② 同上书,第338页。
③ 同上书,240页。
④ 同上书,第338页。
⑤ 参见同上书,第186页。
⑥ 同上书,第185、355页。

此,我们的社会组织必定在这个世纪里发生了深刻的变化,所以才引起自杀率如此升高。然而,既严重又迅速的变化不可能不是病态的,因为一个社会不可能如此突然地改变结构。这些变化不是产生于有规律的进化,而是产生于一种病态的动荡,这种动荡完全可能彻底推翻过去的一切法规,但不可能建立任何新的法规,因为几百年的业绩不可能在几年内重新完成。① 因此,在涂尔干看来,社会虽然是个有机体,但是它的进化却不可能自发地实现。特别是在从传统社会到现代社会的转变中,社会调节系统一旦失灵,整个社会就可能陷入失范状态而归于毁灭。为了避免分裂,维持社会的统一,社会必须有一个共同的信仰体系或价值体系,必须有一个共同的强有力的道德规范体系。

社会失范状态的呈现:基于对反常自杀、利己主义自杀以及自杀急剧增长的分析,涂尔干阐述了社会失范论的基本思想。社会失范,即社会反常状态,是基于社会结构的急速变动而形成的,一种在一个社会或者群体中的,相对无规则的不正常状态(病态状态)。在这种状态下,社会的道德准则崩溃,现有的规范体系对于社会成员的奢望缺乏有效的约束力与束缚,社会的连带性、结合性削弱,社会整合被破坏,社会解组出现,越轨行为、犯罪行为不断增长。同时,涂尔干也意识到另一种幸运的反常状态,这是指一种美好的命运突然发生,从而摧毁了一个人的行为规范与准则。涂尔干认为,每个社会对人们的目标与愿望都有着一定的限制,假如社会不能控制其成员愿望的确立和保持,那么社会反常状态将随即产生。当人们无法约束他们的欲望的时候,他们的要求将无限扩大。社会失范引发人类社会的崩溃,导致自然或人为的灾难,诸如经济萧条、战争、饥荒。

(二)犯罪功能论

涂尔干运用社会学的方法对犯罪进行了深入的剖析,在这方面除了社会失范论外,他还提出了著名的犯罪功能论。如果说,社会失范论是从病态社会的角度分析犯罪的话,那么犯罪功能论则是着眼于常态社会来研究犯罪。涂尔干犯罪功能论的核心命题是,犯罪是社会有机体中的一个组成部分,有其社会有机体的功能体现;在常态社会状况下,犯罪不是社会的疾病,而是社会的正常生理现象。具体内容包括:

区分普遍现象与特殊现象:涂尔干指出,存在着两种十分不同形态的社会现象,不应将之混淆。(1)常态现象,也可以称为规则现象,这是一种"应该怎样就怎样的现象";常态现象是普遍现象。普遍现象,普遍存在于同一类各个现象中,它们的形态,或者存在于所有个体中,或者能在大部分个体中找出来;它们的普遍现象发生变动时,虽然不一定在所有个体中都呈现出同样的形态,但它们变动的程度,彼此之间大致相同。(2)病态现象,也可以称为不规则现象,这是一种"应该这样,但它偏偏不是这样的现象";病态现象是特殊现象。特殊现象,不但只存在于少数的个体中,而且在这少数个体中也不会永久存在。它们在时间上和空间上都属于例外现象。②

---

① 参见〔法〕埃米尔·涂尔干:《自杀论——社会学研究》,冯韵文译,商务印书馆1996年版,第349—350页。
② 〔法〕埃米尔·迪尔凯姆:《社会学方法的规则》,胡伟译,华夏出版社1999年版,第39、45页。

犯罪功能存在于普遍现象：按照涂尔干的观点，尽管犯罪率的急速增长是个别病态社会的特殊现象，然而通常情况下的犯罪则是所有社会的普遍现象。之所以说犯罪是规则现象（普遍现象）是因为：(1) 犯罪现象普遍存在：犯罪普遍存在于所有的社会。涂尔干指出：犯罪，在人们看来是一种具有病态特征的现象，这似乎是无可争议的。以往的犯罪学者都接受这一点，虽然各人解释的方法略有不同，但是大家都异口同声地称犯罪为病态现象。我却认为，对于犯罪问题需要仔细地分析。应用界分普遍与特殊的规则来考察，犯罪不仅存在于某些社会，而且存在于一切社会中，没有一个社会可以例外。犯罪形态、行为在不同社会中有不同的表现，在同一社会中也有不同的表现。但是可以说在任何社会、任何时候，都有这么一些人，他们作出的一些行为举动是要受到罪罚的。把犯罪当作社会病态，就是承认疾病不是某种偶发的东西，反而在一定情况下，是来源于生物的基本体质；同时，这也会抹杀生物学现象和病理学现象的一切区别。当然，犯罪本身有时是不规则的，例如某一时期犯罪率突然增高。但是，犯罪过多不能作为病态的本性，将犯罪过多作为病态的本性是不足为证的。犯罪作为规则现象，只要没有超过一定的限度，就符合规则现象的定义。(2) 共同意识决定犯罪：犯罪是对集体意识的严重侵犯，而社会的共同意识是必然的。加罗法洛主张存在着一种人类共有的怜悯情感及正直情感，而自然犯就是对这两种情感之一的侵犯。对此，涂尔干持否定态度，认为人类社会并不存着始终如一的怜悯情感及正直情感，而是主张除了集体意识以外，我们不能用别的办法来确定情感的本性，也不能通过特有的意图来定义感情，因为这些意图曾经总是在无休止地变化，而且目前还在变化。由此，涂尔干指出："如果一种行为触犯了强烈而又明确的集体意识，那么这种行为就是犯罪。"[①] 由于社会中总是存在着个体与集体类型之间的分歧，因此在任何社会中都不可能不存在犯罪行为。人们没有注意到一种强有力的共同意识往往是从很弱的状况开始发展起来的，并且不是在一日之间形成的。人们违反这种意识，开始时并不算是什么过错，这种意识强大起来后，再违反它，就会被认为越轨，进而被认为是犯罪。犯罪性质并不是犯罪者个人的本质，而是一种由公共意识认定的性质。如果这种公共意识更加强大，有足够的权威能够使各种微弱的议论变成一种强有力的议论，那么它也就会吹毛求疵地将一些小事变为大罪。(3) 犯罪避免道德僵硬（破旧）：犯罪对社会来说是必需的。犯罪与社会生活的基本条件相联系，并且对这些条件来说是有用的。如果社会上没有犯罪，如同建筑没有毁坏，就没有重建的希望，社会也就没有进化了。道德意识的权威不可过分，或者说不能毫无触动，否则它就会在不变的形式下僵硬起来。一个进步的思想家要想超越本世纪的思想而有所表现，就需要在那一时期里，有犯罪的思想。改革与犯罪是相依为命，不可分离的。(4) 犯罪有益社会进化（立新）：犯罪除了间接地有益于社会之外，还能直接有益于社会的进化。犯罪不仅使社会产生改革的需要，而且在某些情况下还能直接地为这些改革做准备。犯罪不仅能使一些旧的集体意识、旧的方法有必要改为新的集体意识、新的方

---

① 参见〔法〕埃米尔·涂尔干：《社会分工论》，渠东译，生活·读书·新知三联书店2000年版，第37、43页。

法,有时候它还能够引导一些旧的思想方法演变到新的思想方法上去。有些犯罪行为,看起来是触动了现时的道德,实际上它已经预定了将来的道德。①

规则犯罪的正常机能:规则的犯罪有其正常的社会机能的体现。涂尔干强调,对于作为一种规则现象的犯罪,我们至少不能把犯罪本身归结为不好的事,因为这种过于狭窄的含义不能包括整个犯罪的内容。社会上的犯罪减少了,不一定值得庆贺。可以说,近代社会的进步都是由那些使社会动乱不安的事件引起的。犯罪的事实减少了,并不能说社会就会安宁。有关刑罚的理论,必须进行更新。如果把犯罪当作社会的疾病,刑罚就只能看作是治病的药方,刑罚理论所要评论的就只是如何实现这种医药的作用。但是,现在的结论说明,犯罪不是一种病态,那么刑罚的目的就不再是治病,它的真正功能必须重新进行研究。②

犯罪功能论绝非推崇犯罪:应当认识到,涂尔干的犯罪功能论并不是要为犯罪辩护。他明确指出:"犯罪是社会学上的一种规则现象,并不是说要喜欢它。痛苦同样也不是人们愿意的,个人恨它,社会也恨它,但痛苦仍然是生理学上的规则现象。痛苦不仅从生命的构成中必然产生出来,而且在生命中充当了一个有用的角色,这种角色是其他东西无法替代的。人们可能会把这种认识当作犯罪的辩护词来误解。当客观地研究道德现象,并使用与通常不同的词汇时,引起各种误解和指责是不奇怪的。"③

---

① 〔法〕埃米尔·迪尔凯姆:《社会学方法的规则》,胡伟译,华夏出版社 1999 年版,第 52—57 页;〔法〕E.迪尔凯姆:《社会学方法的准则》,狄玉明译,商务印书馆 1995 年版,第 84 页。
② 〔法〕埃米尔·迪尔凯姆:《社会学方法的规则》,胡伟译,华夏出版社 1999 年版,第 58 页。
③ 同上。

第四章 20世纪以来的犯罪社会学理论

20世纪犯罪学研究的学术中心逐渐由欧洲转移到了美国，这与20世纪初美国犯罪问题的突出，以及美国注重实践的科学风格不无关系。犯罪突出的社会现实需要犯罪学理论对之予以深入研究，而注重实践的科学风格正是犯罪学这一实证学科的重要特征。20世纪20年代，美国的社会发生了急剧的变化，都市化、移民、人口增长、失业、物价飞涨、下层阶级失落等引发了犯罪率较大幅度的增长。犯罪现象的日益严峻，既为犯罪研究提供了大量的实证资料和广泛的素材，同时也提出了研究犯罪机理治理犯罪的紧迫的时代要求。另一方面，美国与欧洲大陆交往的增加，使大量欧洲犯罪研究的成果对美国产生了很大的影响，一批研究社会问题的美国学者开始模仿欧洲人的做法，参考欧洲人的观点，研究犯罪问题，犯罪研究科学日益发展、繁荣。现代美国社会学理论的直接创始人帕米利（Maurice Parmelee）、齐林（John Lewis Gillin）、萨瑟兰（Edwin Sutherland）等人，在吸收凯特勒、塔尔德、涂尔干等人研究成果的基础上，创立了现代犯罪原因理论。社会结构理论、社会化过程理论、冲突理论是美国犯罪社会学理论的三大主要分支。其中，社会结构理论与社会化过程理论具有学术观点及理论视角的相对意义，本书择取该两项分支理论中的一些具有典型意义的理论学说予以介绍。

第一节 社会结构理论概述

社会结构理论（Social Structure Theories）的主要知识背景是功能主义。社会结构理论以社会阶层的罪因考究为重心。

一、功能主义的思想

功能主义可以溯源到早期社会学理论家如孔德、斯宾塞、迪尔凯姆的著作[①]，其主要特征是：(1) 社会结构：功能主义通过强调"系统"范畴，而将社会结构和社会整体作为基本的分析单位，把研究重点放在大型社会系统和宏观社会机制上。(2) 现存结构：功能主义强调社会系统的现存结构，把任何现存的社会都当作具备了生存资格的适者；对于社会系统的内部组成，功能主义并不追究其产生的原因，而是侧重考察它们在维持系统生存中所发挥的社会效果。(3) 结构功能：功能主义主张，任何现存社会都具有一些基本的制度模式（结构），而这些制度模式之间发生着相互支持的关系（功能），从而保证了社会系统的生存。因此，社会系统的存在具有首要意义。

[①] 参见〔美〕戴维·波普诺：《社会学》（第十版），李强等译，中国人民大学出版社1999年版，第18页。

(4) 方法贡献:功能主义既提出了独特的概念范畴与理论模式,更创立了全新的功能分析方法。功能主义为考察社会现象提供了新颖的观察角度,发展了一种全新的系统分析方法,为现代系统论的形成作出了贡献。①

二、社会结构理论的特征

社会结构理论具有如下特征:(1) 强调下层阶级犯罪严重。处于被剥夺状态的下层阶级,其不利的经济地位是犯罪的主要原因。尽管中产阶级和上层阶级也从事犯罪,但是中产阶级犯罪的发生频率、严重性和对公众社会的危害性相对较小,而下层阶级的青少年帮伙则常常实施暴力性、破坏性行为。因此真正的犯罪问题,在于下层阶级的犯罪现象;贫民窟地区的少年帮伙、高犯罪率、社会失范是社会的主要问题。(2) 关注青少年违法行为。下层阶级中诱发犯罪的社会因素毒害着青少年,由此影响了他们的一生。虽然并不是所有的青少年违法者进入成年后都将去实施犯罪,但是许多犯罪的成年人,是在他们作为青少年违法团伙的成员时获得犯罪的价值观与技术训练的。(3) 认为社会环境决定行为。社会结构理论否定将犯罪原因解释为心理失衡、生理遗传、蔑视社会控制、自由意志或者其他的个体因素,坚持认为生活在同样的社会环境中的人们,有着相类似的行为模式。假如环境对人们的行为没有什么影响的话,那么整个社会中不同阶层的犯罪率应当是一致的,然而事实并非如此。②既然城市中心的下层阶级的犯罪率比郊区的中产阶级的犯罪率要高,那么存在于城市贫民窟的一些社会因素肯定影响并控制着人们的行为。③

第二节 社会结构理论分支选读

社会结构理论包括社会解组理论、紧张理论和文化越轨理论三个分支。限于篇幅,兹择社会解组理论和紧张理论中的部分内容予以介绍。

一、社会解组理论

(一) 社会解组理论概述

社会解组理论(Social Disorganization Theory),也称犯罪社会生态学、文化转型论、犯罪区位学,是 20 世纪 20—30 年代在芝加哥产生一种犯罪原因理论流派。1892 年,芝加哥大学创建了世界上第一个社会学系,系主任斯莫尔(Albion Small)创办了《美国社会学杂志》,并与文森特(George Vincent)编写了第一部社会学教科书,并广泛吸纳贤才,使芝加哥大学成群星璀璨的社会学教学和研究圣地,构成了芝加哥学派的雏形。同属芝加哥学派的帕克(Robert Park)、伯吉斯(Ernest Burgess)、肖(Clif-

---

① 参见贾春增主编:《外国社会学史(修订本)》,中国人民大学出版社 2000 年版,第 214—215 页。
② David Brownfield, "Social Class and Violent Behavior", *Criminology*, Vol. 24, 1986, pp. 421-438.
③ See Charles Tittle and Robert Meier, "Specifying the SES/Delinquency Relationship," *Criminology*, Vol. 28, 1990, p. 293.

ford Shaw)、麦凯(Henry McKay)和思雷舍(Frederic Thrasher)等,对芝加哥地区的犯罪问题进行了深入的研究,提出了社会解组论。社会解组论的产生得益于:20世纪早期动植物生态学(生命系统)知识;芝加哥政府机构所搜集的社会统计数据的出现。①

社会解组理论的中心思想是,社区的生态特征与犯罪率密切相关。居民频频更替、价值分歧、社会组织崩溃的社区,常常也是犯罪丛生的地区。因为社区居民的频繁转换,削弱了社区的团结,阻碍了社区的问题的解决和共同目标的构建。人们对社区的事务不感兴趣,家庭、学校、社区服务机构等基本的社会控制组织削弱或解体。社会解组表现为,高比率的失业和逃学、低水平的收入和大量的单亲家庭。社会组织丧失了其功能,无从控制人们的行为,这就引起了其成员的冲突和沮丧,反社会的行为就会在这种环境中滋长、流行。②

(二) 都市发展同心圆论

芝加哥学派的创始人、社会解组论的奠基者帕克和伯吉斯,汲取迪尔凯姆社会失范论的科学思想,并将生态学的理论和方法引入对人类社区的研究,试图揭示环境因素对犯罪的影响,提出了以都市发展同心圆论为核心的犯罪生态学。都市发展同心圆论的核心命题是,人类社区也是一个个有着特定动态平衡的生态共生区域,在这些区域中,居民更替至为频繁的空隙区,那里的生态共生关系被打破,犯罪现象等得以滋生。具体内容包括:

1. 人类生态学的基本原理

生态学理论认为,植物与动物构成一个动态复杂的自然整体,它们相互依赖而生存;每个有机体③,都在动态平衡的环境中为了自己的生存而斗争着。帕克认为,人类社区的现实存在,实际上也类似于这种生物生态;每个人都在有着相互依存关系的社区中,为了自己的生存而斗争着。具体地说:

"**共生现象**"。这原本是植物生态学上的一个术语,是指两种生物或两种中的一种,由于不能独立生存而共同生活在一起,或者一种生物生活于另一种生物的体内,两者互相依赖,各能获得一定利益的现象。由于每种植物和动物群落都被认为与有机体相类似,因此环境中的这种自然平衡被看成是类似于一种超有机体。帕克认为,与这种动植物的生态类似,城市不仅是一种地理学的现象,而且也是一种社会有机体;在城市中人们之间充满了相互作用和共生关系,使得城市成为一个超有机体。在这个城市的超有机体中,存在着许多不同类型的自然区域。其中,一些区域系属某一种族人群的聚居社区,例如唐人街、黑人区域;另一些区域则系某些特定职业群体或特定收入群体的聚居社区,例如工业区域、商业区域。不仅同一自然区域内的人们之

---

① Frank P. Williams Ⅲ, Marilyn D. McShane, *Criminology Theory: Selected Classic Readings*, Anderson Publishing Company, 1993, p. 34.

② Larry J. Siegel, *Criminology: Theories, Patterns, and Typologies, fifth edition*, New York: West Publishing Company, 1995, pp. 180-181.

③ **有机体**,即自然界中有生命的生物体的总称,包括人和一切植物,构成有机体的物质基础是蛋白质和核酸,它通过新陈代谢的运动形式而表现出一系列的生命现象,如应激、生长、发育、繁殖、遗传、变异。

间存在着共生关系,而且某一城市的不同自然区域之间也存在着共生关系。

"侵入、统治、接替"。自然界里的动植物的生态区域,存在着侵入、统治、接替的过程;表现为某种新的物种侵入某一自然区域,逐渐地将其他生物从该区域中赶走,进而统治该区域的生态关系,接替了其他生物而生活在该区域。与此相似,人类社会中的社区生态环境,也存在着侵入、统治、接替的过程。美国的历史就是呈现为,白人侵入印第安人的生活区域,将印第安人从其生活的领土上赶出,由此统治该区域,接替了印第安人而生活在该区域。现代城市的发展,也同样会呈现为,新的种族或者文化群体侵入某个自然区域,逐渐地将该区域中原有的居民赶走,进而统治这个区域,最终接替了该区域的原有居民而生活在该区域。①

2. 都市发展同心圆论的具体分析

伯吉斯经过对芝加哥市发展中的"侵入、统治、接替"过程的研究,发现芝加哥市在发展过程中形成了五个界限分明的同心圆地区(见图 4-1),从而提出了都市发展同心圆论。

同心圆中的不同区域:这五个区域分别是:Ⅰ.**商业区**:此区是都市及其内地的政治、经济、文化活动中心,区内有市政厅、博物馆、影剧院、百货公司、摩天大楼、大饭店、火车站等。Ⅱ.**过渡区**:此区成环状围绕中心商业区,属于贫民住宅区、移民聚居所、恶习区、房租区和一些轻工业区。该区居民通常是罪犯、失业者、少数种族等。Ⅲ.**工人住宅区**:此区主要是工厂、商店工人的居住区,其房屋都很小、古老。第二圈中的居民为摆脱过渡区的恶劣环境,常常移居到这里。Ⅳ.**中产阶级居住区**:此区主要是小商人、专业人员、企业管理人员及当地中产阶级的居住区,其房屋多数是呈现为标准型态的独家住宅单位。Ⅴ.**通勤者区**:此区为最外圈地区,是中上层阶级的住宅区,居民多数是在市中心工作的中产阶级。所谓通勤者,是指经常往返者。

空隙区易于滋生犯罪:每个区域因为居住的种族相同,所以习俗和价值观等也相近,从而构成一个自然区域。由于城市在不断地扩张成长,因此这些自然区域通过侵入、统治和接替的过程而不断地更新。一些从某一自然区域中迁出的居民侵入其他自然区域,而使侵入区域原有的居民不断迁出搬到更令人满意的区域。这种不断由新的居民迁入旧的居民迁出的区域为空隙区域,其被许多社会问题所困扰。具体地说,当城市中某一自然区域被新的居民侵入时,维系那里的共生关系被打破,原来存在于这一地区的正式社会组织被分化,社会控制力减低。②

3. 都市发展同心圆论的实证展开

20 世纪 20 年代的芝加哥,是正在全美发生的许多城市变迁的典型。社会变迁引发了包括犯罪在内的许多社会问题。肖和麦凯运用伯吉斯的都市发展同心圆论,依

---

① Robert Park, "The City: Suggestions for the Investigation of Behavior in the City Environment", *American Journal of Sociology*, Vol. 20, 1915, pp. 579-583; Robert Park, Ernest Burgess, and Roderic McKenzie, *The City*, Chicago: University of Chicago Press, 1925.

② Robert Park, Ernest Burgess, and Roderic McKenzie, *The City*, Chicago: University of Chicago Press, 1925, p. 51.

据广泛搜集到的芝加哥地区的犯罪率统计资料,对芝加哥市的青少年犯罪原因进行了探讨。他们的**主要观点**是:

犯罪现象:同心地带的犯罪保持着稳定的模式,其中过渡区是犯罪的高发地带,并且不受该地区种族结构的影响。肖和麦凯对芝加哥同心地带的犯罪统计资料进行了对比,意识到在这个城市中存在着不同的生态地区。统计资料表明,在芝加哥市五个不同的同心地带中,犯罪率有着稳定的、明显的差别。青少年犯罪集中在外来移民最多的城市中心地带,尔后向郊外逐步递减。并且,某一地区的犯罪趋向并不为其区域内居民的改变所影响。尽管犯罪率有所变化,但是最高的犯罪率总是出现在城市的中心地带和过渡性的地区,而且即使在这些地区的种族结构发生变化的时候,例如由德国人和爱尔兰人变为意大利人和波兰人,这些地区也仍然保持着高的犯罪率。为了探明这一现象的普遍性与否,肖和麦凯搜集了尽可能多的统计资料,对过去 65 年来这 5 个生态地区的犯罪状况进行了分析,结果不同地区间的犯罪率对比保持于同一模式。①

犯罪原因:犯罪率与社区的社会和经济特征密切相关,犯罪根植于动荡的社区生活。(1)社区的犯罪传统导致少年步入犯罪的生涯。在居民的经济地位较低的社区中,存在着价值体系的冲突,儿童面临着价值观的选择,而常常是违法犯罪对他有着更大的诱惑力。因为在这一社区中有着大量的依靠犯罪而赢得财富、声望、权力和社会地位的榜样;同时同伴的尊重与赞同,也为他提供了安全感和成就感,使他渐渐习惯于这种行为。进而,违法少年帮伙成为该少年从事犯罪生涯的精神鼓励和技术训练,由此他扎根于其中。可见,在这样的社区中,犯罪已发展成一种与该社区的生活密不可分的社会传统。犯罪的社会价值观和行为规范在该社区中占据了足够的地位,从而引导着许多青少年走向犯罪的生涯。儿童通过与少年犯罪帮伙的接触,习染了他们的行为、语言、手势、态度,并置身于这种帮伙之中。与此不同,在居民的经济地位较高的社区,少年在相对统一、稳定的传统价值观的教导下成长,对他来说不存在对冲突价值观的选择问题。社区传统的价值体系能够有效地控制少年的行为。(2)经济地位低下的人群拥有最高的犯罪率。社会地位以及社区地位,在很大程度上取决于经济状况。一个人的衣着、汽车、住房以及他所在社区的物理特征是他身份的重要标志。生活于贫困社区的居民,没有机会受到从事商业、生产和其他职业所必需的教育和训练。这使得他们难以赢得职业和发展。而富有社区的居民,则拥有足够的教育和训练机会。尽管不同社区的居民有着这种地位上的差异,然而社会所倡导的成功观念却是一致的,宣扬平等、自由、个人奋斗。这种不同社区间获得成功机会的悬殊,对于犯罪有着重大的影响。在其他的环境中可以通过合法途径获得经济、

---

① Larry J. Siegel, *Criminology: Theories, Patterns, and Typologies, fifth edition*, New York: West Publishing Company,1995, p. 182; Frank P. Williams Ⅲ, Marilyn D. McShane, *Criminology Theory: Selected Classic Readings*, Anderson Publishing Company, 1993, p. 34.

社会地位,而对于低收入的社区来说,犯罪则成了一种替代的手段。①(3)过渡性的聚居区的社会解组是少年犯罪的重要原因。人口成分的不断变化、外来文化的瓦解、不同文化标准的扩散以及地区的工业化,导致了聚居区文化和组织的解体。聚居区传统的惯例和组织的持续性被打破。这样,聚居区作为整体控制以及社会道德标准传递媒介的效能,大大地降低。在这种环境中长大的儿童几乎没有机会接触传统社会的文化遗产,他们中的绝大多数参加自发的游戏群体和有组织的犯罪帮伙。这种地区特别有利于少年犯罪帮伙和有组织犯罪的栖息、生长。②

犯罪治理:要减少贫困社区的犯罪,必须改变那里的社区环境,粉碎其犯罪的价值观,由此倡导芝加哥区域计划(Chicago Area Project)。过渡性贫困社区的高犯罪率主要是由该区的物理环境和价值体系造成的,因此要减少这一社区的犯罪,必须更新社区的物理环境和价值体系,使该社区不仅成为青少年喜爱的地方,有足够的娱乐场所,而且彻底摧毁犯罪的价值观,以另外较传统的道德规范来代替之。基于这一理念,肖和麦凯大力倡导芝加哥区域计划,将犯罪原因的理论成果转化成犯罪预防的社会实践。芝加哥区域计划,是指在芝加哥青少年犯罪率最高的6个区域建立6个社区委员会领导其下的22个邻里中心。邻里中心的主要职能是:协调教堂、学校、俱乐部、劳资机构等解决社区问题;组织多项娱乐活动,建立通过共同行动解决社区问题的民主组织;做好社区的犯罪释放人员的安置工作。芝加哥区域计划实施了25年之久,使得各种犯罪显著减少,并对美国的犯罪社区区域防治产生了深远的影响。

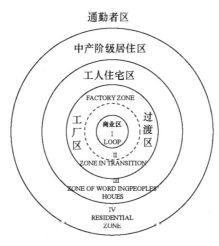

图 4-1 都市发展同心圆理论

---

① Frank P. Williams Ⅲ, Marilyn D. McShane, *Criminology Theory: Selected Classic Readings*, Anderson Publishing Company, 1993, pp. 42-46.
② Clifford Shaw, *The Natural History of a Delinquent Career*, Philadelphia: Albert Saifer, 1951, p. 15.

二、紧张理论

(一) 紧张理论概述

美国著名社会学家默顿(Robert Merton),是现代紧张理论的创始人。紧张理论自1938年创立以来,虽因其缺乏充足的实证基础,以及受到来自社会控制论、差异交往论等理论的冲击,曾一度受到冷落,但是紧张理论的生命力可谓经久不衰。20世纪90年代以来,紧张理论再度受到推崇,许多学者依循默顿紧张理论的思想轨迹,构建犯罪原因解释的紧张学说,提出了许多著名的论断。例如,美国著名犯罪学家迈斯纳与罗森费尔德提出的美国人的梦,美国著名犯罪学家阿格纽提出的一般紧张理论等。当然,在这些紧张概念的再构与推进中,有的依循着默顿的社会学的思想轨道,例如,迈斯纳与罗森费尔德的理论建构,而有的则偏离了默顿的社会学的思想轨道,使紧张成为一个心理学上的现象,例如,阿格纽的理论建构。① 总体而论,最初的紧张理论系立于社会结构的视角解释犯罪,强调社会结构对犯罪率的影响,认为犯罪是由于行为人不能通过合法手段取得社会所界定的成功目标,而产生的沮丧和气愤情绪的产物。

紧张理论的核心命题是,社会结构的解体导致了紧张,而紧张促成了犯罪。具体地说,社会上所有经济阶层的人都向往中产阶级的价值目标,诸如财富、权力、声望等,但是取得这种目标的能力却是由个人的社会经济地位所决定的,从而不同阶层的人取得成功的方法及至紧张的程度是各不相同的。对于中、上层阶级来说,取得作为成功标志的教育、财富、声望等的手段是轻而易举的,因而他们不存在紧张。然而,对于下层阶级来说,由于其不利的经济和社会地位,几乎所有通向成功的正常道路都被堵死了,因此他们感到愤怒、沮丧,不满于这种给他们带来不平等的社会。这种情绪促使他们通过越轨的方法去追寻成功的目标,或者排斥社会既定的目标而代之以诸如侵害、强硬等。

紧张理论包括默顿的社会反常理论、迈斯纳的犯罪与美国人的梦、阿格纽的一般紧张理论、布劳夫妇的相对剥夺理论。限于篇幅,兹择默顿的社会反常理论予以介绍。

(二) 社会反常理论

美国著名社会学家帕森斯(Talcott Parsons)的学生默顿,继承并发展了帕森斯的社会行动理论,肯定并融合了迪尔凯姆的社会失范论,汲取了芝加哥学派社会解组论的合理成分,提出了自己的社会反常理论(社会紊乱理论),创立了紧张理论的典型学说。社会反常理论的核心命题是,一个社会非常强调由大众文化所界定的成功的目标,而这个社会所提供的达到这些目标的方法却被不平等地在它的成员中分配;这种目标与方法之间的断裂,或者说获取成功目标的方法缺乏,就是社会反常状态;社会反常状态使违法行为增多,这尤其表现于在获取方法方面处于不利地位的社会群

---

① 详见张小虎:《宽严相济刑事政策的基本思想与制度建构》,北京大学出版社2018年版,第219—222页。

体中。具体内容包括:

1. 帕森斯的社会行动理论

社会行动不是"单元行动",而是"社会行动系统",即应把个体行动者的互动过程看作一个系统。当各种倾向的行动者互动时,他们逐渐形成了协定,并确立互动模式,这一互动模式变得"制度化"①,这种制度化模式可称为社会系统。社会系统受人格的影响,并受文化的制约。因此,行动系统包含了三个部分②:人格系统、文化系统和社会系统。③

行动系统整合:帕森斯运用结构与功能两个范畴来分析社会系统。社会系统要维持一种秩序,必须满足一定的功能先决条件。帕森斯将行动系统内部各系统之间的整合看作社会的基本生存条件。整合意味着:由各部分的和谐关系使体系达到均衡状态,避免变迁;体系内各部分共同维持以抗拒外来的压力。帕森斯认为,社会系统各组成部分的平衡构成人类社会的正常状态;人格系统和文化系统整合于社会系统,从而确保一定程度的规范内聚力和行动者服从规范和扮演角色的最低限度的责任感。其中,人格系统整合于社会系统的机制是社会化机制和社会控制机制,正是通过这些机制的作用,人格系统得以结构化,从而与社会系统的结构相一致。而文化系统作用于社会秩序维持平衡的方式是,文化通过向行动者提供共同的资源使互动成为可能,以及文化模式向行动者提供共同的立场从而使得互动以最少分歧方式顺利地进行。帕森斯认为,社会的特点便是存在某些"团结的集体"所持的"价值取向",随着时间的推移,它会成为全社会的"价值系统"即社会成员所接受的一组规范性的判断,它提供了他们所认为的美好社会的定义。因此,集体目标和社会目标,而不是个人目标,促使和引导个人进入社会系统。个人通过集体目标的内在化而被社会化,社会秩序由此得到加强。

紧张与变迁:帕森斯用"紧张"的概念解释社会系统内部的失调,认为紧张是指任何影响正常规则下的两个或两个以上的互动单位的状况,或者说,任何影响到社会整合的因素都是紧张。紧张的结果常常会产生偏差行为,这需要有效的社会控制加以校正。紧张、偏差行为、社会控制的结果自然而然地构成系统的变迁。④ 不过,功能理论认定,变迁是一种对社会系统的调整,是局部而缓慢的,无损于整个社会系统之整合与均衡,不论社会如何变迁,其最终目标总是朝向寻求均衡状态。帕森斯行动系统的中心概念,是建立在社会规范节制下的动机取向和价值取向,这样的行动会产生整合与稳定。他似乎从来没有解释一种可能的状况:当有一大多数的人具有相同的动

---

① **制度化**是指处于一定地位的行动者(角色)之间互动形成的相对稳定的模式。
② 帕森斯在后来的著作中又增加了一个行为有机系统。
③ 人格系统、社会系统和文化系统都只是分析层次,它们与整个社会生活的不同层次和不同维度相对应,而不是一种物质实体的划分。
④ 参见谢立中主编:《西方社会学名著提要》,江西人民出版社1998年版,第155—156页;刘玉安主编:《西方社会学史》,山东大学出版社1993年版,第375—382页;[美]乔纳森·H.特纳:《社会学理论的结构》,吴曲辉等译,浙江人民出版社1987年版,第68—82页;[美]杰弗里·亚历山大:《社会学二十讲》,贾春增等译,华夏出版社2000年版,第17—37页。

机,也按照社会规范欲得目的,却发现社会和文化价值所界定的目的数量不够时,整合与稳定是否会被破坏?它是如何被破坏的?默顿的社会反常理论正是注意到了这个问题。①

2. 默顿的目标与方法的断裂

默顿认为,社会越轨行为可以视为社会结构的产品。社会结构抑制人性自由,由此人们定期地爆发公开反抗来反对这些对自由的抑制。按照默顿的分析,社会结构有两个最为重要的因素:明确的文化目标;实现目标的方法。进而,默顿提出,在社会学上,越轨行为是由所处文化规定的目标与社会为实现这些目标所提供的途径之间相脱离的一种表现。凡是一个社会的文化目标和许多成员达到这个目标的常规手段之间发生脱节的地方,社会结构瓦解,无规范状态就普遍存在,发生社会反常行为的可能性就最大。默顿的这一论断是依循着要素定位与要素冲突的逻辑路径而展开的。

要素定位:其一,目标(文化目标),即为社会所有人规定的合法的奋斗目标;其二,方法(合法方法),即社会所提供的为了达到这些目标的合法方法。默顿强调,每个社会系统都有其独特的目标和方法的结合。例如,美国社会强调获得财富、成功和力量的目标,达到这些目标的社会许可的方法是努力工作、接受教育和勤俭节约。这些对于全社会来说都是一致的。

要素冲突:在美国,尽管以财富等作为目标对全社会来说都是一致的,但是社会所提供的实现这些目标的手段,对全体社会成员来说却并不都是平等的,而是根据各人所处的社会经济地位来确定的。与整个社会划分为不同层次的阶级一样,获取财富的合法方法也有着相应的层次的划分。由于社会歧视性的阶级结构和种族等级的存在,那些缺乏正规教育和经济来源的社会成员,无法并驾齐驱地与中、上层阶级竞争以通过合法的途径获取金钱、尊严等成功。假如全体社会成员均持统一一致的社会目标,而方法却与社会成员的阶级地位紧密相关,那么那些被合法方法拒之门外的成员将出现紧张和反常的状况,结果他们将采取违法犯罪的方法来达到目标。

3. 默顿的个人适应模式

在目标与方法断裂的瓦解地区,有些人犯罪而有些人不犯罪,为了解释这一现象,默顿具体阐释了对于目标与方法的个人不同选择(个人适应模式)。默顿认为,每个人都有其自己的社会目标和独特的获取这些目标的方法。尽管美国社会所强调的成功目标至高无上,然而一些人却没有足够的方法获得成功,而另一些拥有方法的人却认为这些目标并不适用于他们。由此,默顿根据个人的社会适应程度不同,将人们各自所采取的目标和方法的结合类型分为五种:遵从型、革新型、礼仪型、颓废型、反叛型,从而提出了个人适应于文化目标与合法方法的具体模式(表 4-1)。个人适应模式的类型,表明了默顿关于目标、方法与个人行为之间关系的假设。这说明,并不是

---

① 参见蔡文辉:《行动理论的奠基者——派深思》,台湾允晨文化实业股份有限公司 1982 年版,第 71、80 页。

所有不能通过合法手段而取得成功的公民，都会借助犯罪等非法手段实现自己的目标。

遵从（conformity）：个人认同社会的目标，同时也拥有获取目标的恰当方法。在一个平衡的、稳定的社会，这是一种最为普遍的社会适应模式。假如一个社会的大多数成员均不采取遵从的模式，那么这个社会也就不存在了。

革新（innovation）：个人认同社会的目标，但是并不通过或者无法通过合法的方法去实现这些目标。在这五种适应模式中，革新与犯罪行为的联系最为密切。美国文化特别强调成功的目标，这使得那些缺乏经济机会的社会成员背上了沉重的包袱，因而他们采取越轨的方法就不足为奇了。这种状况解释了为什么在贫民区会有高的犯罪率，因为在那里合法的方法被严格限制。当然，任何社会阶层的成员，在其感到缺乏合法的方法获取社会成功的时候，都可能采纳革新的方法。例如，商人为了暴发富裕而进行金融诈骗和逃税的白领犯罪。革新对社会有着相当的影响。这种情况持续而经常地发生，减轻甚至消除了社会系统中其他社会成员对传统准则的信念。由此扩大了系统内社会反常的范围，使得那些通常在初次的、相对微弱的社会反常状态下并不采取越轨行为的人，随着社会反常状态的扩散与增强，也这样做了。社会反常状态有着传染性，人们意识到社会没有能力控制犯罪，于是也求助于他人已成功地使用的违法方法。这就是为什么犯罪在某些低收入的生态地区滋生繁衍的原因。

礼仪（ritualism）：拒绝传统的文化目标，却同时接受合法的方法。礼仪的选择者通常表现为坚持一套严格的并无现实目标的生活方式和习惯，他们抛弃了现实的目标，克制自己的欲望，并不期望获得大量的财富，但是却辛勤工作、接受教育、诚实做人。他们不会有未达到目标而出现的沮丧感，而是从既无现实追求也无现实目标的传统礼仪的实践中获得愉悦。这种情形经常出现于宗教领域、封建式团体、俱乐部、大学生联谊会以及其他的组织。

颓废（retreatism）：既排斥社会目标，也否定合法方法。认同这种适应模式的人是一种双重失败者，他们既被剥夺了实现成功目标的合法方法，又不能使用违法的方法去获取成功，于是疏远社会，退出正常的社会生活方式，采取颓废的态度，试图通过精神上的、肉体上的消沉来逃避失败的现实。颓废的选择者主要包括，精神病患者、孤独症患者、贱民、无家可归者、流浪者、懒汉、乞丐、慢性酒精中毒者和吸毒成瘾者。

反叛（rebellion）：以另一套目标及手段的组合来替代可以接受的、可供选择的一系列社会目标和方法。采纳这一适应模式的社会成员，希望推进现行社会结构的激烈改革，他们号召取舍生活方式、目标和信念。他们中的一些人采取暴力推翻现存的社会秩序，另一些人则倡导使用非暴力的、消极的抵制以改变社会。这是革命的典型，随着时间的推移，革命团体在美国社会中日益庞大。

显然，采纳颓废、反叛和革新的方式容易导致犯罪行为，其中革新与犯罪行为的联系最为密切。考虑到美国社会明显的不平等，因而社会成员中的大部分处于社会反常状态，作为对这种反常状态的反应，他们或者采取革新的方式实施盗窃、敲诈勒索，或者吸毒、酗酒而消沉，或者认同反叛去参加革命、崇拜主义团体。

表 4-1　个人适应模式的类型

适应模式	文化目标	合法方法
遵从(conformity)	＋	＋
革新(innovation)	＋	－
礼仪(ritualism)	－	＋
颓废(retreatism)	－	－
反叛(rebellion)	＋/－	＋/－

注：表中的"＋"号表示接受；"－"号表示拒绝；"＋/－"号表示拒绝现行的价值观念或合法方法，而代之以新的价值观念或合法方法。

第三节　社会化过程理论概述

社会化过程理论(Social Process Theories)[①]的主要知识背景是互动理论；社会化过程理论以个体的不良社会化为罪因考究的重心。

一、互动理论的思想

互动理论基本上是一种社会心理学的视野，其注意力已从欧洲学者热衷的诸如阶级冲突、社会结构等问题转向了社会互动过程和社会关系。互动本身被视为分析单位。社会由互动的个人组成。个人的行为不只是反应，而且还是领悟、解释、行动与创造；个人不是一组确定的态度，而是有活力的并不断变化着的行动者，一直处在生成中并永不会彻底完成。社会环境不是某种外在的静止的东西，它一直在影响着和塑造着我们，但这本质上是一互动的过程，因为环境正是互动的产物。个人有其内心生活，同时又是一个自我，自我并非是心理实体，而是社会互动过程的一个方面。[②]

二、社会化过程理论的特征

社会化过程理论具有如下特征：(1) 人际互动影响犯罪：强调社会化过程中的人际互动对犯罪的影响。犯罪是个体在个体社会化过程中与各种社会化机构之间互动的结果。社会中的每个个体，从出生到参与社会生活，都不可避免地受着其家庭、学校、同辈群体、邻里社会、工作单位、大众传播媒介等的影响。假如个体与这些社会化机构之间的交往是积极的，那么他们将逐步地积累知识，充实和发展自己的社会性，把社会的价值观念、生活技能内化为自己的行为准则和个人能力，适应社会的要求，形成良好的个性，从而走向成功；反之，假如个体经历了不良的社会化过程，例如，家庭关系不和、同伴结交不良、学习成绩不好、司法纪录不佳等，那么这种不良社会化

[①] "Social Process Theories"的直译似是"社会过程理论"，而其本义指"探明犯罪的关键所在可以在人类的社会化(即人们受到其家庭关系、同辈群体联系、教育经历以及与权威人士的互动等的影响)中找到答案的一种犯罪观"。Larry J. Siegel, *Criminology*, 11th ed., Belmont: Wadsworth, 2012, p.231.

[②] 参见于海：《西方社会思想史》，复旦大学出版社1993年版，第347—348页。

将影响他们良好个性的形成,从而促使其走向违法犯罪。(2) 人人潜有犯罪可能:社会上的每个成员都潜在有犯罪的可能。一个人在社会结构中的地位,并不是导致他犯罪的决定性因素。许多下层阶级的成员,尽管生活在城市最为恶劣的地区,但是他们中的大多数依然是守法的公民,他们努力工作、勤俭节约,通过辛勤的劳动来克服生活的贫困;而自我报告资料表明,许多中产阶级与上层阶级的成员,尽管有着较高的经济地位与社会地位,但是他们照样从事盗窃、吸毒等犯罪活动。因此,假如中产阶级或者上层阶级成员的生活经历消极,那么他们也可能走向犯罪的道路。

第四节 社会化过程理论分支选读

社会化过程理论包括社会学习理论、社会控制理论、标签理论三个分支。限于篇幅,兹择社会学习理论、社会控制理论中的部分内容予以介绍。

一、社会学习理论

(一)社会学习理论概述

社会学习理论,渊源于法国著名社会学家塔尔德(Gabriel Tarde)的犯罪模仿论。美国行为主义者华生(John Watson)、赫尔(Clark Hall)与斯金纳(Burrhus Frederick Skinner)等人,遵循刺激—反映的接近性原理和强化原则,提出行为主义理论。多拉德(John Dollard)和米勒(Neal Miller)试图整合精神分析理论和行为主义理论,提出了线索性反应、强化、冲突模型、模仿学习等概念。

社会学习理论的核心命题是,犯罪的形成过程就是学习的过程,犯罪基于与犯罪的接触交往而习得。较为典型的社会学习理论包括班杜拉的社会学习理论、萨瑟兰的差异交往理论、艾克斯的不同强化理论、马茨阿的中立化技术理论。限于篇幅,兹择差异交往理论予以介绍。

(二)差异交往理论

美国犯罪学之父、社会学家萨瑟兰于1939年在其名著《犯罪学原理》的第三版中提出了差异交往理论(Theory of Differential Association)。[①] 差异交往理论的核心命题是,犯罪是掌握着刑事权力的国家所作的政治性界定;在具有文化冲突的社会里,人们对犯罪的界定可能互不相同,被某文化群体界定为犯罪的行为,可能被另一文化群体认为是正当的行为;犯罪的决定性因素,既不在于个人的特性,也不在于其社会经济地位;行为的获得是社会学习的过程,社会学习过程影响了在任何文化环境中的任何人;犯罪的动机和技巧,是通过与犯罪的价值观念、行为模式等接触而学

---

① 萨瑟兰一生对犯罪进行了不懈的研究,除提出了著名的差异交往理论以外,他还出版了《职业盗窃犯》(1937年)、《白领犯罪》(1949年)等著作,在职业盗窃和白领犯罪的研究方面作出了卓越的贡献。1939年,萨瑟兰在当选为美国社会学会会长的演说时,首次提出了白领犯罪问题。白领犯罪概念的提出,是犯罪学史上的里程碑,其把传统犯罪学只研究个人,特别是主要研究处于社会底层的人犯罪,改变为研究富有的、握有权力的中上层人士以及由他们操纵的公司所进行的犯罪,由此引起了犯罪学研究方向上的重大变化。

会的。

具体地说,差异交往理论的主要观点[①]:(1)经由学习获得犯罪行为:犯罪行为不是遗传等的结果,而是学习得来的。正如一个没有受过机械训练的人不会从事机械发明一样,一个没有受过犯罪训练的人也不会创造出犯罪行为。(2)经由互动交往习得行为:犯罪行为是在与他人交往过程中,经过互动而学会的。这种交往在许多方面是言语性的,但是也包括"手势交往"。(3)个人交往学习至关重要:犯罪行为的学习主要发生在个人的紧密的群体中。这就是说,非人与人实际接触的交往媒介,诸如电影、报纸等,在犯罪行为的产生中所起的作用相对并不重要。(4)学习内容包括技术态度:犯罪行为学习的内容包括:学习实施犯罪的技术,这种技术有时非常复杂,有时则十分简单;学习对动机、冲动、合理化和态度等的特定方向。(5)动机方向源于亲疏法典:对动机和冲动的特定方向,是从赞同或反对法典的定义中学习得来的。在一些社会中,一个人周围的人全都是把法典划定为应当遵守的规则,而在另一些社会中,他周围的人都将违反法典划定为值得赞同的行为。在美国社会,这些定义几乎总是混合在一起,因此经常存在着有关法典的文化冲突。(6)差异交往影响行为选择:一个人之所以成为罪犯,是因为他所接触的赞成违法的定义超过了反对违法的定义。这就是差异交往的原理。它既涉及犯罪的交往,也涉及非犯罪的交往,并且与这些相互对抗的力量有关。一些人成为犯罪人,是因为他们与犯罪榜样相交往,同时也是因为他们与非犯罪榜样相隔离。任何人都不可避免地要同化于周围的文化,除非存在有其他榜样的冲突;一个南方人不发"r"的音,因为其他南方人也不发"r"的音。这种不同交往的观点意味着,就犯罪而言,中性交往对犯罪行为的产生几乎没有影响或者没有任何影响。在这种意义上,个人的经历大多是中性的,比如学习刷牙。这种行为对犯罪行为没有任何消极或积极的影响,除非它与关系到法典的交往有关。这种中性行为特别重要,特别是在它占据着儿童的时间的情况下,因为在儿童从事中性行为的期间,他就不会与犯罪行为接触。(7)交往程度影响行为选择:差异交往在频率、持久性、优先性和强度上有所不同。这意味着与犯罪行为的交往和与非犯罪行为的交往在这些方面是不同的。频率和持久性作为差别交往的方式是明显的,无需解释。童年早期所形成的合法行为可能持续一生,同样童年早期所形成的违法行为也可能持续一生。从这个意义上说,优先性被假定是重要的。但是,这种倾向性并没有得到足够的证实,优先性的重要性似乎主要在于它的选择影响方面。强度并没有被精确地界定,不过它与犯罪或者非犯罪榜样来源的威信以及与差异交往相联系的情感反应相关。在对一个人的犯罪行为进行精确的描述中,应当用数量的形式来说明这些差别交往的方式,并且得出一个数学比率。然而,目前的研究还没有取得一种公式,而这样一种公式的获得是极为困难的。(8)犯罪学习过程不限模仿:通过与犯罪或非犯罪榜样的交往学习犯罪的过程,包含了在其他任何学习中所拥有的所有机制。

---

① Edwin H. Sutherland, *Principles of Criminology*, Philadelphia: J. B. Lippincott Company, 1947, pp.5-9.

这就是说,学习犯罪行为不限于模仿过程。例如,一个受到引诱堕落的人,通过交往而学习犯罪行为,但是通常并不把这个过程说成是模仿。(9) 一般需要无从解释犯罪:尽管犯罪行为是一般需要和价值的表现,但是它却不能用这些一般需要和价值来解释,因为非犯罪行为也是同样需要和价值的表现。盗窃犯一般是为了得到金钱而行窃,但是诚实的劳动者也同样是为了获得金钱而工作。许多学者试图用那些一般的冲动和价值,诸如,享乐原则、谋求社会地位、金钱动机或者挫折等,来解释犯罪行为,这已被证明是徒劳的,并且必定继续是无效的,因为他们对合法行为的解释与他们对犯罪行为的解释完全一样。这些一般冲动和价值类似于呼吸,尽管呼吸对任何行为都是必需的,但是它并不能将犯罪行为与非犯罪行为区别开来。

二、社会控制理论

（一）社会控制理论概述

社会控制理论是20世纪70年代、80年代最流行的犯罪原因理论之一。这一理论的一个共同观点是,所有的人都潜在有违法犯罪的可能,因此需要解释的不是人们为什么犯罪,而是人们为什么不犯罪。而遵奉是回答问题的关键。通常认为,人们通过社会化获得社会的价值观和行为规范,不良的社会化将导致违法犯罪行为。这一理论强调一种单一的、主流的价值体系或者称道德秩序的存在。较为典型的社会控制理论包括雷克利斯（Walter Reckless）的遏制理论、赫希（Travis Hirschi）的社会控制理论。限于篇幅,兹择赫希的社会控制理论予以介绍。

（二）赫希的社会控制理论

美国社会学家赫希,于1969年在其专著《少年犯罪原因》一书中,提出了社会控制理论,构成了控制理论的统治学说。[1] 赫希的社会控制理论的核心思想是:赫希接受了英国启蒙思想家霍布斯（Thomas Hobbes）的学说,认为人原本是非道德的动物,都有犯罪的自然倾向。因此,犯罪原因是不需要解释的,而不犯罪的原因才需要探讨。人之所以不犯罪,是由于他害怕违法行为将损害自己与朋友、父母、邻居、老师、雇主等的联系,因而保持了克制。假如一个人缺乏对他人的情感与兴趣,没有这些社会联系,那么他就会放任自己的行为,进而实施犯罪。因此,社会联系是制约人们犯罪的重要因素;犯罪缘于薄弱的社会联系。

社会联系,是指一个人与传统社会之间的联系,也就是说一个人对传统社会的依附。社会联系由四个要素组成,这四个要素与犯罪之间有着联系:(1) 依恋（attachment）。是指一个人对他人的情感和兴趣。法国社会学家迪尔凯姆认为,我们个人成为道德动物的程度,是以我们成为社会动物的程度为衡量的。这就是说,只有当我们内化了社会的道德规范以后,我们才成为道德之人。通过定义,社会道德规范为社会成员所共同持有,因此违背社会道德规范就是背离他人的愿望与期待。如果一个人不在乎他人的愿望与期待,对他人的意见不敏感,那么他就可能不受社会规范的约束

---

[1] Travis Hirschi, *Causes of Delinquency*, Berkeley, CA: University of California Press, 1969.

而陷于犯罪。从心理学上来讲，病态人格者的一些特征就是缺乏对他人的依恋或感情，不能对以尊重、关心同伴为基础的普通动机作出反应。许多社会学家所构建的概念，诸如赖斯(Albert Reiss)的个人控制、皮列文(Irving Piliavin)的承担义务等，均可以归入依恋。可见，对他人或社会控制机构的感情依恋是防止犯罪的重要因素。父母、同辈群体、学校是一个人与社会保持联系的重要组织。其中，对于父母的依恋最为重要。即使一个家庭由于离婚而解散，孩子必须保持对单亲或双亲的强烈依恋。没有对家庭的依恋，就不可能形成对其他权威人士的尊重的情感。(2) 奉献(commitment)。是指个人将时间、精力、自身投入到传统的事业中，诸如接受教育、建功立业、赢得声望等。英国启蒙思想家霍布斯(Thomas Hobbes)指出："在所有的激情中，迫使人们不违背法律的激情是恐惧。除了一些慷慨大方的本性之外，恐惧是唯一的在违法的利益与快乐的引诱面前，迫使人们遵守法律的东西。"人们有时仅仅是由于害怕后果而遵守行为规则。遵从中的这种理性成分，我们称之为奉献。当一个人准备从事越轨行为时，他必须考虑自己将为越轨行为所要付出的代价。如果越轨行为果真发生，除了可能侵害社会中大多数人的利益以外，还可能给行为人自己带来很大的不良作用，断送他美好的前途和受教育的机会。因此，倘若一个少年能将自身奉献于传统的各类活动，那么他从事犯罪行为的可能性就小。同时，不论少年的家庭背景如何，如果他越是希望未来能受到较高的教育，越是希望将来能从事较高尚的和较高地位的职业，那么他犯罪的可能性就越小。在产生遵从行为中，雄心、志向发挥着重要的作用。(3) 卷入(involvement)。是指花费时间和精力参加传统的活动，诸如学术活动、运动、正当的休闲活动等。邪恶产生于懒人之手。卷入传统活动的人，受到职位、最后期限、工作时间、计划等的约束，以致很少有机会从事越轨行为。甚至是，由于他全身心地投入到传统的活动中，因此不可能考虑越轨行为，更不用说发展他的个人爱好。一个学生要是经常觉得很无聊，或者每天只用很少的时间去做功课，那么其犯罪的可能性就较大；一个学生每周用在与朋友闲聊的时间越多，或者用在开车游乐的时间越多，他就越可能从事越轨行为。学习、娱乐、家庭等活动的投入，将使一个人脱离潜在的犯罪诱惑，反之则容易导致犯罪。(4) 信念(belief)。就是对共同的价值体系和道德观念的赞同、承认和相信。生活在社会或群体中的人，拥有共同的道德信念，这些共同的道德信念促使他们替他人着想、尊重他人的权利，并且服从法律。但是，人们对他们认为应当遵循的道德规范的信念有着程度上的差异。假如一个人的这些共同的信念缺乏或削弱，他就很可能去实施越轨行为。尤其是，那些不尊重或不信仰警察的权力，热衷于探寻法律漏洞的人，其与犯罪仅一步之隔。

上述社会联系的诸要素之间，既相互区别又相互影响。例如，对传统的人们有着依恋的人，也更有可能卷入传统的活动，更有可能接受传统的行为准则；而一个与传统的人们疏远的人，也很可能不赞成传统的价值观念，不愿意投身于为这种价值目标努力的活动。因此，社会联系诸要素之间的相互关系，控制着个人从事犯罪行为或者从事传统行为。

第二编　犯罪学方法论：学会分析犯罪

第五章　犯罪学研究方法

犯罪学研究方法，是指搜集、整理、分析犯罪现象，揭示犯罪本质，探索犯罪原因，寻求犯罪对策的恰当的规则、程序、途径、手段、技巧或模式等的总和。具体而言，犯罪学研究方法分为三个方面：(1) 犯罪学研究的科学方法论：包括辩证方法、比较方法、历史方法、阶级分析法等。(2) 犯罪学研究的基本观念：包括定性与定量的结合、思辨与经验的结合、宏观与微观的明晰等。(3) 犯罪学研究的经验性方法：包括犯罪学理论建构的程序、犯罪调查的基本方法等。

第一节　犯罪学研究的科学方法论

犯罪学研究的科学方法论，是指犯罪学研究的最基本的必须遵循的原理、原则，其指导整个犯罪学的研究，回答为什么应当这样做的问题。包括辩证方法、比较方法、历史方法等。

一、辩证方法

辩证方法，要求用客观、联系、发展、全面的态度分析犯罪及其对策问题。具体包括如下思想：

辩证的联系思想：犯罪在特定的环境中生成，应当将犯罪放置于其所处的环境中具体分析，找出它与其他因素所固有的相互联系与相互作用的规律性。"我们所接触到的整个自然界构成一个体系，即各种物体相联系的总体……这些物体处于某种联系之中，这就包含了这样的意思：它们是相互作用着的，而这种相互作用就是运动。"[①] 犯罪是各种因素综合作用的结果。自然、社会、心理等各种因素均对犯罪的形成有着一定的作用。在这些与犯罪相关的诸多因素中，每个因素与犯罪的相关关系不尽相

---

① 《马克思恩格斯选集》第4卷，人民出版社1995年版，第347页。

同,有的极为密切有的相对疏离,有的起关键作用有的作辅助支撑。倘若将犯罪作为一个**因变量**①,那么促成犯罪的一些因素则分别是**自变量**②和**中间变量**③。其中,自变量与因变量之间有着间接的关系,而中间变量与因变量之间则有着直接的关系。根据自变量、中间变量与因变量之间关系远近的不同,自变量、中间变量的内部又可以分为不同的等级。另一方面,根据自变量、中间变量对因变量作用力方向的不同,这些自变量、中间变量又分为促成作用即与因变量正向相关,或者阻碍作用即与因变量负向相关。变量之间相关的程度,即何为自变量何为中间变量,为哪一等级的中间变量,以及自变量、中间变量与因变量之间相关关系的正向与负向的确定,在犯罪原因研究中主要通过大量的典型个案剖析与犯罪统计分析来确定。

辩证的客观思想:犯罪是实实在在的一种极端的社会现象,犯罪原因是客观存在的事实。这些现象、事实是不以人的意志为转移的客观。它既可以表现为有形的形态,可以用人的手、眼等感觉器官来感知,例如杀人案件、抢劫案件、某城市的发案率;也可以表现为无形的形态,例如犯罪意识、犯罪文化等。犯罪研究就是从客观实际出发,运用科学的研究方法,探索犯罪现象,揭示犯罪原因,寻求犯罪对策。这是主观对客观的复写、反映,应当使对犯罪的认识与犯罪的客观实际相符。

辩证的发展思想:犯罪与其他自然、社会现象一样,处于动态的发展、变化之中。这不仅表现为某一具体犯罪有其发展、形成的过程,而且表现为某一地区的犯罪状况也处于动态变化之中,乃至不同历史时期的犯罪状况、犯罪原因均有着不同的特点。就新中国建立后的犯罪状况而言,建国初期(1950年前后),基于当时旧有政治势力的遗患,刑事案件的主流表现为政治性杀害或者旧有势力的破坏(例如盗匪、兵痞等);三年自然灾害时期,多为盗窃犯罪,犯罪的动机在于获得基本的生活来源;改革开放以来随着社会转型,各种刑事案件呈现较大幅度的波动态势。犯罪的动态发展特征,要求我们顺应发展变化的客观情况,正确地把握认识犯罪,根据形势变化调整犯罪对策。

二、比较方法

比较方法,是通过多角度的比较研究,诸如静态比较、动态比较、地区间的比较、不同国家间的比较等,揭示犯罪形成以及防治的规律。

地区间的比较,主要是指针对本国国内不同地区间犯罪状况的异同,揭示各地区的政治、经济、文化、地理环境等的特征,通过比较不同地区间的犯罪异同及其社会、自然环境背景,分析犯罪的地区特征,探索犯罪原因与对策,更为有效地、有针对性地治理犯罪。例如,农村与城市、城乡结合部的犯罪率、犯罪类型等表现出不同的特点,针对这一现象,我们比较分析农村、城市等的社会与自然环境背景,探究其原因,找出导致城乡犯罪差异的决定性因素,以便有针对性地采取犯罪对策。

---

① **因变量**,又称受变量,是研究假设里的果,随着自变量、中间变量的改变而改变。
② **自变量**,是研究假设里的因。自变量的改变经过中间变量导致因变量的改变。
③ **中间变量**,是介于自变量与因变量之间的第三变量。自变量对因变量的影响,须经由中间变量。

不同国家间的犯罪状况，也表现出一定的差异性。例如，发达国家与发展中国家、不同的发达国家之间的犯罪状况各有其特点，这种差异的背后有其社会环境、文化传统等的因素。通过比较不同国家间的犯罪状况及其深层的社会、自然背景，探索犯罪原因与对策。

三、历史方法

历史方法，是通过观察某一地区或者国家，在不同发展时期的犯罪以及与犯罪相关因素的变化规律，探究特定时空下的犯罪现象、原因、对策。历史方法，在一定程度上是一种纵向比较，通过犯罪的过去与现在的比较，找出其中的规律性，预见其未来。试以我国1949年以来的犯罪率变化及其原因分析举例说明。

不同时期的犯罪率状况：分析我国1949年以来各个时期的犯罪状况，"文革"前(1950—1965)，尽管犯罪率有所波动，但是整体上基本较为平稳；"文革"后期并改革开放前(1972—1977)，这段时间犯罪率基本稳定，年度间立案率增减幅度不大；改革开放后的社会转型初期(1978—1987)，犯罪率有一定的增长与波动，但幅度并不是很大；改革开放后的社会转型深化期(1988—现在)，犯罪率呈现较大幅度的波动态势。

探究犯罪率波动的原因：针对上述这一犯罪率的波动状况，分析不同时期与犯罪率波动相关的经验性事实，我们可以发现：转型期中国社会犯罪率的增长主要缘于意识观念碎片、社会分层失衡而构成的过度社会紧张，尤其是由于缺乏合理有效的制度规范化解这种紧张。具体地说，意识观念中物质利益观念的高度激发、个人主义的核心地位、道德观念的冲突与离散、"三信"危机的呈现，以及社会分层中的复杂多样的利益群体、职业声望与收入状况的背离、贫富差距的急剧拉大，致使社会整合较大程度地被削弱而社会分化过于突显，而社会转型期某些制度规范的不尽合理或者效能低下，未能使分化的各种社会因素得以协调整合，从而促成了社会的不满情绪与社会的控制薄弱，并且这种制度规范问题与腐败问题交互作用，紧张化解受阻，淤积的这种能量不失以犯罪的方式释放。[①]

第二节 犯罪学研究的基本观念

犯罪学研究的基本观念，是指犯罪学研究中，在具体指导思想以及方法论上应当具有的基本取向。具体地说就是，应当立于一个独特的理论视角、注重实证的分析方法、区分犯罪人形成的微观原因与犯罪率波动的宏观原因、常态社会的犯罪存在与反常社会的犯罪剧变等不同的理论问题。

一、实证方法的基本手段

犯罪学是一门**刑事事实学**，以社会犯罪事实为研究素材，侧重于经验性方法，观

---

① 详见张小虎：《宽严相济刑事政策的基本思想与制度建构》，北京大学出版社2018年版，第252页。

测犯罪现象、探索犯罪机理、寻求犯罪对策;其构建的理论并不强调应当如何(规范的应然与应然的规范),而是说明事实如何(事实的现象与现象的事实)。可见,实证方法是犯罪学研究的基本的与必要的手段,而这种实证方法不只是定量分析,也可以是定性分析。

(一)定性与定量的结合

作为一门实证科学,犯罪学研究至为强调实证方法的运用,而这其中又包括定性的分析方法与定量的分析方法。具体地说,典型个案分析与犯罪统计分析是经验性方法中的两个相辅相成的主要手段,前者有助于说明犯罪与社会因素相关联的质的规定性,后者有助于说明犯罪与社会因素相关联的量的规定性。我国社会学家严景耀教授的专著《中国的犯罪问题与社会变迁的关系》[①],以典型个案分析的模式,揭示了犯罪的社会原因;法国社会学家迪尔凯姆教授的专著《自杀论》[②],则从统计分析的角度,阐明了自杀的社会因素。

应当说,定性研究(定性方法)与定量研究(定量方法),均是犯罪学研究所不可缺少的手段。其中,定性方法以典型个案的纵深资料为核心,聚焦于互动、事件等的具体考察,由此通过增强资料以更加清晰地看到个案的关键方面;定量方法以一定数量样本的数理统计资料为核心,聚焦于理论命题中变量的测量,由此通过凝聚资料以察看事物的整体面貌。定性方法的资料,主要通过访谈、观察、录音、录像等手段获得;而定量方法的资料,则主要通过大规模的抽样和问卷调查等手段获得。定性方法与定量方法存在着许多重大的差异,它们各有长处与不足,根据研究的主题及内容的不同,在选择运用的侧重上也应有所不同,最好的研究通常是将这两种方法结合起来。[③]

任何事物都是质与量的统一体,定性方法以其深入及具体的特征,为定量研究提供必要的经验性知识的前提,而定量研究又有助于将研究引向全面系统。正如费孝通先生所指出的"由于定量分析难以深入到事物内部作考察,因而弄得不好,那些普查、抽样调查、问卷调查等,得到的结论只能在数量上给人一个表面形象,甚至是一种虚像。因此,为了正确把握事物的数量,我们在做定量分析之前应当先做好定性分析,然后再通过量的表现来进一步加深我们对性质的了解。"[④]

另一方面,尽管我们通过统计发现犯罪与某种社会因素的量的关联,但是这远不是结论,我们还必须对这种量的关联背后的质的关系作进一步的揭示:犯罪与该社会因素是否有着本质联系?该社会因素(自变量)与犯罪(因变量)之间有无其他社会因素(中间变量)的作用?同时,犯罪统计分析也有助于从量上验证某种犯罪学理论是否具有普遍的适用性。

应当注意,犯罪统计并不等于刑事司法统计。**刑事司法统计**主要满足对司法情

[①] 参见严景耀:《中国的犯罪问题与社会变迁的关系》,吴桢译,北京大学出版社 1986 年版。
[②] 参见〔法〕埃米尔·迪尔凯姆:《自杀论——社会学研究》,冯韵文译,商务印书馆 1996 年版。
[③] 混合方法通常被描述为收敛验证、多方法、多轨道或三角测量等,其核心是,认为定性与定量应该是互补的、结合的。详见张小虎:《生命历程犯罪学的关键性维度及本土化期待》,载《社会科学》2022 年第 4 期。
[④] 费孝通:《学术自述与反思:费孝通学术文集》,生活·读书·新知三联书店 1996 年版,第 19 页。

况进行评估和对犯罪事实进行一般性分析,而**犯罪统计**是为了某项专门研究的需要,由研究人员根据科学的调查统计方法,对研究中的理论设想进行宏观的实证检验或者对某些犯罪事实进行经验性的掌握。

(二)思辨与经验的结合

思辨研究注重运用逻辑演绎推断来构建命题;**经验研究**强调在使用感官观察外部世界搜集材料的基础上构建命题。一个完整的犯罪学研究,不仅需要经验素材,而且必须思辨分析。

经验素材:在犯罪学研究中,"个体犯罪现象(个案)及其与社会因素之间的关系的征表"和"社会犯罪总量(犯罪率)及其与社会因素之间的关系的征表",是考究犯罪的基本的经验性素材,其所反映的是犯罪怎么样,表现为单称阐述(针对具体的人、事或现象),形成原子命题①或综合性命题②。例如,2002年以来,暴力犯罪呈下降走势;2002年以来,犯罪总量仍呈上升走势。

思辨分析:理论是在诸多相关类型的实证资料基础上,经过系统提升而形成的抽象化的知识,其回答的是犯罪为什么,表现为普遍阐述(针对抽象的一般定理),构建分子命题③或分析性命题④。例如,社会转型而致的社会结构的失衡,与犯罪率的急剧攀升密切相关。这种命题必然借助于理性思辨,即应当寻找什么样的原子命题?如何确定相关的原子命题?相关的原子命题之间蕴含着怎样的关系?等等,而这些问题的回答少不了抽象的分析演绎。

二、罪因机制及社会原因的核心地位

(一)独特理论视角的罪因机制

犯罪原因,是指由对犯罪的形成与变化具有决定作用的致罪因素所构成的动态系统。(1)犯罪原因系罪因机制:犯罪原因包含社会因素、心理因素、生理因素、自然环境因素等多种因素,不过其中的社会因素居于主导地位。而社会因素又是由诸多对犯罪形成具有决定意义的社会事实、社会结构要素、社会化的执行单位等构成的。这些因素有机结合而形成一定的犯罪原因结构时,便可促使犯罪的形成与变化。犯罪原因是一个多质、多层次、彼此密切关联的致罪因素的有机系统。(2)犯罪原因揭示关键因素:考究犯罪原因,就是要揭示决定犯罪形成的诸多因素中的关键性致罪因素,揭示这些因素在犯罪形成中的相互作用关系,以及这些因素与犯罪之间的确定关系。研究犯罪原因,关键在于,从犯罪形成、变化的机理中,对导致犯罪的诸因素与犯罪之间的关系作定性与定量的分析,揭示决定犯罪形成与发展的关键性因素。(3)犯罪原因应有独特视角:犯罪原因理论就是以独特的视角,构建对罪因机制的深刻解析;从一个视角深刻地解析犯罪的形成与变化,是犯罪原因理论的真谛。这就是

---

① **原子命题**,即对经验性资料的具体描述,而构成的一种陈述。
② **综合性命题**,是指基于诸多相互关联的经验事实而形成统一的具体陈述。
③ **分子命题**,即由诸多相关的原子命题结合,推导而成的理论概括。
④ **分析性命题**,是指基于概念、原理或者若干经验结论,经由理性演绎而推导出的具体陈述。

立足于一个理论基点,例如社会转型中的社会失范,对犯罪率的急剧波动予以社会学的解析。独特视角的深刻解析,也是现代科学的犯罪学理论的主流。应当注意,独特的理论视角与犯罪类型研究不是一个概念。独特的理论视角并不排斥研究对象的全体,而类型代替不了全体。

(二) 社会原因的主导地位

刑法学巨擘李斯特早已确立了这一基本命题。不可否认,犯罪人的生物因素与心理因素对犯罪行为具有影响,但是,使生物因素与心理因素得以犯罪行为的激发的,还是社会因素的关键性的作用。正如,同样处于极度愤怒情感中的个体,有的不去犯罪,而有的却以犯罪的方式暴发,这是为什么?对此,如果不去考究不同的个体其先前的社会化所形成的不同个性,是难以获得深刻而客观与合理的答案的。尤其是,当我们解析的问题聚焦在,犯罪行为的形成而不是发生①的决定性因素是什么的时候,这种犯罪问题的社会学的解析,就具有了更为重要的意义。在当代犯罪学研究中心的美国,对于犯罪的生物因素、心理因素及社会因素的研究都有了重大的发展。不过,多数学者认为,生物因素与心理因素只有最终与社会因素相结合才能发挥作用。②

三、界分犯罪原因的不同问题

在犯罪原因的研究中,应当注意不同理论聚焦的区别,具体包括:犯罪形成与犯罪发生的界分;宏观罪因与微观罪因的明晰;常态犯罪与反常犯罪的差异;静态分析与动态分析的不同等。

(一) 犯罪形成与犯罪发生的区分

犯罪形成与犯罪发生是一相对的概念。**犯罪形成**,是立足于犯罪原因(罪因机制)的考究,揭示社会犯罪现象的逐步生成与发展的规律,为合理的犯罪预防提供理论前提。**犯罪发生**,是立足于犯罪条件的考究,揭示社会犯罪现象在特定条件下得以呈现的规律,为合理的犯罪控制提供理论前提。从犯罪发展的过程来看,首先是犯罪的形成,而后在犯罪形成的基础上犯罪发生。犯罪的形成基于犯罪原因的作用,而犯罪形成基础上的犯罪发生更在于犯罪条件的具备。犯罪是基于犯罪原因的作用,在适宜的犯罪条件下得以发生的。在此,应当注意,犯罪原因与犯罪条件的差异,以及犯罪预防与犯罪控制的区别。

犯罪原因与犯罪条件:犯罪原因,是指由对犯罪的形成与变化具有决定作用的致罪因素所构成的动态系统。犯罪原因的特征在于:直接性(犯罪原因主要表述直接的、表层的致罪因素);关键性(犯罪原因强调关键性的致罪因素);系统性(犯罪原因表现为致罪因素构成的系统);动态性(犯罪原因具有特定的时空背景)等。**犯罪条件**,是指有利于犯罪发生的各种因素,这种因素并不决定犯罪的形成和发展。犯罪条

---

① 关于犯罪形成与犯罪发生的区别,详见本书第一章犯罪学概述的第三节犯罪学研究的基本路径。
② Larry J. Siegel, *Criminology: Theories, Patterns, and Typologies, fifth edition*, New York: West Publishing Company, 1995, p. 174.

件的特征在于:表述犯罪发生的必要因素;展示犯罪原因的作用效果。犯罪条件与犯罪原因的**主要区别有三**:(1)犯罪条件与犯罪原因在犯罪因果链条中的作用和作用的重要程度不同。原因会产生后果,而条件只能保证原因能够发生作用。(2)原因是一种积极的现象,产生着物质、能量或者信息的传递,或者破坏(中止)这种传递。而条件一般则处于消极、稳定的状态。(3)原因与犯罪现象的形成、发展和变化有直接联系,并处于主导地位。而条件多与犯罪的发生有着关系,处于次要地位。[①]

犯罪预防与犯罪控制:**犯罪预防**,是指基于犯罪原因的揭示,由国家、社会乃至个人采取各种方略与措施,致力于减少、消除犯罪形成的致罪因素,对于个体犯罪现象以及犯罪总量现象,予以预先防范的一系列活动。犯罪预防的基础,表现为对于犯罪原因(犯罪形成)的揭示。犯罪原因的研究成果,为犯罪预防的原则与方法的制定与实施提供了专业知识背景;犯罪原因所揭示的关键性的致罪因素及其在犯罪形成中的作用关系,是犯罪预防方略的重要理论依据。**犯罪控制**,是指基于犯罪条件的揭示,由国家与社会采取各种措施与方法,致力于减少、消除犯罪发生的致罪因素,对于个体犯罪现象以及犯罪总量现象,予以限控与遏制的一系列活动。犯罪控制的基础,表现为对于犯罪条件(犯罪发生)的揭示。犯罪条件所揭示的犯罪发生机制以及决定犯罪发生的关键性因素,为犯罪控制的措施与方法的制定与实施,提供了重要的专业知识背景与理论依据。**相比较而言**,犯罪预防与犯罪控制,在国家社会个人的主体特征、犯罪现象的对象特征、综合多样的措施特征等方面,具有较大的相似之处;不过,两者在基础特征与阶段特征等方面,则呈现出较大的区别。具体表现在:(1)基础特征的差异:犯罪预防以犯罪形成机制的揭示为知识平台;犯罪预防的方略与措施,奠基于犯罪原因所揭示的关键性致罪因素及其在犯罪形成中的作用关系。犯罪控制以犯罪发生机制的揭示为知识背景;犯罪控制的措施与方法,奠基于犯罪条件所揭示的引发或决定犯罪发生的关键性因素及其在犯罪发生中的作用关系。(2)阶段特征的差异:犯罪预防以犯罪形成之前的预先防范为着眼点;具体表现为遵循有关基本原则采取一系列措施,将犯罪阻断在犯罪形成的犯罪孕育阶段。犯罪控制以阻断已成定势而处于临界发生状态的犯罪为着眼点;从犯罪实施的时空等条件上,将犯罪阻断在犯罪发生的犯罪表现阶段。(3)目标特征的差异:犯罪预防试图将犯罪阻断于形成的源头,具有治本的意义;犯罪控制旨在将犯罪遏制在一定限度的范围之内,具有治标的意义。应当注意,科学地**界分**犯罪预防与犯罪控制,不仅有助于明晰犯罪学理论的知识结构,诸如,犯罪原因与犯罪条件、犯罪形成与犯罪发生等,而且有助于明确犯罪学实践的基本价值,诸如,治本之举抑或治标之举。

(二)宏观罪因与微观罪因的明晰

犯罪原因是犯罪学研究的核心,犯罪原因的研究包括两个基本的视角:个体犯罪形成的原因;犯罪总量形成的原因。前者是犯罪原因的微观研究,后者是犯罪原因的宏观研究。

---

① 参见康树华:《犯罪学——历史·现状·未来》,群众出版社1998年版,第93—94页。

微观研究：将个体犯罪置于微观社会环境中①，核心是对犯罪人个案的微观社会剖析，探究个体为什么陷入犯罪？这里，个体犯罪与微观社会构成对立统一的两条分析轴心线。就个体犯罪来看，分析轴基本的关键点有：个案、犯罪人、人格；就微观社会来看，分析轴基本的关键点有：社会化、家庭、学校、同辈群体、社区。生命历程犯罪学的微观研究涉及犯罪生涯（犯罪的参与、频率、严重性、持续性、终止）、个体的重大生命事件、生活转型、生命轨迹等。②

宏观研究：将犯罪总量置于宏观社会背景下，核心是对犯罪现象的宏观社会分析，揭示社会为什么存在犯罪。具体又有两种情形，其一是常态社会下的犯罪形成机制，其二是反常社会下的犯罪形成机制。这里，犯罪总量与宏观社会构成对立统一的两条分析轴心线。就犯罪总量来看，分析轴基本的关键点有：犯罪波动、犯罪类型、犯罪率、犯罪黑数；就宏观社会来看，分析轴基本的关键点有：社会变迁、社会结构、意识观念、社会分层、制度规范。③

（三）常态犯罪与反常犯罪的差异

犯罪是社会有机体中的组成部分，呈现为社会机体的新陈代谢物。**常态犯罪**，是在社会机体处于正常状况下的社会犯罪现象的呈现，也可谓法国著名社会学家涂尔干所讲的犯罪的规则现象，是社会的生理机制的犯罪的表现。④ 此时的社会，或者处于相对静止的状态⑤，或者呈现整体均衡的发展状态。⑥ 在此场合，犯罪也表现为一种平稳的样态，并且被理解为一种社会必然现象。人类社会的过去与现在，乃至未来相当长的历史时期，犯罪作为一种社会现象与社会相伴生。犯罪为社会提供反面警示、犯罪给社会增强张力，"有些犯罪行为，看起来是触动了现时的道德，实际上它已经预定了将来的道德"⑦。犯罪源于社会，当社会处于相对稳定状态，社会的犯罪现象

---

① 此处仅是社会学的视角，从广义上来说，犯罪生物学、犯罪心理学均是对犯罪的微观研究。

② 详见张小虎：《生命历程犯罪学的本土探究：典型犯案与核心原则》，载《社会学研究》2021年第4期；张小虎：《生命历程犯罪学的关键性维度及本土化期待》，载《社会科学》2022年第4期。

③ 这里并未将文化列入。应当说，文化与犯罪的联系是非常密切的。**但是**，应当注意，文化是一个极其复杂的歧义性极大的概念，据美国文化人类学家克罗伯和克鲁克洪的统计，1871—1951年的80年间，严格的文化定义就有164个之多，法国社会心理学家莫尔新的统计资料也表明，20世纪70年代以前世界文献中的文化定义已达250多个。参见刘进田：《文化哲学导论》，法律出版社1999年版，第36页。**再者**，文化也是一个内容极为丰富的概念，它几乎包含了各种社会要素。"文化的概念在它的基础部分多或少是与社会的概念相互重合的"；"文化从广义来讲，是一个包括人在社会中所习得的知识、信仰、美术、道德、法律、风俗，以及任何其他的能力与习惯的整体"。〔日〕富永健一：《社会学原理》，严立贤等译，社会科学文献出版社1992年版，第18页；〔美〕克利福德·格尔兹：《文化的解释》，纳日碧力戈等译，上海人民出版社1999年版，第5页。**因此**，有关文化对犯罪的影响，集中表现在作为文化主体的"社会群体"以及作为文化内容的"意识观念""制度规范"等方面，它们在构成要素、整合机制、动态演进的角色中，基于互为冲突与相互作用以及各自与犯罪的作用关系，决定着犯罪的形成。

④ 关于对涂尔干的犯罪功能论的阐释，详见张小虎：《宽严相济刑事政策的基本思想与制度建构》，北京大学出版社2018年版，第202—204页。

⑤ 例如，我国"文革"后期的社会状态及其相应的犯罪样态。

⑥ 例如，日本和瑞士"独特的发展进程，保持着亲密的家庭结构，以及有全体公民参加反对犯罪的斗争"，使其成为"富裕的发达国家日益增长的犯罪率的两个重要例外"。〔美〕路易丝·谢利：《犯罪与现代化——工业化与城市化对犯罪的影响》，何秉松译，群众出版社1986年版，第88，91页。

⑦ 〔法〕埃米尔·迪尔凯姆：《社会学方法的规则》，胡伟译，华夏出版社1999年版，第57页。

也保持在一定的水平,这时的犯罪是社会机体的正常的生理排泄。考究常态犯罪,就是要揭示常态社会状况下的犯罪存在机制。例如,某一相对协调稳定的常态社会状况下呈现出一定的犯罪率,这一社会状况致使这一犯罪率产生的因果关系是怎样的,社会结构中究竟哪些因素与犯罪的形成之间有着极为密切的关系,这些因素又是如何相互作用而决定了犯罪的形成的。

反常犯罪,是在社会机体处于非正常状况下的社会犯罪现象的呈现,可谓是迪尔凯姆所讲的犯罪的非规则现象,是社会的病理机制的犯罪的表现。[1] 此时的社会处于从传统社会向现代社会的转变与过渡,社会中的传统因素与现代因素此消彼长。[2] 在此场合,犯罪也表现为急剧波动与趋于攀升的样态。如果说犯罪功能论是从常态着眼考究犯罪的存在,那么社会失范论则是从病态角度探究犯罪的剧变。犯罪是社会变革的晴雨表,犯罪率的急剧波动,反映了社会结构的失调与不稳定状态,社会的急剧转型易于造成社会失范状态。社会的疾病导致了社会犯罪现象的反常。考究反常犯罪,是要揭示反常社会状况下的犯罪急剧波动机制。例如,某一时期犯罪率的突然升高,这一现象与社会反常状态之间呈现出怎样的因果关系,究竟是社会结构中的哪些病理因素决定了这一时期犯罪率的突然升高,这些决定性的因素又是如何相互作用的。

(四)静态分析与动态分析的不同

犯罪学的研究,既包含静态的分析,也具有动态的考究。前者揭示决定犯罪形成、发展、变化机理的重要因素,后者分析这些因素在促成犯罪中的相互作用、整合与分化。例如,**社会结构**,是指一个社会中各种基本组成部分之间所形成的比较稳定的关系或构成方式。揭示某一特定时期的社会结构状态及其对犯罪的影响,是对犯罪的一种宏观静态分析。**社会变迁**是社会互动和社会关系等所构成的社会结构里的结构与功能上的改变。[3] 探究社会变迁及其与犯罪形成和变化之间的关系,则是对犯罪的一种宏观的动态研究。显然,犯罪的静态分析与动态研究,例如"社会结构及其对犯罪的影响"与"社会变迁及其对犯罪的影响",这两者是密切相连的,是同一研究的两个侧面。

第三节 犯罪学研究的经验性方法

犯罪学研究的经验性方法,主要内容包括:犯罪学理论建构的程序、犯罪调查的基本方法等。

---

[1] 关于对涂尔干的社会失范论的阐释,详见张小虎:《宽严相济刑事政策的基本思想与制度建构》,北京大学出版社2018年版,第204—206页。
[2] 例如,我国目前改革开放深化期的社会状态及其相应的犯罪样态。
[3] 参见蔡文辉:《社会学》,台湾三民书局1997年版,第594页。

一、犯罪学理论建构的程序

犯罪学理论的建构通常经过以下的循环过程:选题阶段;设计阶段;实施阶段;总结阶段。

(一)选题阶段

选题阶段包括选择课题、建立假设、概念操作化三项主要工作:

1. 选择课题

选择课题,是指挑选确定需要予以研究的主要问题或者重大事项。选择课题涉及课题类型、选题注意事项等问题。

课题类型:基于社会需要的不同,课题通常分为理论研究与应用研究。**(1)理论研究**,一般具有超前性、抽象性、原理性等特点。超前性,意味着理论研究对于学科发展乃至社会发展具有前瞻意义,属于当代现实的理想建构,引领着人类的未来[①];抽象性,意味着理论研究属于超越社会现实层面的知识建构,其成果并不能直接运用于现实,而需要适当地转化;原理性,意味着理论研究是关于学科的最基本的知识精髓与价值精神的揭示,是学科赖以存在与发展的知识平台。例如,论罪刑法定原则的基本理念、犯罪构成理论体系的建构。**(2)应用研究**,一般具有现实性、具体性、实用性等特点。**现实性**,意味着应用研究以当今社会现实为着眼点与归宿,致力于当代现实的完善;**具体性**,意味着应用研究属于社会现实层面知识的建构,其成果可以直接运用于现实;**实用性**,意味着应用研究是学科原理原则对于现实问题的具体运用,重在挖掘技术。**例如**,恐怖主义犯罪的防控对策、论人身危险性的测量要素。

选题注意事项:选择课题应当注意选题的重要性与可行性。**(1)重要性**:选题应当具有理论或现实的重大意义,这种重要性主要考虑选题在学科建设中的理论地位,在学术思想上的开拓价值,在实用价值上对社会现实的把握,在技术方案上对关键问题的解决。例如,犯罪实行行为的基本构造,对于构成要件理论、具体犯罪行为的表现形态等,具有重要的理论意义;论知识产权刑法保护的广度与深度,切中社会科技发展与知识进步对于强化知识产权保护的需要,具有重要的现实意义。**(2)可行性**:选题应当遵循主观条件与客观条件的可行原则,这种可行性主要考虑选题研究主体的知识结构、科研能力、时间精力等是否符合研究课题的需要,研究条件的图书资料、经费投入、队伍结构、仪器设备等是否满足研究课题的要求,课题本身的理论假设、量表设计、调查计划、思考路径等是否合理与规范。例如,不纯正不作为犯的作为义务前提、刑法错误的标准等理论课题,所涉及的刑法知识背景相对丰富深入;缺乏社会学知识背景,不宜选择有关犯罪社会原因的课题。

2. 建立假设

建立假设,是指针对研究课题,提出总体构思,构建和确立有待理论或者经验确证的具体陈述。建立假设涉及假设与命题等问题。

[①] 例如,启蒙思想家所提出的"人生而平等""天赋人权"等命题。

假设：(1) **假设**，是对研究对象的一种不完备的、尚待实证的命题。假设既可以出于思辨演绎，也可以来自经验观察。前者例如，理论表明菱形社会结构是一种社会稳定的模式，由此，提出假设：社会分层的失衡（贫富差距的悬殊），是导致犯罪率明显增长的重要因素。后者例如，经验感知许多犯罪人都有着不良朋友结交，由此，提出假设：差异交往是促使犯罪形成的重要因素。(2) **假设陈述**大致有三种：**A. 函数式陈述**（相关关系）：表述公式为"$Y=F(X)$"，Y 是 X 的函数。这意味着如果 X 发生变化，则 Y 也发生变化；反之亦然（反函数）。函数式陈述表明 X 与 Y 之间存在相关关系。所谓**相关关系**，是指 X 与 Y 之间互为呼应变化，但是究竟谁是变化的起因，变化是否存在其他因素的作用，这些问题无需考虑。例如，社会结构合理，犯罪率下降，而社会结构失衡，则犯罪率上升，这表明社会结构与犯罪率之间存在相关关系。至于社会结构与犯罪率谁影响谁，在社会结构与犯罪率的共变关系中是否还有其他因素的作用，则在所不问。**B. 条件式陈述**（因果关系）：表述为"如果 X 则 Y"，这意味着 X 与 Y 之间存在因果关系，其中 X 是前因，Y 是后果。**成立因果关系必须具备三个条件**：**其一，相关关系**：X 与 Y 之间存在呼应变化的相关关系，X 变化则 Y 也随之变化。**其二，先后关系**：原因在前，结果在后；原因变化而后结果变化。X 变化引起 Y 变化。**其三，排他关系**：X 与 Y 之间的引起与被引起的关系，不受其他因素的影响。其他因素变化，X 与 Y 之间的关系依旧。例如，道德失范与犯罪率增长之间呈正向相关关系，道德失范越是严重，则犯罪率增长越为明显；道德失范在前，而后犯罪率增长，道德失范引起犯罪率的增长；道德失范与犯罪率增长之间的引起关系，不受其他因素的影响。倘若如此，则可谓道德失范是犯罪率增长的原因。**C. 差异式陈述**（虚无关系）：表述为"A 组与 B 组在变量 X 上相同"，这意味着两个不同的观察组，在某一变量上的**相同关系**。这种相同表明，尽管 A 组与 B 组各有差异，但是两者在变量 X 上却互为一致，这说明变量 X 与 A 组或者 B 组并不存在相关关系，变量 X 与 A 组 B 组的差异无关。例如，A 组贫困、B 组富裕，变量 X 犯罪率，如果贫困组的犯罪率与富裕组的犯罪率相同，则表明犯罪率升降与贫困或者富裕没有关系。某一犯罪学理论的构建，可能同时运用这三种假设陈述。

命题：(1) **命题**，是对两个或两个以上现象之间关系的明确陈述。例如，社会贫富差距悬殊，导致犯罪率增长。这一陈述表明了"社会贫富差距悬殊"与"犯罪率增长"两种现象之间的关系。假设的命题应当集中、简练。(2) **命题的类型**包括公理、定理、经验概括等。**A. 公理**，是人类从生活经验中获得的高度抽象概括的命题。公理既不需证明也无法证明。例如，犯罪是人的社会行为。**B. 定理**，是由公理或者其他定理推演出来的相对具体的命题。定理可以通过经验事实获得验证。例如，犯罪是人的社会行为（公理）；人的行为是可以控制的（公理）；由此推断，犯罪是可以控制的。**C. 经验概括**，是由大量的观测现象而归纳出来的较为具体的命题。经验概括直接由经验事实获得。例如，随着我国社会的急剧转型，犯罪率明显上升。

3. 概念操作化

概念操作化，是指定义假设中所涉及的重要概念，并将之转变为实际中的经验指标,使之完全具有具体量化的意义。概念操作化涉及概念的蕴意与操作化的实施等问题。

概念的蕴意:(1)**概念**:概念,是解释经验事实的主观思维的产物,是人们在社会交往中对于某种社会事实的一种共识。例如,犯罪这个概念,在客观上表现为许多经验事实,包括杀人越货、焚烧房屋、重伤他人、诈骗钱财等;通过对这些社会现象的分析,可以总结出其所具有的共同特征:"严重危害社会、触犯刑法规范"[①];进而,人们达成共识,将具有这一特征的类似现象,都界定为犯罪。因此,概念是对于同类现象的共同特征的概括与抽象的表述。概括是对经验事实的共同特征的归结;抽象是对经验事实的共同特征的推断。概念由名词、抽象概括特征与经验事实组成。(2)**概念分类**:根据概念可予观察程度的不同,概念可以分为实体概念与非实体概念。**实体概念**,是指可以直接观察到的现象。例如,犯罪、刑法、刑罚等。**非实体概念**,是指难以直接观察到的现象。例如,主观主义、报应刑主义、犯罪故意等。根据概念抽象程度的不同,概念可以分为综合概念与具体概念。**综合概念**,是指抽象与概括程度较高,因而所涵盖的外延更大,但是相对经验表述较远的概念。**具体概念**,是指抽象与概括程度较低,因而所涵盖的外延较小,但是相对经验表述较近的概念。例如,"刑罚"的概念概括程度较高,其第二层次的概念是"主刑""附加刑",其第三层次的概念是"生命刑""自由刑""财产刑""资格刑",其第四层次的概念"死刑""无期徒刑""有期徒刑""拘役""管制""罚金""没收财产""剥夺政治权利""驱逐出境"。

操作化的实施:**操作化**,是采用可予具体观察和测量的变量对一个概念的内涵和外延进行确切而简要的说明。可见,操作化是对概念定义的量化模式,从而涉及概念定义方式以及概念可予量化程度等问题。(1)**概念定义方式**:根据概念定义抽象程度的不同,概念定义可以分为理论定义与操作定义。A.**理论定义**,又称直接定义,是指对于事物本质特征或者抽象内涵的表述。例如,刑罚轻重,是指刑法典对于犯罪所规定的刑罚的质与量的程度。公众安全感,是指社会大众对于自身处于特定场景时其人身与财产等受保障程度的具体评价。B.**操作定义**,又称间接定义,是指对于事物现象特征或者具体外延的表述,具体地说,就是采用可予观察的变量对事物的特征进行简明、确切的表述。例如,刑罚轻重,可以通过刑法典对于死刑的适用情况来具体表述。[②] 公众安全感,可以通过故意杀人、抢劫、强奸等暴力犯罪的发案率的高低与波动来具体表述。社会分层,可以通过财富和收入(经济地位)、权力(政治地位)和声望(社会地位)来具体表述。[③] (2)**概念可予量化程度**:根据概念的可变动性的不同,概念分为变量与常量。**变量**,是指所界定的事物变化多端,基于时空维度或者具体主体等的不同,其呈现出较大的差异。**常量**,与变量相对,是指所界定的事物相对固定不变,时空维度或者具体主体的更替,并不使其呈现差异。例如,"犯罪"是变量,

---

① 详见张小虎:《犯罪论的比较与建构》,北京大学出版社 2006 年版,第 23—33 页。
② 例如,适用死刑的犯罪占所有犯罪的比重,死刑对于某些特定犯罪的适用情况,死刑条文数占分则条文数的比重等。
③ 德国著名社会学家马克斯·韦伯(Max Weber)的见解。

其基于不同具体主体或者行为性质等,存在男性犯罪、女性犯罪、青少年犯罪、老年犯罪、暴力犯罪、经济犯罪、街头犯罪、白领犯罪、有组织犯罪、恐怖主义犯罪等;而男性、女性则是常量。在犯罪学研究中,多数概念是变量,例如,社会结构、意识价值、职业、身份、犯罪率、犯罪人、犯罪行为等。(3)**概念操作化的指标**:从概念的经验表述来看,概念操作化的最终结果,是一系列用于表述事物特征的具体指标。**指标**,即指示标志,是指表示概念的抽象内涵的具体经验层次的现象。指标可以直接测量。例如,社会风尚这一概念,可以用司法公正、道德风尚、治安状况、官员廉政、人际关系等等指标来表述。而这些指标又是可以具体测量的。

(二)设计阶段

设计阶段包括拟订调查计划、抽样设计和问卷设计两项具体工作:

1. 拟订调查计划

拟订调查计划,是指在已选定的研究课题和建立的研究假设的基础上,起草制定调查方案,确定所需搜集资料的内容。调查计划的**具体内容**,包括调查内容、调查方法、人员组织、应变控制等。(1)**调查内容**,阐明调查的主题与目的,调查所需要搜集的具体资料,调查的具体对象与空间范围等。(2)**调查方法**,阐明调查的具体实施程序与步骤,搜集与分析资料的途径与手段等。(3)**人员组织**,阐明调查主体的人员结构与来源,调查的组织形式与管理工作等。(4)**应变控制**,阐明调查中可能遇到的各种内外因素以及相应的有效控制等。

2. 抽样设计与问卷设计

抽样设计,是指为了搜集所需资料,起草制定从调查对象的总体中选择部分个体的具体实施方案。**问卷设计**,是指为了搜集所需资料,起草制定有待调查对象予以回答的统一的标准化的书面问题集合。

在选择抽样调查与问卷调查的场合,抽样设计与问卷设计成为一项重要的工作,这项工作使得需要搜集资料的内容进一步具体化。实证研究通常都有抽样设计与问卷设计的工作。

3. 问卷

问卷,是由研究人员基于研究需要所设计的,用来搜集样本信息的,有待调查对象予以回答的统一的标准化的书面问题集合。

问卷类型:问卷主要分为自填问卷与访问问卷。**自填问卷**,是指调查对象本人填写的问卷,包括邮政问卷、发送问卷、网络问卷、报纸问卷等。**访问问卷**,是指由调查人员根据调查对象的回答予以填写的问卷。访问问卷一般用于入户调查的方式。

问卷结构:问卷的**结构**主要包括:封面信、填写说明、问题与答案、其他资料。(1)**封面信**,是指致调查对象的一封短信。用于阐明调查的宗旨、消除调查对象的疑虑、形成调查所需的信任关系,主要内容包括:主办单位或者调查人员的身份,调查的目的和意义,调查的主要内容,调查对象的遴选方法,问卷处理的保密措施,问卷回收的具体时间与做法,致谢。(2)**填写说明**,是指致问卷填写人有关填写问卷的具体方法、要求和注意事项。(3)**问题与答案**,属于问卷的主体。对此,应当注意:**A. 问题方**

式:问题的方式包括开放式问题与封闭式问题。**开放式问题**,是指对于问题的答案不予提供,而是由调查对象自由回答的问题;**封闭式问题**,是指事先提供问题的若干可能答案,调查对象仅从答案中予以选择的问题。**B. 问题内容**:问题的内容,包括背景问题、客观问题与主观问题。**背景问题**,主要针对调查对象个人的基本情况。例如,性别、年龄、文化程度、婚姻状况、职业、职务、志趣爱好、交友、经济收入、住房等等。**客观问题**,主要针对调查对象客观经历或者具体行为。例如,"你在过去一年里亲眼所见的违法犯罪事件有几次?""当你遭受生活挫折时,你通常如何作出相应的反应?"**主观问题**,主要针对调查对象价值观念或者情感意识。例如,"你认为犯罪分子被绳之以法的比率是多少?""你对目前的社会风气有什么样的看法?"**C. 答案要求**:在封闭式问卷的场合,应当对问题的答案作出合理的设计。问题是对变量的测量指标的表述,从而对问题的回答实际上就是对变量的取值,而根据一般规则,对变量的取值应当穷尽可能、互相排斥、层次有序。**穷尽可能**,是指作为问题的回答,所列举的情况(赋值)应当包括所有可能的情况。例如,问题:"犯罪时,我认为我的犯罪行为被发现的可能性是?"对此,答案应当是:"肯定被发现;很可能被发现;说不准;不大可能被发现;不可能被发现。"**互相排斥**,是指作为问题的回答,所列举的情况(赋值)之间不能相互重叠或者相互包含。例如,问题:"你认为,你的经济状况属于?"对此,答案应当是:"赤贫;清寒;普通;宽裕;富有。"**层次有序**,是指作为问题的回答,所列举的情况(赋值),应当根据变量类型的不同,按照定类、定序或者定距的模式确定。其中,定类变量,例如,对于"文化程度"这个变量的测量,答案应当是:"研究生;大学本科;大专;高中;初中;小学及其以下。"定序变量,例如,对于"财富满意度"这个变量的测量,答案应当是:"很满意;比较满意;说不准;不太满意;很不满意。"定距变量,例如,对于"年龄"这个变量的测量,答案可以是:"1岁到10岁;11岁到20岁;21岁到30岁……"

(三)实施阶段

实施阶段主要是根据研究方案进行实地调查和资料搜集。

1. 实地调查

实地调查,是指调查人员深入到调查对象的社会生活中搜集实际资料,在此基础上基于研究人员本人的理解和概括,从经验资料中得出抽象结论。实地调查应当注意:**(1) 确定调查对象**:实地调查对象的确定,应当严格按照调查计划的要求,搜集足够的真实的样本资料,以使调查结果尽量精确。**(2) 具体调查方法**:根据具体研究课题与计划方案的不同,实地调查的方式有普遍调查、抽样调查、典型调查、个案调查,观察法、问卷法、访谈法、实验法等。

2. 资料搜集

资料搜集,是指通过调查捕获研究所需的有关信息。根据来源的不同,资料分为原始资料与次级资料。**原始资料**,是指保持最初状态而未经整理加工的资料。原始资料一般通过实地调查获得。**次级资料**,是指经由他人加工整理而简化了的资料。次级资料一般通过文件法获得。实证研究通常需要实地调查搜集原始资料。

(四)总结阶段

总结阶段主要有资料处理、资料分析、检验假设、撰写研究报告四项工作。

1. 资料处理

资料处理,是指核对与检查所获资料的客观性、真实性、完整性,在此基础上对资料进行系统的科学加工,使之具体化、简明化、符号化。

2. 资料分析

资料分析,是指运用理论分析和统计分析的方法,揭示研究对象的总体状况、事物之间的联系以及事物发展变化的规律。**(1) 理论分析方法**,是指以理论知识为背景,通过思辨演绎,考究事物现象之间联系的质的规定性。**(2) 统计分析方法**,是指以数量统计知识为背景,通过数量演算,考究事物现象之间联系的量的规定性。统计分析复分为描述分析与推论分析。**A. 描述分析**,是指运用统计量对经过整理处理的资料进行具体的描述,主要包括集中趋势分析、离散趋势分析、变量相关分析、相对指标分析、图表法等。**B. 推论分析**,是指基于随机调查所获得的样本资料,运用统计规律对总体进行推断,主要包括抽样推断分析、综合评价分析、预测分析、回归分析、详析法等。

3. 检验假设

检验假设,是指将调查所获的资料及其处理分析结果,验证假设真伪,并对验证的结论作出理论上的总结或解释。

4. 撰写研究报告

撰写研究报告,是指阐明研究过程的一般概况,解释研究资料的分析结果,并且把研究成果提升为理论。研究报告的一般结构如下:标题、摘要、导言、方法、结果与讨论、质量与局限、附录、参考文献。

标题,是指研究报告的题目。标题的模式大致有:**(1) 判断式标题**,例如,应当加强对刑案规律的系统研究、公正是法律价值的生命;**(2) 提问式标题**,例如,犯罪的本质是什么、如何构建当代中国刑事法治的基本理念;**(3) 偏正式标题**,例如,犯罪概念形式与实质的理论建构、犯罪原因的基本蕴意。

摘要,扼要阐明研究报告的核心命题、基本方法、经验结果与理论论证。摘要具有如下特点:**(1) 简明**,通常摘要为300字左右,语言精练而内容丰富;**(2) 直陈**:直接表述研究内容及重大贡献,而不是以第三者的语气介绍;**(3) 成果**,表述研究报告的中心思想,尤其是本次研究的重大突破。

导言,阐明研究的背景知识,属于研究报告的开头部分。主要包括:研究主题与价值,阐明研究的宗旨任务、学科价值以及社会意义;国内外研究述评,阐明这一研究领域已有的学术成果并予科学评价;本次研究的要点,点明本次研究的基本框架、核心命题、主要变量以及基本理论概念。

方法,阐明研究的具体手段与步骤,属于研究报告的主体部分之一。主要包括:**(1) 研究方法**,阐明具体研究手段(实地调查方法、实验研究方法、文献研究方法)。A. 在实地调查方法的场合,描述进入观察现场的方式,观察的具体角色(参与观察或者局外观察),采纳调查的具体类型(普遍调查、抽样调查、典型调查、个案调查),问卷的基本样式(通常附录)、调查人员与资料回收情况等。B. 在实验研究方法的场合,介绍实验设计的具体模式,实验工具与刺激的主要内容(量表①、实验仪器、刺激材料)等。C. 在文献研究方法的场合,说明文献的来源与类型、文献的质量与筛选、文献资料的整理与分析等。**(2) 研究对象**,阐明实地调查的具体调查对象。A. 在实验方法的场合,介绍实验对象的来源与挑选,实验组与控制组具体分类的标准,两组人员的主要特征有无差异等。B. 在调查方法的场合,介绍调查的总体与样本、抽样的具体方式与过程、调查对象的基本特征。**(3) 资料搜集**,阐明研究资料的搜集方法与过程。具体包括:A. 变量的说明:叙述研究所涉的各种变量及其操作定义、各个变量的测量指标,分析说明各种测量指标在问卷中具体表现(问卷的问题),介绍各种指标在界定变量中所占的比重等;B. 搜集的过程:交待实验操作或者调查实施的具体步骤与过程。包括进展的时间阶段、每一阶段的具体措施、各个阶段的资料数量等。**(4) 分析方法**,阐明分析资料的具体方法、工具与过程。采用多种分析方法的,应当介绍每一分析方法的意图、各种分析方法的先后顺序等。使用计算机分析的,需要说明资料的编码、调整处理以及所采用的统计分析软件。

结果与讨论,客观描述与展示资料的具体内容,并且针对这一具体内容进行理论分析,验证命题的真伪,形成最终的理论概括与抽象,并对社会实际提出相应的建议。结果与讨论属于研究报告的主体部分之一。其中:**(1) 结果**,主要是将经由一定的研究方法与分析处理所形成的数据、图表、经验归纳等,以相对抽象的形式展示出来。为了便于与讨论相呼应,结果的展示可以在同一主题下区分为不同要点进行,并且按照先整体后局部的顺序。**(2) 讨论**,主要是在结果的基础上,对导言部分的核心命题进行明确的叙述与推论,揭示结果的理论蕴含,由此论及其实践意义。讨论同样可以区分要点进行,根据经验结果对于命题予以适当分解的理论表述。讨论部分还可以阐述基于本次研究而形成的新问题以及进一步研究的思路。

质量与局限,阐述本次研究在具体方法以及理论命题方面的不足与限制,本次研究未能解决的具体问题。具体方法的缺陷,包括采纳方法的合理、研究对象的全面、资料搜集的质量、分析方法的科学等问题;理论命题的缺陷,包括命题实证基础的充足、命题对于社会事实解释的局限等问题。

附录,主要表述由于所占篇幅较大而不宜放在正文中的一些材料。具体包括:问卷、量表、刺激材料、照片图片等,与研究主题有联系但关系并不密切的一些数据图表。

参考文献,列陈研究报告中所引用过的著作或者文章的目录。这些文献应当是公开发表过的,对于尚未公开发表过的文献等,即使取得作者的同意,一般也不得引用。

二、犯罪调查的基本方法

犯罪调查的基本方法,基于调查范围、调查方法等不同的视角,具有各自独特的

---

① **量表**,又称测量表格,是指一种具有固定形式、测量指标分级、标准性极强的特殊问卷。

具体知识内容的展开。

（一）调查范围的视角

犯罪调查的基本方法，按照调查的范围，包括：普遍调查，抽样调查，典型调查，个案调查。

普遍调查，是指对被研究对象的全部单位无一遗漏地逐个进行调查。例如，对全国所有的在押犯进行调查。普遍调查涉及范围广、对象多、搜集的材料全面，而工作量大，时间、人力、经费消耗大，因此普遍调查并不时常进行。

抽样调查，是指从研究总体中按照一定的方法选取部分对象作为全体的代表，对他们逐一进行调查，并将收集到的资料所得出的结果，视为被研究对象总体情况的近似反映。被研究的全体对象在抽样调查中称作**总体**；被抽取出来的代表称作**样本**。抽样调查在当代世界各国的实践中已发展出一套完整而严密的操作技术，是各种调查方法中运用得最多、最广的一种资料搜集方法。

典型调查，是指在对研究对象有一定了解的基础上，为进一步深入地分析某些情况，揭示事物的本质及其发展规律，有计划有目的地挑选具有代表性的单位进行深入、细致、周密的调查的方式。典型调查的目的，是要通过个别典型代表推知面上的情况。

个案调查，是指对被研究对象作十分全面、深入地调查了解，不仅调查个案本身的状况及其产生、发展过程，而且调查其周围的社会背景以及内外因素之间的相互关系，同时通过对许多同类个案的研究，发现、揭示某些具有普遍性的东西。个案可以是一个罪犯、一个犯罪集团、一个犯罪案件。个案调查一般采用参与观察法。

（二）调查方法的视角

犯罪调查的基本方法，按照调查的方法，包括：观察法，文件法，问卷法，访谈法，实验法。

1. 观察法

观察法，是调查者运用感觉器官或者借助一定的仪器，按照科学的程序和规则，有目的有计划地对研究对象进行系统观察，从中直接收集和积累具体形象的感性资料的方法。基于分类角度的差异，观察法可以分为参与观察法与局外观察法、直接观察法与间接观察法、结构式观察法与非结构式观察法等不同类型。

参与观察法与局外观察法：这是根据观察者角色的不同所作的分类。**（1）参与观察法**，是指调查者亲身加入研究对象之中作为其一员，并以客观态度进行观察。参与观察法具有如下特征：加入研究对象之中；基于研究对象视角；保持自身客观态度；所获信息全面深入生动具体。参与观察法复分为：**A．全参与式观察**，是指调查者并不暴露自己的研究身份和研究意图，设法加入研究对象的群体之中而成为其一员，在整个调查中，研究对象都将调查者当作其成员之一。全参与式观察具有更大隐蔽性，从而会产生社会科学研究的伦理道德问题。**B．半参与式观察**，是指调查者并不隐瞒自己的研究身份和研究意图，并且加入研究对象的群体之中参与其活动，研究对象也都明确调查者的身份与意图。这一方式并不存在研究方法的道德问题，但却会造成研究对象因明确自己的被观察地位而改变原有的行为方式。**(2) 局外观察法**,又称非参与观察法,是指调查者并不加入研究对象之中,而是以旁观者的身份进行观察,如同自然科学者观察自己的实验对象。非参与观察法具有如下特征:旁观者的身份与视角;并不参与研究对象活动。例如,在监狱的某个房间,观察服刑罪犯的生产劳动情况。

直接观察法与间接观察法:这是根据观察时机的不同所作的分类。**(1) 直接观察法**,是指在研究对象的有关行为或者事件正在发生或进行的场合所进行的观察,调查者亲眼看见行为或者事件的实际过程。例如,在公共场所具体观察扒窃犯罪的情况。**(2) 间接观察法**,是指在研究对象的有关行为或者事件发生或者进行之后,对于行为或事件所遗留的各种痕迹进行观察,由此分析研究对象。例如,通过对犯罪现场痕迹物证的观察,分析案犯的作案手段。

结构式观察法与非结构式观察法:这是根据观察程序的不同所作的分类。**(1) 结构式观察法**,是指在观察之前,对于观察的焦点内容、具体观察程式、记录方法等进行计划,而后根据事先的方案进行观察。结构式观察法,可以客观地设计研究所需的测量指标及其具体分类等,并且在观察中进行量的记录,由此构建定量分析的基础。**(2) 非结构式观察法**,是指在观察之前,对于观察范围、观察内容、观察程序、记录方法等并不予以严格规定,而是根据观察现场的实际情况,对于研究对象进行全面与随机的观察。非结构式观察法主要用于对研究对象的定性描述与分析。

2. 文件法

文件法,是指从各种文献中收集所需要的资料,由此分析推断研究对象真实情况的方法。**文献**,是指包含有研究所需信息的各种形式的资料。在犯罪学研究中常常需要征集文献,例如司法统计数据、大要案报道。文献均属于第二手资料,使用时应当注意其真实性、可靠性、完整性、针对性。

基于分类角度的差异,可供研究摘取的文献可以**分为**不同类型:**(1) 私人文献、社会文献、官方文献、传播媒介**。这是根据文献形成主体的不同所作的分类。**A. 私人文献**,是指个人的信件、日记、札记、回忆录、自传、各种文书、家谱等。**B. 社会文献**,又称民间文献,是指民歌民谣、乡规民约以及其他体现民间风俗习惯的图案、文字记载等。**C. 官方文献**,是指政府和其他各种社会组织的计划报表、统计数据、公函档案、会议记录等。**D. 传播媒介**,是指传到广大人群之中的各种报纸、杂志、电影、电视、广播、互联网络等。**(2) 原始文献、二次文献**。这是根据文献来源途径的不同所作的分类。**A. 原始文献**,又称一次文献,是指由亲身经历事件或者行为的人所撰写的材料。**B. 二次文献**,是指在原始文献的基础上经过加工整理所形成的新的文献资料。

3. 问卷法

问卷法,是指调查者根据研究的问题和方案,设计一套要求被调查者回答的调查表来搜集资料的方法。问卷法是犯罪学研究中普遍采用的方法。问卷一般包括被调查者个人的基本情况、行为方面的问题、态度方面的问题等。

问卷分为开放式和封闭式两种。**开放式问卷**,是在问卷中只列问题而不列可能的答案,被调查者根据自己的情况自由作答;**封闭式问卷**,是对问卷中的问题,罗列出若干可能的答案,被调查者只能根据自己的情况选择其中一个或若干个。

4. 访谈法

访谈法,是指调查者与被调查者通过有目的的谈话搜集资料,用以验证研究假设的方法。访谈法主要采用面对面的方式,但有时也可经由电话的方式进行。

访谈法包括个别访谈与集体访谈、重访式访谈与非重访式访谈、结构式访谈与非结构式访谈等。**(1) 个别访谈与集体访谈**。**个别访谈**,是指调查者或者访问者每次访谈,仅找个别被调查对象单独进行。**集体访谈**,俗称开调查会,是指调查者或者访问者每次访谈,同时找多个被调查对象集体进行。**(2) 重访式访谈与非重访式访谈**。**重访式访谈**,是指对于调查对象进行定期访谈,以便取得研究所需的动态信息。**非重访式访谈**,是指对于调查对象只需进行一次访谈,便可取得研究所需的信息。**(3) 结构式访谈与非结构式访谈**。**结构式访谈**,是指使用封闭式问卷进行的访谈,即由专门的访问员携问卷进行调查。**非结构式访谈**,访问者可能备有一系列的问题,但是这些问题并无固定的顺序和可选的答案,而是由访问者根据当时的情况与被调查者自由交谈。

5. 实验法

实验法,是研究者为了测定某一特定现象或行为的因果关系,根据研究假设而设立一个人为环境突出与控制某些因素(自变量),观察这些因素对于特定现象或者行为(因变量)变化的作用与影响。实验法涉及实验组与控制组、前测与后测、实验法分类、刺激因素影响公式等议题。

实验组与控制组:通常研究者将具有相同基本特征的研究对象分为控制组和实验组。**实验组**,是指接受那些被认为可能导致行为改变的因素的影响的一组研究对象。**控制组**,则是指不具这种影响的另一组研究对象。

前测与后测:对于研究对象的测量也分为前测与后测。**前测**,是指在实验刺激以前对研究对象所进行的测量;**后测**,则是指在实验刺激以后对研究对象所进行的测量。

实验法分类:实验法根据实验设计的不同,分为实验组单组的前后测实验、实验组与控制组双组的前后测实验、实验组与控制组双组无前测的实验等。

刺激因素影响公式:实验法主要考究刺激因素(自变量)对于行为或者现象(因变量)的效果。由此,通过观察分析由于刺激因素施加,前测与后测之间、实验组与控制组之间,在行为或者现象方面的差异,由此推断该因素对于现象或者行为的作用与影响。设实验组为 X 组,其前后测分别为 X_1、X_2,控制组为 Y 组,其前后测分别为 Y_1、Y_2,则刺激因素的原因影响可以表述为"$(X_2-X_1)-(Y_2-Y_1)$"。在双组无前测实验的场合,分组时应当遵循如下规则:假定两组各项条件一致(X_1 与 Y_1 一致);仅 X 组接受刺激而 Y 组不接受刺激。

第六章 生命历程犯罪学的范式

关于生命历程研究的属性,存在"实体论"(object-view)及"范式论"(paradigm-view)的对立①,其中范式论居主导地位。例如,生命历程研究核心原则的确立者埃尔德(Glen Elder)认为:"生命历程的观点不是任何事物的明确理论,而是一种思考和研究人的生活与发展的方式,它是一种新兴的范式"②。作为一种独特的研究方法及分析视角,生命历程犯罪学肇始于20世纪20年代纵向研究及经验性研究的突显;及至20世纪60年代以来,诸如同生群体效应、年龄级生命模式、犯罪生涯、犯罪终止等核心概念的确立,使生命历程犯罪学得以形成并迅速发展;如今,生命历程犯罪学已成为当代犯罪学的主流。

第一节 生命历程犯罪学的开拓性演进

一、经验性纵向研究犯罪问题的肇始

生命历程研究范式萌芽于经验性研究方法及纵向研究视角的异峰突起。20世纪初,美国高速经济发展所伴随的"工业文明综合征"乃至后来的经济"大萧条"、大量欧洲移民的急剧涌入以及城市化所造成的农业人口向城市中心迅猛聚集等,导致了观念冲突、贫富差距加剧、犯罪激增、婚姻解体等许多社会问题,这些既是理论研究亟待解决的诸多现实性挑战,也为实证研究提供了极为丰富的经验性素材。由此,不仅催生了著名的"芝加哥学派",更使经验性调查成为学术研究的必要及基本的手段。而在这一研究范式下,不乏纵向性视角的实证展开。

为了评估刑罚效果及矫治效果,20世纪20年代中期,美国犯罪学家谢尔登·格鲁克(Sheldon Glueck)和埃利诺·格鲁克(Eleanor Glueck)夫妇对1921年至1922年期间马萨诸塞州感化院释放的510名男性罪犯,进行了详尽的调查,收集了大量的样本数据,于1930年出版了《五百名犯罪人生涯》③的著作,开启了犯罪学史上的首次纵向研究。其后,格鲁克夫妇又对这些样本进行了随访研究,并于1937年及1943年分

---

① Linda K. George, "Life Course Research: Achievements and Potential," In Jeylan T. Mortimer & Michael J. Shanahan eds., *Handbook of the Life Course*, New York: Kluwer Academic Publishers, 2003, pp. 671-680.

② Glen H. Elder, "Human Lives in Changing Societies: Life Course and Developmental Insights," In Robert B. Cairns, Glen H. Elder & E. J. Costello eds., *Developmental Science*, Cambridge: Cambridge University Press, 1996, pp. 31-62.

③ Sheldon Glueck & Eleanor T. Glueck, *Five Hundred Criminal Careers*, New York: Alfred A. Knopf, 1930.

别出版了《后来的犯罪生涯》与《犯罪生涯的追溯》①。

随之,格鲁克夫妇又将研究的重心转移到探索少年犯罪行为原因的复杂性上,进行了大量的调查统计工作,出版了《揭示青少年犯罪》②。在该项研究中,格鲁克夫妇收集了 1000 个案例的统计数据。在这 1000 个案例中,500 名来自马萨诸塞州波士顿被关在培训学校里的严重犯罪男孩,另外 500 名作为对照组,是波士顿公立学校的非犯罪男孩。该两组人员在居住于贫困社区、年龄、智商、民族血统等方面相匹配。其中,仅社会调查的项目就达 149 项,案例分析的细微之处可见一斑。这些数据以简单的对照表的形式显示。在此,格鲁克夫妇并不是简单地描述案例,而是呈现通过案例研究所揭示出来的统计数据。然后,在 1949 年至 1965 年间,格鲁克夫妇对这些样本少年分别在其 25 岁和 32 岁时,又进行了跟踪调查,出版了《正在形成中的犯罪人》《体质与犯罪》《预测违法及犯罪》③等著作。以上格鲁克夫妇 1000 个案例的数据以及跟踪调查所获取的研究数据,又被桑普森(Robert Sampson)和劳勃(John Laub)在 20 世纪 80 年代及 90 年代重新展开,从而使这项研究成为到目前为止在犯罪学历史上最长的追踪研究。④

另一比较著名的早期纵向研究,是美国犯罪学家麦考德(Joan McCord)为评估"剑桥萨默维尔青年研究"(The Cambridge-Somerville Youth Study)的效果,而进行的一项为期 30 年的跟踪调查。"剑桥萨默维尔青年研究"是一个发起于 1935 年,在马萨诸塞州东部的一个社区进行的社区治疗项目,重点旨在预防青少年犯罪。1939 年,该项目进行了一项随机的实证性试验,该试验持续了 5 年。研究样本为 506 名 5 岁至 13 岁的本地男孩,这些孩子按照在人口统计学变量上的相匹配,被随机分成控制组和治疗组。其中,治疗组的孩子接受一名顾问的干预,该顾问每月拜访孩子及其家人两次,寻找其可能遇到的问题,并向他们推荐诸如辅导、医疗、精神治疗、夏令营、童子军、基督教青年会等社区项目。随后,麦考德对控制组和治疗组的犯罪状况进行了 30 年的跟踪调查,数据显示,这种干预对青少年及成年人的逮捕率没有影响。治疗组与控制组之间,在所犯严重犯罪的数量、首次犯罪的年龄、首次实施严重犯罪的年龄以及随后没有严重犯罪的年龄方面,并没有区别。治疗组中的大部分犯罪人比控制组中的对照样本,继续犯下了更多的罪行。⑤

---

① Sheldon Glueck & Eleanor T. Glueck, *Later Criminal Careers*, New York: The Commonwealth Fund, 1937; Sheldon Glueck & Eleanor T. Glueck, *Criminal Careers in Retrospect*, New York: The Commonwealth Fund, 1943.

② Sheldon Glueck & Eleanor T. Glueck, *Unraveling Juvenile Delinquency*, New York: The Commonwealth Fund, 1950.

③ Sheldon Glueck & Eleanor T. Glueck, *Delinquents in the Making: Paths to Prevention*, New York: Harper & Brothers, 1952; Sheldon Glueck & Eleanor T. Glueck, *Physique and Delinquency*, New York: Harper & Brothers, 1956; Sheldon Glueck & Eleanor T. Glueck, *Predicting Delinquency and Crime*, London: Oxford University Press, 1959.

④ Christoffer Carlsson & Jerzy Sarnecki, *An Introduction to Life-Course Criminology*, London: SAGE Publications Ltd, 2016, p. 9.

⑤ Joan McCord, "A Thirty-Year Follow-Up of Treatment Effects", *American Psychologist*, Vol. 33, No. 3, 1978, pp. 284-289.

二、镶嵌于社会变迁中的犯罪纵向研究

生命历程犯罪学的脱颖而出与生命历程理论的日益形成是密切相关的。1964年,美国社会学家凯恩(Leonard Cain)在学术史上首次给"生命历程"下了如下定义:"个体在由于年龄的增长而度过的生命周期中,在各种文化背景下以及各行各业中,被要求占据的连续性地位。"① 1965年,在《作为社会变迁研究中一个概念的同生群体》②一文中,赖德(Norman Ryder)提出了"同生群体"(Cohort)的概念,并在生命历程的框架下,考究了同生群体与"社会变迁"(Social Change)的关系,主张在动态分析中应当开拓社会变迁与同生群体分化的一致性的研究。1972年,在《衰老与社会(第3卷):年龄分层社会学》③一书中,美国社会学家莱利(Matilda Riley)、约翰逊(Marilyn Johnson)等人又进一步提出了"年龄分层模型"(Age Stratification Model)"年龄级生命模式"(Age-graded Life Patterns)等概念,主张个人属于一定的同生群体,而同生群体又与社会结构密切关联,这些又是处于一定的历史进程中的,由此表现出社会变迁因素对生命轨迹及行为差异的影响。尤其是,美国犯罪学家埃尔德(Glen Elder)于1994年确立了生命历程研究的核心原则。④

与此同时,许多欧美著名的犯罪学家也将个人的生命转型及生命轨迹嵌入到社会变迁的背景中分析罪因机制,而这种犯罪学的研究范式恰恰彰显了犯罪问题生命历程研究的特质,其开创了生命历程犯罪学这一崭新的领域。例如,由美国犯罪学家沃尔夫冈(Marvin Wolfgang)等人所进行的"费城出生同期群研究"(Philadelphia Cohort Studies),被誉为是"美国犯罪学研究史上的转折点之一"⑤。该项研究以1945年出生的、美国费城公立及私立学校几乎所有的9945名男孩为样本,追踪调查了这些孩子在10岁至18岁期间的犯罪状况,对他们的犯罪生涯进行了描述及分析,并且通过参数评估计算了这些男孩的犯罪率、再犯率和自杀概率。其具体的犯罪数据来自学校、警察局和兵役登记局的记录。这是一项史无前例的研究,其通过对特定出身同期群的犯罪生涯予以追踪调查所获的详尽数据,客观分析了人口统计学变量以及其所折射出的刑事司法惩罚对这一群体成员的犯罪生涯的影响,由此揭示出少年犯的显著的社会特征,或称正式被认定为少年犯的可能的因素。⑥

---

① Leonard Cain, "Life Course and Social Structure", in Robet E. L. Faris ed., *Handbook of Modern Sociology*, Chicago: Rand McNally, 1964, p. 278.
② Norman B. Ryder, "The Cohort as a Concept in the Study of Social Change", *American Sociological Review*, Vol. 30, No. 6, 1965, pp. 843-886.
③ Matilda Riley, Marilyn Johnson & Ann Foner, *Aging and Society*, Vol. 3: *A Sociology of Age Stratification*, New York: Russell Sage Foundation, 1972.
④ 详见张小虎:《生命历程犯罪学的本土探究:典型罪案与核心原则》,载《社会学研究》2021年第4期。
⑤ Marvin E. Wolfgang, Robert M. Figlio & Thorsten Sellin, *Delinquency in a Birth Cohort*, Chicago: University of Chicago Press, 1972, p. vii.
⑥ Marvin E. Wolfgang, "Crime in a Birth Cohort", *American Philosophical Society*, Vol. 117, No. 5, 1973, pp. 404-411; Marvin E. Wolfgang, Robert M. Figlio & Thorsten Sellin, *Delinquency in a Birth Cohort*, Chicago: University of Chicago Press, 1972, pp. 300-320.

三、生命历程中的犯罪生涯分析的确立

随着对犯罪问题生命历程研究的不断推进,一些关键性概念得以创立并体系化,这为基于生命历程的视角,对犯罪问题予以经验性纵向研究的自觉性展开,提供了坚实的、规范性的科学舞台,使生命历程犯罪学拥有了相对独特蕴含的知识结构及理论空间,由此生命历程犯罪学日益趋于成熟,成为具有独特意义的一个理论领域。

美国犯罪学家布卢姆斯坦、科恩、桑普森、梅森赫勒德(Thomas Meisenhelder)等,对生命历程犯罪学的形成及发展均起到了有力的推进作用。布鲁姆斯坦、科恩、罗斯等提出以"犯罪生涯"(Criminal Career)来定义犯罪人所犯罪行的纵向序列,并以此来展示犯罪人生命历程中的一段社会经历。这就意味着,只要曾经犯过罪的人,均有"犯罪生涯"。不过,每个犯罪人的"犯罪生涯"的长短是不一样的,因此,布卢姆斯坦等人又进一步以"参与"(participation)、"频率"(frequency)、"严重性"(seriousness)、"持续时间"(duration or Career Length)的概念来阐释"犯罪生涯"。[1] 桑普森和劳勃通过大跨度时间追踪格鲁克大妇的调查数据,并对所追踪的一系列数据进行分析,提出了"非正式社会控制的年龄分级理论"(Age-graded Theory of Informal Social Control)。[2] 梅森赫勒德对非职业的财产犯罪人从犯罪生涯中脱离出来的动机及决定性因素,进行了探究,开创了犯罪生涯"终止"阶段的研究,并且又进一步提出了犯罪生涯"终止"中的"确认"阶段的概念。[3] 这里的"确认",意味着犯罪人身份的根本转型:无论在犯罪人自己心中,还是在他人的眼中,"犯罪人"已转变成一个"传统人"。这是一个社会互动的过程,其在生命历程犯罪学有关犯罪生涯的研究中具有重要的地位。

第二节 生命历程犯罪学的经验性特质

对于犯罪学来说,经验性的研究方法可谓与生俱来,而当代生命历程犯罪学的兴起,更是与以经验性研究方法为根本标志的芝加哥学派有着不解之缘。在这个意义上,可以说,芝加哥学派是生命历程犯罪学的摇篮以及开拓、发展与成熟的原动力。生命历程犯罪学不仅注重以抽样调查等为主导的定量分析,而且也至为强调以访谈调查等为核心的定性分析。

---

[1] Alfred Blumstein, Jacqueline Cohen, Jeffrey A. Roth & Christy A. Visher, "Introduction: Studying Criminal Careers", in Alfred Blumstein, Jacqueline Cohen, Jeffrey A. Roth & Christy A. Visher eds., *Criminal Careers and "Career Criminals" Vol. 1.*, Washington, DC: National Academy Press, 1986, p. 12.

[2] Robert J. Sampson & John H. Laub, *Crime in the Making: Pathways and Turning Points through Life*, Cambridge, MA: Harvard University Press, 1993, p. 7.

[3] Thomas Meisenhelder, "An Exploratory Study of Exiting from Criminal Careers", *Criminology*, Vol. 15, No. 2, 1977, pp. 319-334.

一、犯罪学与生俱来的实证研究属性

犯罪学诞生于刑事科学领域研究方法的革新与研究视角的转换。其中,方法革新表现为由崇尚理性的思辨到注重经验性的观察;视角转换表现为由事后的刑罚理性到事前的罪因机制。[①] 因而,可以说没有实证研究就没有现代意义的犯罪学。这也是现代科学发展的历史必然。

18、19 世纪,现代天文学、物理学、化学、生物学、生理学等先后创立,自然科学取得了长足的进展。自然科学的研究成果及其精确的验证方法给社会思想家以深刻的启示,运用科学实证的方法研究自然、社会成为当时的一种时尚。作为数学家、物理学家的法国著名学者孔德(Auguste Comte),于 1830 年至 1842 年发表了六卷本的巨著《实证哲学教程》[②],1838 年他在该著第四卷中第一次提出了"社会学"(Sociology)这个新名词,意图建立一门用自然科学的精确方法来研究社会的科学。[③] 社会学领域通常认为,这标志着社会学的诞生,并将孔德誉为社会学之父。"社会学的实证主义思想及其相应的方法,为犯罪学的研究提供了广泛的及强有力的知识基础。"[④]

犯罪学之父、意大利学者龙勃罗梭,被誉为 19 世纪伟大的思想家之一,他以极大的勇气和智慧将现代科学的实证及归纳的方法,应用于对人类及社会的犯罪现象的研究。龙勃罗梭曾就职于精神病院及监狱,在其一生中,他对成千上万的精神病患者和罪犯的精神及体型特征进行了人类学的观察。[⑤] "1870 年,在帕维亚监狱和收容所对罪犯的尸体和活人进行了几个月的研究之后,龙勃罗梭在一个强盗的头骨中发现了一长串系列的返祖异常",由此,他认为:"罪犯的性质和来源的问题得到了解决,这就是,原始人和低等动物的特征在我们这个时代的必然再现"[⑥],进而形成了其"天生犯罪人"(Born Criminal)的论断[⑦]。尽管龙勃罗梭的这一结论引起了极大的争议,然而其以实证主义的研究方法和由犯罪人揭示罪因反过来指导刑罚的思路,博得了他在刑事科学领域中的杰出地位。当时,这种研究被称为"科学犯罪学"(Scientific

---

① 参见张小虎:《从犯罪的刑罚学到刑罚的犯罪学》,载《犯罪研究》2000 年第 5 期。
② Auguste Comte, *Cours de Philosophie Positive*, 6 Vols, Paris, 1830-1942; Michel Serres, Francois Dagonet, Allal Sinaceur & Jean-Paul Enthoven eds., *Cours de Philosophie Positive*, 2 Vols, Paris: Hermann, 1975.
③ Harriet Martineau & Frederic Harrison, *The Positive Philosophy of Auguste Comte* (Volume 1), Kitchener: Batoche Books, 2000, p. 10.
④ David Garland, "Of Crimes and Criminals: the Development of Criminology in Britain", in Mike Maguire, Rod Morgan & Robert Reiner eds., *The Oxford Handbook of Criminology*, Oxford: Clarendon Press, 1994, p. 79.
⑤ Mary Gibson & Nicole Hahn Rafter, "Editors'Introduction", in Cesare Lombroso, *Criminal Man*, translated and with a new introduction by Mary Gibson & Nicole Hahn Rafter, Durham and London: Duke University Press, 2006, p. 7.
⑥ 1906 年 4 月,龙勃罗梭在都灵召开的第六届犯罪人人类学大会上的开幕词中的一段话。Maurice Parmelee, "Introduction to the English Version", in Cesare Lombroso, *Crime: Its Causes and Remedies*, translated by Henry P. Horton, London: William Heinemann, 1911, p. XIV.
⑦ Sandra Walklate, "Perspectives in Criminological Theory", in Yvonne Jewkes & Gayle Letherby eds., *Criminology: A Reader*, London: SAGE Publications Ltd, 2002, p. 22.

Criminology),其影响遍及了整个欧洲,龙勃罗梭及其追随者菲利、加罗法洛的著作,也被称为是这种"实证主义犯罪学"的试金石。① 龙勃罗梭、菲利、加罗法洛被誉为犯罪学的"三圣"。

二、芝加哥学派中的生命历程犯罪学

生命历程犯罪学肇始于芝加哥学派。实证研究及纵向分析是生命历程犯罪学的根本性方法,而芝加哥学派的诞生也正是以实证研究及纵向分析为标志的。"两部著作的问世,标志着芝加哥社会学独特风格和内容的确立"。其一是帕克(Robert Park)的论文《城市:对城市环境中人类行为调查的建议》②。这篇论文摒弃了抽象哲学和笼统概括的流行传统,转而支持鲜明的、可研究的制度性和过程性的问题,且这些问题是可以被立即观察和调查的。其二是托马斯(William Thomas)和兹纳尼基(Florian Znaniecki)的论著《欧洲美洲的波兰农民》③。该著作是分析性描述、理论性推测,尤其是经验性证据这三者的有力结合,这些经验性证据包括数百页来自报纸、社会工作机构、移民社团和私人信件的直接引用。④ 在此,帕克实际上是在竭力倡导和推行经验性的研究方法;而托马斯的经验性证据实际上是对移民的生活史及生命轨迹的描述。由此可见,生命历程犯罪学与芝加哥学派如影随形一脉相通,而芝加哥学派则以实证研究为其自成一体的根本要素。也正是以这一实证派的学风及其研究的实践为根基,芝加哥学派中的一些著名的学者成为当代犯罪学理论的开拓者。

20世纪,犯罪学研究的中心逐渐由欧洲转移到了美国。20世纪20年代,美国的社会发生了急剧的变化,许多社会问题引发了犯罪率的大幅增长,这给犯罪学研究提出了紧迫的时代要求;同时,美国与欧洲大陆交往的增加,也使得当时较为先进的欧洲犯罪学的研究成果,成为美国犯罪问题研究的重要思想来源。由此,以注重实证研究和解决社会现实问题为己任的一些芝加哥学派的学者,帕克(Robert Park)、伯吉斯(Ernest Buress)、肖(Clifford Shaw)、麦凯(Henry McKay)和思雷舍(Frederic Thrasher)等,搜集了芝加哥地区有关犯罪的大量的实证材料,包括该地区的不同区域过去65年的犯罪率统计数据,提出了人类生态学理论、同心圆理论,从而创立了当代犯罪学理论的最早形态社会解组理论。⑤ 社会解组理论是社会结构理论的重要分支。

帕克等人的社会解组理论受到了社会学习理论的质疑与挑战,同是芝加哥学派的著名人物、美国犯罪学之父萨瑟兰认为:"犯罪和其他事物一样,基本上是通过正常

---

① John Tierney, *Criminology*: *Theory and Context*, England: Pearson Education Ltd, 2006, p.51.
② Robert E. Park, "The City: Suggestions for the Investigation of Human Behavior in the City Environment", *American Journal of Sociology*, Vol. 20, No. 5, 1915, pp. 577-612.
③ William I. Thomas & Florian Znaniecki, *The Polish Peasant in Europe and America*, New York: Alfred A. Knopf, 1927.
④ Dennis Smith, *The Chicago School: A Liberal Critique of Capitalism*, London: Macmillan Education Ltd, 1988, pp. 1-2.
⑤ J. Mitchell Miller ed., *21st Century Criminology: A Reference Handbook*, London: SAGE Publications Inc., 2009, p. 313.

学习获得的"①。由此，萨瑟兰提出了差异交往理论，从而开创了当代犯罪学理论中与社会结构理论相对的另一重要理论形态社会化过程理论。不过，这些理论形态都是建立在实证主义犯罪学研究的思想基础之上的。②

三、生命历程犯罪学的定性与定量

实证研究包括定量方法、定性方法以及多重方法③。其中，定量方法以一定数量样本的数理统计资料为核心，聚焦于理论命题中变量的测量，由此通过凝聚资料以察看事物的整体面貌；定性方法以典型个案的纵深资料为核心，聚焦于互动、事件等的具体考察，由此通过增强资料以更加清晰地看到个案的关键方面。④ 定量方法的资料，主要通过大规模的抽样调查、问卷调查等获得；而定性方法的资料，则主要通过访谈、观察、录音、录像等手段获得。⑤ 定量方法与定性方法存在着许多重大的差异，它们各有长处与不足，根据研究的主题及内容的不同，在选择运用的侧重上也应有所不同，最好的研究通常是将这两种方法结合起来。⑥

问题是，一旦论及实证研究，人们总是仅仅将之与数理统计学方法（即定量方法）紧密相连。然而，不能忽视的是，典型案例分析（即定性方法）也是实证研究的一种极具特色的研究方法，甚至是实证研究中更为重要的一种研究方法。这是因为，定性方法以其深入及具体的特征，为定量研究提供必要的经验性知识的前提。为此，费孝通先生特别指出："由于定量分析难以深入到事物内部作考察，因而弄得不好，那些普查、抽样调查、问卷调查等，得到的结论只能在数量上给人一个表面形象，甚至是一种虚像。因此，为了正确把握事物的数量，我们在做定量分析之前应当先做好定性分析，然后再通过量的表现来进一步加深我们对性质的了解。"⑦

在以实证研究为特质的生命历程犯罪学中，根据研究议题的需要，定量方法与定性方法均是不可缺少的重要研究手段，这在众多的研究成果中有着极为充分的表现。例如，美国犯罪学家劳勃（John Laub）和桑普森（Robert Sampson），通过整合格鲁克夫妇所收集到的大量的定性数据及定量数据，分析生命历程中人类行为的连续性和变化的过程，从而在《犯罪的形成》⑧一书中提出了"非正式社会控制的年龄分级理

---

① Edwin H. Sutherland, Donald R. Cressey, *Criminology*, Philadelphia: J. B. Lippincott Company, 1978, p. 80.

② Sandra Walklate, *Understanding Criminology: Current Theoretical Debates*, Berkshire: Open University Press, 2007, p. 22.

③ 多种方法又称混合方法，通常被描述为收敛验证、多方法、多轨道或三角测量等，其核心是，认为定性与定量应该是互补的、结合的。

④ Charles C. Ragin, *Constructing Social Research*, Thousand Oaks, CA: Pine Forge Press, 1994, p. 92.

⑤ W. Lawrence Neuman, *Basics of Social Research: Qualitative and Quantitative Approaches*, England: Pearson Education Ltd, 2012, p. 22.

⑥ Gary King, Robert O. Keohane & Sidney Verba, *Designing Social Inquiry: Scientific Inference in Qualitative Research*, United Kingdom: Princeton University Press, 1994, p. 5.

⑦ 费孝通：《学术自述与反思：费孝通学术文集》，生活·读书·新知三联书店1996年版，第19页。

⑧ Robert J. Sampson & John H. Laub, *Crime in the Making: Pathways and Turning Points through Life*, Cambridge, MA: Harvard University Press, 1993, p. 7.

论",以此解释整个生命周期中犯罪越轨行为。而格鲁克夫妇搜集的数据,系多达60箱的案卷资料,其中包括格鲁克夫妇1940年发起的以及随后持续跟踪的,对500名罪犯及500名非罪犯的经典纵向研究的原始案例记录。与许多犯罪学的纵向研究仅局限于贫困、种族这些结构或人口统计的变量不同,格鲁克夫妇搜集了青少年和成年人发展的各种不同方面的数据,包括上学、就业、婚姻、成为父母等主要生活事件的详细情况。[1]

第三节 生命历程犯罪学的结构性维度

生命历程犯罪学引入了许多新的术语和概念,诸如生命历程(人生的轨迹及转型)、犯罪生涯(犯罪的参与、频率、严重性、持续性、终止)、同生群体及同生群体效应、年龄分级及年龄分级生命模式、标准时间表及社会年龄(标准社会时间表)等。这些概念构成了生命历程犯罪学的特有的理论平台,展示了生命历程犯罪学这一独特研究范式的基本框架。其中,生命历程、轨迹及转型的概念,可谓是生命历程犯罪学的主导性及根基性的学术路径。犯罪生涯、参与、频率、严重性、持续性、终止,系生命历程犯罪学的专业性骨架。同生群体效应、年龄分级生命模式、标准社会时间表,则是凝结于这一根基及骨架上的典型性分析工具。

一、生命历程犯罪学的根基性路径

生命历程的思想最早出现在发展心理学中,达尔文的进化观点为其提供了理论根基,这一观点也被引入对人类本身的发展过程的研究,即考究在从儿童形式向成人形式的转变过程中会发生哪些方面的变化?并且进一步将这种发展描述为一个连续的过程。这就是说,人类的发展是分为不同的阶段进行的,其后的发展阶段是建立先前的发展阶段的基础,由此就可以预测其继续发展而形成的未来的形式。[2] 20世纪60年代中后期,生命历程的思想在社会学研究中得以确立,如今生命历程的概念被使用在许多方面并且更加精炼和复杂。

一般来说,生命历程由一系列复杂的连锁轨迹或路径组成,其贯穿一个人的整个生命跨度,从受孕到死亡。这些路径发生在地区、种族、家庭、学校、职业、健康、经济条件等背景下,以贯穿于生物学和社会学定义的若干生命阶段中的一系列事件、转型及遭遇为标志。这些生命阶段构成人类的生命跨度、胚胎、婴儿期、儿童期、青春期、

---

[1] John H. Laub & Robert J. Sampson, "Integrating Quantitative and Qualitative Data", in Janet Z. Giele & Glen H. Elder eds., *Methods of Life Course Research: Qualitative and Quantitative Approaches*, London: SAGE Publications Ltd, 1998, pp. 213-214.
[2] Elizabeth Brestan Knight & Ember L. Lee, *A Guide to Teaching Developmental Psychology*, United Kingdom: John Wiley & Sons Ltd, 2008, p. 2.

成年期等；这些序列和转型系社会性的定义以及被予以制度化。① 总的来说，生命历程的研究聚焦于特定转型的性质和决定因素、转型的时机、转型与早期生命阶段的事件和遭遇的联系、转型对此人随后发展的影响。生命历程的这一研究范式整合了生物学及社会学等诸多领域的观察视角，形成了一系列的关键性概念。这些概念包括生物学视角下的生活史、生命周期、生命跨度和衰老，社会学视角下的生活遭遇或生命事件、转型、轨迹，社会文化视角下的同生群体效应、年龄分级生命模式、标准社会时间表、生活史策略、制度化的生命历程等。由此，我们可以看到，依循社会学的纵向分析路径，生命事件、生命转型和轨迹是生命历程范式的主导性脉络，可以说，这构成了生命历程犯罪学范式的根基性路径。

生命事件，是指由一系列社会文化所定义的，在个体的生命跨度中随着时间的推移所发生的，对于个体的生命转型以及生命轨迹产生重大影响的一系列年龄分级的典型社会角色事件。② 例如，上学就是一个社会定时的生活事件，这一事件对孩子的未来发展至关重要，因为它标志着一个包含学校教育和职业生涯的生命轨迹的开始。③ 因此，生命事件与生命转型可谓形影相伴。"独特的生命事件可能导致生命转型，进而改变一个人的行为轨迹。"④ 在群体层面上，年龄规范构建了社会对行为的期望，并为重大生命事件提供了社会时钟或时间表。⑤ 而在个体层面上，这些生命事件在个人的决策过程中，存在着不同的依赖年龄的期望以及可以获得的不同选择。⑥ 生命事件，除了社会规范期待下并受个人决策影响的一些正常的社会角色扮演之外，还有一些不受个人决策影响的相对客观发生的应急性生命事件，例如个人疾病、密友死亡、失去工作、遭到监禁等。⑦ 也有的学者，将这种相对客观发生的生命事件称为介入

---

① Duane F. Alwin, Diane H. Felmlee & Derek A. Kreager, "Together Through Time—Social Networks and the Life Course", in Duane F. Alwin, Diane H. Felmlee & Derek A. Kreager eds., *Social Networks and the Life Course: Integrating the Development of Human Lives and Social Relational Networks*, Switzerland: Springer International Publishing AG, 2018, p. 6.

② Avshalom Caspi, "Personality in the Life Course", *Journal of Personality and Social Psychology*, Vol. 53, No. 6, 1987, pp. 1203-1213; Ravenna Helson, Valory Mitchell & Geraldine Moane, "Personality and Patterns of Adherence and Nonadherence to the Social Clock", *Journal of Personality and Social Psychology*, Vol. 46, No. 5, 1984, pp. 1079-1096.

③ Doris R. Entwisle, Karl L. Alexander & Linda Steffel Olson, "The First-Grade Transition in Life Course Perspective", in Jeylan T. Mortimer & Michael J. Shanahan eds., *Handbook of the Life Course*, New York: Kluwer Academic Publishers, 2003, p. 229.

④ Glen H. Elder, "Perspectives on the Life Course", in Glen H. Elder ed., *Life Course Dynamics: Trajectories and Transitions, 1968-1980*, Ithaca, NY: Cornell University Press, 1985, p. 32.

⑤ Bernice L. Neugarten, Joan W. Moore & John C. Lowe, "Age Norms, Age Constraints, and Adult Socialization", *The American Journal of Sociology*, Vol. 70, No. 6, 1965, pp. 710-717.

⑥ Glen H. Elder, "Perspectives on the Life Course", in Glen H. Elder ed., Life Course Dynamics: Trajectories and Transitions, 1968-1980, Ithaca, NY: Cornell University Press, 1985, p. 29.

⑦ Daniel P. Mueller, Daniel W. Edwards & Richard M. Yarvis, "Stressful Life Events and Psychiatric Symptomatology: Change or Undesirability?" *Journal of Health and Social Behavior*, Vol. 18, No. 3, 1977, p. 311.

的生命事件,例如父母的精神疾病、儿童期的被虐待等。① 这些应急性生命事件或介入的生命事件,对个人的生活发展会产生不利的影响。由此,一定程度上可以说,人生中不同的生命事件的发生,形塑了不同的生命轨迹。

生命轨迹,是指发生于较长的一段时间跨度的生命历程的运动模式或过程。传统上,其意味着在特定的社会角色上所度过的时间。例如受教育的轨迹、职业生涯和婚姻轨迹、父母身份的轨迹等。近年来,这一术语更广泛地用于索引一个时间的发展序列。生命轨迹的开始和结束由生命转型予以标记。生命转型持续的时间较短,当人们从一个角色转移到另一个角色、开始或停止一段过程的活动、经历一种特殊的状态或者终止某种行为时,其索引这种变化。重要的是,转型总是被嵌入在赋予其离散的形式和意义的轨迹中。基于转型的这一概念,许多生命历程的调查考究了诸如时间选择、持续期间、终止以及次序、排序和发生等问题。这也意味着,生命历程是建立在随着时间进程而动态的、相互关联的轨迹和转型的展开中,其因为人的一生中的多重社会角色的时间选择和次序而被构建。②

二、生命历程犯罪学的专业性骨架

生命历程范式引入犯罪学的研究,其重要的概念是犯罪生涯。在社会学中,"生涯"一词最初被用在职业研究上,但是后来被扩展至"是指任何人的生命历程中的任何一段社会经历"③。与此相应,犯罪生涯也是"对一个罪犯所犯罪行的纵向序列特征的描述"④。随着生命历程犯罪学研究的不断发展,犯罪生涯的蕴含逐步深入。⑤ 立于当前的观念,犯罪生涯并不一定意味着一个人主要地甚或明显地通过犯罪活动谋生,而是旨在系统地说明这样一种事实,即个人在某个年龄开始犯罪活动(常见的是在15岁左右),在一定的频率上参与犯罪活动(可能高或低以及可能随时间而变化),犯下多种罪行(这也可能随时间而变化),以及在多数情况下最终停止犯罪或退出犯罪生涯。⑥ 因此,犯罪生涯不同于职业罪犯。犯罪并不一定是被卷入犯罪生涯的人的唯一关注点,甚至不一定是其最普遍的活动;一个人只要犯过罪,就有一个犯罪生涯;只实施了一次或少数几次犯罪的人,仅有一个相当短的犯罪生涯;而实施了较多的犯

---

① Everett Waters, Claire E. Hamilton & Nancy S. Weinfield, "The Stability of Attachment Security from Infancy to Adolescence and Early Adulthood: General Introduction", *Child Development*, Vol. 71, No. 3, 2000, pp. 678-683.
② Ross Macmillan, "The Structure of the Life Course: Classic Issues and Current Controversies", in Ross Macmillan ed., *The Structure of the Life Course: Standardized? Individualized? Differentiated?* San Diego: Elsevier Ltd, 2005, pp. 5-6.
③ Erving Goffman, *Asylums*, London: Penguin, 1961, p. 127.
④ Alfred Blumstein, Jacqueline Cohen, Jeffrey A. Roth & Christy A. Visher, "Introduction: Studying Criminal Careers", in Alfred Blumstein, Jacqueline Cohen, Jeffrey A. Roth & Christy A. Visher eds., *Criminal Careers and "Career Criminals" Vol. 1.*, Washington, DC: National Academy Press, 1986, p. 12.
⑤ Paul E. Tracy & Kimberly Kempf-Leonard, *Continuity and Discontinuity in Criminal Careers*, New York: Springer Science+Business Media, 1996, pp. 3-8.
⑥ Alfred Blumstein, "Crime Control: The Search for the Predators", in K. R. Feinberg ed., *Violent Crime in America*, Washington, DC: National Policy Exchange, 1983, pp. 5-6.

罪或经常实施严重犯罪的人,则拥有相当长的犯罪生涯。可见,犯罪生涯与犯罪的参与、开始、频率、严重性、持续时间等密切相关。犯罪生涯研究所关注的焦点问题在于:人们开始犯罪的时间和原因?他们如何以及为什么继续犯罪?他们的犯罪行为是否以及为什么变得更加频繁或严重或专业化?以及什么时间和为什么人们停止犯罪?[1] 与传统的犯罪学研究不同,在犯罪生涯研究的视角下,积极犯罪人的概念被提出并凸显出来,这是指那些积极主动地从事犯罪活动的人,这些犯罪人在犯罪的频率、严重性、持续时间上有着较为显著的表现,而不只是犯罪的参与。

犯罪参与的概念将至少实施过一次犯罪的人与那些从未从事过犯罪的人相区别,从而被用于标示普遍的违法犯罪情况。[2] 哪些因素与犯罪参与密切相关,这是犯罪参与研究的关键议题。对此,许多统计数据表明,年龄、种族和性别等人口统计学变量与个人的犯罪参与密切相关,而与犯罪活动频率的相关性则较弱。例如,美国联邦调查局(FBI)的统一犯罪报告(UCR)资料显示,男性和黑人犯罪参与的比例较高,而且在少年早期犯罪参与的比例迅速上升,随后在少年后期和 20 岁早期犯罪生涯稳步终止,然而对于那些仍然处于积极犯罪人的人来说,似乎是,犯罪人的个人被逮捕频率并不随着年龄、种族和性别等变量的差异而变化,而是保持不变。[3] 不过,这一研究结论也受到了质疑。例如,美国犯罪学家戈特弗莱德森(Michael Gottfredson)和赫希(Travis Hirschi),基于里士满青年项目所搜集的数据,对人口统计学特征与犯罪生涯参数[4]之间的相关性进行了经验性考究。该项目跨地区地搜集了 2587 名包括男性和女性犯罪人的警方记录以及自我报告的数据。通过对这一数据的分析,戈特弗莱德森和赫希指出,种族、性别和年龄等因素与犯罪参与的相关性,和它们与犯罪频率、犯罪严重性等的相关性,似乎是更为相似,而不是不同。[5] 不过,在犯罪参与的研究中,犯罪参与年龄对其后犯罪生涯的影响,是一个重要的问题。这就涉及犯罪开始与犯罪的开始年龄这两个重要的概念。犯罪开始是指犯罪生涯的启动,其意味着一个人第一次触犯刑律。犯罪的开始年龄,是指一个人首次实施犯罪的年龄。许多研究表明[6],对于一个犯罪人来说,犯罪开始得越早则其频繁实施犯罪、实施严重犯罪以及长期从事犯罪的风险也就越大。犯罪的开始年龄,与犯罪频率、犯罪严重性以及犯罪生涯持续时间这三个犯罪生涯的其他关键维度,有着密切的关系。

犯罪频率,是指一个人的犯罪活动频率,也就是说,这个人在一段时间内所犯罪

---

[1]　Alfred Blumstein, Jacqueline Cohen & Paul Hsieh, *The Duration of Adult Criminal Careers*, final report submitted to National Institute of Justice, August 1982, National Criminal Justice Reference, 1982, p. 5.

[2]　Robert A. Gordon & Leon Jay Gleser, "The Estimation of the Prevalence of Delinquency: Two Approaches and a Correction of the Literature", *Journal of Mathematical Sociology*, Vol. 3, No. 2, 1974, pp. 275-291.

[3]　Alfred Blumstein & Jacqueline Cohen, "Characterizing Criminal Careers", *Science*, Vol. 237, No. 4818, 1987, p. 989.

[4]　"犯罪生涯参数"是被用作计算犯罪严重性的一个术语。Michael R. Gottfredson & Travis Hirschi, "Science, Public Policy, and the Career Paradigm", *Criminology*, Vol. 26, No. 1, 1988, p. 44.

[5]　See ibid., pp. 37-55.

[6]　详见下文,对犯罪频率、犯罪严重性以及犯罪生涯持续时间的阐释。

行的具体数量,这个术语也被称为"Lambda"或"λ"。在犯罪群体中,不同犯罪人的犯罪频率差异很大,有些犯罪人的犯罪活动频率很高,而其他一些犯罪人的犯罪活动频率则非常低。① 在一个人的犯罪生涯中,犯罪频率也会随着时间的推移而变化。② 需要考究的是,生命历程中的哪些事件或者特征会影响一个人的犯罪频率?哪些因素与犯罪频率的增加或降低有关?一个高犯罪频率犯罪人的生命历程,与一个低犯罪频率犯罪人的生命历程有何不同?对此,一些研究显示,犯罪人之间这种犯罪频率的差异,在很大程度上取决于诸如种族、性别、阶层等人口统计学特征,以及取决于诸如吸毒、犯罪的开始年龄等其他因素。③ 例如,美国犯罪学家法林顿(David Farrington)等人,对西雅图社会发展项目(the Seattle Social Development Project)中的808名少年犯的纵向调查数据进行了分析,这些数据包括法庭移交的与自我报告的对比数据,结果显示,在年轻的时候开始犯罪生涯的人,通常比那些晚些时候开始犯罪生涯的人,有着更高的犯罪活动频率。④ 美国犯罪家努科(David Nurco)等人,对由友邦医学科学研究中心(Friends Medical Science Research Center)主持搜集的一项调查数据进行了分析,这项研究数据比较了三组城市男性少年在犯罪行为严重程度上的典型性纵向变化,这三组少年分别是吸毒上瘾组、作为吸毒者同伴的控制组(同伴控制组)、非吸毒者同伴的控制组(社区控制组),结果显示,这三组群体的犯罪行为模式存在明显的差异,吸毒的积极犯罪人经常以相对较高的犯罪活动频率实施犯罪,而社区控制组实施犯罪活动的频率则最小。⑤

犯罪严重性,是指一个人的犯罪活动的严重性,以及严重性的程度是如何随着时间的推移而上升或下降的。犯罪严重性是犯罪生涯研究中的第三个重要维度。在这一维度的视角下,需要特别关注如下问题:截然不同的犯罪严重性的模式,是否标示着截然不同的犯罪生涯的类型?⑥ 随着犯罪生涯的持续,一些犯罪人所犯罪行的严重性是否会上升?如果会,那么是什么因素导致犯罪人所犯罪行的严重性得以上升?

---

① William Spelman, *Criminal Incapacitation*, New York: Springer Science + Business Media, 1994, p. 81.

② Terence P. Thornberry, "Introduction: Some Advantages of Developmental and Life-Course Perspectives for the Study of Crime and Delinquency", in Terence P. Thornberry ed., *Developmental Theories of Crime and Delinquency: Advances in Criminology Theory*, Vol. 7, New Brunswick, New Jersey: Transaction Publishers, 1997, p. 1.

③ Alfred Blumstein, Jacqueline Cohen, Jeffrey A. Roth & Christy A. Visher, "Summary", in Alfred Blumstein, Jacqueline Cohen, Jeffrey A. Roth & Christy A. Visher eds., *Criminal Careers and "Career Criminals"* Vol. 1, Washington, DC: National Academy Press, 1986, pp. 4-5.

④ David P. Farrington, Darrick Jolliffe, J. David Hawkins, Richard F. Catalano, Karl G. Hill & Rick Kosterman, "Comparing Delinquency Careers in Court Records and Self-Reports", *Criminology*, Vol. 41, No. 3, 2003, pp. 933-958.

⑤ David N. Nurco, Timothy Kinlock & Mitchell B. Balter, "The Severity of Preaddiction Criminal Behavior among Urban, Male Narcotic Addicts and Two Nonaddicted Control Groups", *Journal of Research in Crime and Delinquency*, Vol. 30, No. 3, 1993, pp. 293-316.

⑥ Daniel S. Nagin & Kenneth C. Land, "Age, Criminal Careers, and Population Heterogeneity: Specification and Estimation of a Nonparametric, Mixed Poisson Model", *Criminology*, Vol. 31, No. 3, 1993, pp. 327-362.

又是什么因素使某些犯罪人成为"犯罪专才(专门从事某种犯罪)",而使另一些犯罪人成为"犯罪通才(从事各种类型的犯罪)"?在犯罪生涯的不同期间,犯罪类型的组合情况是否会有所变化?在犯罪生涯中,轻微犯罪和严重犯罪在多大程度上是随机混合在一起的?犯罪人所犯犯罪类型的组合,是否会改变其犯罪生涯的过程?当犯罪人的犯罪生涯接近尾声时,他们的犯罪行为在严重性上是否会有所下降?在这里,年龄、种族、阶层等因素仍然是研究的一个重要的聚焦。[1] 例如,美国犯罪学家简·柴肯(Jan Chaiken)和玛西娅·柴肯(Marcia Chaiken),对加利福尼亚州、密歇根州和得克萨斯州的近2200名男性监狱囚犯的自我报告和官方记录的数据进行了分析,结果表明,在包括严重犯罪在内的所有犯罪中,有很大一部分发生在年轻罪犯的身上,而且这些罪犯开始犯罪的年龄相当小,此外严重的少年犯罪生涯记录似乎预示着成年后严重犯罪的高犯罪频率。[2]

犯罪生涯持续时间,是指一个人作为积极犯罪人所经过的时间总量,也就是说,这个人从犯罪生涯的开始到结束之间的时间跨度。犯罪生涯持续时间的研究发现,通常多数犯罪人的犯罪生涯很短,较为典型的是从少年的中期开始,到少年后期或20岁出头时结束。[3]但是,有些犯罪人在少年时,一般是在15岁或16岁,有的是在12岁左右,启动犯罪生涯,其后持续从事犯罪活动一直到30多岁。[4] 重要的是要弄清楚,究竟是什么因素致使某些犯罪人拥有长期的犯罪生涯,而使另外一些犯罪人仅仅拥有短期的犯罪生涯?一个人少年时期的违法经历与其成年后的持续犯罪生活,是否存在关系?犯罪生涯持续的时间与犯罪频率和犯罪严重性之间,有没有联系?是否拥有长期犯罪生涯的罪犯比拥有短期犯罪生涯的罪犯,倾向于犯下更为严重的罪行?例如,美国犯罪学家柴特恩(Mildred Chaitin)和邓纳姆(Warren Dunham),为了证明少年违法经历对其成年后持续犯罪的影响,抽取了1941年至1952年期间被美国韦恩少年法庭处理的10岁至17岁的违法少年犯620名,又于1964年通过搜集底特律警察局记录处的数据,对这些少年犯成年后的犯罪情况进行了纵向追踪调查分析。结果显示,在所有一次性犯罪的379名少年犯中,只有31.9%的人在成年后受到过警方的犯罪追究;而在所有241名少年再犯中,有54.3%的犯罪人之后成为成年罪犯。[5] 美国华盛顿特区司法统计局统计员兰甘(Patrick Langan)和英国犯罪学家法灵顿(David Farrington)的研究也证实,那些在少年时期违法犯罪相对频繁的人,在其

---

[1] Jacqueline Cohen, "Research On Criminal Careers: Individual Frequency Rates and Offense Seriousness", in Alfred Blumstein, Jacqueline Cohen, Jeffrey A. Roth & Christy A. Visher eds., *Criminal Careers and "Career Criminals" Vol.1.*, Washington, DC: National Academy Press, 1986, pp.385-390.

[2] Jan M. Chaiken & Marcia R. Chaiken, *Varieties of Criminal Behavior*, Prepared for the National Institute of Justice, October 1982, Santa Monica, California: Rand Corporation, 1982, p.87.

[3] Darrell Steffensmeier, "Looking for Patterns: Gender, Age, and Crime", in Joseph F. Sheley ed. *Criminology: A Contemporary Handbook*, Belmont, California: Wadsworth, 2000, pp.85-128.

[4] Paul E. Tracy, Marvin E. Wolfgang & Robert M. Figlio, *Delinquency Careers in Two Birth Cohorts*, New York: Plenum Press, 1990, p.16.

[5] Mildred Chaitin & Warren Dunham, "The Juvenile Court in Its Relationship to Adult Criminality: A Replicated Study", *Social Forces*, Vol.45, No.1, 1966, pp.114-119.

成年后的早期也往往会继续频繁地从事犯罪活动。① 其他的一些研究,也得出了这种慢性犯罪人②有着持续犯罪效应的结论。③ 考究持续犯罪,为的是有效地使犯罪停止下来。由此,犯罪开始、犯罪持续、犯罪终止是陷入犯罪的三个阶段。④ 其中,犯罪终止是用于描述一个人犯罪生涯结束的标志。那么,究竟是哪些因素影响着犯罪人是否终止犯罪?先前的犯罪行为与其后的犯罪终止有无关系?是否慢性犯罪人更难终止犯罪?不同的犯罪类型在犯罪终止上是否存在着差异?在这里,不仅年龄、种族、性别、社会经济地位等因素仍然受到关注⑤,而且也提出了持续陷入犯罪、犯罪专业化、少年期严重犯罪等的犯罪终止问题。⑥ 值得注意的是,在犯罪终止的考究上标签理论、社会控制理论等受到学者们的推崇。

---

① Patrick Langan & David Farrington, "Two-Track or One-Track Justice? Some Evidence from an English Longitudinal Survey", *Journal of Criminal Law and Criminology*, Vol. 74, No. 2, 1983, pp. 519-546.
② 慢性犯罪人,是指实施过4次或更多次数犯罪的犯罪人。
③ Joan McCord, "A Thirty-Year Follow-up of Treatment Effects", *American Psychologist*, Vol. 33, No. 3, 1978, pp. 284-289. Lyle W. Shannon, *Assessing the Relationship of Adult Criminal Careers to Juvenile Careers*, A Summary, Washington, DC: Office of Juvenile Justice and Delinquency Prevention. 1982, p. 4.
④ Ronald V. Clarke & Derek B. Cornish, "Modeling Offenders' Decisions: A Framework for Research and Policy", in Michael Tonry ed., *Crime and justice*, Vol. 6, Chicago: University of Chicago Press, 1985, pp. 147-185.
⑤ Hugh F. Cline, "Criminal Behavior over the Life Span", in Carmi Schooler, Orville Brim & Jerome Hagan eds., *Constancy and Change in Human Development*, Cambridge, MA: Harvard University Press, 1980, p. 670; Donna Martin Hamparian, Joseph M. Davis, Judith M. Jacobson & Robert E. McGraw, *The Young Criminal Years of the Violent Few*, Washington, DC: US Government Printing Office, 1985, pp. 25-49; Joan Petersilia, Peter Greenwood & Marvin Lavin, *Criminal Careers of Habitual Felons*, National Institute of Law Enforcement and Criminal Justice Law Enforcement Assistance Administration, U. S. Department of Justice, 1978, p. 114-121.
⑥ Travis Hirschi & Michael Gottfredson, "Age and the Explanation of Crime", *American Journal of Sociology*, Vol. 89, No. 3, 1983, pp. 552-584.

第三编 犯罪的本质与现象：认识犯罪

第七章 犯罪本质

在一定程度上，犯罪本质就是对犯罪学的犯罪概念的表述，其为犯罪学研究厘定专业领域的基本射程，也是构建犯罪学知识的基础概念。犯罪学犯罪本质的研究，存在如下主要议题：犯罪概念的基本层次、犯罪学犯罪概念与刑法学犯罪概念、犯罪学的犯罪本质、犯罪学的犯罪分类等。

第一节 犯罪概念的基本层次

犯罪概念回答三个不同层次的问题：哪些行为被规定为犯罪（犯罪的形式标准）？为什么这些行为被规定为犯罪（犯罪的实质意义）？在本源上犯罪究竟是什么（犯罪的本质意义）？

一、犯罪的形式标准

哪些行为被规定为犯罪，这是表述犯罪的形式标准，对于这一问题，刑法学的回答是相对明确的。基于罪刑法定原则，犯罪是指符合刑法所规定的犯罪成立条件的行为，就犯罪标准形态而言，就是刑法分则所规定的各种具体的犯罪。而对于哪些行为是犯罪的问题，犯罪学的回答可能不尽确定。基于犯罪学除了研究法定犯罪之外还要研究一般违法与越轨行为，以及基于犯罪学致力于在本源上揭示犯罪的本质，从而犯罪学对哪些行为是犯罪的问题，在界限范围上具有更为广泛的意义。这就是说，犯罪学考究的犯罪界域除了法定犯罪之外还包括违法与越轨；同时犯罪学也有其认为应当纳入现行犯罪以及应当从现行犯罪中剔除的"犯罪"。不过，即使在犯罪学领域，倘若对犯罪的形式标准不予相对确定的话，难免造成犯罪概念的模糊与混乱。对此，法国著名社会学家涂尔干指出："犯罪这件事情，犯罪的根本性质不是刑罚，不过刑罚能够将犯罪的现象表现，即让人感受到外形，因此，要使人懂得什么是犯罪，只能从它的外部表现的一个方面即刑罚开始进行研究。"①从这个意义上说,犯罪的形式标准就是指刑法所规定的具体犯罪。

二、犯罪的实质意义

将某种行为纳入犯罪其根据究竟是什么(犯罪的内在属性)?对于这一问题,基于研究领域与视角的不同,刑法学与犯罪学的回答的深度有所不一。

刑法学以刑法规范为研究平台,揭示犯罪的规范意义,构建犯罪的规范标准,由此,刑法学对于犯罪的内在属性的回答,依存并表现于刑法规范、刑法理论的框架,系与"犯罪形式"相对的"犯罪实质"问题。在刑法理论中,对于犯罪实质问题,存在权利侵害说、法益侵害说等不同见解。② 本书基于我国《刑法》的犯罪概念以及双层多阶的犯罪论体系,主张犯罪实质为"行为的严重危害性"。具体地说,在犯罪概念(犯罪基本特征)的理论框架内,犯罪实质表现为"严重危害性"的犯罪的实质特征;在犯罪构成(犯罪成立条件)的理论框架内,犯罪实质表现为"严重危害缺乏阻却"的犯罪成立的消极要件。③

三、犯罪的本质意义

犯罪学以社会的犯罪事实为研究平台,揭示犯罪的事实意义,表述犯罪的事实标准,由此,犯罪学对于犯罪的内在属性的回答,超越于刑法规范、刑法理论的框架,而是深入到社会事实的层面,在本源上揭示犯罪的根本属性,可谓是对"犯罪本质"的探寻。基于这一知识背景与研究视角,对于犯罪本质问题,存在如下见解:加罗法洛的"自然犯罪"、涂尔干的"侵犯集体意识"、严景耀的"文化侧面"、马克思的"阶级冲突"等。④ 本书基于对犯罪观念的相对意义、法定犯罪的国家定位等的社会事实层面的分析,意识到犯罪本质的社会事实的表层意义,表现为犯罪是严重背离一个社会的国家所确立与倡导的主流社会规范的行为(犯罪本质的实然);而在更深层次的社会事实意义上,可以说犯罪应当是严重侵犯一个社会绝大多数人共同利益的行为,而决定一个社会的绝大多数人共同利益的具体内容的社会基础,是与社会发展相适应的一定历史时期的社会所赖以生存的物质生活条件(犯罪本质的应然)。⑤

四、犯罪的形式、实质与本质

刑事古典学派的著名代表边沁(Jeremy Bentham)认为:根据讨论的题目的不同,

---

① 〔法〕埃米尔·迪尔凯姆:《社会学方法的规则》,胡伟译,华夏出版社1999年版,第35页。
② 详见张小虎:《犯罪论的比较与建构》,北京大学出版社2006年版,第17—18页。
③ 详见张小虎:《刑法学(第二版)》,北京大学出版社2022年版,第44、50—52页。
④ 〔意〕加罗法洛:《犯罪学》,耿伟、王新译,中国大百科全书出版社1996年版,第44、29页;〔法〕埃米尔·涂尔干:《社会分工论》,渠东译,生活·读书·新知三联书店2000年版,第37、43页;严景耀:《中国的犯罪问题与社会变迁的关系》,北京大学出版社1986年版,第2页;《马克思恩格斯全集》(第3卷),人民出版社1960年版,第379页。
⑤ 详见张小虎:《当代中国社会结构与犯罪》,群众出版社2009年版,第131—139页。

犯罪这个词的意义也有所区别。如果这个概念是指已经建立的法律制度,那么,犯罪就是被立法者基于无论何种理由所禁止的行为。如果这个概念是指为了创建一部尽可能好的法典而进行的理论研究,根据功利主义原则,犯罪是指一切基于可以产生或者可能产生某种罪恶的理由而人们认为应当禁止的行为。① 按照边沁的观点,犯罪的形式界定基于实然法的意义,指导刑法司法;犯罪的实质界定基于应然法的意义,指导刑法立法。应当说,这一观点有其可取之处。其提出了应然与实然、立法与司法、实质与形式等相互交融的犯罪剖析视角。不过,仍然需要明确这些视角各自的确切蕴含。

在纵深及表里的线索下,刑法学与犯罪学对犯罪概念的表述有着不同的层次定位:(1) 犯罪的形式概念(A),是指以犯罪的形式属性来定义犯罪,表现为将犯罪成立的规范标准定位于具体的、外在的、有形的、直观的、刚性的特征。具体地说,犯罪是具有刑事违法性(符合本体构成要件)的行为。(2) 犯罪的实质概念(B),是指以犯罪的实质属性来定义犯罪,表现为将犯罪成立的规范标准定位于抽象的、内在的、无形的、隐含的、柔性的特征。具体地说,犯罪是具有严重危害性(严重危害缺乏阻却)的行为。(3) 犯罪的本质概念(C),是指以犯罪的本质属性来定义犯罪,表现为基于社会的宏观微观结构及动态发展状况在本源上对犯罪的事实特征予以揭示。例如,犯罪是严重侵犯一个社会绝大多数人共同利益的行为。

尽管在不同层次水准及不同学科视角下犯罪概念的具体定位有所不同,但是上述 A、B、C 这三者概念之间也有着一定的关联。(1) 表里关系及立法考究:在规范刑法学中,犯罪的形式(A)与犯罪的实质(B)互为表里②,共同阐释着规范刑法学上的犯罪概念及犯罪成立条件。而犯罪的本质(C)则在规范刑法学之外的社会事实层面上为应然的犯罪设置提供科学根据。③ 具体地说,对于应然的犯罪设置,刑法学更多的是从形式意义上予以分析。例如,基于对于为什么法定行为是犯罪问题的揭示:Ⅰ. 对比不同国家刑法典中对于相同行为的立法状况,评价某种行为是否需要或者应当入罪;Ⅱ. 对比本国刑法典中具有相似性质、危害等行为的立法状况,评价某种行为是否需要或者应当入罪。然而,这种分析的结论的合理性,依然有待于基于社会事实背景的论证的支持。例如,作为Ⅰ的分析,不能不考虑到不同国度政治、经济、价值观念乃至民族传统的差异;作为Ⅱ的分析,同样涉及认定所谓性质、危害等相似的社会价值标准及其评价体系。与此不同,对于应然的犯罪设置的问题,犯罪学基于对本源上犯罪究竟是什么的揭示,进一步深入到社会事实的基础层面,着眼于社会变迁与社会结构,从根本上探寻行为的社会价值的评价标准、具体评价以及最终意义,由此分析社会对于违规行为的现实容忍限度与价值事实定位。(2) 司法准据与观念指导:犯罪的形式概念(法定犯罪)是司法的准据,而犯罪学的犯罪本质观念不仅提供刑法立法的指导,而且也会在一定程度上影响刑法司法。这就是说,法律条文总是相对

---

① 参见〔英〕吉米·边沁:《立法理论》,李贵方等译,中国人民公安大学出版社 2004 年版,第 286—287 页。
② 详见张小虎:《刑法学(第二版)》,北京大学出版社 2022 年版,第 43—44 页。
③ 详见张小虎:《当代中国社会结构与犯罪》,群众出版社 2009 年版,第 127—128 页。

抽象的,对法定犯罪的解释也会存在一个"射程"内的取舍问题,这种射程内对法律条文的合理的理解也不可避免地受着一定的法律价值观及社会价值观的指导,在此就有了对优秀法官的期待。不过,刑法学犯罪实质以法律规范精神规制着司法,而犯罪学犯罪本质则以事实价值观念更为间接地波及司法。

第二节 犯罪学的犯罪分类

刑事近代学派的基本理念及其犯罪分类,为现代犯罪学的犯罪分类奠定了理论根基,形成了现代犯罪学犯罪类型的主流模式。①

一、犯罪学犯罪分类的价值取向

犯罪学遵循阐释犯罪本质、表述犯罪现象、揭示犯罪原因、寻求犯罪对策的研究路径,其中揭示犯罪原因是核心。这一研究特征折射到犯罪分类上,犯罪学的犯罪分类重在立于犯罪原因的独特性的视角展示犯罪人的犯罪人格特征或者犯罪行为及行为附随条件等的社会表现特征,没有犯罪原因的聚焦就没有犯罪学。例如,有组织犯罪作为犯罪学意义上的一种犯罪类型,其典型含义就是指黑社会犯罪。在犯罪学的视角下对有组织犯罪概念的具体揭示,是以有组织犯罪的罪因机制的独特性为出发点的,并基于此以对有组织犯罪予以防控对策的独特性为归宿的。具体地说,研究有组织犯罪的罪因机制,关键是揭示特定犯罪组织实施特定犯罪类型之原因,并且揭示构成这一原因的核心因素及其相互间的作用关系。由此对有组织犯罪的罪因机制可以表述为:有组织犯罪是社会结构失衡的社会不良侧面所折射出的集团组织极端行为。有组织犯罪这种独特类型的犯罪组织(以下简称组织)获利效能与非组织获利效能之间的巨大悬殊,或称"组织高效"与"经济巨利"的整合,构成了有组织犯罪的核心动因;而某些"社会制度侧面"以及某种"不良社会需要"提供组织生存与活动的温床,赋予这种动因以现实的生命,或称未能给予这种动因的现实化以合理有效的阻断。也正因为此,可以说有组织犯罪是一种由国中之"国"的特殊的组织形式所实施的、能够与国家力量相抗衡的独特的典型类型的犯罪,是一股严重危害国家政权统治的强大势力,从而有组织犯罪也不是一般的刑事司法力量所能应对自如的。我们可以看到,对于有组织犯罪的制裁,尽管最终需要体现于司法的正义审判,但是其间常常必需动用国家的军事力量,需要国家政治权力的竭尽全力。显然,在犯罪学意义上这种犯罪的罪因机制及其防控对策具有相当的独特性,如果对有组织犯罪作过于宽泛的理解,则这种独特性就将被融化。有鉴于此,对有组织犯罪可以作如下界说:有组织犯罪,俗称"黑社会犯罪",是指基于明确的宗旨章程、严格的纪律约束、高度的权威统治等而构建的犯罪组织,成为对抗国家的一股犯罪力量,在国家党政的某些腐败官员权力的庇护下,以合法的经济组织等为外衣,采取系统、稳妥、严密的手法,实施走私、

---

① 详见张小虎:《当代中国社会结构与犯罪》,群众出版社2009年版,第147—152页。

贩毒、开设赌场、控制股票市场等严重的危害行为。①

二、犯罪学犯罪分类的基本结构

在我国犯罪学领域有着许多犯罪分类,例如,暴力犯罪、财产犯罪、性犯罪、有组织犯罪、黑恶势力犯罪、恐怖主义犯罪、个人极端暴力犯罪、网络犯罪、高新科技犯罪等,对这些犯罪分类可以根据犯罪学的学科特征再予归类。

犯罪性质类型:这一视角下较为典型的犯罪类型是暴力犯罪、财产犯罪、性犯罪三类(典型常见犯罪)。这三类犯罪也是监狱管理对相关犯罪人的较为常见的分类。不过,司法实际中也会针对犯罪性质而归纳出具有一定的涵盖范围的犯罪类型。例如,多发性侵财犯罪、个人极端暴力犯罪、黑恶势力犯罪、信息网络犯罪、商业贿赂犯罪等。总体上来说,这些具有一定涵盖范围的犯罪性质类型是对我国《刑法》上的相关的一些具体罪名或犯罪的统揽。例如,黑恶势力犯罪包括恶势力犯罪、恶势力犯罪集团犯罪、黑社会性质犯罪②,商业贿赂犯罪包括非国家工作人员受贿罪、对非国家工作人员行贿罪、受贿罪、单位受贿罪等罪名③。而将我国《刑法》上的一些相关的罪名或者犯罪统揽在一起,也可以对这些统揽的犯罪类型予以犯罪学的考究,找到其中犯罪学意义上某些共有的元素。

犯罪人类型:这一视角下较为典型的犯罪类型是青少年犯罪、女性犯罪、农民犯罪、学生犯罪、老年人犯罪、外来人口犯罪、职务犯罪、白领犯罪④、蓝领犯罪⑤、重新犯罪等。基于犯罪人的类型,也可以对这些犯罪类型予以犯罪学的考究,找到其中犯罪学意义上某些共有的元素。

较为独特的犯罪类型:主要是指在犯罪的某些方面(如组织结构、思想锁链等)及由此而引申的具有相应的较为明显的犯罪学意义上的某些独特表现的犯罪。包括有组织犯罪、恐怖主义犯罪、邪教犯罪、无差别杀人犯罪、仇恨犯罪、街头犯罪⑥等。例如,有组织犯罪是一种以大型组织为依托并拥有权力庇护旨在谋取经济利益的极端的犯罪类型⑦、恐怖主义犯罪是一种以大型组织为依托并以恐怖主义思想为锁链旨在实现政治或政策图谋的极端的犯罪类型⑧、无差别杀人犯罪是一种以社会不满情绪为出发点的个人的极端的犯罪类型⑨。

---

① 详见张小虎:《有组织犯罪的犯罪学类型性考究》,载《江苏社会科学》2016年第6期。
② 2018年最高人民法院、最高人民检察院、公安部、司法部《关于办理黑恶势力犯罪案件若干问题的指导意见》第3—16条。
③ 2008年最高人民法院、最高人民检察院《关于办理商业贿赂刑事案件适用法律若干问题的意见》第1条。
④ 白领犯罪的概念由美国社会学家萨瑟兰最先提出,是指社会上具有相当名望或地位的人,在其职务活动过程中谋取不法利益的犯罪行为。
⑤ 蓝领犯罪是指社会上处于下层地位的、直接从事体力劳动的人实施的犯罪行为。
⑥ 街头犯罪由美国学者提出,是指发生在大城市中心的住宅区和商业区的暴力犯罪和侵犯财产犯罪,具体包括夜盗、盗窃、盗窃机动车、抢劫、放火、谋杀、故意杀人、强奸、吸毒等。
⑦ 详见张小虎:《有组织犯罪的犯罪学类型性考究》,载《江苏社会科学》2016年第6期。
⑧ 详见张小虎:《论当代恐怖主义犯罪的犯罪学认定界标》,载《中国人民大学学报》2020年第1期。
⑨ 详见张小虎:《我国无差别杀人犯罪的现实状况与理论分析》,载《江海学刊》2011年第1期。

第八章 犯罪现象的表现与测量

犯罪现象属于犯罪学研究的最基本的经验性基础，犯罪原因与犯罪对策均是在客观地描述犯罪现象的基础上所得出的有关原因事实与犯罪合理对策的理性结论。而描述犯罪现象的前提是对犯罪现象表现形式与具体测量的知识的把握。

第一节 犯罪现象的表现形式

犯罪现象是指犯罪事实的外部表现形态和联系。对于同一个犯罪现象可以基于不同的研究角度予以观察与描述，由此犯罪现象也呈现出不同的具体侧面。

一、个体犯罪现象与总体犯罪现象

根据犯罪现象所涉及的具体范围，犯罪现象可以表现为个体犯罪现象与总体犯罪现象。这也是犯罪现象的两种最为基本的表现形式。

（一）个体犯罪现象

个体犯罪现象，是指具体的犯罪人基于特定的生活背景实施违反刑法规定的行为的具体的表现形态和联系。个体犯罪现象存在如下特征：(1) 个体现象：展示具体犯罪人犯罪形成或者产生过程的表现形态和联系，属于具体犯罪个案的现象。例如张君暴力犯罪案、赖昌星走私犯罪案、靳如超爆炸犯罪案、成克杰受贿犯罪案①。(2) 背景现象：基于犯罪人犯罪过程与表现的线索，同时也展示了与犯罪人犯罪相互关联的个体心理现象、个体生物现象以及社会现象，尤其是微观社会现象。例如犯罪人的人际交往、家庭结构、社区环境等。(3) 犯罪经历：依存于具体犯罪人犯罪形成或者犯罪产生的时间与空间，易言之，以具体案件的形成与发生的过程为时空承载。包括犯罪人实施犯罪行为前的成长经历，以及实施犯罪行为后的表现。

（二）总体犯罪现象

总体犯罪现象，是指一定的国家或地区在一定时间内基于特定的社会背景所存在的违反刑法规定的行为的综合的表现形态和联系。总体犯罪现象存在如下特征：(1) 总体现象：展示特定时空中的犯罪的综合的表现形态和联系，属于整体犯罪状况的现象。例如，我国 2020 年刑事案件立案数、立案率等。(2) 背景现象：总体犯罪现象以整体犯罪状况为表现线索，同时也与有关社会现象相贴近，显现于社会现象之中，因此也常常表现出与某些社会现象（尤其是宏观社会现象）的联系。例如犯罪率上升，同时也表现出社会失范状态。(3) 时空依托：表现为一定国家或地区在一定时

---

① 基于犯罪学犯罪分类的特点，本书对于有关案件类型，并未严格采纳法定犯罪名称。

间内的犯罪状况,存在特定的区域范围与时间段落的承载。例如在"我国"这个区域范围内,在"2020年度"这个时间段落,刑事案件立案率。

（三）个体犯罪现象与总体犯罪现象

个体犯罪现象与总体犯罪现象既有区别又有联系。总体犯罪现象由个体犯罪现象构成,个体犯罪现象包含在总体犯罪现象之中,它们是整体与部分、一般与个别的关系。但是,整体不是部分的简单相加,而是一种结构的有机结合。总体犯罪现象不是个体犯罪现象简单拼凑或机械凑合,而是个体犯罪的系统化,是一个具有新质的结构体系,具有许多新的性质和特征。总体犯罪现象侧重于表现社会面的犯罪状况;个体犯罪现象主要反映个体犯罪行为。某个个体犯罪现象的变化对于总体犯罪现象的波动,并无直接而根本的影响。

个体犯罪现象与总体犯罪现象的区分,有助于明晰犯罪原因的微观研究与宏观研究,区分个体犯罪形成与社会犯罪机理的不同分析视角与理论建构。

二、静态犯罪现象与动态犯罪现象

根据犯罪现象的具体时间特征,犯罪现象可以表现为静态犯罪现象与动态犯罪现象。

（一）静态犯罪现象

静态犯罪现象,又称共时性犯罪现象,是指某一时期的特定区域及其相应的社会背景下所表现出的具体犯罪状况,其仅具有自我观照的意义,而不存在时段延续与背景变迁所表现出来的犯罪状况的变化与波动形态。静态犯罪现象存在如下特征:(1)某一时期:依存于某一特定的物理时空与社会背景,易言之,属于社会发展中的某一时段的特定区域在相应的社会背景中形成的犯罪状况的具体表现。例如,2020年度,我国刑事案件立案数为4780624起;其中,杀人案7157起,伤害案79662起,抢劫案11303起,强奸案33579起,拐卖妇女儿童案3035起,盗窃案1658609起,诈骗案1915429起,走私案4655起,假币案750起,其他案1066445起。[①](2)静态表现:静态犯罪现象具体描述某一特定的物理时空与社会背景下的犯罪状况,从而并不存在时段延续与背景变迁所表现出来的犯罪状况的变化与波动特征。上例所举,仅描述2020年我国刑事立案的状况,从中并不能看出刑事案件立案与上一年度或者下一年度的立案相比所表现出的递增或递减的情况。当然,在同一时段的前提下,某一较大区域中不同部分之间的犯罪状况的比较,还是存在的。例如,2020年我国不同省份之间的刑事立案状况。

（二）动态犯罪现象

动态犯罪现象,又称历时性犯罪现象,是指不同时期的特定区域及其相应的社会背景下所表现出的具体犯罪状况,其具有针对不同时期状况互相观照的意义,存在时段延续与背景变迁所表现出来的犯罪状况的变化与波动形态。动态犯罪现象存在如

---

① 资料来源:《中国法律年鉴》司法统计数据。

下特征:(1) 不同时期:依存于不同时期的特定区域与社会背景,易言之,属于社会发展中的不同时段的特定区域在相应的社会背景中形成的犯罪状况的演变。例如,2008 年度至 2020 年度,我国刑事案件立案率(件/10 万人)为:2008 年 377.84;2009 年 422.08;2010 年 447.82;2011 年 446.54;2012 年 482.53;2013 年 485.91;2014 年 478.43;2015 年 521.24;2016 年 465.44;2017 年 394.54;2018 年 363.46;2019 年 344.54;2020 年 338.54。[①](2) 动态波动:动态犯罪现象具体描述不同时期的特定区域与社会背景下的犯罪状况,从而表现出随着时段的延续与背景的变迁,犯罪状况的变化与波动特征。上述所举数字,表现出 2008 年以来我国刑事案件立案率的波动趋缓及下降态势。其中,2008 年至 2015 年期间,立案率呈现一定幅度的上升态势。2009 年的立案率一跃突破 400 件/10 万人,达至 422.08 件/10 万人;2010 年的立案率又比上年增长 25.74 件/10 万人;2011 年、2012 年、2013 年、2014 年的立案率继续保持增长态势;2015 年的犯罪率突破 500 件/10 万人,达 521.24 件/10 万人。而 2016 年至 2020 年这五年的立案率数据呈下降态势,一方面基于新形势下社会结构的调整及反腐倡廉的深入开展[②],这一期间的犯罪率确有下降;另一方面在一定程度上与 2013 年最高人民法院、最高人民检察院《关于办理盗窃刑事案件适用法律若干问题的解释》对盗窃案立案标准的大幅提升有关。因为这五年的统计数据,法院一审刑事犯罪的收案率及检察机关犯罪案件的起诉率,未见明显下降的态势,相反却是波动中略有上升。[③]

静态犯罪现象与动态犯罪现象的区分,有助于推进揭示个体犯罪形成与社会化过程(或者生命历程)的相关关系,以及社会犯罪演变与社会变迁(尤其是社会转型)的相关关系。

三、犯罪事实构成现象

刑事侦察理论与实践,通常将"五何要素"[④]作为决定刑事案件事实情况的核心结构。基于犯罪学研究的视角,对于犯罪事实的具体描述,应当特别关注下列焦点:犯罪主体、犯罪对象、犯罪时间、犯罪空间、动机目的、犯罪行为、犯罪背景等。[⑤] 由此,立于犯罪事实具体结构的框架,犯罪现象可以表现为犯罪主体现象、犯罪对象现象、犯罪时间现象、犯罪空间现象、犯罪心理现象、犯罪行为现象、犯罪背景现象等。

(一)犯罪主体现象

犯罪主体现象,是指犯罪事实在其实施者的特征的侧面,所展示出来的外部表现形态和联系。根据主体特征所属性质的不同,犯罪主体现象又可以分为犯罪主体自

---

① 资料来源:《中国法律年鉴》司法统计数据。
② 详见张小虎:《当代中国社会结构治理——犯罪防控的治本之举》,载《学术交流》2020 年第 1 期。
③ 详见张小虎:《中国现代化进程中犯罪类型的波动特征及其原因》,载《广东社会科学》2022 年第 5 期。
④ 即何时、何地、何人、何事、何故。
⑤ 基于犯罪事实结构的视角,是否将犯罪危害现象(犯罪的危害性表现),列入犯罪现象的分类,这是一个值得思考的问题。本书考虑到,犯罪危害是各种因素综合评价的结果,而作为评价的因素,正是由主体、对象、时间、动机、目的、行为、背景等予以展示;同时,相对而言,犯罪危害总体上属于一种价值判断,其具有实质的意义,而非形式表象。概言之,犯罪危害现象由犯罪主体、犯罪行为等事项综合反映,而犯罪危害本身则为实质评价。

然现象、犯罪主体社会现象。其中：

犯罪主体自然现象，包括：(1) 构成要素现象：犯罪人自然构成要素的有关特征的表现形态。例如，年龄结构形态、性别结构形态、生理特征表现、病理特征表现等。(2) 主体关联现象：犯罪人自然构成要素与犯罪其他特征的相互关联的表现形态。例如，年龄结构与犯罪类型、犯罪行为等所呈现出的联系形态。(3) 犯罪主体类型现象：基于自然要素及其与犯罪的关联，常见的犯罪主体现象还可以表述为青少年犯罪现象、女性犯罪现象、老年人犯罪现象等。

犯罪主体社会现象，包括：(1) 构成要素现象：犯罪人社会构成要素的有关特征的表现形态。例如，社会身份形态、经济地位形态、犯罪集团形态、家庭结构形态、工作环境形态等。(2) 主体关联现象：犯罪人社会构成要素与犯罪其他特征的相互关联的表现形态。例如，职业地位与犯罪类型、犯罪行为等所呈现出的联系形态。(3) 犯罪主体类型现象：基于社会要素及其与犯罪的关系，常见的犯罪主体现象还可以表述为初犯犯罪现象、再犯犯罪现象，蓝领犯罪现象、白领犯罪现象，职务犯罪现象、惯犯犯罪现象等。

（二）犯罪对象现象

犯罪对象现象，是指犯罪事实在其犯罪行为目标的特征的侧面，所展示出来的外部表现形态和联系。根据对象特征所属性质的不同，犯罪对象现象又可以分为犯罪被害人的现象、犯罪侵害物的现象。其中：

犯罪被害人的现象，包括：(1) 构成要素现象：被害人自然与社会构成要素的有关特征的表现形态。例如，年龄、性别、职业、衣着、言行、仪态等表现形态。(2) 被害人关联现象：被害人自然与社会构成要素与犯罪其他特征的相互关联的表现形态。例如，被害人的职业与犯罪类型、犯罪行为等所呈现出的联系形态。

犯罪侵害物的现象，包括：(1) 构成要素现象：犯罪侵害物的构成要素的有关特征的表现形态。例如，物品类型、物品价值、遭受侵袭的建筑物的防范标志等。(2) 侵害物关联现象：犯罪侵害物的构成要素与犯罪其他特征的相互关联的表现形态。例如，建筑物防范标志的明晰状况与建筑物遭受犯罪的侵袭状况所呈现出的联系形态。

（三）犯罪时间现象

犯罪时间现象，是指犯罪事实在其犯罪时段的特征的侧面，所展示出来的外部表现形态和联系。根据时间特征所属范围的不同，犯罪时间现象又可以分为案发的时间现象、犯罪的时间现象。其中：

案发的时间现象，主要描述具体犯罪案件发生所表现出来时间的规律与特征的状况。其中，时间形态与时间关联，是核心问题。(1) 时间形态：是指案发时间现象的"时间"的具体表现形态，其具有广义，包括时辰、昼夜、月份、季节、年份等。(2) 时间关联：作为规律与特征的表现，更主要的是时间与相关犯罪特征的相互关联的表现形态。例如，春节前，财产犯罪增多。

犯罪的时间现象，主要描述犯罪在时间段落上所表现出来的特征或者变化的状况。根据表现方式的不同,复分为犯罪的共时现象与犯罪的历时现象,已如上述。根据表现内容的不同,可以突出地展示某一时期或者不同时期之间,犯罪主体、犯罪行为、犯罪对象、犯罪类型乃至发案时间等方面所表现出的特征或变化的状况。例如,2000年至2001年我国刑事立案数显著增长,其中,财产犯罪同步增长,而杀人案、伤害案与强奸案有减有增,拐卖妇女儿童案大幅度下降,走私案与假币案有所下降。[1]

(四) 犯罪空间现象

犯罪空间现象,是指犯罪事实在其犯罪地域的特征的侧面,所展示出来的外部表现形态和联系。主要展示犯罪地域分布的规律与特点。同样,地域形态与地域关联是描述犯罪空间现象的重要线索。

地域形态,是指犯罪地域现象的"地域"的具体表现形态,其具体包括,不同国家、不同省份或者市县、大城市与小城市、城市与农村、同一市县的不同区域、城乡结合部、特殊交易场所[2]等。

地域关联,作为犯罪地域分布的规律与特征,更主要的是地域与相关犯罪特征的相互关联的表现形态。例如,城市与农村在犯罪类型、犯罪手段等方面各有特点;城乡结合部常常是流窜犯栖息藏身的处所。

基于犯罪地域的核心线索与理论平台,针对犯罪地域分布的现象,结合社会结构背景与其他致罪因素,进行犯罪原因[3]与犯罪对策的研究,由此形成犯罪地理学、犯罪生态学、犯罪地形学。[4]

(五) 犯罪心理现象

犯罪心理现象,是指犯罪事实在犯罪人内心活动的特征的侧面,所展示出来的外部表现形态和联系。根据表现内容的不同,复分为犯罪心理过程现象、犯罪个性特征现象。

犯罪心理过程现象,主要描述犯罪人在犯罪活动过程中,有关意识、情感、意志等心理要素的具体特征的表现形态与联系。对此,应当注意:(1)犯罪过程:犯罪心理过程现象,依存于犯罪活动过程,属于犯罪活动过程中的心理现象。这里的"犯罪活动过程",包括犯罪实施前、中、后的整个一系列的经过与程序。(2)心理要素:犯罪心理过程现象,主要描述心理过程中的一些重要的心理要素,诸如,意识、情感、意志等,与犯罪相关联的一些特征的具体表现。以这些要素为线索,犯罪心理过程现象,又可以简要地表述为犯罪意识现象、犯罪情感现象、犯罪意志现象。

---

[1] 立案总数增长:由3637307起增至4457579起。财产犯罪增长:抢劫案由309818起增至352216起;盗窃案由2373696起增至2924512起;财产诈骗由152614起增至190854起。杀人案等有降有增:杀人案由28429起降至27501起;伤害案由120778起增至138100起;强奸案由35819起增至40600起。拐卖妇女儿童案大幅下降:由23163起降至7008起。走私案与假币案下降:走私案由1993起降至1784起;假币案由15863起降至11784起。资料来源:《中国法律年鉴》司法统计数据。

[2] 例如,北京中关村电子产品交易市场、西直门电信产品交易市场等。

[3] 即探寻这一现象的形成机制,揭示促使这一现象形成的核心因素。

[4] 德国学者施奈德在其《犯罪学》一书中,对于犯罪地理学、犯罪生态学、犯罪地形学的研究内容作了具体阐释。参见[德]汉斯·约阿希姆·施奈德著:《犯罪学》,吴金涛、马君玉译,中国人民公安大学出版社1990年版,第337—338页。

犯罪个性特征现象，主要描述犯罪人基于社会化过程而形成的，由认识、情感、意志等心理结构综合构成的，具有独特的与稳定的心理特征总和的，从而反映了犯罪人的一系列鲜明品质的具体表现。包括犯罪人的个性倾向特征、性格特征、气质特征、能力特征，人格障碍特征等的表现。（1）犯罪个性倾向特征：是指犯罪人对于认识与活动的对象的趋向与选择，所具有的相对独特的表现。具体表现在对于需要、动机、兴趣、理想、信念等的趋向与选择上。尤其是，"犯罪个性倾向"，作为犯罪人所具有的一种人格特征表现，重在表现犯罪人群在人格特征方面的一些共性现象。（2）犯罪性格特征：是指犯罪人对于客观现实所具有的，相对稳定的态度以及与之相适应的习惯的行为方式的个性心理特征的表现。比方说，暴力犯罪人，具有暴躁鲁莽、情绪强烈、冷酷野蛮等性格特征。①（3）犯罪气质特征：是指犯罪人在心理过程的速度、强度以及心理活动的指向等方面②，所具有的相对独特与稳定的个性心理特征③的表现。比方说，暴力犯罪人，胆汁质的气质占较大比例；诈骗犯罪人，多血质的气质占较大比例。（4）犯罪能力特征：是指犯罪人所具有的，对于犯罪以及与犯罪相关的活动的完成效率与顺利进行，具有直接影响意义个性心理特征的表现。例如，犯罪人的观察能力、注意能力、记忆能力、思维能力、创造能力等。（5）犯罪人格障碍特征：是指人格障碍特征的具体表现及其与犯罪之间关系的表现形态。人格障碍的典型特征之一，即表现为患者对于社会环境的适应不良、行为模式与社会文化明显背离，由此人格障碍与犯罪存在着较为密切的关系，尤其是诸如反社会性人格障碍、攻击性人格障碍等，更为直接地关系到犯罪。

（六）犯罪行为现象

犯罪行为现象，是指犯罪事实在其犯罪人外部活动的特征的侧面，所展示出来的外部表现形态和联系。根据行为特征考察视角的不同，犯罪行为现象又可以分为犯罪主体行为现象、犯罪行为性质现象等。

犯罪主体行为现象④，是指以犯罪人行为特征为核心，具体描述犯罪主体与犯罪行为之间所表现出来的规律与特征的状况。根据主体的不同，复分为青少年犯罪行为现象、女性犯罪行为现象，流窜犯犯罪行为现象、惯犯犯罪行为现象、初犯犯罪行为现象等等。例如，青少年犯罪常常表现为：盲目性，有的出于游戏取乐，随机作案；作案时胆大妄为，不计后果；手段简单、凶残、愚昧、野蛮；团伙作案多，模仿黑帮建立帮派体系，称王称霸；五毒俱全，集盗窃、抢劫、强奸、杀人等为一体；连续作案。

---

① 事实究竟如何，尚需实地调查犯罪统计验证。
② 例如，认识速度、思维灵活程度、意志努力程度，对于内部情绪的体验、对于外部事物的思考等。
③ 古希腊医生希波克拉底（Hippocrates）和罗马医生盖仑（Galen）认为，人体内的四种体液各别所占的主导比例，形成了人们的四种不同的气质：多血质，血液比例占主导，呈外向性、活泼、反应敏感、善于交际、兴趣易于变化；黏液质，黏液比例占主导，呈内向性、稳重、反应缓慢、不善交际、兴趣稳定；胆汁质，黄胆汁比例占主导，呈外向性、精力旺盛、脾气暴躁、反应迅速、过于自信、心境易于变化；抑郁质，黑胆汁比例占主导，呈内向性、腼腆、情绪体验深刻、行动迟缓、胆小孤僻。
④ 犯罪主体行为现象并不同于犯罪主体现象：犯罪主体现象，以犯罪主体特征的表现为核心，对于犯罪主体特征可以多视角展开，其中包括犯罪行为的视角；而犯罪行为现象，以犯罪行为特征的表现为核心，同样，对于犯罪行为特征可以基于主体的视角展开，但是并不仅限于此。

犯罪行为性质现象,是指以犯罪人行为特征为核心,具体描述犯罪类型与犯罪行为之间所表现出来的规律与特征的状况。根据类型的不同,复分为盗窃犯罪行为现象、抢劫犯罪行为现象、贪污犯罪行为现象、暴力犯罪行为现象、职务犯罪行为现象、街头犯罪行为现象、蓝领犯罪行为现象、白领犯罪行为现象等等。例如,杀人犯罪复分为仇杀、财杀、奸杀、情杀、变态杀人、雇佣杀人等,性质不同,行为表现也各有特点。仇杀犯罪常常表现出:犯罪人与被害人的积怨与利害冲突;犯罪人自带凶器,作案手段残忍,存在与致死无关的侵害动作;杀人后常常对尸体毁容、碎尸、移尸、毁尸;作案时机选择准确;现场一般没有劫财的迹象,但有时有破坏财物的情况。

(七)犯罪背景现象

犯罪背景现象,是指犯罪事实在其形成与发生的原因特征的侧面,所展示出来的外部表现形态和联系。根据原因特征考察视角的不同,犯罪背景现象又可以分为犯罪微观背景现象、犯罪宏观背景现象等。

犯罪微观背景现象,是指以犯罪的背景特征为核心,具体描述犯罪与其形成和发生的微观背景之间所表现出来的规律与特征的状况。根据微观背景类型的不同,复分为家庭背景现象、学校背景现象、同辈群体背景现象、社区背景现象、工作单位背景现象、大众传媒现象等,此外犯罪微观背景现象也包括犯罪人的生物特征现象。① 例如,一名犯罪人,描述了其成为盗窃惯犯的经历。起初因为家庭矛盾离家出走,与一群年龄相仿的盲流结交,初步体验盗窃;其后单独作案,并屡进监狱;进而与拥有较高盗窃技能者结交,学习犯罪技术,逐步形成盗窃的习性。② 此即反映出该犯罪人的同辈群体背景现象。

犯罪宏观背景现象,是指以犯罪的背景特征为核心,具体描述犯罪与其形成和发生的宏观背景之间所表现出来的规律与特征的状况。根据宏观背景类型的不同,复分为社会群体背景现象、意识价值背景现象、制度规范背景现象、社会结构背景现象、社会变迁背景现象等。例如,随着社会转型的深化,我国社会阶层的分化日益明显,出现了复杂多样的利益群体,包括蓝领工人阶层、白领工人阶层、知识分子阶层、官员阶层、农业劳动者阶层、农民工阶层、失业者阶层、边缘性群体等等。此即为与犯罪密切相关的社会群体背景现象之一。

四、法定犯罪现象、社会危险行为现象、违法越轨现象

根据犯罪现象的形式与实质特征,犯罪现象可以表现为法定犯罪现象、社会危险行为现象与违法越轨现象。

(一)法定犯罪现象

法定犯罪现象是指刑法所规定的具体犯罪,在社会现实中的具体表现状况。法定犯罪现象存在如下特征:(1)刑法规定:行为符合刑法规定的具体犯罪构成,才可

---

① 犯罪人的生物特征现象,是指与犯罪密切相关的犯罪人的生理、病理的特殊表现与形态。
② 资料来源:笔者监狱调查案例"王洞明惯窃典型罪案",具体案情详见张小虎:《生命历程犯罪学的本土探究:典型罪案与核心原则》,载《社会学研究》2021年第4期。

成立犯罪,其具体表现也才成为犯罪现象。(2)相对确定:基于罪刑法定原则,法定犯罪以刑法的规定为唯一标准,因而其在表现形态上也较为明确肯定。(3)司法统计:司法统计针对法定犯罪进行,由此司法统计数据,属于法定犯罪现象的宏观的直观表现。

根据行为侵害法益性质的不同,法定犯罪现象可以分为侵害个人法益、侵害社会法益、侵害国家法益等犯罪现象;根据分则具体罪名的不同,法定犯罪现象可以分为故意杀人罪、故意伤害罪、放火罪、爆炸罪、盗窃罪、抢劫罪等犯罪现象;根据犯罪形态的不同,法定犯罪现象可以分为既遂、预备、未遂、中止,正犯、教唆犯、帮助犯、主犯、从犯,牵连犯、吸收犯、想象竞合犯等犯罪现象。不过关键是,基于犯罪学揭示犯罪原因的宗旨,如何根据犯罪学对于犯罪分类的特征,在犯罪学犯罪分类的框架内,具体表述法定犯罪现象。例如,美国联邦调查局的统一犯罪报告:暴力犯罪,包括杀人、强奸、抢劫、伤害;财产犯罪,包括夜盗、盗窃、盗窃机动车。

(二)社会危险行为现象

社会危险行为现象是指并不符合法定犯罪构成或者符合法定犯罪构成,并且行为具有社会危害与行为人具有社会危险,由刑法明文可予适用保安处分的事实在社会现实中的具体表现状况。社会危险行为现象是社会危险行为的具体表现。

社会危险行为是指行为人所实施的危害社会行为与行为人内在的社会危险性的组合。A.危害行为:行为人实施了危害社会的行为;B. 社会危险性:行为人基于其人格素质或生活环境,而充分表明其具有实施违法犯罪行为的可能性,从而构成了对社会安全的现实的重大威胁。社会危险行为,是适用保安处分的前提。社会危险行为与犯罪行为相比,存在如下特征:(1)行为人的社会危险:犯罪以行为符合犯罪构成为标准,重在行为的危害特征,行为人的危害融入以行为为主导的骨架之中;社会危险行为尽管也须有危害社会行为的侧面,不过其重心在于行为人的社会危险,行为只是行为人社会危险的表现之一。①(2)更具犯罪学的意义:也正是由于社会危险行为更为强调行为人的社会危险特征,从而其犯罪学的理念也更为彰显。犯罪学强调关注犯罪原因的差异,针对不同的犯罪人予以方法内容有别的矫治措施。基于社会危险行为的保安处分,是与刑罚相对的保护社会的又一刑事司法处置措施。(3)外延上表现一定交叉:基于行为人社会危险的重心,社会危险行为包括:A. 行为成立犯罪并且行为人具有较大社会危险性;B. 危害行为虽不成立犯罪但行为人具有较大社会危险性。而犯罪也可分为:A. 行为人具有较大社会危险性的;B. 行为人不具有较大社会危险性的。因此,犯罪与社会危险行为重合于"A",分离于"B"。

社会危险行为现象存在如下特征:(1)刑法规定:不论是符合犯罪构成的社会危险行为,还是不成立犯罪的社会危险行为,均由刑法予以明确规定。(2)相对确定:基于处分法定原则,社会危险行为亦以刑法的规定为唯一标准,因而其在表现形态上

---

① 这恰似行为刑法与行为人刑法的关系。详见张小虎:《犯罪论的比较与建构(第二版)》,北京大学出版社2014年版,第187页。

也较为明确肯定。(3)缺乏统计:社会危险行为由刑法总则予以规定,而非独立的罪名,其罪名的意义仍表现在刑法分则。司法统计通常以刑法分则罪名为依据,从而司法统计数据,并不能显示出社会危险行为的具体情况。

根据主体特征的不同,社会危险行为现象可以分为精神障碍患者(包括缺乏责任与限制责任)、瘾癖人员(包括酒精瘾癖与毒品瘾癖、具有责任与缺乏责任)、未成年人(包括具有责任、缺乏责任与虞犯少年)、特殊危险人员(包括累犯、常习犯、常业犯、职业犯)、其他危险人员(包括流浪懒惰成习者、严重传染病患者、受徒刑宣告的外国人)等的社会危险行为现象;根据责任能力的不同,社会危险行为现象可以分为无责任能力人、限制责任能力人与有责任能力人的社会危险行为现象;根据犯罪成立与否的不同,社会危险行为现象可以分为犯罪的社会危险行为与非罪的社会危险行为。

(三) 违法越轨现象

违法越轨现象,是指并不触犯刑律,而是违反其他法律法规或者违反社会习惯道德准则的事实,在社会现实中的具体表现状况。包括违法现象与越轨现象。犯罪学研究,在一定程度上是将违法越轨现象作为犯罪的前期表现而展开的,从这个意义上说,这里的违法越轨行为更为注重在犯罪形成过程中的阶段上的具体表现,即作为直接故意的、反映行为发展趋势的、具有一定必然性的违法越轨现象。

广义的违法包括犯罪,这里的违法仅指狭义的违法,又称一般违法,是指违反法律法规而未触犯刑律的行为。根据违反法律性质的不同,违法可以分为行政违法、经济违法、民事违法等;根据主体的不同,违法可以分为儿童违法、少年违法、成年违法等;根据频次的不同,违法可以分为初次违法、继发违法、屡次违法等;根据行为特征的不同,违法可以分为职务违法与普通违法等;根据主观心态的不同,违法分为故意违法、过失违法与激情违法等;根据发生趋势的不同,违法分为偶发违法、必然违法等。对于违法予以多角度的划分,有助于具体全面描述违法现象;而就犯罪学研究而言,尤其应当关注具有发生的肯定必然趋势、对于犯罪形成具有展示意义的违法现象。

越轨,又称差异行为,是指违反或者超越公共社会规范的行为。社会规范的范围很广,既有吃饭穿衣等的一般社会习惯,也有尊老爱幼等的社会道德,还有遵守交通规则等的法律规范,当然也有犯罪与刑罚的刑法规范。这里的越轨,主要是指除犯罪与违法以外的、违反社会习惯道德的行为。根据规范类型的不同,越轨可以分为悖俗越轨、悖德越轨;根据主体的不同,越轨可以分为个体越轨与群体越轨[①],根据评价的

[①] 个体越轨,是指个人所表现出的越轨行为。群体越轨,是指以一定的亚文化为纽带而联合起来的某一社会群体所表现出的越轨行为。对于群体越轨,似不能简单地将之理解为某一群体的共同差异行为,社会学更强调群体越轨的亚文化背景特征。英国著名社会学家安东尼·吉登斯(Anthony Giddens)将克利须那崇拜(Krishna cult)这一宗教群体,列举为群体越轨的典型例子。这一宗教群体的信仰和生活模式与英国的大多数人不同。克利须那的信徒们都持有一种越轨亚文化。参见[英]安东尼·吉登斯:《社会学(第四版)》,赵旭东等译,北京大学出版社 2003 年版,第 256~257 页。

不同,越轨可以分为正向越轨与负向越轨①;根据频次的不同,越轨可以分为初次越轨与继发越轨②;根据主观心态的不同,越轨分为故意越轨、过失越轨等;根据发生趋势的不同,越轨分为偶发越轨与习惯越轨。

五、犯罪生物现象、犯罪心理现象、犯罪社会现象

根据犯罪现象的影响因素的类型,犯罪现象可以表现为犯罪生物现象、犯罪心理现象、犯罪社会现象。区分犯罪生物现象、犯罪心理现象、犯罪社会现象,有助于理清犯罪原因的研究思路,为犯罪的生物原因、心理原因、社会原因的研究,提供实证资料。

(一)犯罪生物现象

犯罪生物现象,是指与犯罪密切相关的犯罪人的生理、病理的特殊表现与形态。刑事近代学派的创始人意大利人类学家龙勃罗梭试图用解剖刀揭开人类犯罪之谜,从而对犯罪人的生理、病理特征进行了大量、深入、细致的研究与描述。例如,"盗窃犯的脸和手都明显地好动;眼睛小,总是在转动,常常是斜的;眉毛浓密,相互间靠得很近;鼻子弯曲或者塌陷,胡子稀少,头发并不总是浓密,前额几乎总是很窄并后缩。他们的耳郭,同强奸犯的一样,常常像把柄一样插在头上"③。

(二)犯罪心理现象

犯罪心理现象,是指与犯罪密切相关的犯罪人的意识、情感、态度等特殊的表现与形态。包括犯罪意识现象、犯罪情感现象、犯罪意志现象等。

犯罪意识现象,是指犯罪人的自我意识、道德意识、法制意识、理想意识、信念意识等方面的具体表现。例如,一项调查显示,针对下列问题"犯罪时,我对刑法规定的犯罪与刑罚:很清楚,比较清楚,无所谓,不太清楚,很模糊",犯罪人的选择频率,依"很清楚"至"很模糊"的顺序,分别是:3.2,11.1,7.6,27.2,51.0。④ 此即为犯罪人法制意识特征的定量表现。例如,访谈调查显示,"犯罪人认为,用刀砍人,只要不砍死人,就没有什么大不了的,给被害人赔点钱就可以了结了,而不会涉及犯罪"⑤。此即犯罪人法制意识特征的个案表现。

犯罪情感现象⑥,是指犯罪人基于需要满足与否而形成的快乐、愤怒、恐惧、悲哀等内心体验的具体表现。就本体内容而言,包括激情犯罪现象、应激犯罪现象等。

---

① 正向越轨,是指一种行为看似是对现行道德的毁坏,然而其却预示着未来的道德行为。易言之,现行道德本身有缺陷,而行为正是对这种缺陷道德的冲击,引导着人类未来的理想道德,则这种行为虽然也被评价为越轨,但是其却是一种有益于社会发展的越轨。
② 美国犯罪学家利默特(Edwin Lemert),首次提出了初次越轨与继发越轨的概念。初次越轨,是指既没有被老师、父母、警察等权威人士发觉,也没有受到惩罚的越轨行为。继发越轨,是指一个人的越轨行为引起了权威人士或者社会控制机构的注意,他们给越轨者贴上了否定性的标签。
③ 〔意〕切萨雷·龙勃罗梭:《犯罪人论》,黄风译,中国法制出版社 2000 年版,第 34—35 页。
④ 资料来源:笔者监狱调查。
⑤ 资料来源:笔者监狱调查案例。
⑥ 在心理学上,情绪与情感密切相关。情绪侧重基于生理需要的满足与否而产生的快乐或痛苦等内心体验;情感侧重基于社会需要的满足与否而产生的快乐或痛苦等内心体验。

(1)激情犯罪现象,描述犯罪人遭遇强烈而短暂的刺激所形成的暴发式情绪状态[1]与犯罪之间的关系的具体表现。例如,犯罪人在暴怒的情绪下常常易于杀人,且会变得更为凶残。(2)应激犯罪现象,描述犯罪人遭遇出乎意料的紧急情况所形成的情绪状态与犯罪之间关系的具体表现。例如,抢劫犯遭遇被害人是自己的熟人,转而灭口杀人。从价值内容来说,包括道德情感现象、理智情感现象等。(1)道德情感现象,具体描述犯罪人对于自己的思想与行为是否符合社会道德而产生的内心体验的具体表现。例如,犯罪人对于盗窃他人财物的行为,并不感到羞耻。(2)理智情感现象,具体描述犯罪人在与犯罪有关的智力活动中所产生的内心体验的具体表现。例如,对于犯罪获得成功的愉悦、对于新型犯罪手段的探索、对于犯罪条件不足的犹豫。

犯罪意志现象,是指犯罪人基于目的的确定与支配,从而努力实现目的的内心倾向的具体表现。例如,一名伤害犯罪人,对于自己努力战胜对方情形描述道:"要是你将我打了,我就和你没完,早晚也要把你弄倒了才拉倒。我天天盯着你,晚上上你家门口等着,直到把你打倒,等你服了我才拉倒。"[2]此即为该犯罪人的犯罪意志现象。从犯罪意志的形成过程来看,犯罪意志现象涉及犯罪需要现象、犯罪动机现象等。(1)需要,是指人的内部机体与外部条件的要求在头脑中的反映,包括生理需要与社会需要。[3] 犯罪需要现象,是指犯罪人在犯罪活动过程中,所表现出的某种或某些需要的具体状况。[4] 例如,一项调查显示,犯罪人对于财富的期望,依"很大""较大""说不准""较小""很小"的顺序,具体频率分别是:49.3、29.9、13.6、3.4、3.9。[5] 此即为犯罪人财富需求的定量表现。(2)动机,是指刺激一个人实施一定行为以达到某种目的的内心冲动或者内心起因。犯罪动机,其动机的内容具有犯罪的指向特征;犯罪动机现象,则是有关犯罪动机的具体表现。例如,一名伤害犯罪人,在回答为什么打人的问题时答道:"想出名。他们都叫我'二驴',我弟弟叫'小三'。在家的时候,如果没有名,就要受欺负。"[6]此即为该犯罪人的犯罪动机的重要表现之一。[7]

---

[1] 例如,激愤、暴怒、恐惧、绝望等内心体验。
[2] 资料来源:笔者监狱调查案例。
[3] 美国著名心理学家马斯洛(Abraham Maslow)将人类需要由低级到高级划分为如下层次:生理需要;安全需要;相属关系和爱的需要;尊重的需要;自我实现的需要。
[4] 一般认为,犯罪人有着不同于普通人的心理需要。例如,个人需要和欲望无止境地发展;个人不合理的生理性需要常居优势地位;个人需要与社会需要处于对立的地位。参见罗大华等编著:《犯罪心理学》,群众出版社1986年版,第66—67页。但是,与此见解不同,美国著名犯罪学家萨瑟兰主张,尽管犯罪行为是一般需要和价值的表现,但是它不能用这些一般需要和价值来解释,因为非犯罪行为也是同样需要和价值的表现。盗窃犯一般是为了得到金钱而行窃,但是诚实的劳动者也同样是为了获得金钱而工作。See Edwin Sutherland, *Principles of Criminology*, Philadelphia: J. B. Lippincott Company, 1947, pp.59. 苏联著名教育学家马卡连柯也指出:"人类欲望的本身并没有贪欲。如果一个人从烟尘迷漫的城市里来到松林里,吸到新鲜的空气,非常高兴,谁也不会说他消耗氧气是过于贪婪。贪婪是从一个人的需要和另一个人的需要发生冲突才开始的,是由于必须用武力、狡诈、盗窃,从邻人手中把快乐和满足夺来而产生的。"〔苏联〕马卡连柯:《马卡连柯全集》第4卷,人民教育出版社1957年版,第388页。
[5] 资料来源:笔者监狱调查。
[6] 资料来源:笔者监狱调查案例。
[7] 有时,犯罪人的犯罪动机是较为复杂的。从而,从类型上来讲,犯罪动机包括:简单动机、复杂动机,主要动机、次要动机,突发性动机、持久性动机,直接动机、间接动机,转化动机等等。

(三) 犯罪社会现象

犯罪社会现象,是指与犯罪密切相关的犯罪所处的社会微观或者宏观的特殊表现与形态。包括犯罪微观社会现象、犯罪宏观社会现象。

第二节 犯罪现象的测量

犯罪现象的测量,是指运用定性与定量等方法,对于犯罪现象予以全面、深入、具体的把握。广义上来说,犯罪现象的测量包括个案调查、数理统计乃至犯罪预测。其中,个案调查,描述具有代表性的个案状况,并试图通过诸多个案展示犯罪现象的总体概貌。例如,我国著名犯罪社会学家严景耀先生,在其专著《中国的犯罪问题与社会变迁的关系》[①]中,通过典型个案展示中国社会犯罪现象。数理统计,是指运用数理统计的方法,对表述犯罪现象的一些指标,进行具体的测定与量化,使犯罪现象得以准确直观地体现。犯罪的数理统计,有助于较为确切地展示犯罪现象的总体状况,尤其是科学的犯罪统计,较具说服力。犯罪预测,是指基于犯罪形成与发生的规律,运用科学的统计与分析方法,对未来的犯罪现象予以推测和估计。包括个体犯罪行为预测(尤其是再犯预测)、社会犯罪状况预测,犯罪主体预测、犯罪类型预测,短期预测、中期预测、长期预测等。

相对而言,典型个案的表现较为直观,犯罪预测则是对未来状况的推测与估计,对于实然犯罪现象予以测量的较为核心的路径是数理统计。而这种测量犯罪现象的数理统计,又涉及实地调查方法与基本统计技术,对此本书在第五章"犯罪学研究方法"中已有阐述。本节着眼于犯罪现象的描述,对于数理统计测量犯罪现象的基本类型与重要指标作一概要阐释。

一、数理统计测量的基本类型

犯罪数理统计测量从主体的角度来说,基本上可分为官方犯罪统计和非官方犯罪统计。

(一) 官方犯罪统计

官方犯罪统计,又称刑事司法统计,是指刑事司法机关在其职能活动中,对犯罪现象数量方面进行收集、整理、分析的全过程。为了及时、准确地掌握犯罪状况,以便更为合理有效地应对犯罪,各国的刑事司法部门均有相关的刑事司法统计的职责;当然,司法部门不同,司法统计的内容、侧重等也有所差异。在我国,就存在着公安、法院、检察[②]、监狱等方面的司法统计,具体包括:公安机关的刑事案件立案分类统计、刑事案件作案成员类型统计、刑事案件各年龄段作案人员比重统计等;审判机关的刑事一审案件情况统计、审理青少年犯罪情况统计、审理各类一审案件情况统计等;检察

[①] 严景耀:《中国的犯罪问题与社会变迁的关系》,北京大学出版社1986年版。

[②] 显然,这里的司法部门是就广义而言的。狭义的司法机关仅指法院与检察院。

机关的直接立案侦查案件统计、审查批准逮捕、决定逮捕犯罪嫌疑人和提起公诉被告人统计等。在美国,联邦调查局、司法部、法院、检察院、警察、矫正机关等也均各有相应的司法统计,尤其是美国联邦调查局的统一犯罪报告(Uniform Crime Reports,UCR)在全美乃至全世界有着相当的影响。1930年UCR数据首次公布,其后不断公布,一直延续至今。UCR内容包括每年度的犯罪总数、每10万人的犯罪率、不同地区的犯罪状况、犯罪性质及人员情况、犯罪逮捕率、执法人员情况等。

犯罪黑数,又称犯罪隐数,是指一定时空中实际发生的而司法机关未知或未予登记的犯罪数量。它表明实际发生的犯罪数值大于已知或登记的犯罪数值。从某种意义上说,犯罪黑数问题是不可避免的,它与官方犯罪统计相伴生。然而过量的犯罪黑数有损于官方犯罪统计的真实可靠性,进而不利于政府的犯罪对策。针对这一现象,20世纪40年代与20世纪60年代,在美国分别兴起了两种犯罪调查:自我报告;被害者调查。(1)自我报告,是指通过问卷调查或者其他方式,让被调查者匿名报告自己在过去一段时期内的犯罪行为,从犯罪者的角度补充官方犯罪统计的不足。(2)被害者调查,是指从居民中抽样,调查他们在过去一段时期内受到犯罪侵害的情况,通过发现居民被害的数量确定实际发生的犯罪数量以及与犯罪相关的一些问题,从被害者的角度补充官方犯罪统计的不足。

(二)非官方犯罪统计

非官方犯罪统计,又称犯罪研究专门统计,是指司法机关以外的犯罪学研究机构、人员,为了对犯罪问题进行科学研究,通过调查搜集一定空间、时间条件下犯罪现象的数量特征、数量关系、数量变化等统计资料的活动。根据犯罪研究课题的不同,非官方犯罪统计可以表现为多种多样,包括犯罪本体统计、犯罪被害统计、犯罪因素统计等。

犯罪本体统计,旨在描述犯罪本身的具体状况,测量犯罪及其侧面的数量特征与规律。例如,100例黑社会性质组织,其所实施的犯罪共X起[①],各种犯罪类型占犯罪总数的比率分别为$X_1\%$,$X_2\%$……这些黑社会性质组织具有合法经济实体外衣的占组织总数的$X_3\%$;黑社会性质组织实施受贿罪的占组织总数的$X_4\%$;全国1年内,与黑社会性质组织相关的受贿罪占全部受贿罪的$X_5\%$;等等。

犯罪被害统计,旨在描述被害人被害的具体状况,测量被害因素与犯罪之间关系的数量特征与规定。例如,日本学者佐藤等,对造成死亡与伤害的犯罪被害人进行了系统的调查研究。抽取1 067例案件,分为四组,调查结果:被害人无过错的占伤害罪判决组的63.7%,占杀人罪判决组的40.3%,占伤害罪不起诉组的93.2%,占杀人罪不起诉组的93.4%;加害行为系由陌生人所为的占伤害罪判决组的58.6%,占杀人

[①] 我国《刑法》第294条规定了"组织、领导、参加黑社会性质组织罪""入境发展黑社会组织罪""包庇、纵容黑社会性质组织罪",这里所讲的"X起犯罪",是指由黑社会性质组织所实施的《刑法》第294条以外的其他具体犯罪,诸如,抢劫罪、故意伤害罪、故意杀人罪、行贿罪等。

罪判决组的20.6%,等等。①

犯罪因素统计,旨在描述犯罪的形成与发生的具体表现,测量致罪因素与犯罪之间关系的数量特征与规律。例如,关于犯罪人对财富、发展机会等重要生活因素的期望值,一项调查显示,按照"期望很大""期望较大""说不准""期望较小""期望很小"的顺序,关于财富犯罪人的选择比率分别为49.3%,29.9%,13.6%,3.4%,3.9%,关于发展机会,犯罪人的选择比率分别为40.4%,42.3%,8.7%,4.7%,3.9%,等等。②

非官方犯罪调查不仅直接切合犯罪学研究,而且也可以在较大程度上弥补官方犯罪统计的不足。例如,上文所述,犯罪黑数是官方统计中常见的问题,而且难以避免,然而通过非官方的犯罪黑数调查统计,可以在很大程度上弥补官方统计存在的犯罪黑数的不利影响。

二、数理统计测量的重要指标

犯罪统计指标,是指反映具体时间、地点条件下犯罪现象数量特征的概念和数值,具体由指标名称和指标数值两部分构成。指标名称,表明所要研究的犯罪现象数量方面的科学概念,是犯罪现象的质的规定性。指标数值,表明所要研究的犯罪现象概念特征的数量,是犯罪现象的量的规定性。例如,犯罪率6‰,是一个犯罪统计指标。其中,犯罪率是统计指标名称;6‰是统计指标数值。犯罪统计指标,也可以视作一组经过操作化处理的犯罪研究概念。按照指标形式,犯罪统计指标分为总量指标、相对指标。

(一)总量指标

总量指标,又称绝对指标,是统计资料经过汇总整理后所得到的反映犯罪现象总体规模和水平的总和指标,其表现形式是具有计量单位的绝对数。例如,发案数、人犯数等。对于总量指标,根据不同的标准可以进行不同的分类,由此使犯罪现象得以更为具体多样的描述。

总体单位总量与总体标志总量:总量指标按其反映的内容不同,分为总体单位总量和总体标志总量。这里涉及几个基本概念:统计总体、总体单位、标志。统计总体,简称总体,是统计研究所确定的客观对象,它是由客观存在的具有共同性质的许多单位组成的整体。总体单位,简称单位,是指组成总体的各个单位,它是各项统计数字的原始承担者;标志,是指总体单位所具有的属性和特征,每个总体单位可以有多种属性和特征。例如,我们要研究某地在一定时间内抢劫案的情况,则该地在这一时间段内所有的抢劫案就组成为一个总体;每一起抢劫案构成一个单位;抢劫案的入室抢劫、拦路抢劫等可以作为标志。总体单位总量,是指总体单位的合计数。例如,在上例中,该地在这一时间段内所有抢劫案的总和,即为这一统计调查的总体单位总量。总体标志总量,是指总体各单位某一标志值的总和。就上例而言,这些抢劫案中入室

---

① 参见〔德〕汉斯·约阿希姆·施奈德:《国际范围内的被害人》,许章润等译,中国人民公安大学出版社1992年版,第105—107页。
② 资料来源:笔者监狱调查。

抢劫、拦路抢劫等各自的总数,即为这一统计调查的总体标志总量。

时点总量指标和时期总量指标:总量指标按其反映的时间状态不同,分为时点总量指标和时期总量指标。时点总量指标,表明总体在某一时刻的数量状态。例如,某一时刻的发案总数。时期总量指标,表明总体在一段时期内活动过程的数量状态,指标的数值随时期长短而变化。例如,日本法务综合研究所,针对1983年度新入监狱的再犯,分别这些再犯前刑出监的不同情况,调查统计了这些再犯的再犯期[①],从而得出一系列以时段为特征的,表述该时段的再犯数占入监再犯总数[②]的比率(累积率)。就前刑出监为刑满释放的再犯来看,在全部10325名入监的再犯中,未满3个月再犯的再犯期累积率为18.2%,未满1年再犯的再犯期累积率为51.7%,而未满5年再犯的再犯期累积率则为89.6%。而不同前刑出监情况,某一再犯期累积率是不同的。以未满1年再犯期累积率为例,入监再犯总数18220人,未满1年再犯期累积率为45.5%;其中,期满释放入监再犯总数10325人,未满1年再犯期累积率为51.7%,假释入监再犯总数7895人,未满1年再犯期累积率为37.4%。由此,期满释放与假释相比有早期再犯的倾向。详见表8-1[③]:

表8-1 前刑出监事由及再犯期累积率(%)

前刑出监情况	未满3个月	未满6个月	未满1年	未满2年	未满3年	未满4年	未满5年	5年以上
总数	13.9	26.1	45.5	66.0	76.2	82.3	86.3	100.0 18220(人)
刑满释放	18.2	31.8	51.7	71.6	81.2	86.7	89.6	100.0 10325(人)
假释	8.2	18.6	37.4	58.5	69.8	76.4	81.8	100.0 7895(人)

(二)相对指标

相对指标,总量指标的对称,也称相对数,是用两个有联系的指标进行对比的比值来反映犯罪现象数量特征和数量关系的综合指标。常用的相对指标可以分为结构相对指标、比例相对指标、比较相对指标、强度相对指标、动态相对指标。

结构相对指标,是按一定的标准划分总体,由此将总体内某一部分数值与总体全部数值对比所得的比值,其反映总体内部的构成和类型特征,常用百分数表示。例如,某地1年内发生杀人案320起,其中图财害命150起、奸情杀人60起、报复杀人50起、其他杀人60起,可以求出这320起杀人案的结构相对指标:图财害命46.88%、奸情杀人18.75%、报复杀人15.63%、其他杀人18.75%。

---

① 这里的再犯期,是指从出监到重新犯罪的期间。
② 这里的再犯数占入监再犯总数,分为三种类型:(1)某一再犯期的再犯数占各期的入监再犯总数;(2)某一再犯期的期满释放再犯数占各期的期满释放入监再犯总数;(3)某一再犯期的假释再犯数占各期的假释入监再犯总数。
③ 参见〔日〕法务省综合研究所:《日本犯罪白皮书》,李虔译,中国政法大学出版社1987年版,第283页。

比例相对指标,是将总体内某一部分数值与另一部分数值对比所得的比值,常用系数或倍数表示。例如,2003年我国公安部门刑事立案4393893起,其中,杀人24393起,伤害145485起,抢劫40088起,盗窃2940598起……在上述刑事立案总数(4393893起)中,盗窃案是抢劫案的73.4倍,即为比例相对指标。

比较相对指标,是将某一总体指标与另一总体同类指标对比所得的比值,其反映同类事物在不同国家、不同地区等之间的差异程度,常用倍数或百分数表示。例如,甲地一年内发生盗窃案1200起,乙地一年内发生盗窃案1800起,则乙地一年内发生的盗窃案是甲地的1.5倍,即为比较相对指标。

强度相对指标,是将两个有联系但不同的指标对比所得的比值,其反映现象的密集程度,常用复名数单位表示。例如,犯罪率,即指一定时空范围内犯罪总数与人口总数对比而计算的比率,主要是指发案率,通常为万分比或十万分比,单位是"起/万人"或"起/10万人"。

动态相对指标,是将总体不同时期的同类指标对比(报告期数值比基期数值)所得的比值,其反映事物发展变化的程度,常用百分数表示。例如,某地1998年度发生盗窃案1200起,而1999年度发生盗窃案1800起,则该地1999年度发生的盗窃案是上一年度的150%,即为动态相对指标。

第四编 犯罪原因论:解释犯罪

第九章 犯罪的社会原因

第一节 犯罪原因的社会因素

社会是犯罪的生存空间,社会因素在犯罪形成机制中居于主导地位。犯罪原因的社会因素是揭示犯罪原因机制的前提与基础,这就是仅从相对个别的角度具体分析有关社会现象与犯罪现象的关系,由此遴选一些重要的致罪因素。由此,犯罪原因的社会因素可以分为两个方面:犯罪原因的宏观因素、犯罪原因的微观因素。其中,犯罪原因的宏观因素涉及文化、现代化、社会变迁、社会结构等与犯罪的关系;犯罪原因的微观因素涉及社会化、社会化执行机构、社会互动、生命历程等与犯罪的关系。限于篇幅,本节着重分析文化与犯罪、现代化与犯罪、社会化与犯罪。

一、文化与犯罪

对于文化与犯罪的关系,中外理论已有不少的阐释。文化的界定构成这一议题分析的基础,而在文化的构成要素中又有一些关键性的致罪因素。

(一) 文化与犯罪研究综览

在犯罪学研究中,文化与犯罪的关系备受重视。我国著名犯罪社会学家严景耀指出:"为了了解犯罪问题必先了解造成犯罪的文化……犯罪与文化的关系深刻而密切,其密切程度是大多数初学犯罪学者所估计不到的。"[①]犯罪学对于文化与犯罪的研究,存在视角的差异与见解的争鸣。

文化冲突:强调犯罪蕴意本身的文化冲突意义。这一理论的思维模式具有如下特点:(1) 犯罪界定:关注犯罪蕴意本身的文化定位。本来社会诸多文化各有特点,同时各自也表现出时代的差异,而法律却人为地将某种文化界定为犯罪。易言之,某种行为被称为犯罪,这意味着,犯罪只是这一行为的称谓,而这一行为本身有其特定的文化内容。(2) 文化对立:社会存在着多元文化,各种文化的具体内容不尽一致,存在着价值观念与行为规范的对立冲突。当某种文化得以法律肯定,则与之对立的

---

① 严景耀:《中国的犯罪问题与社会变迁的关系》,北京大学出版社1986年版,第202页。

文化将被否定而成为犯罪。因此，犯罪在本质上是文化对立的表现，是肯定一种文化而否定另一种文化的结果。美国著名犯罪学家塞林（Thorsten Sellin）所提出的文化冲突理论，属于这一理论思维模式的典型代表。[①] 我国也有学者基于这一理论思维模式，从文化变迁、文化传播、国民性格的角度，阐述了文化冲突与犯罪的关系。[②]

文化影响：强调犯罪文化的具体特征及其对犯罪形成的影响。这一理论的思维模式具有如下特点：（1）犯罪文化：关注犯罪文化的具体特征。社会存在着主文化，同时也存在着亚文化。主文化受到社会肯定，而亚文化是与犯罪相应的文化。亚文化有其特有的价值观念、行为规范。犯罪研究需要揭示这种亚文化的独特内容及其与主文化的具体反差。（2）文化作用：亚文化既是犯罪表现的内在文化特征，也是犯罪形成的社会文化环境。亚文化可以世代相传。长期生活于以亚文化为主导的社会环境之中，将逐步形成对于亚文化的认同，按照亚文化的价值观念和行为规范行事，从而导致犯罪行为。美国犯罪学家沃尔夫冈（Marvin Wolfgang）的暴力亚文化理论[③]、米勒（Walter Miller）的下层阶级文化理论[④]、科恩（Albert Cohen）的少年犯罪亚文化理论[⑤]等，属于这一理论思维模式的典型代表。我国也有学者基于文化影响的角度，阐述了不良书报、电影、电视等文化环境对于犯罪的作用。[⑥]

犯罪与文化密切相关，就犯罪本质而言，文化决定着犯罪的具体蕴含；就犯罪原因而言，文化影响着犯罪的形成。不过，文化是一个极为模糊的概念，研究文化与犯罪的关系，首先应当明确文化本身的内容，其次标示出文化中不同于其他社会现象的独特成分，揭示其对于犯罪形成的独特影响。

（二）文化的概念及构成要素

文化概念的歧义性极大[⑦]，而且内容也极为丰富。考察浩瀚的文化定义，诸多学科的学者对之作了类型性的理论概括。[⑧] 例如，加拿大学者谢弗基于不同学科特征以及时代演进，将文化概念归结为9种类型：哲学文化概念、艺术文化概念、教育学文化概念、心理学文化概念、历史学文化概念、人类学文化概念、社会学文化概念、生态学文化概念、生物学文化概念。[⑨] 有的学者基于不同内在结构表现，将文化概念归结为

[①] See Thorsten Sellin, *Culture Conflict and Crime*, New York: Social Science Research Council, 1938.
[②] 参见许章润主编：《犯罪学》（第二版），法律出版社2004年版，第223—237页。
[③] See Marvin Wolfgang and Franco Ferracuti, *The Subculture of Violence: Towards on Integrated Theory in Criminology*, London: Tavistock, 1967, p.163.
[④] See Walter Miller, "Lower-Class Culture as a Generating Milieu of Gang Delinquency", *Journal of Social Issues*, Volume 14, Issues 3, 1958, pp.5-19.
[⑤] See Albert K. Cohen, *Delinquent Boys: The Culture of the Gang*, New York: Free Press, 1955, pp.128-130.
[⑥] 参见张甘妹：《犯罪学原论》，台湾汉林出版社1985年版，第228—231页。
[⑦] 参见刘进田：《文化哲学导论》，法律出版社1999年版，第36—37页。
[⑧] 诸多学科的学者，为使文化形成一个较为明确的范畴而进行了艰苦卓绝的努力，其首要的是分析诸种文化定义的特征并对之进行理论归类。
[⑨] 参见闵家胤：《西方文化概念面面观》，载《国外社会科学》1995年第2期。

5 种类型:描述性定义、社会性定义、主体性定义、功能性定义、历史性定义。① 有的学者基于不同社会学意义,将文化概念归结为 4 种类型:主观意义的文化、结构意义的文化、拟剧意义的文化、制度意义的文化。② 有的学者基于意义包容的范围,将文化概念归结为 3 种类型:广义文化观、中义文化观、狭义文化观。③

文化是一个复杂的概念,基于犯罪学分析的要素、整合、动态的视角,本书也以相应的视角辨析文化概念的特征:(1)内容丰富:文化是由极其丰富的构成要素而组成的形态。这些要素包括价值观念、社会制度、物质财富等等。(2)关系密切:文化是由各种构成要素相互作用而形成的整体。不同文化要素之间以及不同类型的文化之间相互作用,形成了社会整体的存在机制。(3)动态发展:文化是始终流淌着的历史事实,在时间的纵线上,观念更替、制度变迁、物质进步等等,无不是文化的表现。由此可见,文化概念几乎涉及社会领域的各个方面,在一定意义上其与社会的构成相当。英国人类学家泰勒指出:"文化从广义来讲,是一个包括人在社会中所习得的知识、信仰、美术、道德、法律、风俗,以及任何其他的能力与习惯的整体。"④日本社会学家富永健一认为:"文化的概念在它的基础部分或多或少是与社会的概念相互重合的。"⑤

(三)犯罪原因的文化要素

文化概念内容覆盖之广、意义分歧之众,使得我们在使用这一术语时,应当尤为谨慎。与文学艺术思想的表达不同,学术研究需要简洁、明确、确定。由此,本书更为倾向于明示文化的具体所指,论及其与犯罪的关系。文化概念有其构成要素、整合机制、动态演进的特征。文化与犯罪的关系,集中表现在作为文化主体的"社会群体"以及作为文化内容的"意识价值""制度规范",它们在构成要素、整合机制、动态演进的角色中,基于互为冲突以及各别影响,对于犯罪的作用。

构成要素:社会群体、意识价值、制度规范,在构成要素的分析框架中,主要考究它们的各别特征对于犯罪的作用。不同社会群体,其所承载的意识价值、信奉的制度规范存在着差异。特定的社会群体存在相应的较为独特的意识价值与制度规范,而犯罪又具有特定的意义,由此特定的社会群体表现出其与犯罪的亲疏关系,这一群体的人以及亲和于这一群体的人,其成为犯罪人的机会也就相对凸显。社会群体如此,意识价值与制度规范亦然。

整合机制:社会群体、意识价值、制度规范,在整合机制的分析框架中,主要考究

---

① 参见王国炎、汤忠钢:《"文化"概念界说新论》,载《南昌大学学报(人文社会科学版)》2003 年第 2 期。著名文化人类学家 A. L. 克罗伯和 K. 克拉克洪分析了 1950 年以前的一百六十多个文化定义,从而将它们分为 6 大类:描述性的、历史性的、规范性的、心理性的、结构性的、遗传性的。参见萧俊明:《文化的语境与渊源——文化概念解读之一》,载《国外社会科学》1999 年第 3 期。
② 参见周怡:《文化社会学发展之争辩:概念、关系及思考》,载《社会学研究》2004 年第 5 期。
③ 参见刘作翔:《从文化概念到法律文化概念——"法律文化":一个新文化概念的取得及其"合法性"》,载《法律科学》1998 年第 2 期。
④ 〔英〕泰勒:《原始文化》,蔡江浓编译,浙江人民出版社 1988 年版,第 1 页。
⑤ 〔日〕富永健一:《社会学原理》,严立贤等译,社会科学文献出版社 1992 年版,第 18 页。

它们的相互作用关系对于犯罪的影响。(1) 不同要素的竞合：意识价值主要表现为社会的精神内容，而制度规范主要表现为社会的有形架构。意识价值与制度规范相辅相成，共同维系社会的协调有序。在社会运行中，各别要素不可避免地会出现缺陷，但是各要素相互之间的弥补则有利于尽量保持社会整体的稳定。倘若各别要素之间不能相互补充，或者反而相互冲突，显然无益于社会的稳定。(2) 相同要素的竞合：这种整合机制的作用，不仅表现于意识价值、制度规范等不同类型的要素之间的竞合，而且也表现于同一类型要素的不同性质的成分之间的竞合。在现代社会中，社会群体、意识价值甚至是制度规范，往往是多元的，由此形成了不同社会群体之间、不同意识价值之间等的竞合关系，这种关系同样影响着社会整体的稳定。

动态演进：社会群体、意识价值、制度规范，在动态演进的分析框架中，主要考究它们随着时间的延续而变迁对于犯罪的影响。构成要素、整合机制是基于同一时间横断面的研究，而动态演进则是基于时间纵向发展的研究。以意识价值为例，在同一时间横断面，意识价值存在着性质的差异，不同性质的意识价值表现出其与犯罪的不同的亲疏关系（构成要素视角），不同性质的意识价值相互之间的竞合具体影响着犯罪的形成（整合机制的视角）；在时间延续纵向上，意识价值存在着时代的差异，旧有的意识价值消退而新的意识价值生成，倘若这其间出现意识价值的缺席，则这种状态将会影响犯罪的形成（动态演进的视角）。

二、现代化与犯罪

对于现代化与犯罪的关系，中外理论已有不少的阐释。现代化的界定构成这一议题分析的基础，而在现代化的构成要素中又有一些关键性的致罪因素。

(一) 现代化与犯罪研究综览

科技革命强烈地推进着社会结构的转型，这在许多国家引起了犯罪率的波动。由此，现代化与犯罪引起了犯罪学研究的广泛而深入的重视。美国犯罪学家谢利，于20世纪80年代初出版了名为《犯罪与现代化》的专著，成为在这一领域研究的重要代表，也在我国产生了较大的反响。对于现代化与犯罪的问题，存在现代化与犯罪的对应关系，以及现代化对犯罪的影响内容等议题，对此理论见解颇有争议。

现代化与犯罪的对应关系，是指现代化的进程与犯罪率的上升，是否存在肯定的、必然的伴生现象。对此，犯罪学研究存在不同见解。(1) 国外见解：A. 肯定论：主张总体上伴随着现代化的进程，犯罪率也呈现同步增长的态势；并且在犯罪类型上，财产犯罪日益占据主导地位。例如，美国犯罪学家谢利指出："社会发展进程把犯罪从一个孤立的主要是影响城市中心的社会问题提高到现代社会的主要问题……犯罪已成为现代化方面最明显和最重要的代价之一。""现代化的标志是从暴力犯罪占优势的社会转变为日益增多的财产犯罪为特征的社会。""社会发展的最常见的后果可以概括为财产犯罪的增多，总犯罪率的普遍增长以及出现了两类新的罪犯——少年犯和妇女犯。"①另一方面,谢利又强调,在现代化进程与犯罪率增长两者并行的态势中,也存在着例外。"宗教的、社会的、经济的和政治的控制,能够在某一重要时期减轻现代化进程的影响。""尽管高犯罪率与经济发展之间的联系看来已十分牢固地确立,但是在这一般原则之外也有某些重要的例外……日本和瑞士一直是富裕的发达国家日益增长的犯罪率的两个重要例外。""他们独特的发展进程,保持着亲密的家庭结构,以及有全体公民参加反对犯罪的斗争,这些都是制止犯罪日益增长的强有力的因素。"② B. 否定论:主张现代化并非必然导致犯罪率的增长,现代化本身不是犯罪率增长的原因。例如,第七届联合国预防犯罪及罪犯处遇大会,对"犯罪与社会发展的关系"进行了专题研讨,许多与会代表指出:"不能认为工业化、移民和城市化本身是造成犯罪的因素。它们是社会经济发展十分正常而必不可少的方面。事实上规划良好的工业化可以成为减少犯罪率的原因,因为工业化可以满足物质和精神上的需要。不能把犯罪看成是发展的结果,相反,发展可以促进预防犯罪。"③ (2) 我国观点:对于现代化与犯罪的关系,我国学者提出了同步论、代价论、反比论、正比论等见解,基于同一逻辑前提的视角,这些见解大致可以分为两类:直接关系论;间接关系论。A. 直接关系论:强调现代化与犯罪率之间有着必然的联系,所谓同步论、代价论等就含有这一意义。例如,认为经济发展与犯罪之间存在"同步增长"的必然联系。理由是:在我国社会主义初级阶段仍无法排除犯罪继续产生和随着经济发展上升的可能性;任何历史的进步,都毫无例外地要以代价支付为前提,这是现代化进程中的普遍规律;经济的繁荣和发展虽不是影响犯罪升降的唯一因素,却是起决定作用的主导因素。④ B. 间接关系论:强调现代化与犯罪率之间仅存间接的联系,两者通过一定的中介而构建联系。例如,认为犯罪增长这一社会现象与现代化、经济发展、社会转型之间的确具有一定的联系,但不是线性相关关系,也不是简单的"代价"关系,而是间接的、不确定的,必须通过一个"中介"而发生,这个中介就是"社会控制"。犯罪率与社会控制这两者之间存在的关系才具有直接的相关关系。⑤

应当说,现代化与犯罪率之间并非直接关联,现代化与犯罪率之间的关系,关键是揭示现代化的因素对犯罪率的影响。也就是说,现代化进程中哪些重要因素,决定性地影响着犯罪。现代化是一种社会发展的进程,属于历时性的概念,在现代化进程中,呈现出社会结构的变迁与重组,这些社会结构的变迁与重组才是影响犯罪率的决定因素。由此,需要回答的问题是,现代化的构成因素是什么,伴随着现代化的哪些因素将决定犯罪率的波动,显然,回答这些问题的基本前提是现代化的概念。

(二) 现代化的概念及构成要素

现代化是一个相对复杂、歧义颇众的概念。综观并分析中外学者对现代化蕴含

---

① 〔美〕路易丝·谢利:《犯罪与现代化——工业化与城市化对犯罪的影响》,何秉松译,群众出版社1986年版,第158、160、163页。
② 同上书,第164、88、91页。
③ 转引自肖建国:《中国现代化进程中的犯罪研究》,复旦大学出版社1999年版,第32页。
④ 转引自阴家宝主编:《新中国犯罪学研究综述》,中国民主法制出版社1997年版,第169页。
⑤ 参见周路:《现代化与犯罪——社会控制中介论》,载《中国人民公安大学学报》2004年第4期。

的揭示,对于现代化概念,可以集中对如下三个中心议题及其具体内容予以阐述:(1)历时进程:强调现代化是由一种社会形态(A)向另一种社会形态(B)的演进,其公式是"A→B"。例如,美国学者詹姆斯·奥康内尔认为,现代化是用以表述一种过程的名词,在这个过程中,传统的社会或前技术的社会逐渐消逝,转变成为另一种社会。美国学者布莱克也认为,现代化反映着人控制环境的知识亘古未有的增长,伴随着科学革命的发生,从历史上发展而来的各种体制适应迅速变化的各种功能的过程。① 美国学者塞缪尔·亨廷顿指出,多数学者认为,现代化过程具有9个特征:现代化是革命、复杂、系统、全球、长期、有阶段、同质化、不可逆转、进步的过程。② (2)社会形态:注重描述现代化进程中转变着的社会形态类型(A与B)。根据这种社会形态类型(前社会形态A与后社会形态B)的不同定位,现代化的蕴意又分为普通现代化与再次现代化。例如,德国学者贝克提出再现代化理论③,将现代化分为普通现代化与再现代化两种。从农业社会向工业社会的转变,是普通现代化;从工业社会向风险社会的转变,是再现代化(现代化的现代化)。中国科学院何传启研究员提出第二次现代化理论,认为人类文明的发展可以分为工具时代、农业时代、工业时代和知识时代;从农业时代向工业时代、农业经济向工业经济、农业社会向工业社会、农业文明向工业文明的转变过程,是第一次现代化;从工业时代向知识时代、工业经济向知识经济、工业社会向知识社会、工业文明向知识文明的转变过程,是第二次现代化。④ (3)转变内容:着眼于现代化进程中社会形态转变的具体内容,作为现代化社会形态的转变,表现为多种社会因素的变迁,包括经济、政治、宗教、教育等等。例如,美国学者塞缪尔·亨廷顿指出,现代化是一个多层面的进程,它涉及人类思想和行为所有领域里的变革。它就像丹尼尔·勒纳所说的,"城市化、工业化、世俗化、民主化、普及教育和新闻参与等,作为现代化进程的主要层面,它们的出现绝非是任意而互不相关的。"从历史角度来看,"它们是如此地密切相联,以致人们不得不怀疑,它们是否算得上彼此独立的因素"⑤。我国台湾地区学者蔡文辉认为,"现代化所牵涉到的社会变迁相当广

---

① 参见〔美〕C. E. 布莱克:《现代化的动力》,段小光译,四川人民出版社1988年版,第11页。
② 参见〔美〕西里尔·E·布莱克编:《比较现代化》,杨豫、陈祖洲译,上海译文出版社1996年版,第19、44—47页。
③ 再现代化又译为自反性现代化、反思现代化、反省现代化等。
④ 参见何传启:《现代化概念的三维定义》,载《管理评论》2003年第3期。何传启研究员将现代化分为第一次现代化、第二次现代化、综合现代化、未来现代化。现代化,一般是指18世纪工业革命以来人类社会所发生的深刻变化,包括从传统社会向现代社会转变的历史过程及其变化,它既发生在先锋国家的社会变迁里,也存在于后进国家追赶先进水平的过程中。第一次现代化、第二次现代化已如上述。综合现代化,是指发展中国家为迎头赶上发达国家第二次现代化水平,采取第一次现代化和第二次现代化协调发展的道路,形成综合现代化模式。未来的现代化,是指完成第二次现代化后人类社会进行的新的现代化。
⑤ 〔美〕塞缪尔·P. 亨廷顿:《变化社会中的政治秩序》,王冠华等译,生活·读书·新知三联书店1989年版,第30页。对于现代化、工业化、经济成长三者之间的关系,美国学者何劳维兹(Irving L. Horowitz)指出,现代化、工业化、经济成长三者并非同义词。现代化所牵涉到的是一种比较广泛和复杂的社会变迁,而经济成长或工业化只是经济变迁中的一种特别形态而已。不仅如此,工业化并没有解决社会体系里人际关系安排的问题,还常常给社会里的广大群众带来更多的紧张,造成更严重的阶级冲突。经济成长或工业化可以很快成功,而现代化的步调则常常是很缓慢的。See Irving L. Horowitz, *Three Worlds of Development*, New York: Free Press, 1966, p. 417.

泛,不仅社会成员之个人人格会有所改变,社会里的政治、经济、文化、家庭等制度也都受影响。现代化的特质之一是理性的原则"。"在经济上,现代化代表经济成长率的提高;在政治上,现代化代表民众政治参与的扩大;在社会上,现代化代表社会的高度分化和专业化。"①

鉴于上述有关现代化的知识结构,现代化,是指由相对欠发展的社会形态转变成较为发达的社会形态的过程,现代化并非局部社会的变化,而是整个社会结构的变迁。由此,应当注意,现代化与现代性是两个不同的概念。现代性,是指相对较为发达的社会形态所具有的一系列社会特征。例如,美国学者烈威认为,现代社会结构的特征是:社会单位的特殊化;社会单位的互赖性;一种普遍性的伦理观念;集权化和民主化之综合。② 相对而言,现代化是倾向于历时性的概念,强调由一种社会形态演变成另一种社会形态,而现代性是侧重于共时性的概念,注重相对发达社会形态本身的各种特征。

(三) 犯罪原因的现代化要素

现代化的知识结构,有其历时进程、社会形态、转变内容的分析框架。现代化与犯罪的关系,也可由此展开探索。(1) 历时进程:现代化是一种社会进程,属于动态的社会变迁,由此,提供了犯罪学研究的动态分析视角,核心是社会变迁与犯罪的关系。在历时进程的意义上,现代化与犯罪着重探讨如下问题:现代化进程的不同模式对犯罪率波动的影响;现代化进程的某个侧面(工业化、城市化)与犯罪率波动之间的关系等。(2) 社会形态:现代化牵涉到前社会形态与后社会形态,由此,提供了犯罪学研究的社会背景知识,核心是不同形态社会与犯罪的关系。在社会形态的意义上,现代化与犯罪着重探讨如下问题:农业社会特征及其犯罪率的状况;工业社会特征及其犯罪率的状况;知识社会特征及其犯罪率的状况;社会转型期的特征与犯罪率的状况;现代化所可能产生的社会解组形态与犯罪率波动的关系等。(3) 转变内容:现代化发生于多种经济、政治、意识、家庭等社会因素,由此,提供了犯罪学研究的社会结构要素分析,核心是社会结构与犯罪的关系。在转变内容的意义上,现代化与犯罪着重探讨如下内容:对于犯罪起着决定作用的社会因素类型;决定犯罪的社会因素对于犯罪的作用机制;各种决定犯罪的社会因素,在犯罪形成机制中的整合关系等。

现代化是同时具有历时进程、社会形态与转变内容等意义的一个概念。由此,现代化与犯罪的关系,是同时兼有动态分析的视角、基于一定社会背景的剖析与社会结构要素的分析的犯罪学研究。这就意味着,探讨现代化与犯罪的关系,关键是基于一定的社会背景状况(转型期的当代中国社会),对比以往社会形态的特征(改革开放前的社会形态)及其犯罪现象,与目前社会形态的特征(改革开放后的社会形态)及其犯罪现象,具体分析这种现代化进程中决定性地影响犯罪(犯罪率)的社会结构因素(意识价值、社会分层、制度规范等),揭示这些社会因素在犯罪形成中的作用机制(化解

---

① 蔡文辉:《社会变迁》,台湾三民书局股份有限公司1995年版,第51页。
② 参见同上书,第142页。

阻断模式①）。从这个意义上说，现代化与犯罪的关系，核心是当代社会转型中，犯罪与社会结构的动态分析。这里，关键词仍然是社会变迁、社会结构、意识价值、社会分层、制度规范、犯罪率等。

在现代化进程中，犯罪率的波动并非必然的现象，却是在特定时期极易出现的现象。对此，分述为二：（1）社会形态成熟、犯罪率稳定：在现代化进程中，相对成熟的前社会形态（A），与相对成熟的后社会形态（B，现代性社会），虽然基于社会结构的差异（诸如，社会对于犯罪的容忍程度、社会经济发展水平、道德意识观念等等），表现出犯罪状况的不同，包括犯罪率绝对数的不同、犯罪类型的区别等。但是，一种成熟的社会形态，犯罪率也会相应地达至一定的稳定状态，此时犯罪率保持在一定的水平，不会呈现较大幅度的波动。（2）社会急剧转型、犯罪率波动：在现代化进程中，新旧社会交替的时期，社会急剧转型时期，是犯罪率波动的危险时期。尽管新旧社会交替，倘若各种社会关系处理得当，整个社会结构并未失去平衡，则不会导致犯罪率的大幅度波动。但是，全面急剧的社会变动，变动社会背景下的运作，稍有不慎，极易出现社会的不稳定，导致社会结构失衡，从而通过犯罪率这个社会变革的晴雨表得以表现。

三、社会化与犯罪

探究社会化与犯罪的关系，须在明确社会化基本蕴含以及社会化执行机构的基础上，对于经由社会化而致个性形成的诸多问题予以具体分析。

（一）社会化的概念特征

社会化，是指一个人通过正常的社会互动，学习价值观念、社会规范、生活技能等社会生活方式，培养社会角色并借以获得个性，从而由生物性个体变为社会性个体的过程，这一过程贯穿于人的全部生命周期。社会化存在如下特征：

社会互动过程：社会化必须通过社会互动实现，属于社会互动的过程。人类的生物属性并不具有社会适应的本能②，这种本能的缺乏使得人类的生存必须基于社会互动，缺乏正常社会互动过程的个体，无从获得生存与发展。社会互动，是指人们在特定的情境下，基于他人对自己以及自己对他人的思想、情感、信息等的社会期待，以相互作用的方式对他人采取行动，或者对于别人的行动作出反应的过程。

社会化的内容：社会化以学习价值观念、社会规范、生活技能等社会生活方式为具体内容。价值观念，是指一个社会、民族或群体在长期的实践中所形成的相对持久的理想、信念。社会规范，是指基于维持共同的社会秩序而形成的具有一定的强制力和约束力的行为标准，包括习惯、道德、法律等。生活技能，是指人类生存所必需的衣食住行的技术能力，以及人类通过生产劳动获得生活资源的技术能力。

社会角色形成：社会化进程的一项综合性的成效，就是培养社会角色并借以获得

---

① 关于化解阻断模式的核心命题与经验验证，详见本章下一节"当代中国社会罪因机制"。
② 本能，是指动物，包括人类，决定行为特质的生物因素。本能与生俱来，不需经过学习。本能使动物能够在任何情况下都能作出同样的行为或动作。参见蔡文辉：《社会学》，台湾三民书局1997年版，第120页。

个性。社会角色,是指对于居于社会结构中某种地位的人,赋予相应的特定的权利与义务的规范期望与规范行为,例如,学生、教师、父亲、医生等等。社会角色具有相对的普遍意义。个性①,又称人格,通常是指在一定的社会历史条件下的具体个人所具有的意识倾向性,以及经常出现的、较稳定的心理特征的总和。人的个性结构主要包括个性的倾向性、稳定性、独特性和个性的心理特征(包括性格、气质和能力等)。②

个性形成理论:对于个性与自我意识的形成、发展阶段,不同学者提出了各具特色的理论学说。③ 弗洛伊德(Sigmund Freud)的潜意识论:人类个性分为三个部分:本我、自我和超我。本我受体质与情绪的需求满足的支配;自我属于个性的理性部分,意味着需求满足受社会规则方法的支配;超我是人将社会观念内化而成为其行为的准则。本我(欲望)与超我(道德良知)相互争斗,由此推进社会化过程。库利(Charles Horton Cooley)的镜中之我:自我作为一种社会产生,其形成经历三个阶段:察觉到我们在他人面前的行为方式;领悟到别人对我们行为的判断;基于对他人反应的理解,自我评价行为。由此,一个人的自我认识,表现为周围的人对自己反复同样评价的反映。米德(George Herbert Mead)的角色借用:自我分为两个部分:主我与客我。主我是每个人自发的、独一无二的自然特征;客我是对社会要求的内化以及对社会要求的个人意识。主我与客我连续交流,形成自我。足以影响一个人评估自己形象的团体,属于此人的参考团体;相对于普通他人而言,重要他人的评估对于个人行为,具有更大的影响。④

全部生命周期:社会化的过程,贯穿于人的全部生命周期。通常,人的终身社会化过程可分为基本社会化、继续社会化和再社会化。基本社会化,是指婴儿期至少年期的社会化,主要内容是学习基本的生活技能、行为规范,培养情感、自信、荣辱等心理倾向;继续社会化,是指青年期及其以后的社会化。这一时期,个体面临更为广阔的社会生活领域,拥有各种新的角色的培养,以至于创造、构建、改变、推进社会。再社会化,是指个体从原有的个性特征向新的个性特征转变、内化的过程,包括生活环境突变的再社会化与越轨行为的再社会化。再社会化的目标,是使个体放弃原有的价值观念、生活方式,而形成新的价值观念与生活方式。

(二)社会化的执行机构

社会化的执行机构,是指对于个体的社会化起着监护、诱导、培育等作用的社会群体、社会组织,这些群体与组织也属于个体社会化的社会环境,是影响社会化的重要因素。具体包括家庭、学校、同辈群体、社区、工作单位、大众传播媒介等。人在一

---

① 个性的含义很多,至今没有一个公认的定义。参见〔美〕阿瑟·S.雷伯:《心理学词典》,李伯黍等译,上海译文出版社1996年版,第608页。

② 参见叶奕乾、祝蓓里主编:《心理学》,华东师范大学出版社1988年版,第251—252页。美国著名社会学家波普诺认为,人格指的是特殊的思想、感觉和自我观照的模式,它们构成了特殊个体的一系列鲜明的品质特征。人格可以分为几个主要部分:认知(思想、知识水平、知觉和记忆)、行为(技能、天赋和能力水平)及情感(感觉与感情)。参见〔美〕戴维·波普诺:《社会学》,李强等译,中国人民大学出版社1999年版,第147页。

③ 深入探究这些理论,对照犯罪原因的诸多学说,对于深入分析犯罪形成机制具有重要意义。

④ 参见蔡文辉:《社会学》,台湾三民书局1997年版,第122~125页;〔美〕戴维·波普诺:《社会学》,李强等译,中国人民大学出版社1999年版,第148~151页。

生中,通过与社会化的执行机构持续地相互作用,学会其所在社会的生活方式和行为规范,培养角色获得个性。各种的社会化执行机构,对于个体社会化的内容与阶段,各有相对独特的功能、作用。

家庭,是以一定的婚姻关系、血缘关系或收养关系为纽带组合而成的社会生活的基本单位,其组合的法则与体系构成一个最基本的社会制度。① 家庭社会化表现为如下特征:A. 主体:社会化的执行机构表现为初级社会群体、非正式群体;B. 阶段:家庭对于婴儿期、儿童早期的社会化,尤其有着重大的影响;C. 方式:以非强制的情感因素、内心确认的父母权威形象作为互动的基础,具体的教育模式表现为专制型、溺爱型、放任型、民主型等;D. 内容:体验、获得、培养人类的感情,传授生活技能习惯、社会价值观念、人生奋斗目标;E. 途径:父母直接有针对性的教导,以及家庭气氛、生活方式、父母言行的潜移默化的熏陶影响。

学校,是有组织、有计划地通过专职教师向学生传授价值观念、社会规范、知识技能的专门机构与场所,包括幼儿园(日托中心)、小学、中学、大学。学校的社会化表现为如下特征:A. 主体:社会化的执行机构表现为次级社会群体、正式群体;B. 阶段:对于儿童、少年、青年时期的社会化影响,尤其明显;C. 方式:以制度规则、相对强制、非个人权威的遵从作为维系社会互动的主导标准;D. 内容:以传授文化知识技能和社会主导价值观念、行为规范为核心,具有相对的系统性;E. 途径:社会化的基本平台表现为教师教学、教学教材、学校社团、社会实践等具体教育模式;F. 筛选:通过考试、考核等制度对学生进行比较评价以及一定程度的分化。

同辈群体,是一个由一群具有大致同等地位、兴趣或年龄的人所组成的关系亲密的初级群体。他们时常聚在一起,彼此间有着较大的影响。同辈群体,通常表现为儿童、少年群体。同辈群体的社会化特征表现为:A. 独立:成员之间以平等的姿态进行互动,各个成员相对自主地解决人际交往与冲突;B. 价值:成员之间相互传递知识信息影响对方,并且基于共同的年龄志趣、生活背景等,可能形成群体独特的价值观念;C. 代际:处于同一时代的同辈群体,基于时代社会背景的共同影响,可能形成具有更大范围意义的价值观念和行为准则。

社区,是指人们能常常互动其间的共同生活的一定区域。社区的规模可小到一个小村庄,大至一个大城市。构成社区的基本要素是:(1)聚居的人群;(2)一定的地域;(3)生活服务设施;(4)社会规范和行为准则;(5)社会控制机构;(6)居民群间形成一定的共属情感。基于血缘与业缘等关系而结合起来的社区居民、群体、组织,承载及建构着社区的物理环境与社会环境,而社区的行为规范、生活方式、价值观念对于生活于其中的个体,有着重要的影响。

工作单位,是指个体进入社会谋生,从事职业生涯的环境与机构。工作单位的社会化特征表现为:A. 继续:工作单位是继续社会化的重要场所,个体面临更多的社会

---

① 通常,家庭具有如下功能:生物功能:实现两性关系和生儿育女;经济功能:在家庭内进行劳动组织和分工;社会化功能:将孩童训练成一个可为社会所接受的成员;感情功能:家庭成员之间提供某种程度的感情保护与支持。

现实,更为实际地切入社会生活,由此验证、调整直至更替原先家庭、学校所形成的价值观念、行为准则;B. 事业:工作单位也是进一步全面、深入培养个体职业技能的重要场所,同时个体的职业活动成效,也为个体发挥才能确立社会地位,提供了条件,由此形成与强化自己的职业角色。

大众传播媒介,是指传到广大社会公众之中并对他们的价值观念、行为准则产生影响的各种信息载体,包括报纸、杂志、书籍、电视、电影、广播、网络等。现代大众传媒传播迅速波及范围极其广泛,加之各个年龄层次的人对于大众传媒的青睐甚至依赖,使得大众传媒的影响不仅迅捷广泛而且深入重大,尤其是电视、网络对于儿童、少年有着重大的影响,由此对于确立社会普遍价值观念、行为准则具有更大作用。

（三）社会化与犯罪的研究要旨

基于犯罪研究的视角,在社会化进程中,可能影响个体犯罪的关键性因素表现为,社会化的内容、个性的形成、社会化执行机构的影响、再社会化的实施等。社会化与犯罪的关系,也可由此展开探索。

社会化的内容：包括学习价值观念、社会规范、生活技能等社会生活方式。犯罪是与社会主导的价值规范相冲突的行为,由此个体所接受的价值规范的内容性质,对于个体犯罪有着重要影响。例如,美国犯罪学家萨瑟兰的差异交往理论强调:动机和冲动的特定方向,是从赞同或反对法典的定义中学习得来的;在美国社会,经常存在着有关法典的文化冲突,一个人之所以成为罪犯,是因为他所接触的赞成违法的定义超过了反对违法的定义。

人格的形成：人格是社会化的一项综合性的成效,在某种意义上,社会化过程就是要培育个体的良好人格,而个体犯罪却是基于人格的不良成分。这里,需要考究犯罪人格的蕴含以及犯罪人格的形成。犯罪人格,属于一种人格类型,是犯罪心理[1]中具有相对稳定的犯罪[2]倾向的心理特征的总和。不宜将犯罪人格称为犯罪人的人格,因为犯罪人的人格可能具有两面性（某些方面亲和社会规范,某些方面背离社会规范）;犯罪人格是犯罪人的人格中具有稳定的犯罪性的部分。犯罪人格,同样是社会化的产物,需要探讨犯罪人格的形成机制。[3] 例如,美国犯罪原因的社会化过程强调,犯罪是社会化过程中个体与各种社会化机构之间互动的结果。假如个体经历了不良的社会化过程,诸如,家庭关系不和、同伴结交不良、学习成绩不好、司法记录不佳等等,那么这种不良的社会化将影响他们良好个性的形成,从而促使其走向违法犯罪。

社会化执行机构的影响：社会化执行机构,是个体社会化的社会环境和影响个体社会化的重要因素。社会化执行机构与犯罪,主要研究不同的社会化执行机构在社会化过程中的地位、作用,进而对个体犯罪的影响;各种社会化执行机构的教养模式

---

[1] 犯罪心理,指影响和支配犯罪人实施犯罪行为的各种心理因素的总称。这些心理因素包括认识、情感、意志、性格、兴趣、需要、动机、理想、信念、世界观、价值观以及心理状态等。参见罗大华、刘邦惠主编:《犯罪心理学新编》,群众出版社2000年版,第2页。

[2] 犯罪人格通常与犯罪性、犯罪人格特征相关联。

[3] 苏联学者安德列耶娃指出:"科学地认识个性的关键,只能是研究人的个性在其活动中产生和变化的过程。"〔苏联〕安德列耶娃:《社会心理学》,蒋春雨等译,南开大学出版社1984年版,第274页。

对于个体社会化的不同影响;各种社会化执行机构在个体社会化过程中的作用机制,及其对个体犯罪的影响。例如,米德在其角色借用理论中,以参考团体、普通他人、重要他人说明外在评价对个人行为的影响,认为足以影响一个人评估自己形象的团体,属于此人的参考团体,相对于普通他人而言,重要他人的评估对于个人行为具有更大的影响。班杜拉的社会学习理论认为,人的暴力行为的能力,是通过后天的生活经验而习得的。暴力行为的学习方式有两种:观察学习与自我强化。其中,观察学习的途径主要有三种:家庭示范、亚文化环境示范、大众传播媒体示范。

再社会化的实施:再社会化,是使个体个性特征发生根本转变,在犯罪学研究中主要表现为对于罪犯的教育、矫治。具体地说,应当探讨:预防再犯及有利于犯罪人适应社会的刑事政策、社会政策;基于目的刑、教育刑等基本理念的具体刑事处置措施;犯罪人再社会化的运行机制、执行机构、主要内容、具体操作;犯罪人的不同类型及与之相应的教育矫治方法等。例如,社区矫正作为刑罚开放化处遇的行刑方法,近年来备受我国刑法理论的重视,也为我国刑法实践所采纳。2003年最高人民法院、最高人民检察院、公安部、司法部联合颁行的《关于开展社区矫正试点工作的通知》,开启了我国社区矫正工作的司法实践,标志着我国罪犯矫正工作的新起点,意味着罪犯矫正由监禁矫正的单一重心向监禁矫正并社区矫正的双轨并举的发展。其后,有关社区矫正的一系列法律及规范性文件的颁行,使这一制度成为我国司法实践的重要举措。①

第二节 当代中国社会罪因机制

犯罪是社会的一扇窗户,犯罪波动乃社会变革的集中反映;而犯罪原因机制理论,就是要在明确界分宏观与微观、常态与反常等不同的视角下,分别展开犯罪率与犯罪人的各自形成机制的独特侧面。这种原因理论应当具有如下特征:基于相应的理论基奠②;具有一个独特的理论视角;拥有一个相对集中的理论命题;命题不失实证的经验性验证。由此,以犯罪学研究应有的基本观念为指导,聚焦我国社会转型中犯罪率的波动状态,立于罪因机制的社会学考究,应当说我国目前的罪因机制呈现为紧张化解阻断的理论模型(化解阻断模式论)。限于篇幅,这里仅对化解阻断模式论的基本架构及理论特征作一阐释。

一、化解阻断模式论的基本架构

总体命题:依据对经验性事实的理论分析发现,当代中国社会犯罪,主要缘于社会分化中社会结构方面无以化解的紧张,以及其在个体生活中的投射。无以化解的紧张是犯罪的直接的、决定性的作用力。见图9-1。

---

① 详见张小虎:《刑法学(第二版)》,北京大学出版社2022年版,第374—377页。
② 例如,美国社会学家默顿所提出社会反常理论,就是基于帕森斯的社会结构理论以及迪尔凯姆的社会失范论。

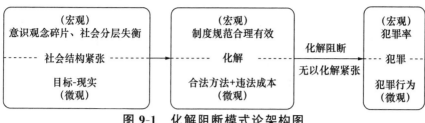

图 9-1 化解阻断模式论架构图

命题的变量：基于犯罪学研究中宏观问题与微观问题的界分，化解阻断模式论命题中的变量在宏观层面及微观层面分别是：(1) 宏观层面：因变量"犯罪率"；中间变量"社会结构紧张"，其自变量"意识观念碎片"及"社会分层失衡"；中间变量"化解"，其自变量"制度规范合理有效"。(2) 微观层面：因变量"犯罪行为"；中间变量"紧张"（系社会结构紧张折射下的"目标与现实的落差"），其自变量"目标"及"现实"；中间变量"化解"，其自变量"合法方法"及"违法成本"。

命题的变量关系：化解阻断模式论命题的核心变量包括因变量"犯罪"、中间变量"紧张""化解"以及说明中间变量的若干自变量。图 9-1 表明，犯罪与紧张正相关而与紧张的化解负相关。(1) 宏观层面：宏观上，紧张主要缘于社会结构中意识观念碎片与社会分层失衡；化解阻断缘于缺乏合理或者有效的制度规范。由此，总体命题在宏观层面可具体表述为：转型期中国社会犯罪率的增长主要缘于意识观念碎片、社会分层失衡而构成的过度社会紧张，尤其是由于缺乏合理有效的制度规范化解这种紧张。具体地说，意识观念中物质利益观念的高度激发、个人主义的核心地位、道德观念的冲突与离散、"三信"危机的呈现，以及社会分层中的复杂多样的利益群体、职业声望与收入状况的背离、贫富差距的急剧拉大，致使社会整合较大程度地被削弱而社会分化过于突显，而社会转型期制度规范的不尽合理或者效能低下，未能使分化的各种社会因素得以协调整合，从而促成了社会的不满情绪与社会的控制薄弱，并且这种制度规范问题与腐败问题交互增强，紧张化解受阻，淤积的这种能量不失以犯罪的方式释放。这一命题，可以从转型期相应社会现象及其相互间关系的变化中获得经验性验证。(2) 微观层面：微观上，"紧张"表现为目标与现实之间的反向分离，其表达式是"紧张＝目标－现实"；"化解"与合法方法以及违法成本正相关，其表达式是"化解＝合法方法＋违法成本"。应当特别注意，化解不仅受到合法方法有无的制约，而且同时受到违法成本高低的影响。有时尽管拥有合法方法的化解，但是个体也会权衡违法成本，在合法与违法之间作出抉择。违法成本越高，越有利于趋向正当的化解，反之亦然，由此化解与违法成本也呈正向关联。综上，总体命题在微观上可以表述为"犯罪行为≈紧张（目标－现实）－化解（合法方法＋违法成本）"，其中，违法成本低廉是更为核心的一个致罪要素，这是社会反常状态的直接而典型表现。具体地说：由于生存于一定社会结构中的个体，对社会生活资源，特别是工具性的财富有着较高的期望目标，而事实上个体对这些资源的占有却未能如愿，目标与现实两者之间的落差构建了较强烈的紧张，尤其是这种紧张又缺乏必要的化解，主要表现在，尽管社会并非没有提供给个体以一定的合法方法,然而低廉的违法成本却诱使个体走向犯罪。目前的社会失范状态,官员廉政欠佳,社会道德缺损,刑法意识淡薄等,影响着个体的犯罪行为。要治理犯罪首先应当惩治腐败,建构或完善系统而现实的道德整合,提高司法效能,细化法制教育等。由此,扭转化解的走向,降低紧张度。犯罪行为是社会结构折射下的个体社会生活中无以化解的紧张的结果。这一命题,可以通过犯罪人群的统计调查定量分析来验证。

二、化解阻断模式论的理论特征

化解阻断模式论,系通过社会结构紧张概念的构建来具体揭示我国社会犯罪形成的原因,在对犯罪的解析中,化解阻断模式论将紧张、目标、方法,尤其是化解、违法成本等,作为重要变量,这些变量的内涵及组合有其特殊性。

构建宏观与微观的层次:(1)作为解析的对象,在宏观上针对犯罪率;在微观上针对犯罪行为。(2)紧张,在宏观上主要缘于社会结构中意识观念碎片与社会分层失衡;在微观上缘于目标与现实之间的落差。(3)化解,在宏观上取决于合理并有效的制度规范;在微观上其与合法方法、违法成本正相关。

舍弃统一文化目标的概念:现代社会的文化特征是价值观的多元化,一个社会可以有其主文化,但与此相对该社会也必有亚文化。尤其是,在一个整合性较为薄弱的社会,社会的价值观还会呈现出碎片状态(缺乏主流价值观)。[①] 我国目前的社会状态更需对这种观念碎片予以关注。可见,意识观念的多元与冲突是影响社会紧张的一个重要因素。由此,化解阻断模式论舍弃统一的文化目标的概念,在犯罪解析中并不使用文化目标这一变量,代之以个体的价值目标。

构建多元的变量关系:化解阻断模式论根据经验事实构建犯罪解析的变量,具体地说:以中间变量紧张与化解来解析犯罪;并通过自变量意识价值、社会分层(宏观上)、目标、现实(微观上)解析紧张;通过自变量制度规范(宏观上)、合法方法、违法成本(微观上)解析化解。

合理解读紧张的概念:化解阻断模式论认为,在社会结构的层面,紧张主要缘于意识观念碎片及社会分层失衡(社会结构的紧张);而在社会结构投射至个体生活的层面,紧张主要缘于个体的价值目标与现实状况之间的落差(个体生活的紧张)。这样,既明确显现出紧张的内涵,也将紧张突出于化解之前,从而力求使对犯罪的解析更为清晰,同时也为正确理解紧张的社会意义留下余地。

承认紧张的正当价值:犯罪主要缘于意识价值及社会分层的失衡或者目标与现实之间的落差,而形成的社会结构方面或者个体生活方面的强烈的紧张,尤其是这种紧张又没有得到合理及有效的化解。过于强烈的紧张且又没有得到化解将引发犯罪,但是一定限度内的紧张并不一定有害于社会。社会的发展不能没有紧张的推动,正是由于我们对未来有着美好的期望才促使我们去改变现实。没有超越于现实的理

[①] 详见张小虎:《当代中国社会结构治理——犯罪防控的治本之举》,载《学术交流》2020年第1期。

想而安于现状,社会谈何进步。社会有机体的机能与力量的增强及健康发展,是在社会结构的有序张弛的不断推进中培养起来的。从这个意义上说,化解是因变量犯罪的一个更为主要的中间变量,也正因为此,本书更倾向于将这里所展示的犯罪解析的理论模型称为"化解阻断模式"。社会通过价值目标、社会分层等的引导,可以、甚至应当构建一定的紧张,但是社会更应当构建一套公正的制度规范,为其成员提供实现这一价值目标及逾越阶层的公平机会,并且致力于使之落到实处。

探索行为方式的成本:有些人尽管有合法方法但是却也犯罪,而有些人虽然没有合法方法但是却不犯罪。对犯罪群体抽样问卷的经验性事实表明,许多犯罪人确实倾向于合法方法的拥有,而违法成本低廉促成犯罪也获得了经验性验证。[①] 显然,仅以"文化目标"及"合法方法"来解析犯罪已遭事实的诘难。在这一方面,化解阻断模式论增加了"违法成本"的变量,注重对行为的违法成本的探讨,这更切合于犯罪的社会现实,从而使理论具有了较强的解析力。

[①] 详见张小虎:《犯罪行为的化解阻断模式论》,载《中国社会科学》2002年第2期,第17—30页。

第十章 犯罪原因的生物因素

尽管不能将犯罪行为简单地归因于生物因素,但是犯罪人的生物因素对犯罪行为起着一定的作用。人在具有社会属性的同时,也是一个有血有肉的自然有机生物体,忽视及否认犯罪生物因素的观点显然不是一个科学的态度。犯罪原因的生物因素是指影响犯罪心理形成和犯罪行为发生的犯罪人个体解剖生理方面的特点,如年龄、性别和遗传等。

第一节 年龄与犯罪

年龄的大小对犯罪行为的发生有着重要的影响。为了深入细致地研究不同年龄阶段的生理特征与犯罪之间的关系,学者们通常将人的一生划分为青少年期、成年期和老年期三个阶段。可以说,不同年龄阶段犯罪人身心发育状况和社会阅历的不同,会直接影响到他们各自犯罪率的高低,以及犯罪类型、行为方式上的差异。

一、青少年期与犯罪

青少年期一般是指 10—25 岁的年龄阶段。这一时期正处于人生的发育阶段,是一个人从幼稚走向成熟的过渡时期,也是一个充满矛盾的时期。生理上的急剧变化和心理发育的相对迟缓之间的矛盾、个体需要的不断增长与社会家庭满足能力之间的矛盾、性冲动与道德法律的制约之间的矛盾、独立意向增强与认识能力较低及对父母的依附之间的矛盾、社会不良影响与青少年抵制能力不足之间的矛盾、精力旺盛与安全意识淡薄之间的矛盾以及认识、意志与情感和行为之间的矛盾等等,都表现得较为突出。青少年身强体壮,血气方刚,好奇心强,模仿性强,可塑性大,但却容易感情冲动,不计后果,逆反心理强,自控能力差,缺少社会经验,缺乏对复杂事物的判断和鉴别能力,很容易在外界不良因素的诱惑下误入歧途,走上违法犯罪的道路。

当前,青少年犯罪已成为人们关注的社会焦点问题之一。14 岁至 18 岁这个年龄段是易发犯罪的高危年龄;目前我国未成年人犯罪的初始年龄与 20 世纪 70 年代相比也普遍提前了 2—3 岁,十三四岁以下少年犯罪的比例在不断上升,不少青少年罪犯从 10 岁、11 岁就开始小偷小摸,到 12 岁至 14 岁时就已经能"小人作大案"了。尤其要指出的是,初始犯罪年龄在犯罪学上具有重大的意义,犯罪人初犯年龄越小,其再次犯罪的可能性就越大,矫正起来也就越困难。

青少年犯罪具有以下特点:(1) 从犯罪动机看,具有动机简单,有时是出于追求享乐、好奇、自我表现和寻求刺激等特点,带有一定的盲目性和随意性。(2) 从犯罪类型看,多为财产、暴力和性犯罪,其中,抢劫、盗窃案件能占到青少年犯罪总数的一半以上,特别是近几年,以前不大常见的诈骗、抢夺、聚众斗殴、寻衅滋事、敲诈勒索、绑架、贩卖毒品等犯罪案件有不断上升的趋势,与网络有关的犯罪如利用网络进行强奸、诈骗等也时有发生。(3)从犯罪形态看,团伙性犯罪居多,这是因为,青少年这一特殊的年龄阶段决定了他们单个人势单力薄,而求众好胜的犯罪心理就促使他们通过结伙来相互利用、相互依存、相互壮胆、增加安全感,他们多是三五成群、七八一伙地共同作案。(4)从犯罪手段看,日益呈现出成人化、智能化的趋势,具体表现为设计型、预谋型的犯罪增多,采用的手段也越来越狡猾,例如,有的青少年盗窃团伙实行盗窃、运输、窝赃、销赃"一条龙"。

二、成年期与犯罪

成年期一般是指25—60岁的年龄阶段。与青少年期相比,这一时期是一个人成家立业的阶段,在生理、心理、社会适应能力等各方面都趋向成熟和稳定,考虑问题全面,生活目标清楚,意志坚强,善于控制自己的情感,所以一般较难形成犯罪心理,其犯罪率相对较低。但如果在青少年时期有过犯罪前科,此期又被诱发,或在生活中遇到重大挫折、矛盾激化、感情冲动,或者私欲膨胀、贪婪无度,都可导致犯罪行为的发生。

成年期与青少年期相比,其犯罪特点有:(1)犯罪心理上的诡秘性、预谋性和多样性等比较突出,犯罪人中累犯、惯犯较多,这势必会给案件的侦破和罪犯的改造工作带来较大的难度。(2)犯罪类型以精心策划实施的恶性杀人、伤人、强奸、劫财、骗财案件,以及贪污、受贿、渎职案件居多,特别是贪污、受贿等职务犯罪,绝大多数都集中在这一年龄阶段。

三、老年期与犯罪

老年期是指60岁以上的年龄阶段。这一时期的人多已从工作岗位上退下来,社交活动也随之减少。其特征是身体各器官功能下降,体力和精力衰减,反应迟钝,情感单调,兴趣范围缩小,对年轻时的经历记忆犹新,而对新的经历则容易遗忘,并且还往往表现出精神空虚、固执己见、疑神疑鬼、爱发脾气、自我封闭等特点。与青少年期和成年期相比,因受生理条件限制,老年期犯罪的能力下降,机会减少,进而犯罪率也大为降低。但同时也应该看到,由于我国人口基数大,老年化速度快,老年人犯罪的绝对数仍不容轻视。

老年期犯罪的特点有:(1)因攻击力减弱,较少实施暴力犯罪,其侵害对象多为抵抗能力较弱的妇女、儿童、老人、残疾人和病人等,并具有智能性、隐蔽性和间接性等特点。与此相关,其犯罪手段多为较少使用体力的犯罪,如诱骗、教唆、盗窃、放火、投毒、赌博、伪造、窝赃、伪证等。(2)由于生活范围的缩小和孤独感的增加,在受到或自认为受到冷落、歧视的情况下,有时也会实施激情杀人或伤害等暴力犯罪,受害者多是其子女或配偶等。(3)老年人因身心发生了较大变异,犯猥亵、强奸特别是奸淫幼女罪的比例也较大。

第二节 性别与犯罪

犯罪的性别差异首先是由男女之间的生理差异造成的,女性在生理上与男性不同的特征,直接影响着她们的犯罪活动。影响女性犯罪行为及其特征的生理因素主要有以下几点:

一、体力与犯罪

女性的肌肉力量、腕力、爆发力和耐力都较男性差,因此,女性一般较难实施暴力犯罪,更多的是从事非暴力性的软犯罪,像盗窃、诈骗、放火、非暴力性的杀人、伤害、拐卖妇女儿童以及性犯罪等。也正是由于女性体力差,大部分犯罪中女性都少于男性,尤其是在那些需要有较强体力才能实施的犯罪中,女性所占的比例更少。许多女性犯罪人即使在进行攻击性的凶杀、抢劫等体力性犯罪时,也往往采取减弱其体力性的手段加以实施,或者采用投放危险物质、放火、趁对方睡眠时将其杀死的方式,或者选择小孩、老人、病残人等体力比自己还差的人作为犯罪对象。因此,我们可以说,女性犯罪大多具有非体力性的性质,并且轻罪较多。

二、雌激素与犯罪

科学研究表明,激素对于犯罪的发生、犯罪的类型和方式具有重要作用。雄激素中的睾酮会助长男性和女性的攻击性,而当个体的内分泌失调时,雌激素中的孕激素则可以减轻其冲动性和紧张性。由于女性体内的雌激素具有减弱、抑制攻击性的作用,再加上受传统观念和教育的影响,女性犯罪较少具有攻击性,女性的主动性、支配性和自信心也较男性差,其犯罪多带有依附性,并且发生率较低。但同时也是由于雌激素的作用,女性罪犯的情感比较细腻,对犯罪过程的体验较深,故往往难以摆脱习惯定势的驱动,具有较难悔改的特点。尤其是女性的性犯罪,更具有顽固性、持久性和恶劣性的特点。

三、经期与犯罪

月经周期和更年期是女性特有的生理现象,其对女性生理、心理状况会产生明显的消极影响,是女性犯罪的危险期。月经周期中无论是性激素,还是垂体促性腺激素都将发生一系列变化,它们将通过一定的神经机制影响着妇女的心理活动和行为,引起情绪的低落、紧张等变化。尤其是在临近月经前和月经期,女性的情绪更容易抑郁、烦躁、焦虑、恐惧或发怒,再加上女性情绪中固有的敏感、嫉妒心强、意志薄弱、对刺激的反应亢进等特点,极易导致犯罪。女性进行的许多犯罪,如杀人、放火、在商店盗窃、妨害公务等,都与其月经周期有着密切的联系。有关统计结果还表明,很大比例的女性暴力犯罪、自杀,以及女性犯罪比率较高的盗窃都发生在经期前四天和经期这段时间内。更年期的女性有记忆力减退、注意力不集中、心情烦躁等心理变化,若受到外界不良刺激或诱惑,很容易实施暴力、经济等犯罪活动。再有,尽管大多数女性杀人、伤人犯罪都有其强烈的情感因素,但却不像男性那样会立刻爆发,而是有一个比较缓慢的累积过程,被害人也多为她们感情的倾注者。另外,孕期和哺乳期也是女性的犯罪多发期。

四、早熟与犯罪

随着社会物质生活的提高,女性生理发育过剩像性早熟等的发生率呈逐年增加趋势,已成为引起女性进行犯罪活动的一个重要生理因素。实践中有不少女性罪犯都有生理发育过剩的情况,她们实施的绝大多数犯罪都与性有着直接或间接的关系。女性犯罪者多以色相诱惑他人,由异常的性冲动引起性犯罪者占有相当的数量,实施其他犯罪时也往往兼有性犯罪。再有,女性生理发育过剩还不可避免地带来低龄女性犯罪的增加,很多犯罪少女都过早地体验了性生活。少女早恋、同异性发生性关系的年龄段越早,出现犯罪的可能性就越大。性防线一旦被突破,便为堕落打开了方便之门,也等于为犯罪作好了铺垫。

第三节 遗传与犯罪

遗传是生物的一种属性,遗传信息是以"密码"的形式储存在构成基因的DNA分子中的。犯罪的谱系学研究发现,在早发犯罪者和累犯、惯犯中多具有较高的遗传因素。英国现代心理学家艾森克(Hans J. Eysenck)认为,"由犯罪父母遗传的一些因素增加了子女犯罪的可能性这种观点尤其适用于习惯性犯罪。在遗传因素面前,不利的环境因素充当着产生反社会行为的催化剂。"[①]但就目前来看,关于遗传与犯罪的关系这一问题在犯罪学研究中尚存在诸多不同的看法。下面就其中的主要观点作一简要说明。

一、孪生子论

遗传因素在犯罪中所起的作用主要是通过孪生子的研究来证实的。每个个体的基因一半来自父亲,另一半来自母亲。同卵孪生子具有完全相同的基因型,而由于遗传物质传递的复杂性,异卵孪生子在遗传因素的相似性上远低于同卵孪生子。在同样的环境中他们之间表现型的差异就反映了遗传因素的影响。只要孪生子中的一个成为罪犯,那么由于遗传的原因另一个成为罪犯的几率就比较大,这就是犯罪学家所说的"孪生子论"。

在早期的研究中,所发现的同卵孪生子的犯罪历史一致率平均为60%,异卵孪生子的一致率仅为30%。近期更为广泛的研究却表明了这种犯罪一致率的降低,如丹麦对3586对孪生子进行的调查发现,同卵孪生子的犯罪一致率为35%,异卵孪生子

---

① 〔英〕艾森克:《人格理论与犯罪问题》,王俊秀译,载《青少年犯罪研究》1998年第8—9期合刊,第69页。

的一致率为13%。在挪威进行的一项类似研究发现,男性孪生子中同卵孪生子的犯罪一致率仅为26%,异卵孪生子的一致率为15%。① 但由此我们仍可以认定,遗传因素在犯罪形成过程中起着重要作用。例如,我国黑龙江省哈尔滨市双城区一对DNA遗传物质完全相同的范姓同卵双胞胎兄弟,在已经分离多年而事先又没有任何联系、互不知晓的情况下,多次离奇地同时在相距十几公里的两个不同地点实施抢劫或者强奸犯罪,且二人的作案手法如出一辙,而且,在其犯罪之前,他们的父亲和哥哥曾先后犯盗窃罪并被判刑。②

然而,邓恩、多博赞斯基等美国、德国和荷兰学者又早在20世纪60年代,通过应用遗传学理论对111对同卵孪生子的调查研究指出,遗传仅能使某些人以一种具有较高犯罪概率的方式,对某种环境作出预先确定的倾向性反应,同卵孪生子虽然在生理结构上相同,但是某些同卵孪生子的行为类型却有着很大的区别,某些罪犯的同卵孪生兄弟显然也是奉公守法的公民。③

二、基因与犯罪

随着近年来分子生物学技术的发展,越来越多的人试图从染色体和基因方面寻找犯罪的根源。染色体是具有固定形态的遗传物质存在形式,一条染色体是一条卷曲的、由蛋白质包裹的双链DNA。基因是具有特定的DNA序列、决定一个生物物种的所有生命现象的最基本的因子。人体估计有2万到2.5万个基因分布在细胞核的23对(46条)染色体中,每一个个体的所有性状归根结底都是由基因决定的。由于犯罪是一个复杂的社会现象,是多种个体因素和社会因素相互作用的结果,另外,还由于基因型与表现型之间关系的复杂性,目前并没有发现明确的"犯罪基因",所以,某个基因和染色体的异常并不一定导致犯罪,而只是增加了犯罪的可能性,基因只有通过同环境进行复杂的相互作用才会表达出来。

一些科学家采用基因分析法对同性恋、吸烟、离婚、自杀、精神分裂症、酗酒、羞怯、政治自由主义、智力以及犯罪行为等进行了解释,但直到今天在对人的侵犯性和暴力性进行的生物学研究中,学者们仍然存在很大争议。例如"冲动基因",它是英国布里斯托尔大学的伊万斯博士在研究基因与人类自杀行为之间关系的时候偶然发现的,伊万斯博士在对400名研究对象进行了心理测试和遗传基因扫描后发现,只有那些行为冲动的人才有这种与众不同的基因,并且,这种基因13%的人身上都有。他给这种基因取了个5-HT2C的代号,并且认为这种基因可以预测哪些人有自杀的倾向。一方面,"冲动基因"是通过抑制人的大脑中某些特定区域里的血清素使得他们变得性格外向,行为鲁莽,容易酗酒、赌博,甚至故意伤害自己,激情犯罪的比例较高。另一方面,拥有这一基因的人却又富有创造性和决策力,这对于推进社会的发展有

---

① 参见刘宗粤:《国外犯罪行为生物因素研究进展》,载《人民检察》2002年第11期。
② 参见陈显春:《孪生兄弟的DNA奇案》,载《法律与生活》2007年第2期。
③ 陈显容、李正典:《犯罪与社会对策——当代犯罪社会学》,群众出版社1992年版,第421—422页。

好处。[①]

目前,在染色体、基因与犯罪关系的研究中最能引起人们关注的是染色体异常理论,这种理论认为性染色体为 XYY 型的染色体异常与暴力犯罪有关。人类的体细胞中共有 23 对染色体,人的所有遗传信息和密码都贮藏在这 23 对染色体中。其中,前 22 对称为"常染色体",其在男女两性中都是相同的。第 23 对染色体称为"性染色体",具有两种形式,其中女性"性染色体"的组成为 XX,男性为 XY。但是如果初级卵母或精母细胞在减数分裂时发生错误,性染色体不分离,就会产生有两条性染色体的卵子或精子,由这样的卵子或精子发育成的个体染色体总数为 47 条,有三条性染色体,这在医学上叫作 47XYY 综合征。多一条 Y 染色体的 XYY 型男性被称为"超男性"。这类男性具有身材高大、肌肉发达、动作不协调、脾气暴烈等生理特征,易冲动和实施攻击性行为,尤其是在青春期。就整体而言,XYY 型男性并不一定存在智力障碍问题,但是如伴有智力障碍则更容易产生犯罪的倾向,容易进行杀人和性犯罪,攻击性极强,且不能自制。1965 年英国的杰可布斯等人研究了 197 个犯罪人,发现其中很大一部分人的染色体属于 XYY 的异常态,因此就认为,"超男性"染色体中多出的一个男性染色体在某种程度上与这类男性的暴力行为有关,是导致他们实施犯罪的生理因素。根据相关统计数字,XYY 型男性中刑事犯罪率较正常人群为高,大约可达几到十几倍,在普通群体中,每 1000 个男性中具有两条 Y 染色体的仅有 1 人,而在一些监狱的犯人中,这个比率高出了 5 倍,在极个别监狱中这个比率甚至会高出近 20 倍。但是迄今为止有关研究尚不能解释说明,为什么并非所有暴力犯罪人的性染色体都是"超男性",而大多数性染色体异常的人并未实施犯罪,以及女性暴力犯罪现象的存在。

2003 年 4 月美国、英国、日本、法国、德国和中国科学家经过 13 年的共同努力,绘制完成了人类基因组序列图,实现了人类基因组计划的所有目标,在人类揭示生命奥秘、认识自我的漫漫长路上又迈出了重要一步。根据参与"人类基因组计划"的科学家在 2004 年 10 月出版的英国《自然》杂志上公布的最新人类基因组图谱,人类基因数量在 2 万到 2.5 万个之间,但迄今为止,其中大量基因的结构和功能尚不清楚。相信,随着人类进入"后基因组时代"即由序列(结构)基因组学向功能基因组学的转移,越来越多的基因的功能将得到认识,再通过对成千上万的个体进行大数据量的社会调查和精确测算,遗传与犯罪的关系的研究也必将得到进一步的快速发展。

目前,犯罪行为的生物学因素只是作为犯罪社会因素的补充,与犯罪有关的生理因素的研究还比较欠缺,除以上所谈到的几个方面,还有血型、以大脑为中枢的神经系统的生理因素、肾上腺素、胰岛素等激素的水平、解剖生理结构特征、生物化学因素、微量元素水平等一些方面。

[①] 参见贤华:《犯罪本能论的演绎》,载《福建警察学院学报》1999 年第 3 期。

第十一章 犯罪原因的心理因素

所谓犯罪原因的心理因素,是指支配和影响犯罪人实施犯罪行为的各种心理因素的总称。犯罪原因的心理因素涉及许多方面,而且是错综复杂、相互联系、相互作用和相互影响的,本章主要从人生观、个体心理失衡、个体需要、人格障碍、个性特征等方面探讨心理因素与犯罪的关系。

第一节 人生观与犯罪

人生观是指人们对人生的看法,也就是对于人类生存的目的、价值和意义的看法。人生观不同,就会有不同的思想情感和对事物的不同态度,在观察和处理问题时就会有不同的观点和方法。目前,我国政治、经济、文化、科技、社会等各方面都在发生着深刻的变革,这引起了人们思想、价值观念的巨大变化。一些人丢弃了原有的以集体和社会为本位的价值观,形成了以个人为本位、追求功利的价值观。这种人生观的变异、扭曲,必然会使阻碍国家进一步发展的犯罪问题日益严重。

一、拜金主义思想与犯罪

拜金主义思想作为一种价值观念是资本主义商品经济的必然产物。社会主义市场经济虽然与资本主义商品经济有着明显的区别,但又有商品经济的共性。随着商品意识的传播,商品的范围也日益扩大,人们所需要的很多东西,如名誉、地位、婚姻、爱情、权力、良心等,几乎都带上了商品的色彩,这就使得金钱的魔力超越了它本身的价值。在拜金思想的支配下,某些人不会满足于现状,可谓是欲壑难填,为了攫取尽可能多的金钱财富,他们会不择手段。金钱欲望的极度恶性膨胀,能扭曲人性,将某些人潜意识中最丑恶、最残酷的东西毫不遗漏地激活出来,使其丧尽天良、作恶多端。

另外,市场经济发展中拜金思想的泛滥也使得"商品等价交换"的法则泛化,从而导致某些犯罪行为的多发。(1)权力和金钱的"等价交换"是当前贪污、受贿、包庇、徇私枉法等以国家工作人员为主体的犯罪行为发生的心理基础。(2)人格与金钱的"等价交换"是窃取、出卖国家秘密以及经济诈骗、偷税、骗取出口退税等刑事犯罪严重化的心理基础。(3)肉体与金钱的"等价交换"是卖淫嫖娼、拐卖人口、绑架人质等丑恶犯罪现象严重化的心理基础。

二、道德滑坡与犯罪

自我国实行改革开放和建设市场经济以来,人们的传统观念不断受到形形色色的西方外来文化的冲击。特别是以互联网为代表的传媒技术的迅猛发展,更强化了外来文化的冲击力。人们在接受大量新鲜、先进的事物时,可以说是眼界大开、受益颇多。然而,伴随着拜金主义思想的泛滥,再加上现实中过分溺爱的家庭教育、过于注重"分数"的学校教育和越来越商业化的社会教育的影响,也有一部分人出现了信仰危机和道德滑坡,滋长了"喜新厌旧"的心理,排斥和否定我们中华民族的传统美德,将西方许多腐朽落后、低级庸俗的东西一并拿过来加以效仿。

有些青少年,他们缺乏正确的世界观、人生观、价值观和道德观,没有远大的理想和抱负,盲目地向往和追求资本主义国家奢侈糜烂的生活方式,把吃喝玩乐当作幸福人生的唯一目标。有些青少年受存在主义、实用主义的影响,"人不为己,天诛地灭"的个人主义思想极端膨胀,只讲索取,不尽义务,不愿奉献,见利忘义,为了个人的利益和目的,不惜铤而走险。腐败犯罪的持续多发也同某些国家工作人员道德素质的滑坡和理想信念的错位有着直接联系。特别是当某些人有限的收入难于满足其尽情享乐的欲望时,他们便会产生一种渴望得到补偿的心理驱动力。还有一部分人在极端利己主义思想的侵蚀下,将"明哲保身"作为处理问题的原则,"事不关己,高高挂起",以致出现了大量的"路人"冷漠观赏暴力侵害行为或侵犯财产行为等事件。见义勇为已成为珍稀的行为与品德。

三、法律意识淡薄与犯罪

回首多年来不间断的全民普法教育,似乎更多的是重视向公民灌输一些法律知识,而却相对忽视了对公民法律意识的培养。有些党政领导机关工作人员仍然自恃特殊,以权压法,以言代法,玩忽职守,滥用职权,甚至徇私枉法,敲诈勒索,贪污受贿,把自己置于法律之上或法律之外。他们当中有的习惯于凡事个人说了算,随意损害、贬低法律的尊严,对国家权力机关作出的决定和决议毫不尊重;有的对司法机关的正常工作横加干涉,强制司法工作人员按照他们的意图办事,强行更改或者拒不执行法院的裁判,任意将秉公办案的司法人员调离;有的无视有关法律的规定,任意决定拘留或搜查公民,或者强令司法机关去实施一些公然非法侵害公民人身权利和民主权利的行为,甚至把司法人员作为他们搞强迫命令和以权谋私的工具。有些司法工作人员不严格依法办案,不严格执行程序法,超期羁押,刑讯逼供。

在我国广大农村地区,由于农民更多地受到中国传统道德文化的熏陶,因而长期以来,传统的道德观、价值观和风俗习惯成了农民思想和行为的主要调整者和规范者,世代相沿的传统准则虽不成文但却稳定,虽无强制力保障,却已深入人心,而且涉及生活的各个领域,因而其调控范围和广泛影响是法律无法相比的。相应地,法律在农村的调控范围和程度较城市要差许多,因而农民的传统思想观念浓厚,法律意识普遍较为淡薄,与人发生矛盾纠纷时,常常不以法律法规为依据解决,而更多的是以约定俗成的风俗习惯处理。不容置疑,其中有的风俗习惯已违背了法律法规精神,但不少农民对此并不知晓或不以为然。

第二节　个体心理失衡与犯罪

个体心理失衡是指社会中的某些成员在一定时期内与其所处的实际生活环境不相适应的一种心理现象,是当前我国犯罪状况严重化的一个重要心理因素。应该说,个体心理失衡极易造成人与人以及人与社会之间的抵触情绪。一般而言,心理失衡并不一定导致犯罪,它可以通过多种途径得到缓解和释放,如自我控制、自我攻击等,但达到严重程度的个体心理失衡却极易导致一些人犯罪意识和动机的产生,促使他们去实施违法犯罪行为。

一、社会分配不公引起的心理失衡与犯罪

某些社会分配的不公导致了社会成员之间收入差距的拉大,进而引起了一些人的不满,使他们的心理失去平衡。特别是由于有些人是通过违法犯罪手段如走私、偷税、生产销售伪劣商品等致富的,这就更加剧了一些人心理上的不平衡。此外,先富起来的人在生活上的肆意享受,加之传媒不恰当的宣传和引导,促使了社会整体的高消费和互相攀比的心理,这也在一定程度上对心理失衡的产生起到了催化作用。

在心理失衡的人群中,有些人因为受各方面条件的限制,不能够用合法手段达到所追求的目标,其中法制观念、自制力弱的,尤其是那些好逸恶劳、贪图享受之辈,既不愿吃苦耐劳,又见人发财眼红,于是就产生了盲目攀比甚至报复社会的心理。在这种失衡心理的支配下,某些人就会采取盗窃、诈骗等非法手段去攫取公私财产,从而实现社会财富的"再分配"。这种状况使得财产犯罪的数量迅速增加,并且越来越多地与抢劫、绑架、故意杀人、故意伤害等暴力犯罪联系在一起;同时,针对社会的带有报复性和发泄性的放火、爆炸、投放危险物质等犯罪行为也有逐渐增加的趋势。

二、腐败引起的心理失衡与犯罪

简单地说,腐败就是国家工作人员对公共权力的滥用,其表现形式是多种多样的。改革开放以来,腐败成为社会上反响较为强烈的一个问题。"有权不用,过期作废"成了一些人的信条,他们铤而走险,用手中的权力谋取私利,疯狂地实施贪污受贿、挪用公款、滥用职权等职务犯罪活动。

腐败影响了国家的稳定,致使国家的方针、政策得不到很好的贯彻执行,阻碍了经济的进一步发展。腐败现象的发展,还模糊甚至扭曲了一些人的世界观、人生观、道德观和价值观,使他们丧失了远大的理想和正确的信念,自觉或不自觉地"卷入"腐败的队伍中去。不可否认,近年来我国在反腐败斗争方面的力度不断加大,其不断取得的阶段性成果也是有目共睹的,但同时也应该看到,当前的腐败现象依然严重,离人民群众的要求还有距离。

腐败不仅本身就是一种犯罪,而且它更挫伤了人民群众的积极性和创造性,使人们对整个国家、社会和个人前途持悲观态度,并导致一些人的心理失衡,这对多种犯

罪的增加造成了直接影响。许多犯罪人正是怀着对社会上腐败现象的担心、不满和报复心理走上犯罪道路的。

第三节 个体需要与犯罪

需要是作为个体的人希望获得自己所缺乏的某种东西的一种主观心理状态。人的各种行为动机都源自相应的需要,需要是产生行为的原动力。需要对于犯罪心理的发展变化起着极为重要的引发、推动作用。犯罪人往往都是在需要的不断追求和满足中将个人的需要、欲望无限制地发展,以致脱离现实具体的客观条件,与社会的要求处于对立状态,最终导致犯罪行为的发生。

一、生理的需要与犯罪

人的生理需要不仅受着人的生物需求的制约,而且也受着社会生产、生活条件和法律道德的制约。犯罪人往往将低级的生理的需要放置于优势地位,当通过合法的渠道不能满足其生理需求时,便去实施相关的违法犯罪行为,可以说,绝大部分犯罪都和生理需求有关。实践中,一些人为了满足贪财贪利的欲望,在扭曲的人生观、价值观的驱使下,不择手段地去实施盗窃、诈骗、走私、贩毒、卖淫、组织偷渡私渡、贪污、受贿,甚至抢劫、绑架、拐卖人口、故意杀害自己的亲人等犯罪行为。另一些人为了追求精神刺激,去实施强制猥亵、侮辱妇女、聚众斗殴、寻衅滋事、聚众淫乱等犯罪。

由于犯罪人的非法欲求是无止境的,为了满足更大、更多的欲求,单个的犯罪人会感到个人力量的单薄,于是他就自然地要借助众人的力量来实现其欲求。这样,一些具有相同或相似非法欲望的犯罪人就会以多种方式纠集到一起,共同从事各种犯罪活动,从而导致了当前团伙犯罪、集团犯罪、黑社会性质犯罪的日益增加和日趋恶化。

二、安全的需要与犯罪

安全需要是人类最基本的五种需要之一。因为犯罪人只有保证了自身的安全,才能享用和享受犯罪所获取的利益,犯罪对其才有意义,所以,为获取某种利益而犯罪,犯罪人在犯罪活动中必然要受着两种心理因素的支配和调节,即既要达到犯罪目的,又要不使其罪行暴露,以逃避打击和惩处。在这种心理支配下,犯罪人会把犯罪风险降到最低程度,以达到保护自我的目的,满足其安全需要。

前面提及的团伙犯罪、有组织犯罪等,各个犯罪人除了考虑这样做力量更大、更有利于达到他们的犯罪目的之外,安全的需要也是他们要这样做的一个重要原因。实践表明,团伙犯罪与单独犯罪的心理活动有着很大差别,团伙犯罪中,各个犯罪人在作案时会产生一种"罪责扩散"心理。同时,有些犯罪人在单独犯罪时会产生恐惧感和罪责感,而在团伙中,由于人多势众,相互壮胆,彼此解脱,各个犯罪人容易产生罪责扩散感和安全感。也正是由于以上原因,团伙犯罪较单独犯罪具有更大的吸引力和诱惑力,其成员更加胆大妄为,它们对社会的危害也就更为严重。

三、爱的需要与犯罪

爱的内涵是十分丰富的。爱的需要是指一个人希望自己能在感情方面有所归属,在社会交往中能被大家接纳、认可的一种心理状态。爱他人和被他人爱可以说是每个人都有的心理需求。爱又分为本能的爱和社会性的爱,我们这里所说的爱主要是指本能的爱,它具体是指男女间的爱情即性爱,以及亲属间的情爱。有的人为了男女之爱,不惜冒险去实施盗窃、诈骗、抢劫、贪污、受贿、挪用公款、重婚、收买被拐卖的妇女等犯罪。有的家长出于疼爱子女,而暴力干涉子女的婚姻自由,或当子女犯罪时窝藏、包庇他们。还有的人因为得不到对方的爱而侮辱、诽谤,甚至伤害、杀死对方。

四、自尊的需要与犯罪

自尊需要对犯罪的影响主要表现在以下三个方面:(1)自尊心受损能令人产生报复、嫉妒心理。有些人的自尊心往往因为自己的某种需要无法满足而受到伤害,或者直接受到他人无端的侵害。继而这些人便会产生不满、痛苦、愤怒、仇恨等否定情绪,这种紧张情绪若不能得到及时缓解,最终会引发报复的恶念,该恶念一旦膨胀起来,轻则会造成人与人之间关系的紧张、破裂,重则导致杀人、伤害、放火、爆炸、投放危险物质等恶性犯罪的发生。嫉妒也是一种不良心态,它往往与报复心理纠结在一起,一个人卓越的声誉、地位、学识、财富、相貌、爱情、家境等都可能引起别人的嫉妒,而如果对这种嫉妒心理不加以控制,当其发展到极端时,就极易使人丧失理智,导致诽谤、诬告陷害、破坏、伤害、杀人等犯罪行为的发生。(2)自尊的需要能使人产生虚荣心理。心理学上认为,虚荣心是自尊心过于强烈的表现,是为了取得荣誉和引起普遍注意而从物质或精神方面表现出来的一种不正常的心理状态。爱虚荣的人多为外向型、冲动型、做作型,待人接物突出自我、浮躁不安、反复易变。其信条是"你有我也有,你没有我也要有"。这种心理若任其发展,就可能为了满足虚荣而违法犯罪。(3)自尊心受损还能使人产生逆反心理。逆反心理是一种对事情所作的反应跟当事人的意愿或多数人的反应正好相反的心理现象。一些品行不良的青少年学生,虽然在校期间缺乏良好的自律意识,学习成绩也差,但其自尊心却极强,当他们受到学校或社会的批评教育时,不但不能正确认识自身的不足并予以改正,反而迁怒于学校和社会,对整个社会产生严重的抵触情绪。在这种逆反心理的支配下,这些学生便会走上与社会对抗、与人民为敌的歧途,他们还常常会形成一定的团伙,实行危害更大的违法犯罪活动。

五、自我实现的需要与犯罪

自我实现的需要是指实现个人理想、抱负,最大限度地发挥个人潜能,完成与自己的能力相称的一切事情,从中得到最大自我满足的需要,是人类个体需要中的最高层次。改革开放和市场经济的深入发展,给人们提供了更多的充分施展自己才华、实现自己远大抱负的广阔舞台,同时也培养了人们敢于独闯天下、实现自我的意识。但这样的社会形势和环境也使得一些人,特别是一些青少年产生了不切实际的要求自我实现的需要。大量的事实有力地证明,这些人对自己力量的认识与估计远远超出了其实际的能力或年龄。这样一种狂热、急切的心态一旦在正常的发展途径上受挫,就很容易导致违法犯罪行为的发生。

第四节 人格障碍与犯罪

人格障碍又称人格异常、变态人格或病态人格,是一种介于正常人格与精神疾病之间的人格适应缺陷,是人格在发展和结构上明显偏离正常,以致不能适应正常社会生活环境的一种心理状态。人格障碍与犯罪的关系极为密切,具体有以下几种:

一、偏执型人格障碍与犯罪

偏执型人格障碍表现为固执己见、多疑、心胸狭窄、容易嫉妒、行为偏激、一意孤行、不计后果,有歪曲事实的倾向,经常把别人本来中性或友好的表示看成敌对的行为,故而很难和同事相处,对配偶极不信任。该类型又分为三种:被迫害妄想、钟情妄想和嫉妒妄想,其中以被迫害妄想的发病率为最高。被迫害妄想的患者经常认为某人、某单位或一批人正在打击、监视和陷害他,因而无端地收集证据,以证实自己的假设,并不断地控告、上诉或申诉。钟情妄想的患者通常表现为病态的"单恋",甚至作出完全极端的示爱行为。而嫉妒妄想者最多的表现就是怀疑,如有的患者怀疑配偶有"外遇",于是每天接送配偶,表面上夫妻恩爱,实际上却什么都不信任,甚而在回家后对配偶进行不停地盘问,严重的还会用暴力方法对待配偶。

二、情感型人格障碍与犯罪

情感型人格障碍的表现形式又可分为三种:有的表现为情绪抑郁,具体症状为孤僻怪异、沉默寡言、失眠焦虑、胆小怕事,对什么都不感兴趣、缺乏信心,但在受到强烈精神或药物刺激的情况下会出人意料地实施暴力行为;有的表现为性情狂躁、喜怒无常,常因较小的刺激而突发无法控制的暴怒情绪和冲动行为,在狂躁情绪的影响下,患者会无所顾忌地作出毁物、伤人、杀人等举动,尤其是在醉酒的情况下,他们会更为兴奋,更易实施各种破坏性极大的暴行,虽然事后他们也感到后悔,但一旦又受刺激,会再次实施危害行为;还有的则表现为抑郁和狂躁交替发作,极不稳定,这在心理学上被称为双相情感障碍。

三、意志薄弱型人格障碍与犯罪

意志薄弱型人格障碍表现为意志薄弱、优柔寡断、多愁善感,在遇到挫折时,或者垂头丧气,或者一蹶不振。个人的爱好、兴趣、计划和决定易于改变,注意力不能长时间集中,易于在短时间内,由一种情绪变为另外一种情绪。该类型的人暗示性和模仿性较强,易于接受外界各种不同的影响,特别是周围环境对他们的行为能起到很大的诱导作用,在周围事物的剧烈影响下,他们可表现出情绪上的极度狂热。另据国外文献报道,该类型人中服用麻醉剂成瘾和滥用精神药物的比较多见。所以,该类型人对坏人坏事缺乏应有的抵抗力,容易上当受骗,若因此导致犯罪,也不能认真吸取教训,重新犯罪率较高。

四、轻佻型人格障碍与犯罪

轻佻型人格障碍表现为举止轻浮、嬉皮笑脸,缺乏起码的羞耻心、同情心、怜悯心和名誉感,虚荣心特别强,喜好自我夸耀、阿谀奉承和撒谎骗人。实践中,该类型的人多实施财产型犯罪和性犯罪。

五、反社会型人格障碍与犯罪

反社会型人格障碍又称悖德型人格障碍,具体表现为:思想信仰、行为方式与社会伦理道德相对立,且固执己见,对人冷酷无情、心狠手辣,又缺乏悔过之心;以自我为中心,极端自私自利,缺乏社会责任感,为了自己的眼前私益,可以完全无视他人的利益;敏感多疑,对所有的人均不信任,并抱有不同程度的仇视、敌对情绪,甚至向对方进行报复与陷害。该类型的人最易实施政治型、暴力型及财产型犯罪。

六、怪癖型人格障碍与犯罪

怪癖型人格障碍表现为具有为一般人很难理解和道德法律所不允许的异常而顽固的嗜好。最常见和最易导致违法犯罪的有偷窃癖、纵火癖和谎言癖三种。偷窃癖是以偷窃别人的财物为最大的愉快和满足,而其主观上并不以获取经济利益为目的,也不在乎所偷东西的价值。纵火癖是以看见他人被烧伤、烧死或财物被焚毁而感到精神上的极大满足,而其主观上却并无报复、破坏等动机。谎言癖是以编造谎言来获得心理满足,且屡教不改,难以自控,能随时随地编造出足以令人上当受骗的各种谎言,实践中多是骗取他人的财物,而不论数量的多少。

七、性变态型人格障碍与犯罪

性变态型人格障碍表现为对于正常的性活动通常没有要求,甚至心怀恐惧,自我控制和自我保护能力往往较差,变态性行为常具有强迫性和反复性,但并非时时发作。该类型的人一般是受歪曲的性冲动的支配,在特定的情景和处境下突然付诸行动,而事前并无周密准备,事发后又能供认不讳,还常常感到痛心疾首、无限悔恨。这种人格障碍极易导致犯罪行为的发生。如同性恋,有可能因"女朋友"的"变心"而发生情杀或自杀。再如施虐狂或受虐狂,它已完全失去了男女之间性行为的意义,极易构成强奸杀人等暴力犯罪。又如恋物癖、恋童癖易分别导致盗窃犯罪和猥亵儿童犯罪的发生。其他类型的性变态还有色情狂、露阴癖、窥阴癖、异装癖、摩擦癖、恋尸癖等。

第五节 个性特征与犯罪

个性特征又称个人的心理特征,是指个人在能力、气质、性格等方面所具有的独特而稳定的特征。这些特征的形成既受先天遗传因素的影响,也同后天的社会环境和教育影响分不开。犯罪人之间犯罪行为方式上的诸多差异都与他们各自不同的个性特征有着密切的关系。

一、能力与犯罪

能力包括智力和技能两个方面的内容。智力水平的高低将直接影响人的思想和行为方式,但并不决定某个人是否会实施犯罪。实践证明,智力低和智力高的人都有可能犯罪,只不过他们在犯罪的类型和手段上会有所差异。(1)智力低下与犯罪:智力低下由轻到重可分为愚鲁(轻度智力低下)、痴愚(中度智力低下)和白痴(重度智力低下)三个等级。这三个等级各自的特征及其对犯罪的影响如下:A.愚鲁的特征是缺乏理解分析能力、意志薄弱、缺乏主见、易受暗示、行为不计后果,因而容易被坏人诱骗利用参加各种违法犯罪团伙,或者在他人教唆挑拨下进行盗窃、窝赃、放火、伤害等违法犯罪活动。B.痴愚的特征是思维迟钝,缺乏主动性,情绪波动且不易控制,容易因兴奋激动而产生激情发作和冲动行为,导致伤害、毁财等犯罪的发生。C.白痴的特征是生活完全不能自理,情感发育差,对周围事物毫无兴趣,常有啃咬吸吮等破坏性行为,又可进一步分为愚蠢呆板的迟钝型和不受约束、任性易怒的兴奋型,因智力严重低下,该类患者较少实施犯罪行为。(2)智力优秀与犯罪:智力优秀者由于其各方面的能力本来就强,再加上大多数又受过良好的教育,具备一定的专业知识,因而其犯罪一般以故意居多,大都经过蓄谋已久的策划,从预备、活动过程、事后退路甚至事发后的应对等都早已事先设计好,而不似一般犯罪具有突发性的特点,且其方法隐蔽、手段狡诈先进、毁灭证据快,从而给侦破工作带来了极大困难。从实践来看,智力优秀者多实施诈骗、贪污、受贿、挪用、伪造、计算机以及危害国家安全等犯罪。近年来,由于我国正处在转型期,人的思想变化较大,体制和法律上的漏洞又较多,智力优秀者犯罪的数量有逐年增加的趋势,这应当引起我们高度的重视。

技能是指掌握和运用专门技术的能力,是经过反复的练习而逐渐熟练并得以巩固的行为方式。人的许多行为动作,特别是一些复杂的行为方式,都是在自己身体多个部位和器官的相互配合和作用下进行的,而要得心应手地完成这些动作,必须经过反复的练习和操作。经过长时间重复多次的训练,这些动作间依照一定的先后次序和强弱配置而构建的组合就会在人的大脑皮层上形成与其相适应的暂时神经联系,之后只要第一个动作一开始,大脑便会指挥其他动作依序进行,从而形成一系列动作的自动化,这就是动力定型。一旦动力定型形成,人对某一系列动作的意识就会相对减轻,就不再过多地注意动作过程本身,从而人就可以腾出更多的精力来兼顾其他活动,以提高自己活动的效率。这种经过后天学习和训练而形成的行为操作能力也就是我们所说的技能,它对人的行为具有十分重要的意义。技能和习惯是比较接近的,可以说一切技能、习惯都是在不断的学习和训练过程中逐渐形成的动力定型,甚至有某些技能,当其达到了一定的熟练程度时,就会转变为人的习惯。一些犯罪人,正是由于其掌握了一定的犯罪技能,他才会更容易地实施某种犯罪活动,而由于长时间从事犯罪活动形成了某种犯罪习惯,同时又缺乏良好习惯的犯罪人即惯犯,当其遇到适合犯罪的情景时,则会无法自我控制地去进行犯罪活动。

二、气质与犯罪

所谓气质,是指高级神经活动在人的行动上的外部表现,是人的典型的、相当稳定的个性心理特征。气质类型及其主要心理特征如下:(1)胆汁质(兴奋型),其特征是情感发生迅速、强烈而持久,动作的发生也是迅猛、强烈,且有力。属于这一类型的人大都直率热情、精力旺盛、有毅力,但有时也表现出脾气暴躁、缺乏灵活性。(2)多血质(活泼型),其特征是:情感发生迅速、微弱而不持久,动作发生是迅速、敏捷和易变。偏于这一类型的人在社会活动中既可表现为性情活跃、机智灵活,也可表现为动摇、不踏实、志趣易变。(3)黏液质(安静型),其特征是情感发生缓慢、不易暴露,动作迟缓、沉着冷静且自制力强。这一类型的人既可表现为善于忍耐、镇定、刚毅,也可表现为顽固、保守、沉默寡言、不善交际。(4)抑郁质(抑制型),其特征是情感体验深而持久、动作迟钝无力。属于这一类型的人大都情感细腻、善解人意、待人谨慎,但有时也表现出性情孤僻、敏感怯弱、多愁善感、反应迟缓。

可以说,气质的类型并无优劣之分,但不容置疑的是,每一种气质都既有其积极的一面,同时又有其消极的一面,当一个人在外界不良因素作用下走上犯罪道路的时候,气质对于主体接受不良因素的类型和方式有着重要的影响,气质的特征也会在不同主体各自的犯罪类型上反映出来。例如,有资料表明,激情、暴力犯罪者中,胆汁质的人为多;诈骗犯中,多血质的人为多;贪污罪犯中,黏液质的人为多;盗窃犯中,多血质、黏液质的人为多;危害国家安全罪犯中,胆汁质、黏液质的人为多,就足以说明这一问题。并且,在同一犯罪类型中,不同气质犯罪人的行为表现也各有其特点。例如,同样是实施报复犯罪,胆汁质或多血质的人具有发生较快、难以控制、事后后悔等特点;黏液质的人则大多事先不动声色、计划周密、不轻易改变主意、事后也不后悔;而抑郁质的人则较少实施报复型犯罪,当他们压抑至极感到绝望时,往往以自杀的方式寻求解脱,但有时也会转化成强烈的攻击行为。

三、性格与犯罪

性格是指一个人在对周围现实的态度和与之相适应的行为方式上所表现出来的比较稳定的个性心理特征。性格的形成是遗传和环境因素共同作用的结果,人的性格各不相同,一个人的性格一旦形成,就很难再有大的改变。性格贯穿着一个人的全部心理活动,也调节着其整个行为方式。性格与气质相互渗透,相互影响,相互制约,关系极为密切。气质能给性格特征全部"打上烙印,涂上色彩"。气质对性格的影响还表现在气质可以影响性格形成、发展的速度和动态。性格在一定条件下可以改造某些气质特征,起码可以起掩盖作用。不同气质类型的人可以形成同样的性格特征,具有相同气质类型的人又可形成不同的性格特征。在气质基础上形成什么样的性格特征,在很大程度上取决于性格当中的意志特征。

性格与气质不同,性格具有明显的社会评价意义,有好坏之分。某种不良性格在外界因素的影响之下,很容易激发犯罪。犯罪人的性格特征主要表现在以下几个方面:(1) 在对待现实的态度上,表现为对国家、社会和集体缺乏责任感,对待他人冷漠无情、嫉贤妒能、损人利己,对待学习和工作墨守成规、好逸恶劳、奢侈浪费,对待自己骄傲自大,唯我独尊,自暴自弃。(2) 在性格的意志特征上,其行为虽有明确的目标,但却常常与社会要求相悖,对自己的行为不能以社会道德和法律规范进行调节、控制,侥幸冒险心理强,任性而鲁莽,忍受挫折的能力差,攻击性强,报复心重。(3) 在性格的情绪特征上,一般表现为情绪突发性强、波动性大、难以控制、易受感染,心境变化多端、喜怒无常。(4) 在性格的理智特征上,一方面表现为对社会和人生片面、歪曲的认识,对社会规范的无知和偏见,对自我能力的错误估计;另一方面表现为从事违法犯罪活动的经验丰富,计划周密。再进一步讲,不同类型犯罪人的与其犯罪行为相关的不良性格也都各有其特点,例如,报复型犯罪人大多具有性情暴躁、心胸狭窄、自以为是、自尊心过强等特征;在性犯罪人身上,大多具有放纵任性、容易冲动、自控力弱、冷酷无情等特征;财产型犯罪人大多具有好逸恶劳、贪得无厌、虚荣心强等特征。

第十二章　犯罪被害人的考究

第一节　犯罪被害人概述

一、犯罪被害人的概念

犯罪被害人有广义和狭义之分,广义犯罪被害人是指合法权益遭受或可能遭受犯罪行为侵害的承受者。狭义被害人,仅指刑事被害人。犯罪学中的被害人是指广义被害人,对此应从以下几个方面理解:

犯罪被害人概念中的犯罪是指犯罪学中的犯罪。犯罪学中的犯罪不同于刑法学中的犯罪,二者内涵有所区别,其外延前者比后者广泛。被害人是犯罪学研究的范畴之一,而且,研究被害人同研究犯罪人的目的一样,都是为了进行犯罪预防。因此,该概念中的犯罪行为是犯罪学中的犯罪,具体包括刑事犯罪、战争、恐怖事件等违反有关人权的国际公认规范的行为、侵权行为以及其他犯罪行为。

被害人合法权益的损失表现为物质和精神两个方面。犯罪行为对被害人造成的损害可能是有形的物质损失,如被盗窃、抢劫、诈骗或损害的财产,侵犯人身案件被害人的身体伤害,以及由此造成的经济损失;也可能是无形的精神损害,例如被害人因犯罪行为引发的心理创伤、痛苦、恐惧以及其他心理疾病,国家因犯罪行为导致的社会良好风尚的败坏、不良的社会经济运行机制等。

被害人包括既然被害人和潜在被害人。既然被害人是指已经遭受犯罪行为侵害,或者承担了侵害后果的人。如被暴力伤害的人以及与其有利害关系的亲属。潜在被害人是指尚未遭受犯罪行为的侵害,但具备被害性者。

被害人是指合法权益遭受犯罪行为侵害的承受者。具体可理解为:(1)从承受者的性质而言,既可能是自然人、法人,也可能是国家。目前的研究更多集中在自然人上。(2)被害人是犯罪行为的直接或间接承受者。直接遭受犯罪行为侵害的被害人,如伤害罪的被害人,身体健康受到直接损害。有的人没有遭到犯罪行为的直接侵害,但同样会承受精神或物质上的损失,这些人包括与直接被害人有抚养、赡养、扶养等亲属关系的人以及在第一时间目睹犯罪现场的旁观者、警察和救护人员,他们可能因情况紧急和场面血腥而受伤,需要接受心理救援。

二、犯罪被害人的特征

犯罪被害人的特征可以从人口统计学、心理、生活方式三个方面概括。
犯罪被害人的人口统计学特征:是指被害人在人口统计变量上的表现。这些人口统计变量一般包括性别、年龄、婚姻状况、受教育程度、职业、经济收入等方面。如总体而言,性别上被害人上以男性居多。年龄上,被害人主要是青少年,其次为中年,儿童和老年人所占的比例最低,但不同犯罪又有不同表现。各国有关被害人的人口学统计学特征结论不尽相同,同一国家或地区不同时间的研究结论也有所变化。

犯罪被害人的心理特征:被害人在被害前、被害中和被害后有着不同的心理表现。个体心理可能引发犯罪行为,也可能被犯罪人主动地选择为侵害对象或者容易接受犯罪人的诱导进入有利于犯罪发生的情境,因此,它与犯罪被害具有密切的联系。比如好冲动、性格急躁的人容易诱发暴力犯罪行为的发生、粗心大意的人容易成为盗窃犯罪的被害人、容易轻信他人的人往往被诈骗犯罪人选择。在近年来常发的网络婚恋交友诈骗犯罪中,网络婚恋交友诈骗犯罪被害人就是由于依恋心理而产生了错误认知。[①]

犯罪被害人的生活方式特征:被害人的生活方式与犯罪被害之间的关系,是西方国家犯罪被害人研究的重要内容,如后文将要论述的著名的生活方式暴露理论和日常活动理论,就是在研究个体生活方式与犯罪被害之间的关系。研究发现,个人暴露于公共场合的频率与被害风险成正比,也就是说一个人出入于歌舞厅、酒吧等休闲娱乐场所和其他公共场所的时间越多,被害的可能性越大;反之,个人的被害风险和参与家庭活动的多少呈反比。随着网络的发展,人们在网络上的活动越来越频繁,个人信息有意、无意或合法、违法在网络上的呈现增多,网络犯罪被害现象也随之高发。这也是人们生活方式在网络上的暴露所带来的犯罪与被害的变化。

第二节 犯罪被害人与犯罪人的互动关系

最先提出被害人与犯罪人互动的是德国犯罪学家,被害人学先驱汉斯·冯·亨梯,他在1921年《乱伦研究》一文中提出的,并于1941年在《论被害人与犯罪人的相互作用》一文中,直接指出"被害人与犯罪人之间存在着互动,互为诱因"[②]。被害人与犯罪人互动观的提出,使人们对犯罪行为的认识由静态向动态转变,学界开始关注在犯罪的发生、发展过程中,被害人的作用和责任,由此,针对其作用和责任进行相应的犯罪防控和刑事立法、司法改革。

一、被害人与犯罪人的互动模式

可利用的被害人模式:此模式是指被害人在毫不自知的情况下,其所具有的某些特征或实施的某类行为被加害人视为可予利用或施与诱惑,由此引发犯罪—被害的发生。

[①] Tom Sorell and Monica Whitty, Online Romance Scams and Victim-Hood, *Security Journal*, Vol. 32 No. 3, 2019, pp. 342-361.

[②] 〔德〕汉斯·约阿希姆·施奈德:《国际范围内的被害人》,许章润等译,中国人民公安大学出版社1992年版,第5页。

被害人推动模式：此模式又称为"被害人催化模式"，指被害人实施了某种行为促使、诱引加害人实施针对自身的犯罪行为，犯罪——被害由此发生。

冲突模式：此模式又称为"双向推动模式"，指被害人与犯罪人之间有着相当长的互动关系，二者在互动中经常出现易位现象，很难分清双方责任，为此，加害与被害结果只能在互动中止时确定的互动模式。

斯德哥尔摩模式：在被害人与犯罪人的互动关系中，斯德哥尔摩模式是一种非常态的互动模式，该模式源于1973年瑞典斯德哥尔摩的一起银行抢劫案，又称为"斯德哥尔摩综合征""人质情结"，是指在被害人与犯罪人的互动中，被害人逐渐对犯罪人产生情感，甚至支持、帮助犯罪人的现象。

二、被害人与犯罪人的互动阶段

以被害现象的发生过程为依据，被害人与犯罪人的互动关系表现为被害前、被害中和被害后三个阶段，其互动关系，"就是指被害人与犯罪人互相影响、互相作用，使犯罪得以产生、发展、演变的过程。"①

被害前被害人与犯罪人的互动关系：被害前被害人与犯罪人的互动以二者存在人际交往为前提。这种交往关系可能是长期的人际互动、工作关系或商业往来，也可能仅是被害前的一次谋面。熟人被害是各类犯罪的常发现现象，尤其是杀人、伤害、强奸等暴力犯罪中。在研究对象上，多以女性、未成年人为主。调研显示，在全球范围内女性命案中有34.5%的女性死于伴侣之手，一年中被伴侣杀害的妇女有3万人。② 据世界经济论坛《2020年全球性别差距报告》，全球五分之一至近一半的女性遭受过或正在遭受男性伴侣的身体或性暴力。中东和北非的女性受害比例最高，竟达45%。③ 2020年12月9日《英国公布其第一次对被男性杀害的女性人口统计结果》：在英国，每三天就有一名女性被男性杀害，而这一数据在经调查的10年中没有发生变化。④ 中国裁判文书网抽样调查显示，女性被家庭成员杀害的比例为80.9%，被亲密伴侣杀害的比例为69.9%。⑤ 2016—2020年，江苏全省法院共审结侵害未成年人权益的刑事案件4874件，惩处罪犯5495人。侵害未成年人刑事案件增长较快，五年增长约1.88倍。据被告人和被害人关系数据统计显示，师生关系、亲属关系、临

---

① 李伟：《犯罪学的基本范畴》，北京大学出版社2004年版，第174页。
② 史佳禾：《辽宁省A地区被害人为女性的故意杀人犯罪调研报告》，辽宁大学2021年法律硕士学位论文。
③ 世界经济论坛作者：Douglas Broom；《英国公布其第一次对被男性杀害的女性人口统计结果》。翻译：程杨；校对：王思雨。https://cn.weforum.org/agenda/2020/12/ying-guo-gong-bu-qi-di-yi-ci-dui-bei-nan-xing-sha-hai-de-nv-xing-ren-kou-tong-ji-jie-guo/，访问日期：2023年3月3日。
④ 世界经济论坛，《英国公布其第一次对被男性杀害的女性人口统计结果》，at https://cn.weforum.org/agenda/2020/12/ying-guo-gong-bu-qi-di-yi-ci-dui-bei-nan-xing-sha-hai-de-nv-xing-ren-kou-tong-ji-jie-guo/，访问日期：2023年3月3日。
⑤ 史佳禾：《辽宁省A地区被害人为女性的故意杀人犯罪调研报告》，辽宁大学2021年法律硕士学位论文。

时监护关系等较为亲密的熟人关系占比 14.5%。[①]

被害中被害人与犯罪人的互动关系：犯罪人实施犯罪，被害人一定要有所反应，二者才能形成互动。可以将被害人对犯罪的反应模式总结为三种类型：(1) 激烈反抗：当被害人遭受犯罪侵害时，他们可能基于紧张、恐惧、愤怒、勇敢等原因，以激烈的方式积极反抗犯罪行为。在实践中，被害人的激烈反抗通常发生在被害人可以明显判断出正在遭受侵害的犯罪行为之中，如暴力犯罪、盗窃、抢劫等，它一般是被害人的本能反应。激烈反抗往往引发如下情形：第一，威慑住犯罪人，导致犯罪未遂；第二，被害人招致更严重的伤害，尤其是反应过度的情况下；第三，被害人向犯罪人发生转化，这种情况有防卫过当和先前的被害人故意实施犯罪行为两种。(2) 顺应：顺应分为主动顺应、被动顺从和表面顺应三种类型。主动顺应是指被害人主动配合犯罪人实施犯罪行为。主动顺应有两种情况，第一，被害人不知道犯罪人实施的行为是在伤害自身利益，有的甚至以为是对自己有利的，并加以积极配合；第二，具有特殊属性的被害人，比如同性恋、受虐狂。被动顺从，是指被害人明知自己的利益正在遭受犯罪侵害，由于各种原因不得不服从犯罪人的意志。被动服从的原因各种各样，主要有犯罪人的力量或势力过于强大、被害人的胆怯、被害人有把柄握在犯罪人手中、被害人为了得到其他利益等等。表面顺应是指被害人表面顺从犯罪人或乔装已经进入犯罪人的圈套，而实际上通过采取另一起犯罪行为来制服犯罪人。显然，这是另外一种被害人向犯罪人转化的形式。(3) 巧妙应对：巧妙应对是指被害人以机智的方式与犯罪人周旋，避免犯罪侵害的反应形式。被害人积极应对的方式有许多种，如向人群中跑、大声呼救、假装给家人或朋友拨打电话、拖延时间、唤起犯罪人的"人"的意识等等。无论采取哪一种措施，被害人临危不乱的心理素质是很重要的，只有临危不乱，被害人才能不被情绪所左右，才能理性判断犯罪形势，根据形势的变化积极应对。由于在激情状态下，人的认识活动范围往往会缩小，在短暂中，理智分析和控制能力均会减弱。在这类情绪中的被害人，容易陷于失控状态，招致被害。然而，恐惧、愤怒等激情是人类在面临危险时最常见的情绪状态，也是激发肌体反抗和保护反应的心理基础，这似乎存在一种悖论的困境，面临犯罪时被害人不得不处于激情状态中，激情又导致被害人失去巧妙应对的机会。实际上，对激情状态的控制，是一种良好的心理素质，是可以学习的，即通过科学的训练进行力量控制和释放的培养。比如犯罪防控组织，对社会公众和单位有计划地进行一些心理和犯罪情境训练，提高他们的防范意识和应对措施，便可能培养出良好的应对犯罪的心理素质。西方国家有些进行犯罪预防的公司就开展相关的培训业务。

被害后被害人与犯罪人的互动关系：被害后被害人与犯罪人的关系往往牵扯范围广泛，不仅只是直接被害人与犯罪人的关系，而且会将双方的亲朋好友卷入进来，具体内容如下：(1) 告发：被害人通过告发希望犯罪人受到应有的惩处，并得到相应

[①] 腾讯网：《江苏高院最新数据显示：侵害未成年人案件中熟人作案比例高达 14.5%》，at https://view.inews.qq.com/k/20210524A077PM00? web_channel=wap&openApp=false，访问日期：2023 年 3 月 3 日。

的赔偿。如果被害人握有告发犯罪人的证据,明显增大了犯罪人被制裁的可能。为此,被害人在遭受犯罪侵害后,要想办法保留证据,并在最短时间内报案。这时,仍然需要与犯罪人斗智斗勇,如在 DNA 数据库引入强奸犯罪的侦查之中后,有的犯罪人为了消除证据,会在强奸后让被害人洗澡,并换掉被害人的衣物,以免留下罪证。此时,被害人要暗地里留些犯罪人的头发、体液等罪证,以便侦查。在有些案件中,如果司法机关对案件处理不当或对被害人保护不利,告发的被害人很可能招致犯罪人或亲朋的报复;反之,如果被害人不服裁决,也可能报复犯罪人,这两种情况都可能导致新的犯罪行为的发生。司法机关对案件处理不当或对被害人保护不利还会使知情人失去对司法机关的信任和信心,减少民众与司法机关的合作,增加犯罪黑数,降低国家对刑事犯罪的掌控程度。(2)直接报复:被害人或其家属根本就不通过法律手段,直接对犯罪人或其亲属实施报复性行为。(3)息事宁人:息事宁人的处理方法不仅无法使犯罪人受到惩处,而且更为危险的是可能助长犯罪人的犯罪气焰,导致被害人的重复被害或多次被害。(4)私了:被害后被害人与犯罪人的私了也是双方的一种处理方法,由于私了没有经过合法程序,双方私定的协议不能得到法律保障,不具有强制性,增大了发生冲突的潜在危险。不过,并不意味着私了不具有可取之处,私了可以节省司法成本,还有利于被害人、犯罪人双方面对面的沟通和交流,如果能够发挥私了所长,避其所短,就不失为一项有效的司法模式。

第三节 被 害 性

一、被害性的概念

被害性,是指诱发或强化犯罪行为发生的被害人的自身因素和客观因素的总称,又称为被害因素、致害因素。

被害人的自身因素主要包括被害人的年龄、性别、职业、文化程度、经济状况、婚姻状况、人格特征、行为方式等方面的内容。客观因素主要包括被害人所处的生活环境和周围环境中能对其容易被害产生促进作用的各种消极因素。如不良的家庭生活环境、不健康的社区文化环境、不道德行为和犯罪行为经常发生的场所以及导致被害人多次被害和重复被害的司法因素和其他社会因素。被害条件就是指有利于犯罪发生的特定时空环境。

对被害性的研究,学者们是通过理论的构建进行的,他们已经创立了诸多有关被害性的理论,这些理论主要包括个人被害因素理论、生活方式暴露理论、日常活动理论、被害性理论以及暴力循环理论、被害人化理论等。

二、个人被害因素理论

美国被害人学家斯帕克斯(Sparks)和帕诺(Panel)创立并发展了个人被害因素理论。该理论针对某些个人或团体重复被害加以研究,指出有些人和团体之所以会重复被害,是因为它具有被害倾向,即具有许多导致被害的因素如个人特性、社会情境、居住环境及被害者与加害者的关系等。他们认为这些被害因素具体表现为八个方面:(1) 激发或挑衅因素。激发是指被害人首先攻击一个具有犯罪动机的人。挑衅是指因被害人向守法者进行攻击,使之受到刺激而反相攻击。此处被害人的攻击并没有严重到犯罪的程度,可能仅仅是冷嘲热讽、作攻击状等,便引发了犯罪人的反向攻击。(2) 煽动或加害因素。煽动或加害是指被害人积极主动地对另一方实施犯罪行为,使对方明显地感觉到其身体或财产正在遭受损失,导致对方对其实施加害行为。比如长期虐待家庭成员的家长,被受虐者杀死。(3) 促进因素。促进是指被害人所具有的导致被害的无知、愚蠢、鲁莽、态度暧昧或疏忽等心理特性。(4) 弱点或诱发因素。弱点或诱发是指被害人因生理、社会环境、社会角色等方面具有弱点,极易成为犯罪被害的对象。这些弱点可以划分为三类:A. 区域上的弱点,如居住在高犯罪地带。B. 地位上的弱点,如年龄、性别、心智有缺陷的人、种族、职业、社会阶层、受教育程度等。C. 角色上的弱点,如有婚姻关系和租赁关系的双方。(5) 合作因素。合作是指被害人对犯罪持有同意态度。合作因素体现在被害人与犯罪人合而为一的犯罪中,如吸毒、赌博、卖淫嫖娼。(6) 吸引因素。吸引是指被害人具有导致犯罪的明显目标。如家财万贯的人、随身携带巨额现金者。(7) 机会因素。机会是指被害人存在让犯罪人可以利用的因素。如钱财外露、女性单独搭乘陌生男子的车。(8) 免罚因素。免罚是指被害人不愿报案、案件破案率、发现率低等,犯罪人感觉有恃无恐,多次对同一被害人实施犯罪的因素。

虽然理论上对这些因素可以独立阐述,但在具体案件中,同一被害人可能同时具备两个或两个以上的因素。

三、生活方式暴露理论和日常活动理论

生活方式暴露理论和日常活动理论都是在探讨个体生活方式与被害之间关系的学说,我们将其放在一起比较和研究。

(一) 生活方式暴露理论

生活方式暴露理论是美国犯罪学家亨德兰(Michael Hindelang)等人创立的。该理论认为一个人之所以被害,是由于其生活方式具有某些特性,这些特性决定个体经常处于被害的危险情境或经常与具有犯罪特性的人接触,增加了个体的被害危险或使之成为被害人。该理论的核心概念是生活方式,亨德兰指出生活方式是指个人的日常生活活动,包括职业活动和娱乐休闲活动,职业活动中还包括上学、在家专职看管孩子、料理家务等方式。生活方式决定着某人在特定时空与具有某种人格特性的特定的人的接触,从而导致具有某种生活方式的人容易在特定时空条件下成为被害对象。也就是说,不同的生活方式蕴含着不同的被害危险,经常与具有犯罪特性的人交往的人,暴露在危险情境中的机会越多,被害的可能性越大。为了详细地阐释该理论,亨德兰利用八个命题对生活方式与被害之间的关系进行说明:命题一:个人被害的可能性与其暴露在公共场所时间的多少成正比。命题二:个人是否经常置身于公

共场所是由其生活方式决定的。命题三：具有相似生活方式的人，彼此接触互动的机会越多。命题四：被害人与犯罪人具有相似的生活方式是个人被害的因素之一。命题五：个人与其家庭以外的成员接触时间的多寡，是由其生活方式决定的。命题六：个人被害的可能性与他和非家人接触时间的多少成正比。命题七：个人越经常与具有犯罪特性的人接触，其被害的可能性也就越大。命题八：一个人成为被害人的便利性、诱发性及个体的易于侵害性与生活方式相关。亨德兰指出，从表面看，某类生活方式似乎是个体自主选择的结果，然而，个体的某种生活方式实际是受角色期望与社会结构的约束和限制的。他利用理论结构图来说明这个问题：

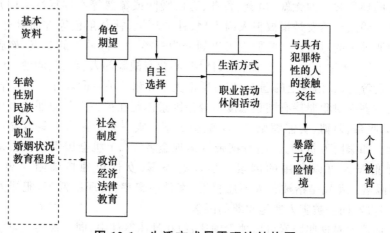

图 12-1　生活方式暴露理论结构图

图表中的角色期望是指社会对特定人群的权利、义务和行为模式的要求。社会制度包括特定社会中政治制度、经济制度、法律制度、教育制度等。具有特定个体情况的人，社会对其形成不同的角色期望。同时，个体在适应不同的社会制度时，也会受到个体情况的影响，比如不同的性别，社会经济制度给其提供的机会便有所不同。但个体的基本资料与生活方式并不必然存在因果联系，生活方式是由角色期望和社会制度共同塑造的结果。这便是图中将个人基本资料用虚线表示的原因。角色期望和社会制度深深地、不可避免地影响着个体职业、休闲活动的选择，在特定的角色期望和社会制度的共同作用下，再加上个体的自我调适，便形成个体特有的生活方式。

生活方式暴露理论有着重要的理论意义和实践价值。第一，该理论研究视角独特而实用。对于被害性，学者们通常从人口统计学因素、心理因素、社会因素等角度开展研究，而生活方式暴露理论将研究视角定格在个体的生活方式上，有别于其他学者的研究，有其独特性。另一方面，被害人了解某类生活方式被害发生的具体表现，就可以适当调整，要么改变这种生活方式；要么增加被害防范意识和手段，以避免被害，而这些方式是被害人自己就可以做到，简单而实用。第二，该理论隐含着社会互动在犯罪被害中的作用，以及被害人与犯罪人具有同质性的观点。为此要加大对社会公众和特定群体的被害预防宣传和教育，并采取相应措施，例如，告知人们在一些场所可能出现的危险情形,提醒他们遵守社会规范,提高防范意识,以防被害。第三,虽然有的生活方式仅靠个体调整就可避免被害,但由于生活方式受到角色期望和社会制度的限制,有些很难调整,这说明在被害预防中仅靠个体的自我防范并不全面,有效的被害预防还依赖于整个社会被害预防机制的建立。第四,目前,对日常生活方式的研究应用已扩展至犯罪侦查、犯罪预防,如英国学者大卫·坎特认为犯罪人对待被害人的方式是其日常生活状态的反映。"如果一个强奸犯喜欢在寒冷的天气残酷地对待被害人的话,我们就可以发现他在日常生活中同样冷酷无情并缺乏亲密关系。"[1]由此为犯罪侦查,也为犯罪预防提供思路。

(二) 日常活动理论

日常活动理论的研究视角同样也是人们的生活方式。该理论是由美国犯罪学家劳伦斯·科恩(Lawrence Cohen)和马库斯·费尔森(Marcus Felson)于1979年提出,研究的目的在于说明第二次世界大战后美国犯罪率的变化。其核心观点是,在社会中总存在可能实施掠夺性犯罪的潜在犯罪人,掠夺性犯罪是指故意伤害他人身体或夺取他人财产的犯罪行为,它的发生与人类的日常活动密切相关。他们认为,犯罪的发生需要同时具备三个因素,缺一不可。(1) 有动机的犯罪人;(2) 合适的被害目标;(3) 缺乏"保护者"。上述三个因素均与现代社会人们的日常活动密切相关,如被害人的日常活动导致了他与犯罪人在同一时空下的接触或造成财物无人看管的情形,此时便给犯罪人创造了犯罪的机会。该理论指出美国20世纪60年代犯罪率的上升,是由于家庭解组、妇女劳动参与率提高、人们的生活越来越不以家庭为中心以及家庭中容易挪动的家用电器的增多等类似原因造成的。

四、被害人化理论

被害人化理论是日本著名学者宫泽浩一提出并推广的理论。被害人化是指自然人、法人遭受犯罪行为侵害,继而被害后果不断恶化的过程。宫泽浩一将这个过程划分为三个阶段:(1) 第一次被害人化:是指自然人、法人遭受犯罪行为侵害的过程。在这一过程中,导致被害的因素有人口统计学因素、人格因素、被害人与犯罪人的关系因素、社会变迁因素以及时空因素。社会变迁因素,是指社会、经济、政治等因素的变化,由于这些因素的变化,影响到社会生活的各个层面,从而产生新的犯罪行为和被害对象。(2) 第二次被害人化:是指被害人或其亲属在参与刑事诉讼的过程中,或者在被害后受到社会或其亲属、朋友的不良反应和态度,加深其被害后果的过程。这次过程是被害人因受犯罪行为侵害而引发的第二次被害,又被称为再次被害或再度被害。第二次被害人化受到伤害的不仅是被害人本身,而且包括其亲属。这个过程体现在三个方面:一是刑事诉讼过程中的再次被害。二是犯罪行为发生后,社会对害人及其亲属的不良影响和态度所造成的再次被害。三是被害人的亲朋好友所带来

---

[1] 〔英〕Peter B. Ainsworth:《警察工作中的心理学》,安福元、庄东哲译,中国轻工业出版社2007年版,第144页。

的伤害。(3)第三次被害人化：是指经过两次被害人化的被害人，自我消沉、自暴自弃、自我毁灭以及由被害人向犯罪人转化的过程。造成第三次被害人化的原因除了个体性格、社会地位等因素外，主要是由于被害人无法获得必要的帮助和公正的待遇，使其感到孤立无援，无法排遣心理痛苦，并可能产生强烈的不公正感，以此导致过度自我谴责、情绪压抑、甚至自杀或实施报复行为的现象。

与其他被害理论相比，被害人化理论在探寻遭受犯罪行为侵害的被害因素方面，即第一次被害人化中并没有什么新突破。然而，该理论的第二次被害人化和第三次被害人化，带给我们如下新的思路：被害过程具有三个阶段，这使我们认识到被害后果可能并不会随着犯罪的结束而停止，如果对被害人和被害后果没有予以应有的重视和科学的解决，后果将进一步恶化。恶化既可能来自自身素质，也可能来自本应给予被害人感情支持的亲朋好友，甚至承担公民安全保护职责的刑事司法机关，较为完整地探讨了被害后果进一步恶化的原因。对于第二次和第三次被害人化，虽然该理论认为不排除人格、社会地位等个体方面的原因，但隐含着绝大多数被害人仅靠自身无法解决被害后果，需要社会建立相应的救助机制的思想。

第五编　犯罪对策论：治理犯罪

第十三章　犯罪预测

一个正常的人堕落到犯罪，一般地说，都有一个发展变化的过程，开始都是从不显著的、不易被人们察觉的不良思想习惯开始的。如果得不到及时抑制，便逐渐由小变大，由轻变重，以致造成违法犯罪后果。某些青少年犯罪，特别是有些少年犯罪，尽管有偶然现象，但是这种偶然性也都和事物发展的必然性相联系的，仍然有一个量变到质变的过程，不过他们变化发展的过程较短而已。因此，犯罪这一社会现象，同其他社会现象一样，都存在着过去的遗迹、现在的基础和将来的萌芽，这是犯罪预测的现实前提。换句话说，任何社会现象，都是按照一定的规律发展的，都有其自身的规律性。犯罪也是如此。既然犯罪也有规律性，那么犯罪也是可以预测的。而且只有经过对犯罪进行预测，才能从中找出规律并提出有针对性的防治措施。因此，我们说犯罪预测是犯罪预防的前提。

第一节　犯罪预测概述

一、犯罪预测的概念

所谓预测，按字面来解释，就是预先推测或测定。而犯罪预测则是运用科学的理论和方法，通过调查、统计、比较、处理有关犯罪的数字和资料，分析研究犯罪活动的规律，对一定社会范围内未来犯罪现象的种类、数量、发展趋势，以及对某些犯罪或再犯罪的可能性等所作的推断和估计。可见，犯罪预测是一种以数据为基础，在从过去到现在和从现在到将来的发展趋势中，对犯罪事件和犯罪进程作出的预测。具体来说，对犯罪趋势的预测，从空间来讲可以分为全国性预测和地域性预测、城市的预测和乡村的预测。就目的而言，犯罪预测的目的有二：一是指明犯罪在某一时间或空间范围内可能发生的概率；二是指明某一方面偏离的可能性。从内容来讲，犯罪预测可以分为犯罪率、犯罪类型、犯罪主体、犯罪手段等方面的预测。所谓犯罪率预测，是从社会整个形势的发展和国际关系的总体形势出发，对犯罪率消长趋势作出的预测。所谓犯罪类型预测，就是对犯罪类型的变化趋势作出的预测。它说明哪些犯罪类型是传统的较稳定的类型,哪些犯罪类型将逐渐减少,哪些犯罪类型将会增多,又会出现一些什么新的犯罪类型等等。所谓犯罪主体预测,主要指的是对犯罪者的职业、年龄、性别及初犯、累犯等方面的发展变化趋势所作的预测。例如,犯罪年龄趋向于低龄化,女青年犯罪增多等等。所谓犯罪手段预测,主要是指预测犯罪分子可能运用哪些新的手段犯罪,特别是利用新的科学技术进行犯罪。例如,利用电子计算机、生物学、医药学、化学新成果、新技术进行犯罪等等。总而言之,犯罪预测就是对上面所说的各个方面尚未观察到的犯罪,或者未来最可能出现的情况,提出预测性的意见。

二、犯罪预测的历史与现状

预测是一门古老的学问,它表现了人们试图发挥主观能动性,探索未来的要求,因而它吸引着众多不同层次的人们,从预测个人、亲属的前程吉凶祸福、自然界的变化,到国家的兴衰、生产的丰歉、生意的赚赔等等。但是,在社会科学和自然科学不发达的时代,预测大都是直观的、经验的,甚至包含着大量的猜测、谬误、愚昧、迷信的东西。因此,只有以掌握客观规律的科学知识为基础的预测,才具有指导人类活动的实际意义。

从世界范围来看,最早以科学方法进行犯罪预测的是比利时统计学家凯特勒(Lamber Adolphe Jacques Quetelet),他利用19世纪初在法国发展起来的统计学,用客观数学法对社会因素如季节、气候、性别以及年龄等对犯罪倾向的影响进行了深刻研究。例如,他在1829年运用概率论预测法国犯罪,"不仅仅以惊人的准确性预算出了后来1830年在法国发生的犯罪行为的总数,而且预算出了罪行的种类。"[①]1915年美国的犯罪精神病学家荷莱(W. Healy),运用跟踪研究方法,对犯罪者未来的动向进行了预测。1923年美国犯罪学家沃纳(S. B. Warner)将麻省矫正院680名服刑者,分为三组进行了比较研究,并发表了其预测的结论。沃纳认为,通过观察和评价犯人在监狱生活的不同阶段和条件下的表现,就可以制定出一项决定是否假释犯人的重要标准。沃纳的研究论文在《刑法与犯罪学杂志》(1923年第4期)发表。从此以后,假释预测研究在芝加哥和伊利诺伊州盛行起来。1928年,芝加哥大学社会学教授伯吉斯(Ernest W. Burgess)和一些同事研究了三个伊利诺伊州监狱中各1000名犯人,进行假释预测表的编制工作。他们从假释的档案中确定21个因子,在各因子下面再设若干项细目,用来预测假释的成败。伯吉斯认为,犯人的工作记录可能是预测假释成败的最重要的因素。1928年,布鲁斯(A. A. Bruce)、哈诺(A. J. Harno)、伯吉斯和兰德斯科(John Landesco)在向伊利诺伊州假释委员会提交的报告——《假释与不定期刑》中,论述了所创制的假释成败预测方法。

伯吉斯的研究成果发表两年后,美国哈佛大学教授格鲁克夫妇也发表了自己长期研究的犯罪预测成果。他们对马萨诸塞州矫正院假释的510名犯人在假释后5年间的身心状态、社会背景、行为表现等多种项目进行调查,并对其在院期间内、假释以

---

① 《马克思恩格斯全集》第8卷,人民出版社1961年版,第579页。

后,进行了调查,并且列举了与假释后的行为相关的八个因子进行重点比较研究。特别是格鲁克夫妇1940年开展的少年违法行为的早期预测方法研究,取得了具有更大影响的犯罪预测研究成果,后于1950年出版了《少年违法行为的解释》一书,对500名少年院的学生同波士顿公立学校的500名健康正常的少年进行了比较研究。在格鲁克夫妇的前后,美国还出现了莫纳切希、施奈德和奥林等人的优胜预测法,但是这些预测法几乎全是属于格鲁克夫妇研究的系列,或者受其影响颇深,因此不再一一予以介绍。

在欧洲,特别是德国学者埃克斯纳,最初是从犯罪生物学的观点出发,致力于预后判定理论研究。然而,埃克斯纳自从访美归来后,深受伯吉斯的计量研究法影响,从此不仅重视预测因子研究和得点法的研究,并将其系统地介绍给德国。其学生希德于1935年调查了在1931年间由巴伐利亚监狱所释放的500名罪犯,仿效美国伯吉斯的方法进行再犯预测。德国学者梅维克又将希德的预测表加以改造,对200名犯罪人进行了再犯预测。与此同时,法国的本特、英国的威尔金斯和麦汉姆等人都进行了再犯预测研究。以后,苏联、荷兰、瑞士、日本等国的学者也都开展了犯罪预测研究。例如,日本学者西原村对犯罪人所进行的跟踪调查,日本的司法精神病学者吉益修夫在1946年对800名青少年服刑者所进行的调查。但是,直到1950年召开的第12届国际刑法及监狱会议以及同年召开的第二届国际犯罪学会议等国际会议上,才正式提倡对犯罪进行预测,并以犯罪预测作为议题,展开了热烈讨论。1960年,联合国在伦敦召开的第二届预防犯罪和罪犯处遇大会上正式提出了犯罪预测问题。目前,世界各国都在不同程度上重视和实施对犯罪的预测。有的国家建立了犯罪预测的专门机构,并将先进的科学技术应用于犯罪预测之中,从而使犯罪预测的领域、方法和手段也不断地向纵深发展。

我国的犯罪预测研究起步较晚,大约始于20世纪70年代末80年代初,特别是大多数都属于经验型的犯罪定性预测。同犯罪研究一样,我国的犯罪预测最早也是针对青少年犯罪调查开始的,当然很快就向着预测犯罪发展趋势方向发展。例如,20世纪80年代初北京市组织的青少年犯罪调查,20世纪80年代中期天津市进行的流失生调查,特别是1987年由公安部和中国人民公安大学联合举行的"中国现阶段犯罪问题研究"课题对我国犯罪未来发展变化趋势的预测,由于掌握的资料量多,调查面几乎涉及全国各个省、区,因而所得出的结论比较准确,起了很好的作用。20世纪90年代初天津社会科学院犯罪学研究中心和天津市警察学会所进行的调查,将天津市最近两年入狱的全部罪犯进行了一次普查,普查对象共计8000余名罪犯,调查内容涉及犯罪研究的众多方面,十分丰富和全面,获得调查信息450万个,建立了8000余名罪犯的资料库,为进行犯罪学的全面研究打下了扎实的基础。他们利用计算机分析手段,突出了定量分析和中观、微观研究的特点,深入探讨了当代中国社会犯罪的基本规律,并预测了犯罪的发展趋势。20世纪90年代中期,司法部预防犯罪研究所对北京市2000名罪犯进行了抽样调查,并对北京市中级人民法院审结的多份案件进行了分析,研究了我国被害人的性别、年龄、职业、婚姻状况、文化程度等社会统计学特征和被害人空间与时间分布,比较了被害人的特征与犯罪人的特征,为有效地预防被害提供了科学依据,并对犯罪的发展趋势进行了预测。进入21世纪,2002年6月浙江省监狱管理局狱政处对浙江省在押人员进行了调查,寻求出4年来该省在押犯中被判处两次以上的占总数的13.87%。2003年有学者对江苏省某监狱在押犯进行了一次调查,该监狱现有在押犯1300余名,重新犯罪人数占在押犯总数的26%,而在重新犯中累犯占相当大的比例,近70%。这些研究,为有效地预防重新犯罪提供了科学依据。

三、犯罪预测的重要性

我国社会主义制度为减少犯罪和预防犯罪,创造了优越的社会条件。然而,要把这种可能性变为现实性,还有待于制定和不断完善科学的犯罪对策。而没有关于犯罪的科学预测,要制定出科学的犯罪对策和改进犯罪对策措施就缺少科学的依据。我国在长期社会治安工作实践中,已经积累了十分宝贵的经验,采用过某些方法,对于近期犯罪发展趋势,有一定程度的估计和预见。但是,我国还未建立起有关犯罪预测的科学理论,在预测犯罪的实际工作中,也缺乏科学的系统的方法。因而,有时出现打击不力或者打击有余的现象,这在一定程度上反映出犯罪预测上的缺陷。具体地说,犯罪预测的重要性表现在以下四个方面:

(一)犯罪预测是加强犯罪预防工作的需要

犯罪预测是预防犯罪的先导和重要组成部分。缺少犯罪预测的预防,是盲目的、无的放矢的预防。只有加强犯罪预测,才能真正做到防有方向、打有重点,把犯罪活动消除于萌芽状态之中。我们在实际工作中,要全面地进行调查、研究,分析各种情况。分析的内容包括:(1)对我国今后滋生和诱发犯罪的原因、因素、条件进行综合性的研究分析。(2)对违法犯罪个体的变化情况及社会上有可能走向违法犯罪道路的个体进行调查、分析。(3)对我国社会控制犯罪能力进行综合性考察。(4)对经济与社会发展及其所引起的各种变革、变化同犯罪之间的联系进行综合性的考察等等。通过这些分析、研究,作出科学性的预测,以便确定今后一段时期的犯罪预防工作方向。

(二)犯罪预测是使整个社会治安工作由经验型转变到科学型的需要

我们在社会治安工作中积累了许多宝贵的经验,依靠这些经验,我们在维护社会治安方面,取得了良好的效果。但是,随着形势的发展,出现了许多新的情况和新的问题,依靠过去的经验,已经不足以应付新的犯罪现象所造成的严重的局面。这就要求我们必须采取各种新的方法,研究新的问题,其中,包括运用各种先进的科学知识、技术手段,对各种有关犯罪的信息资料进行统计和分析。应当建立专门研究机构,配备专家和专门工作人员,利用先进技术,收取、储存各种有关信息资料,并进行科学分析。显然,单靠现有的政策性研究机构,单靠手工业的工作方式和经验型的工作方法,是难以胜任犯罪预测任务的。

(三)犯罪预测有利于动员全社会力量做好预防工作

对犯罪进行科学预测,将犯罪发展趋势等情况公之于众,有利于动员全社会力量做好预防工作。目前,由于我国青少年犯罪在整个社会犯罪中占有较大的比重,因此青少年犯罪的状况,将在很大程度上预示和影响整个社会犯罪的发展趋势,这就更增加了青少年违法犯罪预测的重要性。青少年犯罪受社会综合因素的影响,所以要治理青少年违法犯罪必须动员和依靠社会力量。为了有利于动员全社会力量,做好对青少年犯罪的防治工作,特别是针对青少年的特点,实施早期预防、个体预防,必须对青少年犯罪进行预测,把握青少年犯罪类型特点、原因、发展趋势等等,并将这些情况公布于社会,让全体公民了解这些情况,关心这方面的问题,从而动员起全社会力量,积极地参与预防青少年犯罪工作。

(四)犯罪预测可以为完善刑事立法提供依据

我国自 1979 年颁布刑法典以来,在巩固人民民主专政政权,维护社会秩序,保障社会主义现代化建设顺利进行等各个方面都发挥了积极的作用。但是,近些年来,我国为了适应同犯罪作斗争的需要,立法机关对原有的刑法典不得不进行了大量的修改和补充。事实上,从 1997 年刑法典修订施行以来,国家立法机关又先后颁布了十一个刑法修正案,对刑法典的有关条文和罪名进行了及时修正和补充。最高司法机关也相继作出了大量刑法司法解释,为刑法的正确适用提供了司法指南。有人统计,在对刑法典所做的修改和补充中,就增加的罪名而言,已经远远超过了原有的刑法典。这一方面说明了社会的飞速发展,必然要求刑法立法、司法与时俱进。另一方面,也充分反映了我国刑事立法缺乏前瞻性,立法之时缺乏对犯罪所作的必要的预测。譬如我国近年来发生的非常严重的法人犯罪问题、劫持飞机和轮船犯罪问题、证券犯罪问题和金融犯罪问题等等,在原有的刑法典中有的缺乏规定,有的则规定得不够明确。这在一定程度上也影响了我国的司法机关对这些犯罪的惩治。

第二节 犯罪预测的内容

一、宏观预测与微观预测

犯罪预测的内容,按预测范围可以分为宏观预测(整体预测)和微观预测(个体预测)。

宏观预测,是指根据全国或几个省、市、地、县等政治、经济、文化、社会治安状况等诸因素和过去一定时期内各类犯罪现象的状况、特点和规律,运用科学的预测方法,推断未来一定时期内犯罪增减的总趋势、犯罪类型、犯罪特征以及对社会所造成的危害,从中引出规律,提出防治措施。具体地说,这种宏观预测的内容,大致可以分为两大类:犯罪发展变化趋势的预测;犯罪原因以及促使犯罪形成诸因素的预测。犯罪发展变化趋势的预测,是犯罪预测的重要内容之一。如果犯罪预测连犯罪发展变化的趋势都不能预见,就谈不上什么科学的预测。犯罪原因以及促使犯罪形成诸因素的预测,是犯罪宏观预测的重要内容,如果不查明犯罪原因以及促使犯罪形成的诸因素,就根本谈不到预防犯罪问题。

微观预测,是对个体犯罪的预测。按照犯罪人是否受过刑罚处罚的标准来划分,微观预测可以分为初犯预测、累犯预测、假释预测和重新犯罪预测。(1)初犯预测是对某一个体未来发生犯罪的可能性所进行的科学估计。其目的是采取相应对策,预防犯罪的发生。(2)累犯预测是对某一个体由初犯发展到累犯的可能性所进行的预测。累犯预测的目的,是对专门机关的特殊预防措施效果的检验,也是预防罪犯向恶性发展的基础。(3)假释预测是指行刑机关对符合假释条件的罪犯,在假释过程中是否犯罪的可能性所进行的预测。因此,假释预测是行刑机关作出假释决策的依据,也是发挥假释奖励手段改造罪犯的前提。(4)重新犯罪预测是指行刑机关对刑满释放人员是否重新犯罪的可能性所进行的预测。这种预测是检验改造效果的手段,也是保证改造效果,避免刑满释放人员重新犯罪的有效措施。总起来看,微观预测可以分为两大类:一是初犯预测;二是再犯预测。

二、长期预测、中期预测、短期预测

犯罪发展变化趋势的预测,根据时间长短划分,可以分为长期犯罪趋势预测、中期犯罪趋势预测和短期犯罪趋势预测。

长期犯罪趋势预测,主要指对 10 年或 10 年以后的犯罪现象、犯罪原因和犯罪预防的变化发展趋势所作的预测。它可以使人们对犯罪趋势有一个总体的了解,它也是制定预防犯罪战略,确立和编制远景规划不可缺少的前提。它的制定必须以国家制定的国民经济计划为依据,结合国家各项建设事业所提出的宏伟蓝图,确定其长期预测的时间和发展变化的趋势。例如,结合我国提出的到本世纪末要达到的总目标,作为长期预测的期限。长期犯罪趋势预测最长不能超过 15 年,以 10 年左右为宜。

中期犯罪趋势预测,主要指对 5 年前后犯罪现象、犯罪原因和犯罪预防的变化、发展趋势所作的预测。它可以使人们对犯罪趋势有一个整体设想,是制定政策、解决重大犯罪问题时的重要依据。由于我国发展国民经济计划一贯以 5 年为期,因此,中期犯罪趋势预测适应国民经济 5 年发展计划为最适宜。这样的结果,对犯罪趋势的预测,可以带来很大的便利。因为国家制定了 5 年计划的总体规划之后,经济基础和上层建筑诸部门都要规划其发展计划和提出达到目标的各种措施。因此,犯罪趋势预测可以根据各门类将要发生变化的种种数据,较为准确地预测犯罪发展趋势。

短期犯罪趋势预测(近期预测),主要指对 1 年至 3 年左右期限的犯罪现象、犯罪原因和犯罪预防的变化、发展趋势所作的预测。它的功能在于根据现存社会诸条件、犯罪发生率的情况,同我们采取的具体刑事政策以及刑事法律本身是否适合目前犯罪发展趋势的需要,及时作出判断。例如,全国人大常委会在 1983 年作出的《关于严惩严重危害社会治安的犯罪分子的决定》取得了很好的效果,就是根据这些预测作出的。

三、综合预测、类型预测、单项预测

犯罪发展变化趋势的预测,按照整体和部分关系来划分,可以分为综合预测、类型预测和单项预测。

综合预测,是指对犯罪现象、犯罪原因和犯罪预防的总体所进行的预测。它是制定综合性预防规划的前提,也是制定社会、经济发展战略的参考根据。因此,犯罪预测不仅带有综合性特点,它还是一项系统工作,必须按系统论原理进行预测,才能有更高的科学价值。

类型预测,是指对某类犯罪现象、犯罪原因和犯罪预防措施所进行的预测。例如,经济领域犯罪预测、性犯罪预测、暴力犯罪预测等。类型预测是确立类型犯罪预防措施的前提。

单项预测,是指对某一种犯罪所进行的专门的预测。例如,对走私犯罪、劫机犯罪、计算机犯罪的预测。单项预测是确立单项犯罪预防措施的前提。

第三节 犯罪预测的步骤与方法

一、犯罪预测的步骤

犯罪预测和任何社会调查一样,都有其自身的步骤和严格的程序。一般地说,犯罪预测有以下几个主要步骤:(1)明确犯罪预测的对象及预测的目的。(2)设计犯罪预测的工作方案,制订详细的预测计划。(3)设计个案调查问卷,收集犯罪信息,分析影响个体犯罪行为的因素和条件。(4)全面调查、收集资料,分析影响犯罪趋势的因素和条件。(5)选择犯罪预测方法,运用现代科学技术与理论进行预测。(6)整理犯罪预测的研究成果,撰写预测报告。(7)作出预测结论以及在实践中不断反馈修改、补充和完善预测的结论。在犯罪预测的步骤中,最为重要的是犯罪信息资料的收集、传送、整理、贮存和处理问题。预测实践证明,信息数据的真实性是预测的生命;信息数据的全面性是预测的基础;信息数据的有效性是预测的核心。因而只有掌握真实、全面、有效的犯罪信息情报资料,才能科学地进行犯罪预测。

二、犯罪预测的方法

(一)犯罪行为的个体预测方法

犯罪行为的个体预测方法,就其实质而言,就是微观心理预测。微观心理预测,是指针对个体的心理表现,采取预测研究的方法。这种预测常见的方法,有观察法、谈心法、调查访问法、问卷法等。(1)观察法是指在自然情况下,有目的、有计划、有系统地从预测对象的行动、言论、表情、习惯、人际关系等方面进行调查,从中收集可供预测犯罪资料的方法。要成功地应用观察法来收集预测的资料,观察者必须具有善于精确地观察和记录被观察者的动作、表情、声调等外部表现的能力,要善于正确理解和说明被观察者各种外部表现的实际意义及其所表示意思的能力等。观察法所取得的资料只是外部表现,究竟被观察者出于什么内心活动的支配,还需要作深入细致的分析,更需要借助于其他方法来弥补其不足。否则就易于被表面的偶然现象所迷惑,使预测失去客观性、科学性。(2)谈心法是指预测者通过与预测对象谈话探明他的心理活动的方法。运用谈心法时,首先要尊重、信任谈心对象。态度要亲切、诚恳、坦然,造成一种良好的气氛,才能使谈心对象讲出真心话。要避免让预测对象了解谈心意图。因为预测对象知道谈话意图,则抱有戒心,可能拒绝回答问题,也可能故意掩盖一些真实思想,或者只谈分析和认识,不谈问题的详细情节。在这种情况下,单靠谈心法来取得预测的资料是困难的,应该同时采取其他方法。(3)调查访问法是指预测者根据预测需要去访问有关人员,调查有关的档案材料,以了解预测对象的生活经历和现实表现,从中取得预测资料的方法。这是一种把预测对象在不同的时间、不同的场合、不同的活动和与不同的人交往中的种种心理现象和行为表现收集起来,进行综合分析的方法。例如,调查预测对象在学习、工作过程中的表现,在家中的表现,在人际关系方面的表现等等,从中得出结论。在调查访问时,应抱诚恳谦逊的态度,要争取被访问者的信任与合作,倾听他们的意见,不带有任何成见,避免对被访问者提出带暗示性的问题。但要随时察言观色,以鉴别对方答话的可信度。访问后,要及时分析研究所得到的资料,对于调查访问中的相互矛盾的资料,要再进一步调查,并与其他材料相互比较和验证,以便从中得出正确结论。(4)问卷法(也称心理测验法)是指把预测需要的资料,分为详细的纲目,拟为简明易答的问题,交给预测对象,要求其作答的方法。为了使预测对象能如实回答所提问题,在问卷发给预测对象前,要向他们讲明要求,作好思想工作,解除顾虑,使其如实作答。同时所拟问题,必须紧紧围绕预测主题,言简意赅;回答应尽可能简短,可能时应采取"是"或"否"的选择方法。

(二)犯罪现象的社会预测方法

犯罪现象的社会预测是一种犯罪现象发展趋势的预测。这种预测常见的方法有趋势外推法、因素分析法、比较研究法、专家评估法等。(1)趋势外推法。即根据过去和现在已掌握的犯罪动态、规律,通过统计、数学的方法进行科学的延伸,以预测未来。(2)因素分析法。即通过调查研究,把握影响犯罪类型、数量、特点变化的种种因素,特别是对犯罪变化具有重大影响的因素及其数量变化作出可靠的全面的了解,从而依据这些因素的变化对犯罪的未来变化进行科学的预测。(3)比较研究法。即研究历史上某一时期、某一地区、某种情况下引起犯罪增减和变化的过程、特征、条件、伴随因素等等,对比研究在新的时期、新的地区又出现与上述相近与相反的情况、条件或因素,通过比较分析,可以有根据地作出犯罪可能出现的某些变化的预测。(4)专家评估法。即以专家掌握的有关犯罪变化客观规律的知识、资料、经验为根据,对犯罪变化进行科学分析,以预测犯罪未来的变化和趋势。

上述种种预测方法,有些是我们党所一向坚持的调查研究工作方法。实地调查研究是我们进行犯罪预测的最基本的方法。对此,毛泽东同志早就指出:"要了解情况,唯一的方法是向社会作调查……"[①]"应当从客观存在着的实际事物出发,从其中

---

① 《毛泽东选集》第 3 卷,人民出版社 1991 年版,第 789 页。

引出规律,作为我们行动的向导。为此目的,就要像马克思所说的详细地占有材料,加以科学的分析和综合的研究。"[1]

犯罪预测是一项复杂的综合多目标的社会活动,要收集各方面的信息,并要源源不断地收集具有新内容、新趋向的资料;犯罪预测又是一项庞大的系统工程,必须调动社会各个层次、方方面面的力量共同搞好犯罪预测与预防工作。因此,为了搞好犯罪预测,必须充分发挥社会主义制度的优越性,把整个社会组织起来,才能不断地获得新的信息,才能使犯罪预测达到最佳效果。为此目的,需要建立起一套行之有效的预测犯罪的组织机构。犯罪预测机构可以通过下列方式形成:(1)建立自上而下的行政系统犯罪预测中心,即全国各省、市、县都要自下而上的建立犯罪预测中心。每层的预测中心,将通过各部门、各个渠道收集的信息进行汇总分析,并为上一层的犯罪预测中心提供可参考的依据。也就是说,下一层的犯罪预测中心所收集的情报,要逐级反馈到上一级。如此把"下"与"上"的情报有机地结合起来,才能提高犯罪预测情报的全面性、准确性,更好地发挥犯罪预测中心的作用。(2)建立各行各业的犯罪预测中心,即社会各行各业都要建立起犯罪预测组织。这些犯罪预测组织的任务就是把本行本业犯罪征兆收集起来,经过加工反馈到犯罪预测中心,为犯罪预测中心提供准确、及时的预测信息。(3)成立居民委员会、村民委员会的基层预测小组。居民委员会和村民委员会是一个地区的基层群众性自治组织,它直接与群众接触,最了解群众的实际情况,它能起到政法机关不能代替的作用。如不成立基层预测小组,就会丧失基层组织的预测保证。社会治安和预测犯罪工作都离不开居民委员会、村民委员会。

为使犯罪预测机构的工作制度化、规范化,一要拟定长期、中期、短期预测的规划,使预测工作有计划、有目标的进行。二要做到经常调查研究,广泛收集资料与积累,并将所预测的信息资料,及时进行传递。三要建立分类预测档案。[2]

---

[1] 《改造我们的学习》,载《毛泽东选集》第 3 卷,人民出版社 1991 年版,第 799 页。
[2] 参见肖扬主编:《中国预防犯罪通鉴》,人民出版社 1998 年版,第 301 页。

第十四章 犯罪预防

犯罪预防是犯罪学研究中一个带有根本性和战略性的重要课题,是犯罪学研究的出发点和归宿。关于什么是犯罪预防,犯罪能否预防,怎样预防才能收到最佳的效果等问题,是古今中外所有国家和地区的政府与大众普遍关心的问题,也是世界各国的专家和学者都在不断地进行研究和探索的问题。

第一节 犯罪预防概述

一、犯罪预防的概念及特征

(一)犯罪预防的概念

在现有犯罪学著作中,专家、学者对犯罪预防概念有多种阐述,有的从行为科学的角度,称犯罪预防是"割断或者削弱犯罪及其原因之间的因果关系的行为体系"[①];有的从系统论出发,认为犯罪预防是"一项系统工程"[②];有的从社会大视野出发,认为犯罪预防是"防止、减少和根除犯罪的社会活动"[③];有的着眼于操作性,认为犯罪预防是"治本的办法"[④]。

在博采众长的基础上,我们对犯罪预防作出如下界说:所谓犯罪预防,就是国家针对一定社会历史时期犯罪的状况、特点、原因和条件,调动社会各种积极因素和可能调动的力量,采取政治的、经济的、文化的、教育的、行政的和法律的等等综合手段,以达到防止、遏制、减少乃至最终消除犯罪的目的。

(二)犯罪预防的特征

1. 揭示犯罪原因是合理地犯罪预防的基础

犯罪预防是以对犯罪原因与条件的调查研究进行科学分析为前提的,犯罪原因不清楚或者所得出的结论不正确,就不能采取有针对性的预防犯罪现象的措施。因而犯罪预防只能建立在对犯罪原因与条件调查研究与科学分析的基础之上,离开犯罪原因谈论犯罪预防,那是一句空话,或者是毫无根据的从事所谓的预防,其结果不言自明。因为犯罪的产生,是由于犯罪原因与条件引起的,而犯罪作为一种社会现象,又是一个人的行为所造成的结果,因此,要预防犯罪的发生,就要设法限制、消除引起犯罪产生的原因与条件。由此可见,犯罪预防,用一句话概括,就是针对犯罪原

---

① 康树华主编:《犯罪学通论》,北京大学出版社1992年版,第591页。
② 赵可:《预防犯罪及其措施体系》,载《犯罪与对策》1993年第3期。
③ 王牧:《犯罪学》,吉林大学出版社1992年版,第391页。
④ 李增春:《公安学词典》,黑龙江科技出版社1988年版,第466页。

因与条件所采取的一系列措施。

2. 犯罪预防系针对犯罪原因的措施

犯罪预防是针对犯罪原因与条件所采取的一系列措施。所谓"一系列",是针对或者说是建立在犯罪原因的错综复杂性的基础上而采取的相应措施。犯罪原因是一个多质、多层次、多系统的综合体,并且各个犯罪因素之间、各个子系统与子系统之间、子系统与母系统之间,都存在着内在的联系。所以,犯罪预防必须调动社会上一切积极因素,运用各种手段和采取社会性和专门性的防治措施。所谓社会性预防就是指动员全社会力量,对犯罪进行防范活动,诸如家庭预防、学校预防、社区预防以及预防犯罪工作中形成的人民调解、社会帮教、工读教育等等,其所运用的手段为教育的手段、道德的手段、习俗的手段、舆论的手段乃至行政的手段等等。所谓专门性预防,就是指国家设置的专门机构,诸如公安机关、人民法院、人民检察院以及监狱等,对犯罪所进行的防范活动。司法机关专门工作的重要性是不言而喻的,它在犯罪预防中具有特殊的地位和功能,是其他任何工作都不能替代的。但是,仅靠这些专门工作是不行的。只有取得广大群众的支持,犯罪预防才有坚实的基础。总之,犯罪既然是多个系统的综合体,多种因素形成的"综合病症",其对策必须是综合治理的方针,对付它的措施则必须是一系列的措施和运用各种手段。

3. 犯罪预防旨在遏制犯罪

犯罪预防的目的是防止、遏制和减少犯罪。我们根治犯罪所采取的综合治理方针和对付犯罪所采取的一系列措施和所运用的各种手段,其目的都在于破坏、割断或削弱犯罪与其产生原因之间的因果联系,使原因不能决定或引起它的相应后果。因果关系的客观性,在于因果之间的内在联系,破坏、割断或削弱这种联系,犯罪必然会被防止、遏制和减少。这就是犯罪预防研究的理论意义和实用价值。

犯罪作为一种现象,同其他事物一样,都有其发生、发展和变化的规律,这种规律性是可以认识的。当我们在大量的调查研究基础之上,经过深入细致的分析研究,认识掌握了犯罪的规律之后,就能够采取一切有针对性的犯罪对策,有效地防止、遏制和减少犯罪结果的发生。我们之所以不讲不发生犯罪而只讲减少犯罪结果的发生,这是因为到目前为止,不仅我们的客观环境不具备这方面条件,特别是我们的认识能力还是有限的,不可能穷尽犯罪原因,尤其是对于犯罪原因系统中的内部机制及其相互关系,还有待于进一步认识,故只能讲防止、遏制和减少,而不能讲绝对地消除乃至消灭犯罪。但是,我们坚信,在客观环境具备了条件,随着人们认识能力的不断提高,在建立了科学的犯罪原因论的基础上,再加上采用现代科技手段,人类终将一步步走向对犯罪原因的透彻认识,进而达到防止、遏制,乃至最终消灭犯罪的目的。

二、犯罪预防的重要性

犯罪预防是减少和治理犯罪的根本途径,其重要性体现在如下几个方面:

(一)搞好犯罪预防有利于避免和减少犯罪给社会造成的损害

犯罪是自从人类社会产生私有制以来出现的一种一直威胁、困扰和破坏人类生产、生活与安全的严重社会问题。进入 20 世纪以来,犯罪正成为世界性公害,它对人类的威胁,特别是在物质上和精神上所造成的损害,已大大超过了战争。如上所述,美国因犯罪每年给经济造成的损失高达上千亿美元,大大超过了美国全年军备开支,更大大超出美国全年文教和卫生事业的开支,至于犯罪所造成的人身伤亡,更加惨重。据统计,美国平均每 14 分钟就有一人被害。美国大街上每 100 小时被杀的人数要比海湾战争期间 100 小时战死的美军多 3 倍。我国在"八五"计划期间,犯罪就造成了 360 亿元的经济损失,造成了 17.1 万人的死亡。天津市是我国社会治安状况较好的城市之一,但每年犯罪造成的人身伤亡和财产损失都呈迅猛增加的趋势。据调查 1996 年天津市判刑入狱的罪犯为 4512 人,人均犯罪所造成的经济损失额为 19257.35 元,当年入狱犯的犯罪直接经济损失总额为 8681.21 万元,其中并没有包括未破获案件以及未立案案件的经济损失。[①] 可见,犯罪对人类所造成的灾害,在今天已大大超过了战争,是一种严重的毒瘤,已成为当今社会发展的最大的阻力。因此,搞好犯罪预防,防止、遏制和减少犯罪的发生,不仅是必要的,而且是极为重要的。因为任何犯罪的发生,都要给社会和人们造成一定的危害和损失,即使罪犯为此受到了最严厉的惩罚,也无法挽回他(她)已经造成的损失。与此同时,为侦破、惩罚和改造罪犯,国家又要在人力、物力和财力等方面付出相当的代价。显而易见,事前预防犯罪的发生,较之事后惩罚罪犯,更有利,更具有积极、主动的意义。

(二)搞好犯罪预防,有利于社会秩序的稳定

如果犯罪频频发生,不仅会破坏社会生活,使社会成员处于惊恐不安状态,没有安全感,而且还会影响社会的政治、经济、文化和军事等事业的健康发展,导致社会的混乱,严重干扰和破坏社会主义现代化实现的进程。即使发案后能及时予以严厉打击,抓获罪犯,给人们的心理以一定的慰藉,也不如预防犯罪发生更有利于社会秩序稳定。当然,我国目前并未发生像美国 2001 年 9 月 11 日,国际恐怖分子劫机攻击纽约世贸中心大楼,惊爆现场满目疮痍,夺走 3000 多条无辜生命和废墟中有超过 10 万吨钢筋瓦砾待清理,改变了纽约 800 万市民的日常生活的事件,也未发生类似西班牙客车和伦敦地铁被炸那种骇人听闻、惨不忍睹的事件,但是这种可能性并非没有。因此,我国从中央到地方上下联动、协调指挥,及时准确地预测犯罪动态,进行预防犯罪规划、预防犯罪决策的实施、落实和监督是十分必要的。尽管在中国现阶段要完全消灭犯罪尚不可能。但是,我们有责任、有义务积极搞好犯罪预防,尽量减少犯罪的发生。因此,无论是对社会近期的发展目标,还是对社会长远的发展目标,犯罪预防都是必要的、不可缺少的。

(三)搞好犯罪预防,有利于社会主义物质文明和精神文明的建设

社会主义物质文明建设的重点内容,是发展社会主义的生产力,并在此基础上努力提高人民的物质生活水平,而这一任务的完成要有一个安宁稳定的社会环境作保证,这就需要我们千方百计地搞好犯罪预防,只有这样才能为社会主义经济建设和物

---

① 张宝义:《犯罪造成经济损失的基本估计》,载《青少年犯罪问题》1997 年第 5 期。

质文明建设提供可靠保障,从而加快我国社会主义经济建设和物质文明建设的步伐。

社会主义精神文明建设的根本任务,是培养有理想、有道德、有文化、守纪律的社会主义公民,要完成这个任务,光靠做思想工作不行,必要时也要使用一些法律手段和行政手段。犯罪预防就是我们促进社会主义精神文明建设的综合手段之一,只有把犯罪预防搞好了,犯罪现象被防止、遏制和减少了,才更有利于促进社会主义的精神文明建设。

显而易见,只有搞好犯罪预防,才能促进社会主义物质文明和精神文明建设;反过来,物质文明和精神文明建设又是预防犯罪的必要前提和基本保障。可见,它们之间存在着辩证统一的关系,犯罪预防是社会主义物质文明和精神文明建设的必然要求。

(四)犯罪预防是治理犯罪的最根本途径

治理犯罪的对策,具体的措施、方法乃至途径很多,但最根本的是预防犯罪。

在犯罪预防的实践中,我国总结出了打、防、教、管、建、改等一整套具有完整系统和内在联系的综合治理方针。因此,对犯罪只简单地"打"或者只简单地"防",都不是马克思主义的犯罪对策。马克思主义的犯罪对策,应该是"打防结合,预防为主"。我们以此为依据,将社会治安综合治理方针所提出的六个方面措施按犯罪发生与否来加以区别,可以分为防和治两个方面:防范、教育、管理、建设措施属于防,即在犯罪发生之前,防患于未然的措施;而打击和改造则属于治,即在犯罪发生之后,防患于已然的措施,两者都起着预防犯罪的作用,只不过一个是事前预防,一个是事后预防而已。防与治进行比较,防的优越性就在于将犯罪根除,使犯罪不发生,从而使社会不受到危害,不造成损失。治是以犯罪发生之后,对罪犯的打击、处理、惩罚与改造,是罪中和罪后的惩罚、矫治和治标的措施。"严打"虽不能消灭犯罪现象,但却也在一定程度上预防和遏制了犯罪。对于目前刑事案件增多的现象,在刑事犯罪猖獗的情况下,必须搞"严打",不能简单地认为"严打"没有起作用,甚至有人说"严打"越打越多。我们认为,不是刑事犯罪越打越多,在社会转轨、大震荡时期犯罪增多是必然的,打不打都多,如果不打,将会更多。但是,如果只打不防,打击的效果难以巩固,则必将造成恶性循环的局面——"越打越多"。因此,必须采取"打防结合,预防为主"的方针、政策。还要清醒地看到:治也是必要的,但和防比较起来,由于犯罪已经发生,并给社会造成了某种程度的危害,显然不如防理想,从这个意义上说,防是治理犯罪的最根本的途径,是最为理想的措施。

三、犯罪预防的可能性

在西方,有些犯罪学者主张有人类就有犯罪的"犯罪永恒论"的观点,认为犯罪是不可能预防的,但是,国内外也有众多的犯罪学者认为,犯罪是可以预防的,其主要理由如下:

(一)犯罪规律的可知性,为犯罪预防提供了科学依据

马克思主义认为,犯罪是一种历史的社会现象,是客观存在的事物。它同其他事

物一样，都有其自身发生、发展和变化的规律，其规律是可以认识的。认识的途径是通过实践、认识、再实践、再认识……这一无限循环往复的认识过程，逐渐克服主观与客观、认识与实践之间的矛盾，不断发现和认识真理，揭示事物发展变化的规律，最终达到对事物本质的认识。人类社会的全部活动，都是建立在客观世界具有可知性的原理基础之上的，只有建立在这一基础之上，才有可能对复杂的甚至是扑朔迷离的事物有清醒的认识，对犯罪的认识也是如此。

以个体犯罪为例，任何个体犯罪行为的发生，不论其原因如何复杂，都有一个从无到有、从小到大、从轻到重、从量变到质变的发展过程。这个过程是有一定的规律的。比如青少年走向犯罪的道路，在一定条件下，开始都是从不显著的、不易被人们觉察的不良思想和习惯开始的。如果这种不显著的、不易被人们觉察的不良思想和习惯得不到及时抑制，这种不良思想和习惯，则会发展成为违法心理、犯罪心理，以致造成违法犯罪的后果。怎能设想一个天真无邪的孩子会突然变成一个犯罪分子呢？犯罪行为是犯罪心理的外化，正在走上或将要走上犯罪道路的人，在其工作、学习、待人接物等等的日常行为中，总有某些不正常的反映。这就为我们认识犯罪的发生提供了线索。总之，我们了解犯罪心理与犯罪行为这种由量变到质变的发展过程及其规律，就可以在日常生活中采取种种有针对性的措施，减少、削弱消极因素的影响，增加或强化积极因素的作用，则可以达到预防犯罪的目的。

一般犯罪有规律可循，偶然性的犯罪是否也有规律呢？一般地说，偶然性犯罪常常带有偶然性、突发性、随机性和情景性等特点，给人以不可理解、难以捉摸、预见度低的感觉。但是，从事物发展的规律来看，偶然性犯罪仍然是有迹可寻，是可以认识的。因为这种偶然性也都和事物发展的必然性相联系，它并不是孤立的社会现象，仍然有一个从量变到质变的发展过程，只不过它的发展变化过程短暂而已。比如某些行为的骤然变化，从三好学生突然成为杀人犯、强奸犯，或者从某一种犯罪行为跳跃到另一种犯罪行为的变化，如赌博突变成抢劫杀人，从恋人、爱人到仇人、凶手。这些行为表面上看是偶然性、突然性的，经过调查，这种偶然性、突然性始终是受内部隐藏着的规律支配的，只要我们运用量变引起质变这一事物发展的普遍规律，都是可以解释得一清二楚的。实践证明，只要我们认真分析研究各种偶然性犯罪，就能从偶然性中找到必然性。

（二）社会主义制度的优越性，为犯罪预防提供了最可靠的保障

首先，犯罪是人们深恶痛绝的一种社会丑恶现象，它不仅危害社会，而且牵涉到千家万户，必须引起全社会对犯罪现象的公愤，从而汇聚成为一股抵制和反对犯罪的宏大社会力量，这就为犯罪预防提供了坚实可靠的力量上的保证。长期以来同犯罪作斗争的事实说明，犯罪涉及社会生活的各个方面，没有广大群众的积极参加，要有效地预防犯罪是不可能的。其次，我国实行以工人阶级领导的，以工农联盟为基础的人民民主专政的根本政治制度，人民真正成了国家的主人，这就使得综合治理犯罪有了深厚的群众基础。国家关于综合治理犯罪方针、政策和措施的制定和提出，都是从人民利益出发的，必然得到广大人民的积极拥护和支持。再次，建立在以生产资料公

有制为基础之上的社会主义上层建筑,使得它与人民群众的利益有了一致性,社会力量有了整体性,便于采取动员全社会力量,采取有针对性措施,抑制和削弱乃至消除导致犯罪发生的主、客观因素,预防和减少犯罪的发生。

(三)国际性犯罪预防的合作与交流为犯罪预防提供了有利的国际条件

自有犯罪以来,人类社会为预防犯罪进行了长期的努力,世界各国为此做了大量的工作,取得了多方面的经验。当今世界各国犯罪日益严重的发展趋势,促使各国为犯罪预防进行了更加广泛的努力,犯罪预防的研究不只限于本国范围之内,而且开始跨出国界,进行国际间的交流与合作。自1955年以来,联合国每五年召开一次预防犯罪和罪犯处遇大会,其中一项重要的议题,就是交流预防犯罪的经验,制定预防犯罪的战略。国际刑警组织在预防和制止犯罪方面也进行了广泛的合作。各国司法部门、学术团体及其他有关组织间为预防犯罪更是进行了广泛的接触、合作与交流,其内容越来越丰富,如打击跨国毒品犯罪,贩卖人口犯罪,走私枪支、武器犯罪,越境潜逃犯罪的合作,以及治理犯罪的设施、经验、学术理论的交流等。犯罪预防的国际合作,为打击、预防跨国犯罪创造了有利条件,为预防犯罪经验和理论的交流创造了便利条件和开辟了更广阔的前景,也为我国的犯罪预防提供了国际经验,大大增强了预防犯罪的可能性。

第二节 犯罪预防体系

一、犯罪预防体系的概念

犯罪预防体系,是指参与预防犯罪的各种力量、各种手段、各种举措围绕着犯罪预防这个共同目标有机联系、协调运行的工作体系。犯罪预防工作体系与其他工作体系一样,都具有一些共同的基本特点:(1)整体性:这就是要求把有联系的各个组成部分加以系统化,形成一个整体并运用于实践,则可以发挥单个组成部门单独无法发挥的作用。(2)层次性:体系都是有结构的,而结构又是分层次的。层次反映出体系内的主从关系和协作配合关系及其各自的功能。(3)综合性:也就是说,体系是各种力量、各种手段、各种措施的综合体。(4)动态性:体系应该说是相对稳定的,但又如同其他事物一样,是不断发展变化的,没有固定不变的模式,需要根据情况的变化,调整结构,合理布局,实行动态管理。

概括起来说,我们的犯罪预防体系实质上就是社会治安综合治理工作体系,它融打、防、教、管、建、改为一体,以群众预防、专业预防和技术预防相结合为主要内容,实行在各级党委和政府的统一领导下各部门、各单位齐抓共管的领导制,运用政治的、经济的、行政的、法律的、教育的等等各种手段,进行一般预防、重点预防和特殊预防等等活动,在打击和预防犯罪,维护社会治安秩序中发挥着重要作用。

二、犯罪预防体系的内容

从不同的角度出发,依据不同的原则,可以构建不同的犯罪预防体系。美国学者的三级预防论是犯罪预防体系的一种模式,荷兰学者的犯罪预防规划的二元模式也是犯罪预防体系的一种模式。我国学者也提出了犯罪预防体系的多种模式。总的来说,可以将犯罪预防体系分为广义与狭义的两个层面。狭义的犯罪预防体系即家庭预防、学校预防、社区预防三道防线相结合,该体系主要讲的是在犯罪之前主动采取措施,防患于未然。广义的犯罪预防体系即社会预防、心理预防、治安预防、刑罚预防四道防线相结合,该体系不仅限于事前的预防,而且包括事中的预防和事后的处理与改造的重新犯罪预防。

(一) 广义的犯罪预防体系(宏观犯罪预防)

宏观犯罪预防,包括社会预防、心理预防、治安预防、刑罚预防。这是从总体上建立起前后一贯犯罪预防体系。它可以针对违法犯罪的不同情况,给以切实有效的处置,以达到犯罪预防的目的。

1. 社会预防

社会预防是指通过对社会结构的调整与完善,使社会健康和谐发展,消除或减少社会弊病,从而达到预防、遏制和减少犯罪发生的目的的一种社会活动。由于犯罪现象在很大程度上是因社会自身的矛盾与弊端造成的,这就需要社会自我调整与完善,不断完善的社会加上不断完善的人便是犯罪预防最为理想的条件。需要说明的是,宏观犯罪预防里的社会预防同微观犯罪预防里的社区预防,其内含与外延是不完全一样的。前者是指总体上所说的一般预防,后者则是指社区环境具体预防措施。两者虽有联系,也是一致的,但其间的区别是明显的,具有原则性差别,不能混同。

具体地说,社会预防,从违法行为通常是由不以立法者意志为转移的经济因素造成的前提条件出发,重在大力发展生产力,加快国民经济的发展,无疑是首要的一环。这是犯罪预防的根本措施。当然,在制定科学的国民经济和社会发展规划之中,要把犯罪预防规划成为其中一个组成部分。在政治上发扬社会主义民主和健全社会主义法制,正确处理好人民内部的各种矛盾,发展安定团结的政治局面,应当说是搞好犯罪预防的重要一条。大力推进科学技术和教育事业,改变穷困、落后,乃至愚昧的社会状况,建立文明礼让的社会主义道德风尚,是预防犯罪的根本性措施。加强政治思想工作,反对封建意识残余,特别是资产阶级自由化思潮的影响,使我国社会主义精神文明建设和社会主义物质文明建设同步发展,这是犯罪预防的重要保证。推广军民联防,综合治理社会治安,健全治保、调解组织,制定村规民约,落实社会治安责任制,把社会搞成声息相关的和谐整体,这是犯罪预防的社会基础。

2. 心理预防

心理预防是指对健全人格的社会培养和自我修养活动,同时,也是削弱或者排除形成犯罪的内在动因,即将正在形成过程中的犯罪动机抑制住、消除掉。对个体进行世界观、人生观和法制观的教育,是消除犯罪的思想和心理形成的重要方面。犯罪心理不是与生俱来和一成不变的,也就是说,它既可以在一定条件下转为犯罪行为,又可以在良好的教育下导向正确的道路。一般地说,在犯罪心理结构中,犯罪的需要是犯罪心理形成的基础因素,犯罪的动机是导致犯罪行为的动力因素,而决定犯罪心理发展变化方向的,是一个人的人生观和世界观。如果用正确的人生观、世界观支配人的心理,人的行为就会朝着健康、有益的方向发展;反之,如果用不正确的人生观、世界观支配人的心理发展,人的行为就会朝着犯罪的方向发展。因此,进行犯罪心理预防,就必须首先从树立正确的人生观、世界观入手。此外,还要进行道德教育和法制教育,这是人生观教育的必要补充。各种犯罪,特别是青少年犯罪,有相当一部分是由于对法律的无知,甚至是蔑视和否定;也是由于道德修养极差,甚至缺乏公民最起码的道德修养。因此,必须抓紧道德教育和法制教育。法制教育和道德教育搞好了,人们的言行都符合法律和道德的要求了,违法犯罪现象就会大大减少。当然,不断完善社会,创造一个有利于人格健全发展的社会文化环境,亦属十分必要。

3. 治安预防

治安预防是指公安机关对于社会上具有违反治安管理行为的人所采取的专业防范措施。它是继社会预防之后的第三道防线。对于那些越过社会防线,实施违法行为但还不构成犯罪的人,给予一定的治安处罚,可以有效地制止和预防其违法行为的进一步发展,维护社会秩序;对于社会面的管理控制,可以及时发现违法犯罪活动,及时采取措施,防患于未然;对于危险物品的管理和控制,可以避免重大、恶性事故或案件发生;对于淫秽物品、卖淫、吸毒、赌博、封建迷信等社会丑恶现象的打击和取缔,可以消除犯罪的诱发因素。总之,筑起治安预防这道防线,对于稳定社会秩序,挽救失足者,预防和减少犯罪具有重要意义。

治安预防的具体措施,主要有治安联防、巡逻,社会帮教,治安处罚(警告、罚款、拘留)等。此外,对实行违反治安管理行为的工具以及由于违反治安管理行为所得的财物,则予以没收。在治安预防中,加强户口管理,特别是流动人口的户口管理,是预防犯罪的一项重要措施。管理特种行业、娱乐场所、车站、码头和机场等等,自然也都是治安预防的重要措施。

4. 刑罚预防

刑罚预防也称刑事预防或司法预防。它是指国家通过各级司法机关,对刑事犯罪分子予以追究刑事责任,发挥刑罚的惩罚、威慑和改造教育功能,从而遏制犯罪的专门性活动。这一活动,包括立法机关对刑事法律的制定与公布、警察和检察机关对犯罪的侦查与公诉、法院和监狱对刑罚的量定和执行等具体阶段和内容。

刑罚预防包括一般预防和特殊预防两个方面。一般预防表现为,通过惩罚罪犯,威慑社会上不稳定分子,使其不敢以身试法;通过刑法公布、法制宣传、公开判决等形式,教育公民自觉守法并勇于同犯罪分子或犯罪现象作斗争;通过对犯罪分子的惩罚来抚慰被害人及其亲属,以免产生冤冤相报的情形。特殊预防表现为,通过刑罚惩罚,使罪犯不敢重新犯罪;通过剥夺其人身自由或生命权利使之不能犯罪;通过改造教育使其不重新犯罪。

刑罚预防是典型的事后预防,应该说它在犯罪预防之中,实属"下策"。"戒为下",就是说,一个人犯了罪,要依法追究其刑事责任,使之提高戒心,前车之鉴,后事之师,不再犯罪。虽有预防意义,但其毕竟已经犯了罪,给社会造成了危害,且受到应有的惩罚,因而这是犯罪预防中的"下策"。刑罚预防,尽管是"下策",但它又不失为犯罪预防的对策之一。同时还应看到,刑罚预防的那些曾经犯了罪的人,往往恶习难改,防止他们再犯,应该说是比较困难的,而且他们一旦重新犯罪,给社会造成的危害更加严重。因此,这种事后预防又具有特别重要的意义。有了这种事后预防,与上述的事前预防(社会预防、心理预防)和事中预防(治安预防)配套成龙,则可以构成犯罪预防的完整体系,借以收到预期的防范效果。

宏观犯罪体系的四个组成部分具有各自的功能,缺一不可,由此构成犯罪预防的四道防线。前三道防线为防患于未然,第四道防线则为惩治于已然,社会预防和心理预防是社会与个人的积极的自我完善,即不断完善的社会加上不断完善的个人,是犯罪预防的充分条件,而治安预防和刑罚预防,则是在不充分具备上述条件的情况下而进行的外在强制与控制。社会预防、治安预防和刑罚预防相对于心理预防来说,其基本方向是指向个人、作用于个人的,而心理预防则是通过内在交流,使个体主动去接受、适应来自于外部的上述制约。这样,通过以上四道防线的协同运作,社会便形成了一种良性运行和动态平衡,从而从总体上降低犯罪行为发生的频率和行为强度,以便大大减少犯罪现象的出现,实现犯罪预防的终极目标。

(二)狭义的犯罪预防体系(微观犯罪预防)

微观犯罪预防,包括家庭预防、学校预防和社区预防,是社会组织间对违法犯罪的横向预防。一般来说,微观犯罪预防主要都是事前的预防,防患于未然。搞好犯罪的家庭预防、学校预防和社区预防,使之相互衔接,相互配合,筑起犯罪预防的三道防线,是我国有关专家和学者在研究青少年犯罪问题时提出的一种有效预防青少年犯罪的体系,它对于一般犯罪的预防同样也有借鉴意义。

1. 家庭预防

家庭是社会的细胞,家庭是人生中最早接触的社会环境,这个环境的状况如何对于一个人的一生有着重要影响。由于家庭是以婚姻关系和血缘关系作为联系其成员纽带的社会群体,控制力较强。因此,充分利用家庭这种控制力,就能有效地预防犯罪。所谓家庭预防,就是通过发挥家庭的教育功能抑制和减少犯罪的一种犯罪预防的方法。家庭预防的内容主要包括家长对子女的犯罪预防和家长(或长辈)自身的犯罪预防。家庭预防的任务是防止家庭成员犯罪和家庭受到犯罪侵害。在家庭预防犯罪中的核心内容,是家长预防子女违法犯罪。因此,家长处于核心地位,负有教育、管束和保护(监护)子女的责任。家长应充分运用自己的影响力以及权利与义务,采取科学的教育方法和教育态度,正确地引导、培养、教育子女,使他们树立正确的世界观、人生观、道德观、劳动观和价值观等,使子女从小就形成良好的个性品质和人格,有分辨是非、善恶、美丑、正义和非正义的能力,要知法、懂法和守法,从而起到预防犯罪的作用。同时,家长还要加强自身的修养,以身作则,言传身教,行为检点,从严要求自己,敢于为正义而斗争,既为子女树立榜样,以影响子女,又要防止自己走上违法犯罪道路。

2. 学校预防

在现代社会中,学校是绝大多数人的必经之路。一个人的一生中有几年、十几年甚至更长的时间是在学校度过的,而这一段时间一般又正是人的世界观形成的关键时期。如果能在学校受到良好的教育,那么他就有可能成为一个情操高尚、于国家于社会有益的人;相反,如果学校教育不力或不利,他就有可能走上歧途,违法犯罪。因此,学校预防是继家庭预防之后的犯罪预防又一道重要防线。

学校是青少年社会化的重要场所,其根本任务是对受教育者进行有目的、有计划、有组织的系统教育,使他们完成社会化的全过程,树立起正确的人生观和世界观,获得良好的个性修养和知识,成为有理想、有道德、有知识、守纪律、法制观念强、爱劳动、爱祖国、爱人民、爱党、爱社会主义制度、讲奉献的一代新人和社会需要的人才。学校通过良好的教育活动,有效地发挥预防犯罪的作用,是预防犯罪领域中普遍预防和基础预防的重要环节。因此,加强学校教育和管理,减少教育措施的失误,提高双差生的成绩,堵塞学生流失的漏洞,是学校预防犯罪的重要方面。其中,尤其应强调如下问题:一是重视和发展教育事业,提高全民族的文化素质。在加强中、小学教育的同时,抓好成人教育。二是学校教育应根据未成年人的特点,进行活泼的思想教育工作,加强学生品德、法制和人生观教育,培养德、智、体全面发展,遵纪守法的人才,增强学生的"免疫力"。三是提高教师的思想品质和业务素质,教育者首先要受教育,以身作则,遵纪守法,热爱学校,忠诚教育事业,同家长、社会密切配合,共同教育好学生。四是学校应当配合家长和社会组织做好社会帮助工作。如对于孤儿、离婚家庭、再婚家庭和非婚生子女以及寄养、借读学生,应予特别关注。

3. 社区预防

社区是社会学中的概念,20世纪30年代即已翻译成中文。社区通常指的是以一定地理区域为基础的社会群体的聚居处。也就是有一定群众生活的地方社会。村庄、乡镇、街道、市区、郊区、大都市等等都是规模不等的社区。所谓社区预防,就是以社区为基点,根据犯罪行为和社会违法与不良行为的实际情况、特点和规律,通过社区组织、社区行动、社区文化,以及改变社区环境等多种途径和方式,从时间、空间和人等多维度对犯罪行为、违法行为、不良行为进行预防,制止和处理相配合的犯罪预防模式。社区预防是预防、遏制和减少犯罪的重要手段和发展方向,是一项复杂的系统工程。其理论根据:一是社区作为一种地域性社会生活共同体,具有经济功能、社会化功能、社会控制功能、福利保障功能和社会参与功能。通过遏制社区成员违反社区规范和价值观念的行为,可以稳定社区秩序,保持良好的社会风尚,从而达到预防、遏制、减少犯罪的目的。二是每个人都生活在特定的社区内,个人犯罪行为的实施,从犯罪动机和欲望的产生、犯罪技能与手段的培养与选择、犯罪机会的创造直到实施犯罪,都离不开社区环境,不可能不留下犯罪的痕迹。因此,在社区内,采取多种方法,实现对有犯罪危险性的人和滋生犯罪环境的控制,进而预防、遏制犯罪的发生,是可行的。

社区预防是一个涉及面极广的课题,除了上述一些工作之外,还应强调:(1)加强定居户籍户口和流动户籍户口的管理。(2)建立与健全治保、调解和帮教组织,及时解决问题,防止矛盾激化。(3)广泛开展法制宣传教育,使广大群众学法、知法、守法,鼓励和倡导社区成员自防自卫和主动同违法犯罪行为进行斗争,从根本上减少和抵御犯罪。

社区是社会的"细胞",它具有不可忽视的特点:一是作为社会"细胞"的社区,它是各种社会对策的出发点和归宿。社会治安问题的发生与解决主要在于社会之基层——社区。因此,社区是社会治安综合治理这一系统工程的终端。离开社会基层的社区讲落实综合治理,是未达于终端的"落实",可以说,这是一些地方综合治理不落实的原因之一。二是"细胞"的健康是身体健康的基础。与此同理,如果社区都有了良好的治安环境,那么这个城市或地区必然的结果是真正有了良好、稳定的社会秩序。三是社区的普遍性赋予了小区治安的全局意义。"以小治安带动大治安",就是强调了这个"细胞工程"的普遍意义。一个小细胞,似乎是无足轻重,所有小细胞的联结就是整体效应。抓了城市的社区,就抓住了城市的普遍性构成。这种起步于微观,成功于宏观,才是步步落实综合治理系统工程的正确思路。

第十五章　刑事政策的观念与内容

第一节　刑事政策思想的兴起

基于应对犯罪的一种对策的意义,刑事政策似乎古来有之,然而现代意义的刑事政策有其独特的意义。诸如,立于民主政治的背景与出于防止罪刑擅断的宗旨,由此构成对于犯罪的理性反应;政策的具体内容,奠基于对犯罪原因的合理揭示;政策的法律归宿,表现为以罪刑法定原则为基奠的刑法制度,等等。从这个意义上说,刑事政策思想与近代刑法思想相伴生。

一、刑事古典学派与刑事政策思想

刑事政策思想伴随着现代刑法学的诞生与发展而逐步形成,不过其真正兴起得益于刑事近代学派的思想背景。1803 年,德国刑法学家费尔巴哈(Paul Feuerbach)启用刑事政策的术语,认为"刑事政策是国家据以与犯罪作斗争的惩罚措施的总和",强调刑事政策是基于心理强制学说的刑事立法政策,从而将心理学、实证哲学、刑事政策作为刑事法的辅助知识。[①] 然而,在当时及其之后的近一个世纪,刑事政策的理论与实践并未得到充分的彰显。究其原因,这与其时占主导地位的刑事古典学派的思想价值体系不无关系。

以费尔巴哈等为代表的刑事古典学派,在犯罪理论上坚持理性人意志自由的犯罪原因,强调行为中心的犯罪构成评价,注重道义责任的刑罚处罚根据(客观主义犯罪理论);在刑罚理论上主张立法威吓主义的一般预防(费尔巴哈),或者坚持道德报应(康德)或法律报应(黑格尔)的报应主义(一般预防的目的刑论与报应刑论)。在这种理论与思想背景下,应对犯罪的关键在于,给予犯罪与其客观危害相适应的事后刑事制裁,而不是基于犯罪形成机制的事前灵活预防。这种事后制裁以严谨的犯罪与刑罚的规范框架具体展开,刑事政策依附于罪刑法定原则的思想,只是作为其辅助知识或者具体展示,而指导刑法立法与司法实践。罪刑的具体明确与确定,要求限制罪刑规范框架的伸缩,刑事司法的可供余地也随之受到限制,其间刑事政策思想主要是宗旨的宣告,而难有直接的实质操作。然而,刑事近代学派的思想提供了刑事政策所需的价值体系,为刑事政策全面扩张提供了有力的背景知识的支持。

[①] 转引自〔法〕米海依尔·戴尔玛斯-马蒂:《刑事政策的主要体系》,卢建平译,法律出版社 2000 年版,第 1 页;〔日〕大谷实:《刑事政策学》,黎宏译,法律出版社 2000 年版,第 7 页;张甘妹:《刑事政策》,台湾三民书局 1979 年版,第 1 页。

二、刑事近代学派与刑事政策思想

费尔巴哈之后,刑事政策的推进历经了近一个世纪的沉寂,其后在 20 世纪初,得到了德国刑法学家李斯特(Franz Liszt)的大力倡导。李斯特提出,"刑事政策是国家和社会据以与犯罪作斗争的原则的总合",强调"最好的社会政策就是最好的刑事政策",并且主张基于教育刑论,为使犯罪人不致再犯,应当根据犯罪人的具体情况施以相应的改造措施。① 由此,现代刑事政策思想日益受到刑事科学理论与实践的重视,成为基于刑事视角惩治与预防犯罪策略方针的一个重要侧面。当然,这种刑事政策思想的理论与实践的充分彰显,与当时的刑事近代学派的思想观念的兴起与价值体系的形成密切相关。

以李斯特等为代表的刑事近代学派,在犯罪理论上坚持经验人行为决定的犯罪原因,强调行为人中心的人身危险性评价,注重社会责任的刑罚处罚根据(主观主义犯罪理论);在刑罚理论上主张剥夺犯罪能力主义(龙勃罗梭)的特殊预防,或者倡导矫正改善主义(李斯特)的特殊预防(特殊预防的目的刑论)。在这种理论与思想背景下,应对犯罪的关键在于,深刻揭示犯罪形成机制,针对不同原因的犯罪人采取区别对待的处置,刑事处置应当与犯罪人的人身危险性相适应,事后制裁不是主要的,重要的是事前的灵活预防。这种事前预防以柔韧的社会危险行为与保安处分的规范框架而具体展开,刑事政策的原则与思想在刑法立法与司法中居于主导地位。可以说,刑事政策思想是刑事近代学派理论与实践的当然结论。

第二节 刑事政策的概念与特征

一、刑事政策概念的学说考究

(一)刑事政策界说的构成要素

基于纯粹的文字意义,政策是指"国家或政党为实现一定历史时期的路线而制定的行动准则"②。这一政策的定义展示了政策概念界说的构成要素:内容承载——行动准则;决策主体——国家或者政党;宗旨目标——为了实现路线;规范形态——制定的行动准则;针对问题——一定历史时期的路线。有关政策的理论研究通常强调:"政策是旨在付诸行动的一种指针";"凡是政府决定做的或不做的事情就是公共政策";"政策是一项含有目标、价值与策略的大型计划""组织的目标通常是以法规或规章形式公诸于众的"③;社会政策,是指国家解决社会问题的基本原则或方针。④ 更为明显,这些政策研究对于政策概念的阐释,也呈现五个方面的构成要素的框架:内容承载、决策

---

① 转引自卢建平:《社会防卫思想》,载高铭暄、赵秉志主编:《刑法论丛》第 1 卷,法律出版社 1998 年版,第 135 页;[日]大谷实:《刑事政策学》,黎宏译,法律出版社 2000 年版,第 11 页。
② 《现代汉语词典(第 7 版)》,商务印书馆 2016 年版,第 1674 页。
③ 转引自金炯烈、朴贞子:《论哲学与政策过程》,载《东方论坛》2004 年第 2 期,第 82 页。
④ 参见李剑华、范定九主编:《社会学简明辞典》,甘肃人民出版社 1984 年版,第 252 页。

主体、宗旨目标、规范形态、针对问题等。刑事政策学系属独特专题侧面的政策知识体系,有关刑事政策的界说,见解分歧颇众,不过也大致展现出这几个方面视角下的争鸣。例如,德国学者克兰斯洛德(Kleinschrod)认为:"刑事政策是立法者为了预防、阻止犯罪、保护公民自然权利并根据各个国家的具体情况而采取的措施。"[①]在此,刑事政策的中心词被定义为"措施"。法国学者戴尔玛斯-马蒂认为:"刑事政策就是社会整体据以组织对犯罪现象的反应的方法的总和,因而是不同社会控制形式的理论与实践。"[②]在此,刑事政策的决策主体被定义为"社会整体"。日本学者田中政义认为:"刑事政策系国家、自治团体抑民间团体,藉刑罚或类似刑罚之方法或制度,以达直接防止犯罪与矫正犯罪为目的"[③]。在此,刑事政策的宗旨目标被定义为"防止与矫正犯罪"。俄罗斯学者博斯霍洛夫认为:"刑事政策当被理解为……以相应的必须绝对服从的文件形式表达出来的国家反对犯罪斗争政策。"[④]这一刑事政策的界说强调了刑事政策的规范形态。

(二) 刑事政策内容的囊括范围

有的学者将刑事政策分为广狭三义,也有学者将刑事政策分为广狭二义。**(1) 广狭三义**:对于刑事政策的内容范围,由广义至狭义逐步收缩而具体分为三个层次。例如,我国刑法学家甘雨沛基于措施所涉范围与措施针对领域的不同,对刑事政策作了广狭三个层次的概括。广义刑事政策,囊括应对犯罪的一切社会政策,包括旨在制裁预防犯罪的直接的刑事措施,以及旨在抑制预防犯罪的间接的各种社会政策,诸如失业政策、教育政策等。狭义刑事政策,指向应对犯罪的刑事措施,包括旨在制裁预防犯罪的刑事立法上体现的强制手段、司法上体现的惩役禁锢等实力强制、行刑上的假释、保护观察中的监护措施。最狭义刑事政策,是指针对不同个别犯罪人的个别的有针对性的抑止活动和措施,其以特别预防为目的。[⑤] **(2) 广狭二义**:对于刑事政策的内容范围,具体分为广义与狭义两个层次。例如,我国台湾地区学者林纪东基于措施所涉范围的不同,对刑事政策作了广义与狭义的概括。广义刑事政策,囊括防止犯罪的一切对策而不仅限刑罚与保安处分,并且强调对于犯罪从根本上予以积极的救治。狭义刑事政策,仅限刑事领域的现行刑罚制度及其相关制度的运用与完善。[⑥]

(三) 刑事政策范畴的演进及现实形态

立于刑事政策范畴的主流状况,刑事政策可谓历经了刑罚制裁、社会政策、罪犯处遇的认识阶段。**(1) 刑罚制裁**:刑事政策最初由刑事古典学派巨擘费尔巴哈启用。

---

① 转引自卢建平:《社会防卫思想》,载高铭暄、赵秉志主编:《刑法论丛》第1卷,法律出版社1998年版,第134页。
② 〔法〕米海依尔·戴尔玛斯-马蒂:《刑事政策的主要体系》,卢建平译,法律出版社2000年版,第1页。
③ 转引自谢瑞智:《刑事政策原论》,台湾文笙书局1978年版,第5页。
④ 〔俄〕谢尔盖·博斯霍洛夫:《刑事政策的基础》,刘向文译,郑州大学出版社2002年版,第17页。
⑤ 参见甘雨沛、何鹏:《外国刑法学》(上册),北京大学出版社1984年版,第75页。德国刑法学家李斯特对刑事政策即作了如此的界说。
⑥ 参见林纪东:《刑事政策学》,台湾正中书局1963年版,第3—7页。

费尔巴哈所言的"刑事政策是国家据以与犯罪作斗争的惩罚措施的总和",并且以心理强制说为理论基础,主要表现为刑事立法政策。在这种视野下,刑事政策是对于犯罪行为的直接应对,固然以刑事领域为本位且呈现刑罚制裁的核心措施,旨在威慑犯罪实现刑法的一般预防机能。罪刑法定原则是刑罚制裁应当遵循基本理念,在此至为注重的是事后的体现公正价值的合理制裁,刑事政策作为刑法辅助知识而存在。**(2) 社会政策**:伴随着刑事近代学派兴起,刑事政策日益受到张扬,与近代学派思想相应,刑事政策范畴也不断扩张,及至近代学派巨擘李斯特倡导"最好的社会政策就是最好的刑事政策"。在这种视野下,刑事政策既是直接应对犯罪行为与犯罪人的刑罚制裁与教育改善,也为间接防止犯罪的各种社会政策,强调政策措施对于社会不良状况这一核心致罪因素的改善。刑事处置的柔韧成为刑事立法与司法的主导观念,在此特别注重的是犯罪的控制与预防,刑事政策系属刑法的思想灵魂。**(3) 罪犯处遇**:立于刑事近代学派的思想背景,随着对刑事政策理解的不断深入,刑事政策的范畴也日益集中。目前,刑事政策的主导意义在于,强调刑事政策不仅是直接控制预防犯罪的刑事制裁与改善措施[①],而且是更为聚焦于刑事个别预防的有关罪犯处遇的各种策略方法[②]。这里彰显的依然是近代学派的核心思想,强调犯罪原因机制的揭示系属政策选择的基本前提,并且注重针对不同具体犯罪人的不同人身危险性,采取具有针对性的隔离消除与矫正改善措施。在此,特殊预防、罪犯处遇、积极恢复等是刑事政策追寻的核心。

基于刑事政策概念的具体存在方式的视角,有的学者将刑事政策分为应然刑事政策与实然刑事政策。**(1) 应然刑事政策**:是指在理论上对刑事政策予以系统的研究,整合刑法学、刑罚学、犯罪学等理论成果,由此提出有关刑事政策的原理原则。**(2) 实然刑事政策**:是指现实中政府与社会针对犯罪所采行的刑事政策。包括司法手段、司法以外措施以及控制犯罪的国家活动等。[③]

二、刑事政策概念的学理论证

基于刑事政策概念的理论考察与综合分析,应当说,刑事政策是基于犯罪原因、犯罪条件的揭示和犯罪预测的把握,由国家与执政党制定或认可的,以制度规范形态展示的,旨在预防、控制与惩治犯罪、实现刑事公正与效率的价值目标的,应对犯罪与社会危险行为的应有的原则与方法。包括广义的刑事政策与狭义的刑事政策、宏观的刑事政策与微观的刑事政策等。

(一)刑事政策的特征

1. 知识背景

刑事政策基于犯罪原因、犯罪条件的揭示和犯罪预防的把握。如同犯罪学的研究更为注重社会学、心理学、生物学等知识的支撑一样,刑事政策学的探索也至为需

---

① 许多学者均将刑事政策的核心意义定位于直接针对犯罪的刑事领域的犯罪的制裁与改善措施方法。
② 由此,上述有将刑事政策作为最狭义的意义上理解,依然有其现实的根据。
③ 参见林山田:《刑事法论丛(一)》,台湾兴丰印刷厂有限公司1997年版,第337—338页。

要政治学、社会学、心理学等知识的运用。然而,基于现代科学的广泛与深入,可以说任何一门学科都不是孤立的,均会或多或少地奠基于其他有关学科的知识平台,但是这并不减损学科本身的专业特征。刑事政策学仍属于刑事科学领域,犯罪学、刑法学等是刑事政策学的专业知识背景。犯罪原因、犯罪条件的揭示和犯罪预防的把握,是确立刑事政策的重要基础知识。其中,犯罪原因的揭示有助于犯罪预防的刑事政策的制定;而犯罪条件的揭示是构建犯罪控制的刑事政策的重要基础;犯罪预测对于未来犯罪状况的准确把握,为刑事政策的应变动态性提供了前提。

2. 内容承载

刑事政策表现为宏观原则与具体方法。"政策是阶级或政党……以权威形式规定的在一定时期内指导和规范人们行为的准则。"[①]"政策是国家机关、政党及其他政治团体……所采取的政治行为或规定的行为准则"[②]。由此,在最基本的意义上,政策意味着"行为准则"。而行为准则,在宏观上表现为指导行动的方针或原则,在微观上表现为具体行动的措施或方法。刑事政策属于一种政策类型,在本义上固然也具有"行为准则"的特征。刑事政策既可以表现为指导行动的宏观上的方针原则,例如,社会治安综合治理的方针、惩办与宽大相结合的原则;也可以表现为具体行动的微观上的措施方法,例如,各种刑罚方法、各种保安处分方法、缓刑制度、假释制度。

3. 决策主体

刑事政策由国家与执政党制定或认可。刑事政策的主体涉及刑事政策的决策者与执行者。刑事政策是一个政治法律概念,具有一定的权力色彩;同时,刑事政策又依存于刑事领域,具有谦抑的重要特征。决策,是指决定、决断刑事政策的活动;执行,是指执掌、实行刑事政策的活动。作为以谦抑为重要特征的刑事领域的权力的产物,刑事政策由国家与执政党予以决策,由代表国家或者执政党的组织机构负责执行。社会各界乃至公民个人的有关刑事政策的意志,在一定程度上影响着国家与执政党的决策,或者说,国家与执政党的决策,在一定程度上采纳着社会各界乃至公民个人的意志,但是,刑事政策的最终决策者是国家与执政党。社会各界与公民个人是刑事政策执行的依靠力量和社会基础,或者说,刑事政策的执行离不开社会各界乃至公民个人的支持与参与,但是,负责刑事政策的执行者是代表国家或者执政党的组织机构。

4. 规范形态

刑事政策以制度规范形态展示。刑事政策是由国家或者执政党予以决策,并通过具体的立法、司法或者行政管理在全社会中予以推行的一种行为准则。这种"行为准则"的表现形态,就是具有特定内容的"制度规范"。制度是一种规范化的系统,是为了满足人类的基本生存需要或解决各种社会问题的需要而出现的;规范是一种行为规则,直接调整人们的行为,以要求人们做什么或者禁止人们做什么或者规定人们

[①] 刘斌、王春福等:《政策科学研究(第1卷)》,人民出版社2000年版,第88页。
[②] 陈振明主编:《政策科学》,中国人民大学出版社1998年版,第59页。

可以做什么的面目出现。制度规范与社会事实相对。社会事实是在社会互动过程中所表现出的社会本质与社会现象的真实情况与客观实体。犯罪原因是对犯罪形成因果关系的社会事实的揭示；而刑事政策是对防治犯罪行为准则的制度规范的展示。

5. 宗旨目标

刑事政策旨在预防、控制与惩治犯罪、实现刑事公正与效率的价值目标。作为一种规范形态，刑事政策有其目标追求。对于这一"目标追求"，可以基于两个层面予以解析：**(1) 形式层面**：刑事政策以预防、控制与惩治犯罪为形式目标。预防犯罪是刑事政策应对犯罪的治本之举；控制犯罪是刑事政策应对犯罪的治标之举；惩罚犯罪是刑事政策应对犯罪的基本属性。预防犯罪、控制犯罪与惩罚犯罪，三者相互贯通，刑事政策基于三者有所侧重选择而发动。**(2) 实质层面**：刑事政策以实现刑事公正与效率为实质目标。刑事公正，意味着刑事政策体现着社会的公平、正义与合理，具体表现为保障人权兼顾保护社会、罪刑宽严适度、平均正义并分配正义等。刑事效率，意味着刑事政策体现着以最少的资源获得最大的收益，具体表现在刑事政策对于稳定社会秩序所产生的积极功效与作用。刑事公正与刑事效率，二者既对立又统一，共同构成刑事政策的内在价值目标。

6. 针对问题

应对犯罪与社会危险行为。这里的犯罪，是指刑法所规定的、具有严重社会危害性的、符合犯罪成立条件的行为。犯罪应当受到刑罚处罚。这里的社会危险行为，是指虽不完全符合法定犯罪成立条件，或者虽符合法定犯罪成立条件，而行为人具有特殊的危害社会的危险性的行为，对于这样的行为有必要予以非刑罚的保安处分。包括无责任能力人的危害行为、具有特殊社会危险的行为等。对于犯罪的概念，刑事科学领域存在统一说与各别说的对立：统一说主张，犯罪学犯罪概念与刑法学犯罪概念应当是一致的，并且统辖于刑法的规定；各别说主张，犯罪学应当有其自身的独立的犯罪概念，犯罪学的犯罪概念不受刑法规定的局限。① 应当说，犯罪学犯罪概念与刑法学犯罪概念，在表述的视角上有所差异，但是它们所界定的犯罪的实体是一致的，从这个意义上说，犯罪的刑法界定统一划定了刑事科学领域的犯罪边界。犯罪不同于社会危险行为。

(二) 刑事政策的广狭范畴

在外延表现上，基于不同视角，刑事政策具体表现为各种类型：**(1) 广义与狭义**：**A. 广义的刑事政策**，是指基于广泛的社会领域，一切旨在实现社会公正与效率的，从而直接或者间接遏制犯罪与社会危险行为的原则与方法。包括就业政策、税收政策、教育政策、法律政策等一系列社会政策。具体而言，广义刑事政策的思想原则内容并不局限于刑事领域的范畴，而是涉及社会生活的各个有关方面；广义刑事政策的具体措施方法的规范表现，也不限于刑法规定的处置犯罪或社会危险行为的制度框架模

---

① 详见张小虎：《犯罪论的比较与建构》，北京大学出版社2006年版，第3—4页。

式。应当**注意**,刑事政策包括广义并不意味着广义政策系属刑事政策研究的重心。对于刑事政策予以包容广义的理解,有助于在犯罪控制与预防的刑事政策的研究中,开阔视野立足从根本上解决社会治安问题,并使刑法内的政策与各项社会政策相协同,充分展现狭义刑事政策的效率与机能。当然,作为专业学科领域的一个分支,刑事政策的研究依然置重于刑事领域。**B. 狭义的刑事政策**,是指基于刑事科学领域,旨在实现刑事公正与效率的,从而直接针对遏制犯罪与社会危险行为的原则与方法。包括刑事立法政策、刑事司法政策,刑事宏观政策、刑事微观政策,刑事实体法政策、刑事程序法政策等。具体而言,狭义刑事政策的思想内容侧重展示刑事科学领域的原则与方针;狭义刑事政策的具体措施与方法的规范表现,仅限于以行为出入罪及其刑罚与保安处分为核心内容的相关刑事制度的框架模式。同样值得**注意**的是,由探求犯罪原因的机制而走出来的刑事政策,即使在其狭义的层面,其更为彰显的依然是主观主义、犯罪人的人身危险性、犯罪与刑罚制度的柔韧、特殊预防、积极的矫正与改善、保安处分、罪犯处遇、刑罚个别化、社会内处遇、社区矫正、缓刑减刑与假释、设施内处遇、开放式处遇等等刑事思想理念与措施方法。在此,作为刑事政策外衣的刑法规范与作为刑事政策灵魂的思想,更为张扬的是罪刑处置的开放制宜以充分体现其效率。**(2) 宏观与微观**:宏观刑事政策,是指具有相对的普适意义与总体指导作用的基本刑事政策;微观刑事政策,是指针对较为具体的事项而适用范围也相对特定的具体刑事政策。**(3) 其他分类**:此外,基于不同视角,刑事政策还可以分为,犯罪预防政策、犯罪控制政策、犯罪惩罚政策,定罪政策、刑罚政策、处遇政策,刑事犯罪政策、社会危险行为政策,中央刑事政策、地方刑事政策,刑事政策原则、刑事政策方法,刑事惩罚政策、刑事矫治政策等等。

(三) 刑事政策的应然重心

刑事政策侧重应然的合理的策略原则与措施方法的建构。作为对于犯罪的一种刑事反应,每个社会均有一定的原则与方法,不过这种反应是否基于理性的思想则又是一个问题。现代刑事政策所强调的正是,应当基于对犯罪原因与犯罪条件的客观揭示,立于合理地惩治犯罪尤其是预防控制犯罪的宗旨,充分彰显公正与效率的价值理念,由此针对不同类型的犯罪与犯罪人,有针对性地采取相应的策略原则与措施方法。显然,这是对实然的刑事理念与制度的一种超越,旨在构建应然的合理的策略原则与措施方法,这就是以应然的刑事政策思想为指导,对实然的罪刑制度予以合理的解释与贯彻,或者对实然的刑事理念与制度予以进一步地完善。这种应然与合理的建构,既包括犯罪评价也包括刑事处置。就犯罪评价而言,需要考究的应然包括,以行为为中心的犯罪构成理论体系的模式,以行为人为核心的社会危险行为的具体测定,犯罪化与非犯罪化的合理配置等等;就刑事处置而言,需要考究的应然包括,刑罚方法与刑罚制度,保安处分措施与制度,其他刑事处置,各种处置的罪犯处遇。

另外,作为一种知识体系与社会实践,刑事政策还具有动态性、整体性、系统性等特征,不过,这些特征在一定程度上为一种知识体系与社会实践所共有。

第三节 刑事政策学的学科地位

广义犯罪学与狭义犯罪学,对刑事政策学的学科地位有着不同的归位。应当说,即使立于广义犯罪学的学科架构,也应认为刑事政策学是一独立的学科。刑事政策学在对犯罪原因、刑事处置等的研究上有其不同于犯罪学的独特聚焦;而在具体法律规范的表现上,刑事政策学又与单纯的规范刑法学有着不同的价值重心。

一、刑事政策学的学科地位学说考究

对于刑事政策进行系统研究而构建的知识体系是**刑事政策学**,在刑事科学中刑事政策学的学科地位也未达成共识,主要存在如下见解:

(一) 纳入犯罪学

英美法系国家,通常将刑事政策纳入犯罪学的内容体系,有关刑事政策的知识并未作为一个独立的学科范畴,虽然最近也有刑事政策(criminal policy)术语的出现与运用,但是并不普遍而且也常常为犯罪对策所包容。① 由此,其犯罪学也为广义的犯罪学。**广义犯罪学**,除了研究犯罪现象、犯罪原因之外,也探究防治犯罪的对策,表现为以犯罪现象、犯罪原因、犯罪对策为研究对象的科学,包括犯罪原因学与犯罪对策学(犯罪防治学)。**犯罪原因学**,运用生物学、社会学的理论和研究方法,研究个体犯罪现象或者整体犯罪现象,揭示生物因素或者社会因素对犯罪的影响,包括犯罪生物学、犯罪社会学。**犯罪对策学**,在通过犯罪现象揭示犯罪原因的基础上,提出一套合理的防治犯罪对策,包括刑罚学、监狱学、犯罪侦查学、警察学等。总的来讲,英国、美国、中国、日本等国家倾向于广义的犯罪学,并且广义犯罪学是当今世界犯罪学研究的主流。例如,美国犯罪学之父萨瑟兰(Edwin Sutherland)认为,犯罪学的内容有三:形成法律的过程、违反法律的过程、对违法者反应的过程。②

(二) 独立的学科

大陆法系国家,通常将刑事政策的知识体系作为一个独立的学科,从而与犯罪学并列。刑事政策学以研究犯罪的防止对策为内容③,而犯罪学则为狭义的犯罪学。④ **狭义犯罪学**,又称犯罪原因学,是以犯罪现象、犯罪原因为研究对象的科学,包括犯罪生物学与犯罪社会学。**犯罪生物学**,运用生物学的理论和研究方法,研究个体犯罪现象,揭示犯罪个体的生物因素对犯罪的影响。广义的犯罪生物学包括犯罪人类学、犯罪心理学、犯罪精神病学及狭义的犯罪生物学。**犯罪社会学**,运用社会学的理论和研究方法,研究个体犯罪现象或者整体犯罪现象,揭示社会微观环境因素或者社会宏观

---

① 参见张甘妹:《刑事政策》,台湾三民书局1979年版,第1页。
② Edwin Sutherland and Donald Cressey, *Principles of Criminology*, 8th Ed., Philadelphia, J. B. Lippincott, 1970, p. 3.
③ 在德国,不论广义、狭义还是最狭义的理解,均强调刑事政策的犯罪对策内容。参见许福生:《刑事政策学》,中国民主法制出版社2006年版,第3—4页。
④ 参见张甘妹:《刑事政策》,台湾三民书局1979年版,第2页。

结构因素对犯罪的影响。包括犯罪地理学、犯罪统计学、犯罪社会心理学等。由于受本国学术背景的影响,不同国家狭义犯罪学中犯罪社会学与犯罪生物学的比重有所不同。在德国,由于生物学的研究较为发达,因而犯罪生物学所占犯罪学的比重较大;而在美国,由于社会学的研究较为发达,因而犯罪社会学所占犯罪学的比重较大。总的来讲,欧陆国家(法国、德国、意大利等)倾向于狭义的犯罪学。

二、刑事政策学学科地位的学理论证

独特的研究对象、知识侧面、体系结构等是一门学科得以独立的重要因素,刑事政策与犯罪原因密切相关,但是这并不否定对于刑事政策予以系统阐释的知识体系可以成为一门独立的学科。长期以来,刑事政策在我国的刑事理论与实践中有着举足轻重的地位。而从当今法律制度较为发达的国家来看,在严谨的法治文化得以确立及发展之后,随着刑事科学的日益进步,**刑法的刑事政策化**[①]又成为这些国家的思想追求与制度尝试。这些也在一定程度上彰显着刑事政策在刑事科学中的独特地位。因此,就内容而言,刑事政策与犯罪学、刑法学存在一定的交叉,但是就知识侧面与体系结构而论,以刑事政策为核心的知识体系,即刑事政策学,不失一门独立的学科。这关涉刑事政策的含义以及刑事政策与犯罪原因、刑罚处置等在刑事学科体系中的关系。

(一)犯罪原因·刑事政策学与犯罪学

犯罪原因是犯罪学研究的核心内容。狭义的犯罪学就是犯罪原因学;广义的犯罪学除犯罪原因之外还包括犯罪对策的研究,但是犯罪原因仍是其知识体系的基础、前提与必不可少的重心。犯罪原因也是刑事政策学的重要内容之一。刑事政策的思想内容奠基于对犯罪原因的客观揭示,由此犯罪原因也是刑事政策的基础与前提。然而,犯罪学与刑事政策学仍有不同:(1)体系重心的差异(犯罪原因·刑事政策):犯罪学以犯罪原因为核心而展开其知识体系,具体表现为犯罪本质、犯罪现象、犯罪原因、犯罪对策的内容结构;刑事政策学以刑事政策为核心而展开其知识体系,具体表现为犯罪原因客观状况、刑事政策思想内容、刑事政策规范形态的内容结构。(2)理论焦点的差异(原因理论·现实原因):犯罪学研究犯罪原因,不仅揭示具体现实的犯罪原因的事实状况,而且注重深层抽象的犯罪原因理论的建构,阐释犯罪形成机制的专业理论,刑事政策研究犯罪原因,重在揭示当今犯罪原因的实然状况,由此为刑事政策的建构奠定基础,而非置重于建构解释犯罪原因的专业理论。(3)学科属性的差异(事实科学·规范科学):犯罪学是较为典型的事实科学,在犯罪学的研究中,经验方法的运用是首要的、必要的,犯罪学以构建综合性命题为主流。刑事政

---

① **刑法的刑事政策化**,以刑事近代学派的思想为背景,强调刑法的价值理念、理论阐释、制度设置等,皆以刑事政策为核心要旨。具体表现在:刑事政策是刑法价值理念的基础,这种价值理念至为关注主观主义的犯罪观与特殊预防的目的刑主义;刑法理论的知识结构也应凸显刑事政策思想,不应专注行为中心的犯罪构成而应注重犯罪人的不同类型,以及更为有利于罪犯回归的刑罚与保安处分知识;刑法的制定与运作,犯罪与刑罚、社会危险行为与保安处分的制度设置,也应以刑事政策思想的体现为标准不断地予以完善。

学,注重合理的刑事政策的架构,追寻刑事政策的价值目标,在刑事政策学研究中,思辨方法是重要的手段,刑事政策学以构建分析性命题为主流。(4)内容侧重的差异(事实比重·权力成分):犯罪学以揭示客观犯罪为前提,其中犯罪事实所占的比重更大,即使是改造客观犯罪的犯罪对策,也具有更为广泛的意义,而不只是国家的决策、行动。刑事政策学的研究对象刑事政策,具有一定的权力色彩。刑事政策由国家或者执政党予以决策,并通过具体的立法、司法或者行政管理在全社会中推行。

(二)刑事处置·刑事政策学与刑法学

基于预防犯罪尤其是预防再犯的刑事处置法律制度,既是刑事政策学的重要内容,也是刑法学的重要知识。尽管如此,刑事政策学与刑法学对于刑事处置法律制度的研究侧重仍有不同。(1)应然侧重与实然侧重的差异:应当说,无论是刑事政策学还是刑法学,就其研究对象均有实然与应然的层面的探讨,不过基于刑策政策学旨在以刑事政策的思想内容为核心,从而建构更为完善的刑事法律制度,因此刑事政策学对于刑事处置制度的研究,更为关注的是从应然的刑事政策思想出发,对于实然的刑事处置的立法与司法予以分析,以求建构符合政策思想的相应内容的、更为合理的制度规范。刑法学以犯罪与刑罚、社会危险行为与保安处分的制度规范为基本平台;建构理论刑法学的知识体系,进而阐明实然刑法制度规范的形式与实质意义,不失刑法学的核心任务;而刑法学对于应然刑法制度规范的揭示,既可以是基于刑事政策思想而具体展开,也可以是基于理论刑法学的基本规律而系统考究。因此,刑法学对于刑事处置制度的研究,以实然刑法规范为实证基础,构建并运用刑法理论知识,再予刑法规范以注释、揭示与完善。(2)刑法之外与刑法之内的差异:刑事政策学对于刑事处置制度的研究,其理论视野并不局限于规范刑法学的领域,而是将触角延伸至犯罪原因的分析,基于犯罪原因的揭示而构建合理的刑事政策,再将这一合理的刑事政策予以刑事处置的规范体现。由此,刑事政策学中的刑事处置是基于犯罪原因的刑事政策的法律化、条文化,是以刑事处置的制度形式充分彰显刑事政策思想,可谓是立足于刑法之外的刑事处置研究。刑法学对于刑事处置制度的研究,其理论视野集中于规范刑法学的领域,刑事政策思想主要是作为刑法专业理论的价值背景而呈现的;刑罚理论是其核心的知识形态,具体包括刑罚体系、量刑原则与制度、刑罚执行制度、刑罚消灭制度、保安处分理论等。在刑法学的理论框架下,刑罚与保安处分是犯罪与社会危险行为的法律后果,一定的刑罚制度对应于一定的罪行特征,这是以罪刑的逻辑主线而展开的对于刑事处置的规范分析,可谓是刑法之内的刑事处置研究。

(三)治理犯罪·刑事政策与犯罪对策

刑事政策与犯罪对策均以治理犯罪为其基本任务。从刑事政策的视角来看,犯罪原因的揭示,旨在预防、控制与惩治犯罪;而应对犯罪与社会危险行为的原则与方法,既是刑事政策的内容也是犯罪对策的表现。甚至在一定程度上广义刑事政策与犯罪对策的基本内容至为相近。但是,不能就此将刑事政策完全等同于犯罪对策。应当注意,通常所指的刑事政策仅为其狭义上的理解。如果将刑事政策限定为广义,则刑事政策这一概念也就缺乏其应有的个性,并且基于广义刑事政策视野的至为广泛,也难以形成相对集中的刑事专业的理论研究与学科体系。因此,本书在一般场合仅将刑事政策限定为特定范畴的犯罪对策,即刑事政策只是犯罪对策的下位概念,是刑事科学领域中的犯罪对策。具体地说:(1) 基本概念对比:**刑事政策**,是基于犯罪原因、犯罪条件的揭示和犯罪预测的把握,由国家与执政党制定或认可的,以制度规范形态展示的,旨在预防、控制与惩治犯罪、实现刑事公正与效率的价值目标的,应对犯罪与社会危险行为的原则与方法。**犯罪对策**,是基于犯罪原因、犯罪条件的揭示和犯罪预测的把握,由社会组织制定与实施的,探寻犯罪预防、犯罪控制、社会政策与刑事政策、社会措施与刑事处置、犯罪惩罚与犯罪矫治的合理的原则与方法。(2) 两者相同之处:A. 政策与对策的基础:犯罪原因、犯罪条件的揭示和犯罪预测的把握,既是刑事政策制定也是犯罪对策制定的理论与实际根据。B. 政策与对策的宗旨:无论是刑事政策还是犯罪对策的制定与实施,均以预防犯罪与控制犯罪为宗旨。C. 政策与对策的本义:就刑事政策与犯罪对策的核心表现而言,两者均为应对犯罪与社会危险行为的原则与方法。(3) 两者不同之处:A. 决策主体:刑事政策由国家与执政党予以决策,由代表国家或者执政党的组织机构负责执行,由此刑事政策也具有一定的权力色彩。社会各界乃至公民个人并不主导刑事政策的决策与负责刑事政策的执行。与此不同,犯罪对策主要由社会组织制定与实施。社会组织的外延更为广泛,具体包括政党、政府、企业、学校、社会团体等。同时,初级社会群体所拟订的一些较为具体的应对犯罪方法,也不失为犯罪对策的组成部分;而犯罪对策的具体实施,则包含了各种社会组织与初级社会群体在内的全社会。B. 核心内容:刑事政策更为专注于刑事领域,其本体内容表现为直接遏制犯罪与社会危险行为的原则与方法,包括刑事立法政策、刑事司法政策,刑事实体法政策、刑事程序法政策等;其形式层面表现为应对犯罪与社会危险行为的刑罚与保安处分的一系列制度规范设置;其实质层面表现为由既对立又统一的刑事公正与刑事效率而构成的刑事政策的内在价值理念。相对而言,犯罪对策涉及更为广泛的领域与视野,而不仅仅局限于刑事领域的预防犯罪与控制犯罪的原则方法。犯罪惩罚、犯罪矫治、刑事处置等固然属于犯罪对策的组成部分,而社会措施、社会政策等更是犯罪对策的重要内容。这里的社会措施、社会政策立足于社会领域,置重于应对犯罪的各种合理的政策、制度、方法。例如,增加就业机会、调整税收政策、完善社会保障等。

第四节 我国刑事政策的基本内容

刑事政策的基本内容既可谓是刑事政策的基本骨架,又可以说是刑事政策的具体样态。对此,我国刑事政策的理论与实践存在诸多不同见解。应当说,刑事政策的基本价值理念与政策形式结构是刑事政策基本内容的核心。

一、我国刑事政策内容的学说考究

基于知识展现纵深的视角,我们可以将关涉刑事政策内容的知识层面分析为三:

刑事政策的指导思想、刑事政策的基本原则、刑事政策的具体形态。以此作为逻辑纲目展开,试对我国学者有关刑事政策内容的见解,择要介绍如下:

(一) 刑事政策的基本原则

关于刑事政策的基本原则,主要存在如下见解:**(1) 强调相对概念间的协调统一思想**:例如,有的论著指出,我国刑事政策的基本原则,主要包括:正确处理政策与法律的关系原则;以罪刑相适应原则为基础的处遇个别化原则;打击少数,争取、教育、改造多数的原则;统筹兼顾,不可偏废的原则。① **(2) 强调合理、平衡、法制的思想**:例如,有的论著指出,刑事政策制定的基本原则,主要有三条:合理原则(有价值与合真理的统一);平衡原则(宏观与微观、一般预防与特殊预防、社会利益与个人利益、目的与手段等的相对统一);法制原则(遵守宪法原则、政策与法律密切协同)。② **(3) 强调人道、法治、科学的思想**:将人道主义、法制主义、科学主义,作为刑事政策的基本原则。人道主义是指对人性尊严的尊重,即人必须把人当作目的而不是手段;法治主义是指在制定及实施犯罪防制对策时,须受法律支配;科学主义是指刑事政策学须立足于犯罪学等经验科学的研究成果之上。③ **(4) 强调谦抑、刑期无刑、仁爱的思想**:将刑罚谦抑主义、刑期无刑主义、仁爱主义,作为刑事政策的基本原则。刑罚谦抑主义,是指排除刑罚万能的思想,刑罚须和其他社会安全设施紧密配合才能达到目的;刑期无刑主义,是指刑罚本身并不是目的,而只是手段,其最终目的在使犯罪人不至沦于再犯;仁爱主义,是指人和人彼此密切不可分离,自然应当人人有不忍人之心,休戚与共痛痒相关。④ **(5) 强调改善、科学、个别、谦抑的思想**:将教育改善主义、科学主义、个别化、刑罚谦抑主义,作为刑事政策的基本原则。教育改善主义,是指刑事政策最终目标在于教育改善犯罪人,使其重新做社会有用之人;科学主义,是指有效的刑事政策非以各科学有关犯罪之研究为其基础不可;个别化,是指对犯罪人所为之处遇,须依各个犯罪人之个性及需要而个别化;刑罚谦抑主义,是指排除刑罚万能的思想。⑤ **(6) 区分政策的制定原则与执行原则**:例如,有的论著指出,制定刑事政策的基本原则,主要包括:科学原则、法治原则、人权原则;刑事政策执行的基本原则,主要包括目标与手段相统一的原则、原则性与灵活性相结合的原则、监控与执行相同步的原则。⑥

(二) 刑事政策的类型形态

关于刑事政策的类型形态,主要存在如下见解:**(1) 基本政策与犯罪类型政策**:例如,有的论著将我国刑事政策的类型形态表述为:惩办与宽大相结合的基本刑事政策;对于犯罪集团,实行区别对待的刑事政策;对于惯犯,实行从严处罚的刑事政策;对于犯罪法人,实行两罚的刑事政策;对于严重刑事犯罪,实行依法从重从快的方针;对于严重经济犯罪,实行依法从严处罚的方针;对于违法犯罪的未成年人,实行教育、

---

① 马克昌主编:《中国刑事政策学》,武汉大学出版社1992年版,第22—27页。
② 杨春洗主编:《刑事政策论》,北京大学出版社1994年版,第41—45页。
③ 许福生:《刑事政策学》,中国民主法制出版社2006年版,第19—21页。
④ 林纪东:《刑事政策学》,台湾正中书局1963年版,第10—13页。
⑤ 张甘妹:《刑事政策》,台湾三民书局1979年版,第9—14页。
⑥ 何秉松主编:《刑事政策学》,群众出版社2002年版,第226—266页。

感化、挽救的方针,坚持教育为主、惩罚为辅的原则;对于累犯、再犯,实行从严处罚的刑事政策;对于国家工作人员犯罪,实行从严从重的刑事政策;对于军职人员犯罪,实行军法从严、战时从严、宽严相济、化消极因素为积极因素等的刑事政策;对于少数民族公民犯罪,实行"两少一宽"的刑事政策;对于社会治安问题,实行社会治安综合治理的方针;对于劳动改造罪犯的工作,实行"改造第一,生产第二"的方针。① **(2) 基本政策与具体政策**:例如,有的论著将我国刑事政策的具体形态表述为:社会治安综合治理的方针,是解决我国违法犯罪问题的基本对策;惩办与宽大相结合的政策,是我国同犯罪作斗争的基本刑事政策;少杀政策、给出路政策、依法从重从快政策等,是在贯彻实施惩办与宽大相结合的基本刑事政策过程中,在不同时期,针对不同情况,党和国家提出的具体刑事政策;"教育、感化、挽救",是劳动教养工作的方针;惩罚管制与思想改造相结合、劳动生产与政治文化技术教育相结合、对罪犯实行社会主义人道主义等政策,是我国改造罪犯中的具体政策。② **(3) 不同法律部门的政策体现**:例如,有的论著基于不同法律部门以刑事政策法律化,对我国刑事政策的具体形态作了表述。《刑法》对于犯罪概念、犯罪构成一般构成要件、犯罪停止形态的规定等,均体现了刑事政策的基本要求;《刑法》规定的刑罚体系,体现了区别对待的原则、依靠专门机关与人民群众相结合的政策、社会主义人道主义的精神;依法从重从快,重证据、重调查研究、不轻信口供、严禁刑讯逼供等等,是刑事政策在刑事诉讼法方面的表现;改造第一、生产第二,惩前毖后、治病救人,"给出路"政策等,是刑事政策在监狱法方面的表现;此外,还有惩办与宽大相结合、社会治安综合治理等等刑事政策。③

二、我国刑事政策的基本结构

应当说,刑事政策的知识结构涉及刑事政策概念与特征、刑事政策的主体与客体、刑事政策的价值目标、刑事政策的指导思想与原则、刑事政策的具体表现、刑事政策的制定与实施、刑事政策的环境、刑事政策的评估、刑事政策的终结、中外刑事政策的比较等等。不过,这里所讲的"刑事政策的基本结构",主要是就刑事政策的内容要素而言的,基于纵深的视角,具体表现为三个层面:指导思想、基本原则、具体形态。

(一) 刑事政策的指导思想

刑事政策的指导思想高屋建瓴,是构建刑事政策内容的灵魂与源泉,属于刑事政策内容要素的最为抽象宏观的精神。刑事政策由国家与执政党制定或认可,是国家与执政党为治理整体国家而确立与倡导的意识价值,也是刑事政策灵魂的根本指针与导向。我国《宪法》序言明确规定了国家的指导思想:"……中国各族人民将继续在中国共产党领导下,在马克思列宁主义、毛泽东思想、邓小平理论、'三个代表'重要思想、科学发展观、习近平新时代中国特色社会主义思想指引下,坚持人民民主专

---

① 马克昌主编:《中国刑事政策学》,武汉大学出版社1992年版,第89、229、253、267、279、319、367、387、408、424、437、484页。
② 杨春洗主编:《刑事政策论》,北京大学出版社1994年版,第198、231、229、279、318页。
③ 何秉松主编:《刑事政策学》,群众出版社2002年版,第359—447页。

政……"由此,马克思列宁主义、毛泽东思想、邓小平理论、"三个代表"重要思想、科学发展观、习近平新时代中国特色社会主义思想,是中国共产党和国家的根本指导思想,也是刑事政策内容的灵魂与源泉。

(二) 刑事政策的基本原则

刑事政策的基本原则基于刑事政策的根本指导思想,具体阐释刑事政策内容的法则或标准,属于刑事政策内容要素的刑事领域的基本准则。就具体表现而言,刑事政策基于其基本原则的思想指导,形成各个侧面的政策的典型表述(例如,宽严相济政策),进而又具体展示为制度规范的形态(例如,罪刑处置)。这意味着,刑事政策原则高屋建瓴统辖着刑事政策典型表述的核心思想,刑事政策的典型表述系属刑事政策思想内容的基本网结,刑事处置等规范形态则为刑事政策最终的具体展开与表现。由此,基于最终的实体形态,也可以说,刑事政策是具有内在价值目标的刑事规范,在刑事领域,法治原则、保障人权兼顾保护社会、刑事公正兼顾刑事效率、罪责自负原则,应当成为刑事规范的重要价值标准,同时也构成了刑事政策的应然的基本准则。

刑事法治原则:是指基于民主政治的社会背景,国家刑事权力的发动与运行,严格依据法律,而排除任何个人恣意的法律至上的基本准则。其核心标志为:**(1) 民主政治**:法治原则以民主政治为根基。民主,意味着人民的统治、多数人的统治。法律也应当是民主的产物,而不是个别人或者少数人的恣意。**(2) 法律至上**:法治的基本特质就是法律至上。国家、政党、统治者个人等所有权力,均受公平正义的法律框架的制约,不允许有超越于法律的特权。**(3) 罪刑法定**:在刑事领域,罪刑法定、罪刑均衡、刑法法制主义、适用刑法平等、无罪推定等,确立了刑事法治的基本价值,构建了现代刑事法治的根本支柱。①

保障人权兼顾保护社会:保障人权意味着刑事政策应当具有防止国家滥施刑罚权与任意剥夺公民自由权利的价值的基本准则,包括:对国家刑罚权的制约;对公民自由的保障(保障犯罪公民受到合法追究、保障善良公民不受非法追究)。保护社会意味着刑事政策应当具有惩罚犯罪以维护社会秩序与保护各种法益的价值的基本准则,包括:社会秩序的维护;各种法益的保护(对个人法益、对国家法益、对社会法益的保护)。关于保障人权与保护社会的平衡问题,基于刑事法律关系的本质特征,即"国家与犯罪人"的刑事法律关系主体、"受制约的刑罚权与有限度的刑事责任"的刑事法律关系内容等②,应当强调刑事政策的保障人权本位与保护社会兼顾。

刑事公正兼顾刑事效率:这是基于刑事政策价值目标的核心取向对于刑事政策应有的基本准则的表述。③ 刑事公正,意味着刑事政策体现着社会的公平、正义与合理,具体表现在保障人权兼顾保护社会、罪刑宽严适度、平均正义并分配正义等。刑

---

① 详见张小虎:《刑法的基本观念》,北京大学出版社 2004 年版,第 142—171 页;张小虎:《刑法学》,北京大学出版社 2015 年版,第 27—35 页。
② 详见张小虎:《刑法的基本观念》,北京大学出版社 2004 年版,第 209—235 页。
③ 相对而言,保障人权兼顾保护社会,是基于刑事政策价值目标的**具体表现**而对刑事政策应有的基本准则的表述。

事效率,意味着刑事政策体现着以最少的资源获得最大的收益,具体表现在刑事政策对于稳定社会秩序所产生的积极功效与作用。关于刑事公正与刑事效率的平衡问题,基于法律对于社会正义的终极意义以及刑事法律的谦抑、严厉等本质特征,应当强调刑事政策的公正本位与效率兼顾。

罪责自负原则:是指刑罚权只能针对实施了犯罪行为的犯罪人本人发动与具体实行,而不能株连与犯罪无关的人的刑事政策基本准则,包括:责及罪犯本人;不得株连无辜。**(1) 责及罪犯本人**意味着只有实施犯罪行为的人才承担刑事责任;犯罪人也只对自己的罪行承担刑事责任;不仅生命刑、自由刑只能由罪犯本人承担,而且资格刑、财产刑也只能由罪犯本人承担;**(2) 不得株连无辜**意味着在刑事领域并不存在刑事责任者承担责任的替代与转移;没有实施犯罪行为的人,尽管其与犯罪人有着亲属、朋友、邻居等关系,但是也不能因此而受到刑事责任的牵连。

(三) 刑事政策的具体形态

刑事政策的具体形态立于政策具体内容的层面,展现各种刑事政策的典型表述,属于刑事政策内容要素的较为具体微观的表现。刑事政策,旨在预防、控制与惩治犯罪,应对犯罪与社会危险行为,表现为宏观原则与具体方法。这意味着刑事政策,在具体形态上,包括预防、控制与惩治犯罪的刑事政策,应对犯罪与社会危险行为的刑事政策,宏观原则性刑事政策与具体方法性刑事政策。

预防、控制与惩罚犯罪的刑事政策:**(1) 预防犯罪的刑事政策**:是指旨在预先防范犯罪形成的各种刑事政策的具体形态。例如,社会治安综合治理的方针,教育、感化、挽救的方针(对待未成年人违法犯罪)、惩前毖后、治病救人的方针(我党对待犯错误的同志)、惩罚与教育相结合、以教育为主的政策(对待未成年人犯罪)等等。**(2) 控制犯罪的刑事政策**:是指旨在限控遏制犯罪发生的各种刑事政策的具体形态。例如,依法从重从快的方针(对于严重刑事犯罪)、从严处罚的政策(对于累犯、再犯)等等。**(3) 惩罚犯罪的刑事政策**:是指旨在以合理报应已然之罪为本位的各种刑事政策的具体形态。例如,轻轻重重的两极化罪刑政策、以事实为依据以法律为准绳的刑罚适用政策,少杀的惩罚强度政策、少捕的惩罚广度政策、主刑与从刑的惩罚模式政策等等。

应对犯罪与应对社会危险行为的刑事政策:**(1) 应对犯罪的刑事政策**:是指针对犯罪而予以刑罚处罚的各种刑事政策的具体形态。例如,刑事违法性与社会危害性相统一的犯罪概念,四要件平行并举的犯罪构成理论体系,主刑与从刑的刑罚体系,坦白从宽、抗拒从严的政策,区别对待的政策(对于不同类型犯罪、共同犯罪)等等。**(2) 应对社会危险行为的刑事政策**:是指针对社会危险行为而予以保安处分的各种刑事政策的具体形态。我国现行法律体系中没有保安处分之名,《刑法》上更无保安处分之说,但是我国《刑法》和行政法上业已存在一定的具有保安处分部分功能的各种预防犯罪的措施:收容教养、强制医疗、强制戒除、没收财物等。[①] 与这些措施相应,

---

① 但是,严格而论,这些措施不能称作我国的保安处分制度。详见张小虎:《刑法学》,北京大学出版社2015年版,第313—314页。

也有着各种刑事政策的具体形态。例如,针对未成年人违法犯罪的教育、感化、挽救的方针等等。

宏观原则性刑事政策与具体方法性刑事政策:(1) **宏观原则性刑事政策**,是指刑事政策的具体表现中,具有总体全局指导意义的刑事政策形态。例如,社会治安综合治理的方针、宽严相济的刑事政策等。宏观原则性刑事政策也可谓**基本刑事政策**。对于基本刑事政策的界定,刑法理论存在不同见解。有的强调基本刑事政策的"较长时期全程主导作用"特征,并且存在定罪、刑罚、处遇等三个方面的基本刑事政策[①];有的认为基本刑事政策应当包含事前预防与事后打击两个方面,从而只有社会治安综合治理才能称为基本刑事政策[②]。应当说,基本刑事政策的核心意义在于其总体全局指导的特征。具体地说,作为基本刑事政策应当同时具有如下特征:长期持续有效、贯穿立法司法、具有普适意义、政策思想平台等。现代刑事政策在本义上就是基于"预防、控制与惩治犯罪、实现刑事公正与效率的价值目标",而非单纯的事后制裁。由此,宽严相济政策不失基本刑事政策的地位。(2) **具体方法性刑事政策**,是指刑事政策的具体表现中,具有相对具体与操作意义的刑事政策形态。包括具体方法思想与具体方法操作。其中,**具体方法思想**,例如,刑事违法性与社会危害性相统一的犯罪概念,四要件平行并举的犯罪构成理论体系,主刑与从刑的刑罚体系,保留死刑但严格限制死刑的政策等等;**具体方法操作**,例如,基于《刑法》第 13 条"但书"而有的相关规定,对于情节显著轻微危害不大的行为,不认为是犯罪;基于《刑法》总则有关条文以及分则第 263 条的规定,认定特定行为构成抢劫罪;基于《刑法》总则与分则的有关规定,具体适用管制、拘役、有期徒刑等刑罚方法。

指导思想、基本原则、具体形态的刑事政策纵深层面,在一定程度上也表现出刑事政策的形成与践行的过程。刑事政策的指导思想高屋建瓴,构建刑事政策内容的灵魂与源泉;基于刑事政策的指导思想,刑事政策的基本原则解释刑事政策内容的法则或标准;基于刑事政策的基本原则,刑事政策的具体表现展现刑事政策内容的各种形态。由此,指导思想有待于具体为基本原则,而基本原则有待于转化为具体形态,具体形态也有待于进一步予以方法操作化。

---

① 参见储槐植:《刑事政策:犯罪学的重点研究对象和司法实践的基本指导思想》,载《福建公安高等专科学校学报·社会公共安全研究》1999 年第 5 期,第 6 页。
② 参见张远煌:《宽严相济刑事政策时代精神解读》,载《江苏警官学院学报》2008 年第 2 期,第 7 页。

下 篇

犯罪学分论

閣下

第六编 典型常见犯罪

第十六章 暴力犯罪

虽然就整体犯罪类型而言,暴力犯罪的数量与比例并不高,但在高度现代化、民主化的今天,它的发生对个人与社会各层面均将造成重大的影响。

第一节 暴力犯罪的概念

一、暴力的概念

毫无疑问,"暴力"这个名词可以有许多意义与解释。心理学家、法学家和社会学家对之会有不同的定义。立于犯罪学的视角,从基本意义上来说,暴力应当具备如下几个要素:(1) 身体的动作:主要表现为一种积极的行为。这种行为可以是对行为对象的直接身体接触,例如,用拳击打;也可以是对行为对象的间接作用,例如,利用棍棒击打他人,利用炸药的力量而伤害他人。这种作用,可以是面对行为的对象,也可以是不面对行为的对象,例如,在远处开枪射击。行为的对象,包括人和物。(2) 给人以强烈刺激:包括给受到行为击打的人以肉体上的感受,或者使人虽未受到肉体上的击打,但面临暴力场景而受到精神上的震撼。[①] 从这个意义上说,广义的暴力包括以实施暴力行为为内容的威胁,例如,扬言杀害、伤害等。

对暴力可以按照不同的标准加以分类:(1) 依照暴力的属性可分为犯罪学中的暴力和刑法学中的暴力;(2) 依照暴力是否直接作用于人体分为直接的暴力和间接的暴力;(3) 按照暴力作用于人体的程度分为一般的暴力、造成轻伤的暴力、造成重伤和死亡的暴力;等等。

二、暴力犯罪的界说

在犯罪学史上,最早提出"暴力犯罪"概念的是意大利的犯罪学家加罗法洛。他在 1885 年出版的《犯罪学》一书中,把犯罪人区分为自然犯罪人和法定犯罪人两种,

---

① 张小虎:《宽严相济刑事政策的基本思想与制度建构》,北京大学出版社 2018 年版,第 165 页。

认为暴力犯罪是自然犯罪的一种,并称这种犯罪是人类社会永恒的现象。

暴力犯罪不是纯然的刑法上的一个具体的罪名,而是犯罪学上对犯罪进行分类使用的概念,是一类犯罪行为的统称。关于暴力犯罪的界说林林总总。应当说,暴力犯罪是以暴力为内容或者与暴力内容密切相关的犯罪,具体地说,是指实施身体的动作,给人以肉体感受或精神震撼的强烈刺激,使他人的人身、财产遭受侵害,严重危害社会的行为。暴力犯罪通常表现为以暴力的方式实施的杀人、伤害、爆炸、抢劫、强奸等犯罪。作为行为对象来讲,可能是侵犯财产的暴力犯罪,也可能是侵犯人身的暴力犯罪,在侵犯人身的暴力犯罪中,可能是侵犯性权利的暴力犯罪。由于财产犯罪、性犯罪,是犯罪学研究中与暴力犯罪相并列的重要的犯罪类型,因此将某些以暴力手段实施的侵犯财产、侵犯性权利的犯罪分别归入财产犯罪或性犯罪也未尝不可。不过,暴力是暴力犯罪的重要标志,与暴力相关的犯罪均可纳入暴力犯罪的范畴。事物并非是非此即彼,这种研究对象的交叉性在科学研究中是普遍存在的。[①]

第二节 暴力犯罪的状况与特点

一、暴力犯罪的状况

暴力犯罪是犯罪现象的主要表现形式之一。美国一直是世界上暴力犯罪率高企的国家之一。美国联邦调查局2020年发布的报告显示,2019年美国共发生暴力犯罪案件120多万起,其中谋杀案16425起、强奸案139815起、抢劫案267988起、重伤案821182起。这意味着每10万居民中分别发生5起谋杀案、40余起强奸案、80余起抢劫案和250余起重伤案。近年来,美国社会治安形势恶化,2021年共发生693起大规模枪击事件,比2020年增长10.1%,枪击事件导致超过4.4万人丧生。例如,美国的大规模枪击数量显著增长,2022年美国枪支暴力致死43341人,致伤37763人,发生大规模枪击事件636起,平均每天发生2起。2022年美国主要城市的凶杀抢劫等恶性罪案也在持续上升。日本随着近年来社会的快速高龄化,恶性暴力事件也是层出不穷。2001年大阪池田小学事件、2008年东京秋叶原事件、2016年神奈川残疾人福利院事件等均为严重的群体性伤害事件。2022年日本刑事犯罪案件出现二十年来首次增长,日本警察厅发布的数据显示,2022年刑事犯罪案总数为601389件,同比增长5.9%。其中,包括谋杀和性相关犯罪的六类严重犯罪达9536件,增长8.1%;严重性侵案发量同比大幅增加,其中强奸案总计1656件,增幅为19.3%;涉及暴力或威胁的性侵案达4708件,同比增加9.9%。英国英格兰和威尔士犯罪调查(CSEW)的数据显示,在截至2022年3月的12个月内,超过100万16岁及以上的英国人遭受性犯罪,受害者包括79.8万名女性和27.5万名男性,统计数据涵盖性犯罪未遂。英国约有1/6(790万人)的人遭遇过性犯罪,这些性犯罪通常发生在他们年满16岁后的

[①] 参见张小虎:《犯罪论的比较与建构》,北京大学出版社2006年版,第461页。

某个阶段;其中 190 万人遭到强奸。法国内政部发布的数据显示,2021 年法国人身暴力犯罪增加 12%,达到疫情暴发前的水平,其中家庭内部暴力事件增加 14%,其他故意伤人案件增加 9%,特别是性暴力增加了 33%。2022 年法国家庭暴力犯罪同比上升 17%,性暴力犯罪同比上升 11%,是增幅最高的两类;家庭之外的故意伤害犯罪上升 14%,增幅也非常明显。2022 年有 948 人遭杀害,比 2021 年增加 69 人。

  自 20 世纪 70 年代起,我国的暴力犯罪有所增多,暴力犯罪案件在整个刑事案件中所占比重处于一种上升趋势。据统计,1977—1979 年全国年均发生刑事案件 57 万起,其中凶杀、抢劫、强奸、纵火等暴力犯罪案件约占 7%。又据对我国 1981—1986 年刑事案件统计,在凶杀、伤害、抢劫、强奸、盗窃、诈骗和伪造货币票证等 7 类案件中,前 4 种暴力案件 1981 年、1982 年每年分别占了 7 类案件总数的 9.9% 和 11.47%,1984 年、1985 年和 1986 年每年分别占 15.5%、14% 和 15.55%。1988 年全国法院受理的故意杀人案件比 1987 年增加了 9.1%,抢劫案件增加了 43.1%。从 1980 年至 1990 年,官方统计的暴力犯罪发案数增加了两倍,1991 年、1992 年发案数继续上升。可以说,进入 20 世纪 90 年代以后,我国暴力犯罪的发案数量不断增多,暴力化程度越发严重,恶性大案迭发。从全国刑事案件统计数据看,杀人、伤害、抢劫等典型的暴力犯罪逐年大幅度上升。20 世纪 90 年代,重大案件在全部案件中所占比例增长至近半数。[①] 进入 21 世纪以来,我国犯罪结构变化明显,严重暴力犯罪发案减少。暴力犯罪的立案率,在 2001 年增长至一个波峰后,自 2002 年起呈现持续的下降走势。其中,仅 2004 年比上年略微有所上升,其余各年份的立案率均比上年有所下降。[②] 2013 年至 2022 年,我国严重暴力犯罪案件总体呈下降趋势并保持低位运行。2022 年起诉杀人、抢劫、绑架等暴力犯罪人数为近二十年来最低,严重暴力犯罪起诉人数占比由 1999 年的 25% 下降至 2022 年的 3.9%。但是同时,值得注意的是一些重大恶性暴力犯罪案件时有发生,如从 1993 年至 2000 年,以张君为首的犯罪集团犯下震惊全国的渝湘鄂系列持枪抢劫杀人案,在长达 8 年的抢劫杀人犯罪过程中,张君团伙共作案 22 起,杀死 28 人,重伤 20 人,劫得财物价值人民币 545 万余元,被列为新中国成立以来的第一刑事大案;2001 年,靳如超制造的石家庄特大爆炸案,致 108 人死亡、5 人重伤、8 人轻伤,犯罪后果极其严重;2006 年,邱兴华制造的陕西汉阴恶性杀人案,一次杀死 10 名无辜群众;2008 年,杨佳制造的上海闸北袭警案,在上海市闸北区政法大楼的多个楼层先后突然袭击毫无防备的公安民警,致 6 名民警死亡,3 名民警和 1 名保安受伤,其个人极端暴力行为具有极大的现实危害性。还有如 2010 年陕西药家鑫故意杀人案,2013 年首都机场爆炸案,2014 年浙江义乌"5·4"持枪杀人案,2016 年甘肃内蒙古"8·05"系列强奸杀人案,2018 年上海"6·28 浦北路杀害小学生案",2020 年江西曾春亮故意杀人、抢劫、盗窃案,2022 年唐山烧烤店打人案等一批重大恶性案件,社会影响极为恶劣。

---

 ① 参见康树华主编:《全面建设小康社会进程中犯罪研究》,北京大学出版社 2005 年版,第 111 页。
 ② 参见张小虎:《宽严相济刑事政策的基本思想与制度建构》,北京大学出版社 2018 年版,第 171 页。

二、暴力犯罪的特点

从我国暴力犯罪的情况分析来看,主要具有以下特点:

(一)团伙犯罪增多

犯罪结构复杂化,由单干型暴力犯罪向团伙型暴力犯罪发展,使暴力犯罪的组织化程度迅速提高,有的还形成了独霸一方的恶势力。这些团伙犯罪,多数由刑满释放人员和社会上的闲散无业人员组成。他们拉帮结派,横行一时。有的欺行霸市、强买强卖,有的敲诈勒索、强讨强要,有的寻衅滋事、聚众斗殴,有的吸毒贩毒、盗窃抢劫,有的侮辱妇女、强奸妇女。更为严重的是,少数有组织的暴力犯罪集团组织严密,装备精良,活动区域逐渐扩大,犯罪手段由低级向高级发展,有的利用现代科技和现代化交通工具进行犯罪活动,有的还以直接或间接的方式经商办企业,用金钱贿赂国家工作人员,向公权力渗透,逐渐演变成带有黑社会性质的犯罪团伙,对社会构成了极大的威胁。

(二)犯罪主体低龄化

在青少年的刑事犯罪中,凶杀、抢劫、强奸、伤害以及爆炸等暴力型犯罪案件不断增多,特别是过去罕见的因盗窃、抢劫、强奸等犯罪而杀人灭迹、杀人越货等一案多罪的混合暴力型案件,在刑事案件中明显增多。据国家统计局发布的人民法院判处的未成年犯的数据看,从2000年至2008年增长较快,从2000年的41709人上升到2008年的88891人。未成年人犯罪主要是以暴力犯罪、侵犯财产犯罪为主。从2009年开始未成年人犯罪占刑事犯罪的比例持续下降,未成年人犯罪人数呈现逐年递减趋势,未成年人犯罪人数从2009年的77604人下降到2016年的35743人,平均每年递减10.76%。2014年至2019年,未成年人涉嫌故意杀人、故意伤害致人重伤或死亡、强奸、抢劫、贩卖毒品、放火、爆炸、投毒等八种严重暴力犯罪,受理审查起诉未成年犯罪嫌疑人数量,除强奸犯罪上升外,其余多发犯罪数量均明显下降。2017年至2021年,检察机关受理审查起诉未成年人涉嫌故意杀人、故意伤害致人重伤或死亡、强奸、抢劫、贩卖毒品、放火、爆炸、投毒等八种严重暴力犯罪(因统计口径关系,将全部故意伤害、走私贩卖运输制造毒品犯罪均统计在内)分别为19954人、17936人、18172人、15736人、21087人,占全部犯罪人数的比例分别为33.48%、30.76%、29.65%、28.63%、28.49%,2021年较2017年下降了4.99个百分点。

(三)严重暴力犯罪增加

严重暴力犯罪一般都表现出犯罪行为野蛮,犯罪手段残忍的特点,反映出犯罪分子心毒手辣、胆大妄为、无所顾忌的秉性。严重暴力犯罪分子不仅随意施暴,而且动辄杀人;不仅行凶杀人,还要碎尸灭迹;不仅强奸妇女,而且还杀人灭口。有的犯罪分子为了发泄个人不满,无端加害于社会,残害无辜;有的犯罪分子为证明自己的能力,引起社会对自己的重视,竟制造爆炸事件。更有甚者,有的犯罪分子杀人成癖,成为杀人狂。

(四)时空分布较为复杂

具体表现在:(1)从城乡分布来看,杀人、强奸行为的发案率,农村高于城市,而流氓斗殴行为则是城市高于农村。抢劫主要发生在城市的近郊。(2)从作案的具体场所来看,杀人和强奸案发生在犯罪人或被害人的住所的占有一定比例;而发生在出租汽车运营过程中的抢劫案以及发生在一些大城市驾驶机动车飞车抢夺案占有很大的比例。(3)从作案时间来看,强奸案多发生于每年的春夏秋三季,其中尤以夏季为最;抢劫则由以前多发生于年初岁末转为无明显的季节性分布。(4)从作案的地区或地段来看,一个人第一次实施杀人、强奸或抢劫行为或许确是无计划或无序,但是,其后若继续作案或者同一地区其他人作案,则往往会留意媒体的宣传报道,注意提防警察加强了警戒的地区或地段。长此以往,无论是个人犯罪还是团伙、集团甚至有组织犯罪,都会呈现出一定的可循规律。①

(五)男性及青壮年犯罪占多数

具体表现在:(1)在性别方面,男性高出女性很多。女性实施暴力犯罪,一般限于如下两种情形:一是女性帮助或伙同男性共同实施,或者多名女性共同实施;二是长期遭受对方暴力侵害或情感困扰,在忍无可忍的情况下进行报复。女性杀人、投毒和放火犯在全部女性暴力罪犯中所占比重高于男性同类罪犯在全部男性暴力犯罪中所占的比重。(2)在年龄方面,大部分暴力犯罪由青壮年(尤其是男性青壮年)实施。暴力犯罪一般属于"体力活"的范畴,对行为人的力量、身体灵活性、反应能力等都有一定要求,严重暴力犯罪对此的要求更甚,而青壮年人在这方面具有较明显的优势,因此更容易实施这类犯罪,这是一个普适性的特征。

(六)男性及青年被害占多数

具体表现在:(1)在性别方面,男性被暴力犯罪加害的可能性大于女性,且男性被暴力加害的程度高于女性。据2005年有关部门对天津市当年入狱罪犯的调查,在实施暴力犯罪的犯罪人中,以男性为加害对象的占77.78%,而以女性为加害对象的只占22.22%,即大多数暴力犯罪人都以男性为加害对象。此外,相比较而言,在被暴力加害的程度上,男性被害人要高于女性。调查结果表明,在以男性为加害对象的暴力犯罪人中,只是对被害人实施暴力威胁的占9.57%,而在以女性为加害对象的暴力犯罪人中,对被害人只实施暴力威胁的多达23.71%,直接实施暴力行为的占76.29%。(2)在年龄方面,26—35岁的青年人是被暴力犯罪加害的重点群体,以此群体为界点,随着年龄的降低或增高,其为暴力犯罪加害的可能性也开始分别减小。同样据2005年的调查,以26—35岁的青年人为加害对象的暴力犯罪人所占比重相对于以其他年龄段的行为人为加害对象的暴力犯罪人所占比重是最高的,为40.57%。另外,若从被害人年龄与暴力犯罪加害的相关性方面判断,以26—35岁的被害人群体为界点,随着被害人年龄的降低或增高,以这些人为加害对象的暴力犯罪人所占的比重逐渐下降,且被害人年龄越大,选择这些人为加害对象的暴力犯罪人所占比重就越小。

(七)智能化趋势日渐明显

从作案手段来看,暴力犯罪一般具有突发性、残酷性、冒险性等特点。作案手段

---

① 参见张小虎主编:《犯罪学研究》,中国人民大学出版社2007年版,第259页。

和工具一般比较简单原始,例如杀人一般是使用棍棒、砖石、刀斧、匕首等钝器或锐器,或采用拳击、卡喉、溺死、投毒等方式。但是,当今科学技术发展日新月异,科技成为推动社会经济发展动力的同时,也成了暴力犯罪重要的作案手段,特别是利用信息网络、计算机等现代科技的暴力犯罪越来越突出。例如,有的犯罪分子使用小汽车、摩托车等现代化交通工具进行抢劫;有的犯罪分子利用先进技术如激光、核辐射、细菌杀人;有的犯罪分子采用现代化通信手段联络作案,组织指挥严密而灵活。

第三节 暴力犯罪的原因

犯罪作为一种社会现象,既有个人原因(主观原因),也有社会原因(客观原因)。客观原因作为外因是条件,主观原因作为内因是根据,外因通过内因而起作用。

一、暴力犯罪的主观原因

(一)强烈的反社会意识

社会学家认为反社会倾向基本分为两种特征,一种是比较温和的,称为"社会不满";一种是比较激进的,称为"社会仇恨"。[①] 一般而言,暴力犯罪分子的反社会意识比较强烈。由于不满于社会现实,因此暴力犯罪人以一种反社会的心态对待社会。他们不是全面客观地看待社会的主流和支流,而是抱着个人偏见,错误歪曲地观察和评价社会和人生。总认为现实社会无好处可言;把社会说得漆黑一团;把少数人的腐败现象看得比比皆是。因而,对越是正确的东西越表示怀疑、厌烦和反感,越是错误的东西越表示赞许、同情和支持;还有一些人,在个人升学、就业、家庭、婚姻等方面遇到挫折时,不是从自己身上找原因,而是迁怒于社会。

(二)错误的人生道德观

错误的人生道德观促成暴力犯罪,主要有以下几个方面:第一,极端的个人主义思想。它是一些暴力犯罪人人生观、道德观的核心。他们认为一个人的一生就是为自己,为了自己的私利,可以不惜损害他人的利益,用暴力去掠夺他人的财物,去满足自己的欲望。第二,腐朽的享乐主义思想。把吃喝玩乐当作人生追求目标,是暴力犯罪的一个重要因素。他们的物质欲望极强,贪婪地追求非分的物质财富和低级糜烂的精神生活,为了满足欲望,挖空心思、不择手段。第三,封建的"行帮""哥们义气"思想严重。一些暴力犯罪分子尤其是青少年暴力犯罪分子、团伙暴力犯罪分子把封建"行帮""哥们义气"的思想作为自己处世的哲学,作为在社会上做人的信条。他们分不清团结互助、纯洁友谊与旧社会那种"哥们义气"封建行帮思想,为了哥们利益而不顾人民利益和国家的法律,什么坏事都做得出来。第四,崇尚野蛮凶残的所谓"英雄观"。暴力犯罪分子有极强的权力欲和表现欲,他们认为发狠斗勇才是"英雄好汉",视打架拼命为"英雄本色",心狠手辣为"丈夫气概",这促使他们往往行为猖狂,无视

---

① 参见吴波:《现阶段中国社会阶级阶层分析》,清华大学出版社2004年版,第125页。

法律,横行霸道,为所欲为。

(三) 不良的心理机制

暴力犯罪分子在心理机制上都存在着某种缺陷。这些不良的心理机制,降低了人的自我控制能力,而加大了对不良刺激的反应强度,在很多境况下容易激发暴力犯罪。(1) 物欲畸形膨胀。其表现是有强烈的财物占有欲。暴力犯罪分子往往在衣食住行等基本生理需要得到保障后,并不感到满足,而是有更高的非分要求。他们常常不择手段地满足个人的需要,但在正常条件下又常常遇到阻碍,得不到满足,在特定的环境下,他们就采取暴力手段,尤其是以抢劫、伤害、杀人等手段去扫除障碍,以达到自己非分的物质欲求。(2) 情绪激动与意志薄弱。犯罪人的情绪稳定与否、意志的强弱(控制自己行为的能力),对暴力行为的实施有一定的影响。许多实施暴力犯罪的人,尤其是一些青少年,受到外界某些刺激,往往容易情绪激动,此时就不考虑任何后果,不控制自己的行为而实施暴力犯罪。(3) 超常性非分生理需求。有的暴力犯罪分子情趣低下,向往淫乱生活,不能按照社会规范调节和控制性生理需要,而是不顾社会道德,非法强行获得性欲的满足。有的竟置道德、法律于不顾,疯狂对妇女进行强奸、轮奸,甚至丧失人性残酷地进行伤害、杀人。(4) 扭曲的"社交"需求。不少暴力犯罪分子认为,所谓"社交"就是要对"哥们"够意思,为"哥们"去打架斗殴,去冒险、去抢劫。(5) 自身素质不高,抵御能力差。由于文化素质较低,分辨是非能力较差,有的暴力犯罪分子由于涉世的无知性、盲目性,很难应付来自社会各方面的影响,经不起诱惑,很容易被别人拉拢、利用,或控制不住自己的情绪,意气用事,不计后果等,从而走上了暴力犯罪的道路。

(四) 淡薄的法治观念

许多暴力犯罪分子法律意识差,很少或者根本没有法治观念。他们不知法,不懂法,甚至把法律当作儿戏,没能形成与法律规范的要求相适应的价值观,没有把法律规范的要求内化为自己的需要和行为,不能用法律规范约束自己的行为、形成守法的行为习惯,在外界诱因的作用下,极易产生犯罪心理,走上犯罪道路。例如,有的暴力犯罪分子常常因为一两句口角或者一般纠纷,就轻率地将对方打死、打伤。还有的暴力犯罪分子在自己的合法权益遭到不法侵害时,不懂得正确地运用法律武器来保护自己,而是采取非法手段去报复对方,结果使自己走上犯罪歧途。还有极少数暴力犯罪分子甚至对管教、制止他们犯罪行为的干部群众进行杀伤报复。

二、暴力犯罪的客观原因

(一) 社会主义初级阶段的经济状况

社会经济生活中隐匿着一切社会现象的制约力量,也蕴藏着暴力犯罪的深层原因。当前经济关系与其他客观因素相互作用而影响暴力犯罪的主要表现如下:(1) 物质利益和价值需求存在差异。我国是一个发展中大国,仍处于社会主义初级阶段,存在着多种经济形式和经济利益的差别,所以社会主义市场经济的发展,必须充分发挥市场在资源配置中的决定性作用,按市场要求进行资源与人才的合理配置,因而导致利益的重新调整。在这个过程中,人们基于自身利益而普遍感觉到的外显性变化,则是收入差别和消费档次的拉开,加剧了人们对物质利益追求的迫切感,但是,社会消费的满足与社会增长很不适应,实际的物质利益不能满足自我需求,形成了物质生活水平和自我需求之间较大的矛盾,容易诱发以财物为目标的暴力犯罪。(2)就业和经济结构的变化。由于就业与经济结构的变化,大量失业人员的再就业以及原有的城镇居民的待业问题突出。失业待业影响这部分人的物质生活来源,极易造成这些人不正常的精神状态,从而产生堕落、意志消沉、精神空虚甚至对社会的不满和反抗情绪,遇有适当的机会,这些人就可能利用暴力实施犯罪。(3)经济因素引起的人际关系紧张。由于社会价值观念变化而引起的人际关系紧张,新事物出现与正误界限难以区别而引起对传统道德、价值观念的否定,也使金钱关系日益成为人际活动的重要联系方式。这就进一步削弱了集体意识对社会成员的约束力,极易使人们形成一种以注重自我需求为轴心的价值观念。而这种个人主义的感觉回过头来又进一步破坏个人对社会的忠诚和共同的价值标准、情操和信仰,从而加剧了社会经济活动中的无规范状态。这种恶性循环的定势,往往导致个人为过度追求金钱和物质而置整个社会利益和公德于不顾,选择使用包括暴力手段在内的方式去追逐金钱,实施暴力犯罪。

(二)社会环境或大众传播媒介中的暴力渲染

根据心理学的研究,暴力犯罪行为人以前曾经看到过、听到过的暴力行为的情况,以及报刊、影视等对暴力行为的宣传报道,都会在无形之中给该行为人以一种心理上的暗示,在某种场合下他会比别人更具有实施暴力行为的倾向。如果他在某种场合下被激怒,那么暗示的影响就会被激发出来。因此,社会环境中存在的暴力行为或大众传播媒介中对暴力事件的宣传报道,可能实际上起着暴力犯罪的渲染作用,以至诱发强奸、抢劫、杀人等暴力犯罪行为。

(三)民事纠纷等人民内部矛盾的激化

民事纠纷常常作为一种强刺激而导致杀人、伤害等犯罪行为的发生。当纠纷中有过错一方未受到应有的批评与处理,而无过错一方亦未得到适当的救济与抚慰时,后者可能会采取过激行为以泄愤报复。如果民事纠纷中的一方或双方心胸十分狭窄,亦容易采取过激行为进行报复,实施伤害对方或杀人等攻击性行为。在处理民事纠纷过程中,不依法办事或者不能持之以公,或者相关组织对群众邻里纠纷、家庭矛盾、婚姻、恋爱矛盾导致的民事纠纷未及时处理和调解,都可能导致矛盾的激化而引起恶性暴力案件发生。

(四)家庭方面的原因

主要表现在以下几个方面:(1)家庭结构不完整。在家庭结构因素中,对青少年暴力犯罪影响最大的就是家庭自然结构,即父母的组成结果状况与家庭关系。不良的家庭结构包括父母一方或双方死亡,或者离异,或者父母与子女关系紧张,甚至对立。子女得不到父母的亲情和家庭的温暖,就会引发紧张的情绪状态,产生一系列消极的心理反应,孕育了潜在的心理危机,特别是可能形成以自暴自弃、烦躁不安、容易激动,有较强攻击性为特征的病态人格。这部分青少年最容易走上暴力犯罪的道路。(2)家庭教育不当。司法实践中大量案例证明,家庭教育不当与暴力犯罪关系密切。当前家庭教育不当的主要表现形式为溺爱型、粗暴型、放任型等三种类型。A.溺爱型(亲情过剩)。这种家教模式下的青少年在个人利益及需要不能满足时,很可能不择手段去追求和满足。B.粗暴型(偏激教育)。简单粗暴的教育方式容易使子女产生畏惧心理,形成神经质、闭锁、孤僻、粗野、不顺从、残酷等异常性格以及敌视社会、他人的变态心理。C.放任型(亲情淡薄)。青少年的是非辨别能力弱,如果对之放任不管,其在社会不良因素的影响下极易染上恶习,走上违法犯罪的道路。(3)家庭经济状况与犯罪。贫穷本身并不必然导致犯罪,但是家庭的经济状况对夫妻感情、父母与子女之间的关系或多或少都有着一定的影响。

(五)学校方面的原因

目前在学校教育中存在的诸多问题和缺陷,不仅影响着学校的教学质量和学生的健康成长,而且客观地助长了犯罪苗头,可能导致学生走上违法犯罪的道路。第一,学校法治教育的缺位。部分学校仍秉承分数至上的传统思维模式,片面夸大智育成果在教育中的作用,单纯追求升学率和考试成绩,忽略了以德育、体育、美育等全面的素质教育,思想、道德、法治等心理健康科目被称为"副课",出现老师不愿教,学生不愿学的现象,即使纳入教学日程,但真正的理论联系实际,将学与做相结合也颇有难度。结果导致许多青少年学生缺乏正确的理想信念,头脑中没有辨别是非的标准。第二,校内外教育管理脱节。一些学校只注重学生的校内教育管理,缺少与学生家长的日常联系沟通,学校管理与家庭管理二者中间出现空档。学校对学生的校外活动情况不掌握,致使不少学生长期逃学旷课,以至染上不良行为;对学生在校外的违法犯罪苗头不能及时发现、及时消除,为暴力犯罪埋下了祸根。第三,部分教师在教学工作、日常教学事务中也表现出偏袒优等生,忽视甚至歧视学习成绩落后的学生,尤其是"双差生"的现象。这部分学生觉得老师对他们不够尊重、不够信任,甚至会讽刺他们、排斥他们。有些学生从而讨厌学校的学习生活、开始缺课逃学,结果使得这些青少年学生更难以适应学校生活,他们自暴自弃,整日在社会上游荡,到处惹是生非,发泄其内心的不平等压抑,极易走向暴力犯罪。

第四节 暴力犯罪的对策

暴力犯罪的原因复杂、多变,因此不能仅仅依靠单一防治对策,而应当予以综合考量,建立多维度、多层次的立体防治模式。

一、不断厚植现代化的物质基础,加强社会主义物质文明建设

社会主义物质文明建设是强国富民的不可缺少的物质保证,也是根本消除暴力犯罪现象的物质基础。物质基础雄厚,精神文明建设才能加速发展,预防暴力犯罪才有可能,暴力犯罪才能减少,这已被人类历史发展的事实所证明。中国古语说得好:

"仓廪实而知礼节,衣食足而知荣辱"。因此,我们必须发展经济,加强物质文明建设,为预防暴力犯罪创造雄厚的物质基础。坚持把实现人民对美好生活的向往作为现代化建设的出发点和落脚点,着力维护和促进社会公平正义,着力促进全体人民共同富裕,坚决防止两极分化,减少冲突及暴力行为的发生。

二、大力发展社会主义先进文化,加强社会主义精神文明建设

要预防暴力犯罪,必须加强社会主义精神文明建设,大力发展社会主义先进文化,加强理想信念教育,传承中华文明,促进物的全面丰富和人的全面发展。(1)加强社会的文化、科学、技术教育,提高人们的知识水平,改变人们落后的思维方式和生活方式,提高社会非正式控制能力。因为愚昧和野蛮是孪生兄弟,暴力行为的发生多源于野蛮和愚昧的冲动,而有了较好的文化素质、思想水平、思维判断能力,就可以审慎地处理自己的行为,从而减少暴力犯罪的发生。(2)深入开展社会主义核心价值观宣传教育,深化爱国主义、集体主义、社会主义教育,提高全社会文明程度,实施公民道德建设工程,推动明大德、守公德、严私德,提高人民道德水准和文明素养,培养健全的人格和自我控制能力,改变人们的不良心理性格,消除暴发激情的心理动因,增强抑制暴烈情感发生的能力,使人以正确的态度和方法,去处理恋爱、婚姻、家庭问题以及各种人际关系。(3)传承中华优秀传统法律文化,弘扬社会主义法治精神,引导全体人民做社会主义法治的忠实崇尚者、自觉遵守者、坚定捍卫者。建设覆盖城乡的现代公共法律服务体系,深入开展法治宣传教育,增强全民法治观念,努力使尊法学法守法用法在全社会蔚然成风,使得广大群众正确行使公民的权利和义务,抑制犯罪动机的产生,不去违法犯罪,尤其是暴力犯罪。

三、净化大众传播媒体,营造清朗网络空间

应当把好书刊、影视作品出版的审批关,对于一些宣扬暴力、色情、格调低劣、内容污浊、社会效果差的影视、刊物必须予以查禁;对于一些一意孤行的犯罪分子,一定要予以严惩。要规范网络信息传播秩序,整治各类网络生态乱象,聚焦网络淫秽色情、虚假信息、网络暴力、算法滥用等突出问题,持续开展"净网""清朗"系列专项行动,坚决抵制含有暴力血腥、低俗色情等不良情节和画面的动画片上网播出,持续整治含有色情低俗、血腥暴力、格调低下、审美恶俗等内容的"小程序"类网络微短剧,持续优化网络生态,有效提升全社会网络文明素养,有效净化网络环境。

四、加强新形势下人民调解、安置帮教工作

(1)主动适应新形势新任务新要求,在社会基层坚持和发展新时代"枫桥经验",完善正确处理新形势下人民内部矛盾机制,全面贯彻实施人民调解法,加强各级各类人民调解组织建设,选优配强人民调解员队伍,充分发挥人民调解职能作用,推动矛盾纠纷多元化解机制建设,有效排查化解社会矛盾纠纷,及时把矛盾纠纷化解在基层、化解在萌芽状态,全力维护社会和谐稳定,提升社会治理效能。(2)要落实安置

帮教有关政策措施,着力提高安置帮教工作水平,切实做好刑满释放人员衔接工作、安置救助工作、跟踪帮教工作、安置帮教工作的考核,最大限度地预防和减少刑满释放人员重新违法犯罪,有力地预防暴力犯罪的发生。

五、坚持依法打击危害人民群众安全感的严重暴力犯罪

打击犯罪既是对已经发生的罪恶的惩罚,也是对将来可能的犯罪的儆尤;既是对被害人的抚慰,也是对法律正义的伸张。要强化社会治安整体防控,推进扫黑除恶常态化,依法严惩群众反映强烈的各类违法犯罪活动。严格依法惩治暴力犯罪,罚当其罪,犯罪分子、受害人和社会公众都会心服口服,犯罪分子才会自觉接受教育,改过自新,社会公众也能从中受到法治教育,自觉同暴力犯罪作斗争,暴力犯罪就会减少。要及时受理和侦破各种暴力犯罪案件,特别是对危害严重、影响巨大的严重暴力犯罪案件,以及特大杀人和结伙抢劫、强奸等恶性暴力犯罪案件,要集中警力,专案专办,深入侦查,务求破获,以免因为侦破不力损害公安机关的威信;对那些已经归案的暴力犯罪分子,要加强预审和移送起诉工作,为检察、法院及时开展起诉、审判工作创造条件,最终做到及时打击处理,以进一步震慑那些意欲进行暴力犯罪活动的人。

六、加强针对暴力犯罪人的预防

暴力犯罪人可以分为四种情况:一是行为人本身并没有恶意,只是一时冲动或对事情的性质认识不清而实施了犯罪,即偶犯或者机会犯;二是行为人恶性程度不深,受外界影响而实施了犯罪;三是行为人具有严重的反社会心理,具有极强烈的破坏意识,主动创造机会实施犯罪;四是行为人具有严重暴力倾向或者精神障碍。对这四种犯罪人要采取不同的预防措施,特别是对后两类犯罪人要加强预测和预防,进行生理心理治疗,开展法制心理学和司法精神病学的咨询服务和门诊治疗工作。总的来说,预防重新犯罪,就要加强暴力犯罪人服刑期间的心理和行为的矫治,促使犯罪人重返社会。暴力犯罪人心理咨询立足于发现罪犯违法行为背后的心理动因,并根据个体的特点寻找解决的方法或对策,以期达到对犯罪人犯罪心理的消除;在解决了犯罪人的心理问题之后,还要从发展的角度,培养犯罪人的健全人格。

七、加强亲职教育,注重家庭家教家风建设

亲职教育是指对家长进行的如何成为一个合格称职的好家长的专门化教育。2021年《家庭教育促进法》通过后,亲职教育正式以"家庭教育指导"这一更为精准的定义被大众熟知。家庭是整个社会的细胞,家庭的稳定与和谐关系到社会的稳定,而暴力犯罪的衍生往往与许多家庭原因密切相关。我们要贯彻落实好《家庭教育促进法》,加强家庭家教家风建设,培育积极健康的家庭文化,注重家教,树立和传承优良家风,弘扬中华民族家庭美德,反对家庭暴力,预防和惩治家庭暴力犯罪,共同构建文明、和睦的家庭关系,为未成年人健康成长营造良好的家庭环境。

八、加强学校教育功能的发挥

（1）要大力提升教育教学质量，加强对青少年的法治教育，使青少年树立正确的世界观、人生观、价值观，增强法律意识，不仅学法、懂法，而且守法，用法律规范来约束自己的行为，自觉地抵制不良思想的侵蚀。（2）鉴于暴力行为往往与行为人非理性的认知、人际沟通的拙劣、情绪控制及管理的缺乏有密切关系，因此有必要在学校教育阶段强化社交技巧训练及情绪控制与管理训练，让行为人在面临愤怒等负面情况时，能控制自己当下的愤怒及激动，用具有建设性的方式来处理问题，以免因为太过冲动而犯下大错。（3）学校应当认真组织学生进行学习等各项活动，加强学籍管理，以免学生参与社会暴力犯罪活动；要注意学生的思想动向，深入了解学生的生活，做好学生的成长日记，善于发现异常情况，并及时采取措施纠正。（4）加强师德师风建设，培养高素质教师队伍，教师要平等对待每一个学生，尊重学生的个性，理解学生的情感，包容学生的缺点和不足，善于发现每一个学生的长处和闪光点，发挥学生主体性作用，让所有学生都成长为有用之才。

九、积极开展被害人学研究，采取必要的预防被害措施

"所谓被害人学，是以科学地探讨在犯罪发生时，被害人起着什么样的作用，被害人的态度与诱发犯罪之间有什么样的关系，加害人和被害人之间处于什么样的关系等为目的的学问。"[1]被害人学的研究表明，从被害人的角度出发，采取多种被害预防措施，能够有效地减少暴力犯罪的发生。被害人若能增强防范意识、掌握防范技巧，熟悉法律知识，就能够更好地预防被害和维护自己的合法权益。建议通过各种途径宣传被害预防知识，提高民众自我保护技能，做到防患于未然。教育公民自重自爱，认真检视自己的生活形态，强化采取自我保护措施，避免成为犯罪合适的标的物而暴露于危险情境，减少被害机会。另外，由于暴力犯罪多是对人身的侵害，对财物的侵害多伴随着对人身的侵害（抢劫罪中这个特征最为明显）或多是对目标较大财物的侵害（如爆炸罪），因此对财物的预防依赖于日常的防范管理措施以及认真负责的态度。

十、充分运用现代科学技术打击暴力犯罪

要增强创新意识，走科技自主创新道路，着力强化数据精准赋能，充分发挥科技信息化在风险防控、维护稳定、打击犯罪和社会治理中的威力，坚决捍卫政治安全、维护社会安定、保障人民安宁。（1）要适应新形势、新任务的需求，坚持以改革强警、科技兴警引领新时代公安工作，以强化公安实战能力为导向，以建设科技创新平台为基础，以突破关键核心技术为重点，推进公安基础性、战略性、前沿性技术研发布局，持续深化高新技术在公安工作中的创新集成应用，打造公安科技创新体系，不断提升公安机关核心战斗力。同时，借鉴国外在打击暴力犯罪方面的先进科技手段，与各国加

---

[1] 〔日〕大谷实：《刑事政策学》，黎宏译，法律出版社2000年版，第307页。

强各种形式的技术合作。(2)大力实施公安大数据战略,不断深化社会治安防控体系建设,强化重点场所安全防范,全面强化公共安全管理,有效预防和减少个人极端暴力案件发生。(3)对杀人等严重暴力犯罪,毫不动摇坚持依法严打方针,充分发挥智慧新刑技作用,真正做到向科技要警力、战斗力、防范力,不断增强攻坚克难能力,及时破获大案、要案。

第十七章　财产犯罪

第一节　财产犯罪的概念

一、财产犯罪的概念

财产犯罪,是指犯罪行为人运用各种手段非法占有或者故意毁坏公私财物,对社会治安秩序构成严重影响的犯罪行为。财产犯罪是犯罪的一种主要形式。这里所谓的财物既包括有形的财物,也包括电力、煤气、技术成果等无形的财物。

二、财产犯罪的分类

根据财产犯罪侵犯的客体是否为单一客体,财产犯罪分为:侵犯单一客体的财产犯罪与侵犯复杂客体的财产犯罪。多数财产犯罪都仅以财产所有权为侵犯客体,但有的财产犯罪不仅侵犯财产所有权,同时还侵犯其他客体,如抢劫罪,侵犯了财产所有权和人身权。

根据犯罪主体是否要求具备特殊身份为标准,财产犯罪分为:一般主体财产犯罪与特殊主体财产犯罪。多数财产犯罪不要求特殊身份,只要行为人达到刑事责任年龄、具备刑事责任能力即具备犯罪主体资格,如盗窃罪、诈骗罪等。但是有少数犯罪因其特殊性质决定行为人必须具有特定身份才能构成该种犯罪,如职务侵占罪、挪用资金罪的主体只能由公司、企业或者其他单位的人员(国家工作人员除外)构成。

根据犯罪主体犯罪目的的不同,财产犯罪分为:以非法占有为目的的财产犯罪,如盗窃罪、侵占罪;以挪用或移作他用为目的的财产犯罪,如挪用资金罪、挪用特定款物罪;以毁坏财物为目的的财产犯罪,如故意毁坏财物罪、破坏生产经营罪。

根据犯罪主体是否以暴力手段实施犯罪为标准,财产犯罪分为:暴力型财产犯罪和非暴力型财产犯罪。多数财产犯罪都以非暴力手段实施犯罪行为,如盗窃罪以秘密窃取的方式实施犯罪;诈骗罪以虚构事实或隐瞒真相的方法实施犯罪。同时,财产犯罪中还包括以暴力手段实施的犯罪,如抢劫罪即以暴力、胁迫或其他方法抢劫公私财物。

根据财产犯罪的犯罪对象是否具有特殊性为标准,财产犯罪分为:侵犯一般财产的犯罪和侵犯特殊财产的犯罪。多数财产犯罪对犯罪对象并无特殊要求,只要进行侵犯并达到法定程度就构成相应犯罪,而有些财产犯罪对犯罪对象有特殊要求,构成这类犯罪只能以特定财物为犯罪对象。如职务侵占罪和挪用资金罪的犯罪对象只能是公司、企业或者其他单位的财物或资金;挪用特定款物罪的犯罪对象只能是用于救灾、抢险、防汛、优抚、扶贫、移民和救济的款物。

三、财产犯罪的范围

关于财产犯罪的范围,中外犯罪学界有不同的看法,其焦点主要集中在财产犯罪与经济犯罪、暴力犯罪的关系上。① 应当说,财产犯罪与其他两类犯罪既有联系又存在不同。

一方面,财产犯罪和经济犯罪、暴力犯罪之间关系密切。表现在:经济犯罪是从传统的财产犯罪中衍生出来的,如诈骗罪衍生的合同诈骗、贷款诈骗、保险诈骗;财产犯罪和暴力犯罪作为源于传统农业社会并延绵至今的古老的犯罪类型,被合称为传统犯罪,二者多是凭借体力实施;财产犯罪和经济犯罪、暴力犯罪在外延上存在交叉,如职务侵占罪既属于经济犯罪又属于财产犯罪、抢劫罪既是暴力犯罪又是财产犯罪的类型。

另一方面,财产犯罪不同于经济犯罪、暴力犯罪。(1)财产犯罪作为传统农业社会的基本犯罪形态之一,与现代工业社会出现的经济犯罪的区别在于:A.财产犯罪往往针对特定人的财产权益,被害人受损情况通常是直接的、具体的,而经济犯罪侵犯的对象既包括特定个人,也包括社会整体或集体利益。B.从犯罪手段看,财产犯罪大多为体力犯罪,除少数行为与犯罪人的职业行为有关外,多数行为与其职业无关,而经济犯罪则大多为智力犯罪,且与犯罪人所从事的职业有关。(2)财产犯罪与暴力犯罪的区别在于:A.财产犯罪主要是侵犯公私财产所有权的犯罪,而暴力犯罪则主要是侵犯人身权利的犯罪。B.财产犯罪往往是生人之间的犯罪,即犯罪者与被害者之间是一种陌生关系,而暴力犯罪则多是一种熟人间的犯罪。C.与暴力犯罪相比,财产犯罪的易感性要差,甚至有时人们感受不到财产犯罪的发生和危害,如盗窃罪。

第二节 财产犯罪的状况与特点

一、财产犯罪的状况和特点

(一)财产犯罪的状况

财产犯罪随着各国经济社会的发展,也在不断发生变化。在美国,从1990—2019年犯罪统计中可以看到,各种类型犯罪中,财产犯罪所占比例非常大。②

财产案件在我国也是刑事犯罪案件的大户。改革开放后,我国财产犯罪在数量上大幅上升。全国法院审理刑事一审侵犯财产罪案件(结案)数量,2015年为312749件,2016年为321810件,2017年331522件,2018年为308620件,2019年314302

---

① 经济犯罪是指在商品经济的运行领域中,为谋取不法利益,违反国家法律规定,严重侵犯国家管理制度、破坏社会经济秩序,依照刑法应受刑罚处罚的行为;暴力犯罪是指行为人使用暴力或以暴力相威胁,非法侵犯他人人身或财产的犯罪行为。
② 参见美国联邦调查局发布的犯罪报告数据 http://www.fbi.gov。

件,2020年为276541件。① 从犯罪类型上看,盗窃是我国最主要的财产犯罪类型,也是主要的刑事犯罪类型。据公安部门统计,1981年全国盗窃案件立案744374起,占刑事案件的83.6%。② 1992年修订盗窃刑事立案标准后,盗窃案件数目减少,但在刑事案件中所占比重仍然较大。随着我国社会治安防控体系立体化、信息化水平的不断提高,盗窃犯罪案件呈现下降趋势。

诈骗案件呈现不断增长的态势,在刑事案件中的比例不断加重。近几年,随着各地打击"两抢"犯罪专项活动的开展,抢劫犯罪呈现出下降趋势。据统计,2010年抢劫案件为237258起,占刑事案件的3.97%;2015年抢劫案件为86747起,占刑事案件的1.21%;2020年抢劫案件为11303,占刑事案件的0.24%。

(二)财产犯罪的特点

从总体上来看,我国财产犯罪存在相对稳定和不断变化两个特点。其中,相对稳定的特点表现在,我国财产犯罪的数量一直占据刑事案件数量的多数。尤其盗窃、诈骗、抢劫和抢夺犯罪发案多、数量大。不断变化的特点是指,随着我国政治、经济、科技等领域日益发生深刻变化,财产犯罪不断出现新情况、新趋势。近几年来,在全球新冠疫情形势下,常发性盗窃犯罪减少,网络诈骗犯罪数量增长。2021年全国公安机关破获电信网络诈骗案件44.1万余起,抓获违法犯罪嫌疑人69万余名,同比分别上升37%、91%。③ 下面重点介绍当前我国的一些常见多发财产犯罪呈现的特点:

1. 犯罪主体特点

当前,我国财产犯罪主体以青少年、流动人口和各类社会闲散人员为多,并逐渐呈现团伙化、有组织化、智能化的趋势。

青少年正处于人生的转型时期,思想尚未成熟,社会阅历较浅,辨别是非能力差,容易走上犯罪道路。一些青少年贪图吃、喝、玩、乐等物质享受,加之染上赌博、吸毒或沉迷网络等恶习,缺少经济来源,又想不劳而获,往往抱着侥幸和冒险的心理,试图通过犯罪行为获得钱财。2017年侵犯财产犯罪中青少年罪犯为69335人,在罪犯总数中的比例为20.1%。2018年和2019年两年间,青少年犯罪率分别上升5.9%、7.5%,其中,盗窃罪、抢劫罪位居第一位和第三位。④

随着城市化、工业化进程的加速,农村及周边地区的大批剩余劳动力日益涌向城市。根据2021年第七次全国人口普查数据显示,与2010年相比,流动人口增长69.73%。⑤ 流动人口犯罪比例已经占到全国各地犯罪总数的70%以上,尤其在北京、上海、广州等城市,流动人口犯罪的总量比例甚至超过80%。流动人口多是抱着务工经商、致富

---

① 本部分统计数据参见《中国法律年鉴》。
② 需要指出的是,我国同其他国家一样,在犯罪统计中也存在犯罪黑数问题,据公安部课题组在全国范围内的调查发现,盗窃等财产犯罪案件黑数较大。
③ 参见邵磊:《重拳打击电信网络诈骗犯罪 坚决守好人民群众的"钱袋子"》,at http://news.cpd.com.cn/n3559/202203/t20220305_1019120.html.访问日期:2023年3月6日。
④ 参见中华人民共和国最高人民检察院:《未成年人检察工作白皮书(2020)》,at https://baijiahao.baidu.com/s?id=1701688249135251288&wfr=spider&for=pc,访问日期:2023年3月6日。
⑤ 参见国家统计局网站 http://www.stats.gov.cn/tjsj/zxfb/202105/t20210510_1817176.html。

赚钱的目的而来,现实城市工作生活的不适应、心理上的落差以及社会的一些不公正待遇等因素使一些人产生反社会情绪,企图用非法手段获得心理上和物质上的补偿。在流动人口犯罪的犯罪类型方面,侵犯财产性犯罪的数量居于首位。[1]

随着农村经营方式的转变、企业的转制等诸多方面的原因,以农村剩余劳动力、企业下岗工人、失学、待业青年和回归社会的人员为主要成分的社会闲散人员大量增加。这类人员大部分没有可靠的生活来源,没有稳定的工作和固定的收入,又常常招致家庭成员、亲戚、朋友甚至社会的歧视和排挤,导致他们丧失归属感,自卑心理、逆反心理强烈,加之社会对这些人员的管理也存在诸多问题,他们迫于生计或为了享受、挥霍等原因实施财产犯罪。

2. 犯罪类型特点

非接触性网络财产犯罪突出,犯罪金额越来越大。随着网络全面进入社会生活的各个领域,社会财产的数字化发展迅速,财产犯罪呈现出网络与传统相结合的特点。由于网络空间比街面实施犯罪形式更为灵活多样,且潜在被害群体数量庞大,使得犯罪数额通常要比接触性财产犯罪大。2014年全国电信诈骗立案40余万起,同期增长30%,被害损失高达107亿元。[2]

与机动车相关的财产犯罪猖獗。我国现代化建设不断推进,人民生活水平有了很大提高。在机动车辆成倍增长的同时,盗窃机动车辆案件也逐年上升。随着专项打击活动的开展,2011年开始呈现逐年下降趋势,但案件数量依旧高位运行。

"两抢"案件频发。财产犯罪多在公共场所发生,如车站、广场、街道、马路僻静处、路口、停车场等地发生的抢劫和抢夺案件数量不断上升。2020年抢劫金店、尾随抢劫、抢劫抢夺机动车内财物等违法犯罪案件多发。[3]

3. 犯罪行为特点

犯罪行为方式逐渐公开化、专业化。一方面,犯罪行为由隐蔽向公开转变。过去不论是入室盗窃或者拦路抢劫多发生在夜间和人少的情况下,现在白天也时有发生,甚至在繁华场所和城市街面实施犯罪。另一方面,犯罪行为由单打独斗到团伙合作,更具专业性。尤其是网络盗窃、诈骗等犯罪中,成员之间分工明确,具有丰富的计算机专业知识和熟练的网络操作技能。

作案手段日趋暴力化,即由较为缓和向暴力转变。如街头扒窃、拎包等案件,行为人先是秘密偷盗,而一旦被察觉或遇到反抗,可能会立刻实施暴力,甚至动用凶器。

在作案设计上呈现智能化,即由简单向智能转变,由现实向虚拟转移。犯罪人从相对简单、传统、力量型的作案设计向复杂、现代、智力型方向变化,如借助先进的通信工具和科技手段,不断提高犯罪的预谋性、设计性和策略性,突破传统时空限制,实

---

[1] 参见孙晨晓:《社会控制理论视域下流动人口犯罪之原因与预防》,载《上海法学研究》2019年第10卷。
[2] 靳高风:《2014年中国犯罪形势分析与2015年预测》,载《中国人民公安大学学报(社科科学版)》2015年第2期。
[3] 参见靳高风、杨皓翔、何天娇:《疫情防控常态化背景下中国犯罪形势变化与趋势——2020—2021年中国犯罪形势分析与预测》,载《中国人民公安大学学报(社科科学版)》2021年第3期。

现作案速度快捷、相互联系畅通、花样不断翻新等,令人难以防范和应对。

4. 犯罪时空特点

从时间上来看:传统的财产犯罪,盗窃犯罪的发生在节假日前后较多;抢劫和抢夺犯罪受季节和时间的影响比较大,夏季天气炎热,人们外出活动比较多,加上衣着单薄,现金、手机、首饰等财物较易暴露,犯罪容易实施,且多发生在晚上;诈骗犯罪多集中在白天进行。近年来网络技术的迅速发展和广泛运用,使得财产犯罪突破了时间限制,犯罪发生时间的区分性减弱。

从空间上来看:我国地域辽阔,国情复杂,地区之间、城乡之间发展不平衡,与之相应,我国财产犯罪在犯罪类型、犯罪手段上呈现地理分布差异。其一,地区差异。东南沿海地区市场经济发达,经济增长快,工业化、城市化、信息化水平较高,财产犯罪比较突出,新型犯罪形式不断出现,"电信诈骗村""盗窃村""飞车抢夺村"等主要在东部和中部地区;中西部地区传统的财产犯罪类型较多。其二,城乡差异。对于盗窃犯罪来说,在城区和城乡结合部多集中在人流物流集中的公交车站、商场、超市等公共场所;在农村,由于农民的主要财物存放在院落和房屋内,因此发生的入户盗窃比较多。对于抢劫和抢夺犯罪来说,城市的经济发展水平高于农村,财产案件发案多、涉案价值大。需要指出的是,随着科技的日新月异,交通和通讯日益便捷,财产犯罪手段不断多样化。尤其是网络盗窃、网络诈骗等犯罪中的跨地盗窃、异地诈骗等案件频发,使得财产犯罪的区域性和差异性逐渐弱化。

5. 被害主体特点

作为盗窃、诈骗等财产犯罪的被害人,其一般具有的条件是:一是须有一定的财物,即被害人的财物在财产犯罪中成为犯罪对象;二是具有可被犯罪人利用的空隙,这在盗窃犯罪中更为明显;三是具有与犯罪人接触的机会,包括现实接触和网络接触。此外,财产犯罪被害人的特征还表现在:(1) 财产犯罪被害人基数大。与其他类型的犯罪相比,财产犯罪在全部刑事案件中数量最多,相应地,被害人的人数也比较多。(2) 财产犯罪被害人的隐匿性强。现实生活中,财产犯罪被害人有案不报的现象大量存在。其中,因被害人不报案盗窃犯罪的隐数更大。盗窃被害人往往由于损失的财物数额较小,没有超出自己经济实力所能容忍的限度等原因而不去报案。

二、财产犯罪的危害

财产犯罪中,犯罪人对社会及其成员进行侵害,导致了社会的混乱和不安状态,对社会的和谐稳定造成妨碍,给被害人的财产、人身和精神带来损失和痛苦,同时,犯罪行为甚至还会给犯罪人自己带来一定伤害。主要表现在:

(一) 财产犯罪对人的危害

财产犯罪对被害人的危害:在财产犯罪中,被害人的财产遭受了犯罪侵害,同时承受各项直接、间接经济损失。在暴力型财产犯罪中,被害人还要承受人身伤害。除此之外,犯罪还会给被害人带来某些精神损害,如焦虑、恐惧等,严重的甚至造成被害人发生恶逆变。① 实践中,有的被害人在自己的合法权益遭受侵犯后,在得不到法律保护的情况下,产生了向社会报复的心态,成为危害他人、危害社会的犯罪人。

财产犯罪对犯罪人的危害:一方面,财产犯罪对犯罪人自身财产带来损失,如案件破获后,除非法所得被没收外,还有可能被处以罚款。另一方面,财产犯罪给犯罪人的心理也会带来痛苦,如犯罪人在犯罪实施中亢奋、心跳加速、惶恐、害怕自己被发现;服刑后担心被他人鄙视,与他人交往保持高度戒备心理,孤独、寂寞,承受一定的心理压力。

(二)财产犯罪对国家和社会的危害

财产犯罪破坏国家稳定大局,危害社会和谐发展。当前,国内经济发展遇到新冠疫情等多因素影响,加之国际环境形势风高浪急,不稳定、不和谐的因素伴随着改革和发展的推进。在这些矛盾和冲突中,最为激烈的表现方式就是犯罪。犯罪作为一种反社会的行为,是各种消极现象的综合反映,直接影响着社会的和谐与稳定。财产犯罪高发,特别是盗窃、抢劫、抢夺、诈骗等犯罪案件多发,直接影响人民群众的日常学习工作生活。而且,治安差容易引起人们的不满,特别是容易诱发在改革中利益受损群体的不满,形成新的不稳定因素。

财产犯罪直接影响公民安全感。财产犯罪严重危害人民群众的生命财产安全,影响人民群众的心理,是影响人们安全感的重要因素。2018年以来,入室盗窃、盗窃电动自行车、盗窃车内财物、"以房养老"与保健品诈骗等侵犯财产犯罪呈高发态势,严重影响人民群众的安全感。②

财产犯罪有损党和政府的形象。党和政府的形象是多方面因素决定的,人民群众往往通过具体事情,集中地、综合地进行观察和判断。我国宪法和法律明确规定,国家"保护公民的生命财产安全,保障正常的生产生活秩序"。中国共产党始终代表最广大人民群众的根本利益,全心全意为人民服务是其宗旨。维护和保持社会政治稳定,为社会和谐发展和经济建设创造安定的社会环境,保护公民的生命财产安全,保障正常的生产生活秩序,不仅是法律的明文规定,也是党和政府的职责所在。财产犯罪中,盗窃、抢劫、抢夺、诈骗等常见多发犯罪案件的多少成为衡量一个地区社会治安状况的重要标准,以及体现党和政府为人民办实事的重要依据。如果不能有效遏制财产犯罪,将会降低党和政府的形象,影响人民群众对国家的信赖。

第三节 财产犯罪的原因

一、社会原因

中国的改革开放和社会主义现代化建设取得的巨大成就为我们继续前进奠定了

---

① 恶逆变是指被害人在其合法权益受到犯罪行为侵犯后,在不良心理的支配下和其他因素的推动下,导致被害人的逆向变化,亦即从被害者向加害者方向转化。

② 参见丁国峰:《江苏公安重拳打击传统盗抢骗犯罪,破获案件数上升17.2%》,载《法制日报》2019年4月1日第2版。

坚实的基础、创造了良好的条件、提供了重要的保障。同时,一系列长期积累及新出现的突出矛盾和问题亟待解决,社会治安形势不容乐观。当前,财产犯罪高发的原因是多方面的:

(一) 贫富差距

贫富差距问题是影响社会秩序稳定的经济根源,是财产犯罪滋生的重要原因。贫富差距拉大严重地损伤普遍受益的社会发展原则,容易使一部分社会成员产生相对剥夺感。著名的社会学家默顿曾深刻地指出:"一个社会只是贫穷或者只是富裕均不产生犯罪,但一个社会贫富差别悬殊就会产生大量犯罪"[①]。路易丝·谢利在《犯罪与现代化》一书中指出:"贫困不会产生犯罪,但是因贫困而不满却会而且奇怪地足以产生犯罪……"[②]

我国实行改革开放政策以来,由于各种历史的和现实的复杂原因,公民个人收入分化、城乡差距、地区差距不断拉大,收入分配的贫富差距总体上呈扩大的态势,基尼系数已经在2000年超过0.4国际警戒线,连续多年进入收入差距严重的国家行列。贫富差距加大引发的社会问题尤其是犯罪增长问题,成为影响社会和谐发展的一个重要因素。

(二) 失业与就业难

就业是民生之本。我国人口众多,就业压力大。失业不仅使人在经济上陷入困境,还会使人在精神上遭受挫折,产生心理失衡,滋长对社会的不满情绪,从而诱发犯罪,尤其是财产犯罪。随着市场化进程的加快,企业体制的改革力度加大,劳动力市场化加速,我国失业和就业难问题凸显。除了下岗人员外,还有农村剩余劳动力、毕业大学生等新增劳动力以及刑满释放人员的就业安置。加之我国社会保障制度尚不健全,一些失业者和无业者的生活受到影响,其社会地位、心理状态随之发生变化,一定程度上增加了社会不和谐、不安定因素。

经统计分析,1981年至2006年,我国失业率与财产犯罪率的相关系数为0.787,具有显著的正相关关系。[③] 随着经济的迅速发展和"互联网+"时代的到来,加之全国有800多部法律和地方行政法规以无犯罪记录证明为就业条件,刑满释放人员的就业安置面临更大压力。据统计,30%左右的刑满释放人员没有工作和基本生活来源。[④]

(三) 文化冲突

人是文化的载体,犯罪是人的行为,社会的文化往往直接影响着人的思想观念和行为。文化与犯罪有着密切的联系。我国著名的犯罪学家、社会学家严景耀先生曾明确指出:"犯罪不是别的,不过是文化的一个侧面,并且因文化的变化而异变。……

[①] 转引自陆建华:《中国社会问题报告》,石油工业出版社2002年版,第84页。
[②] 〔美〕路易丝·谢利:《犯罪与现代化》,何秉松译,群众出版社1986年版,第100—101页。
[③] 需要说明的是,由于我国的失业统计只统计城镇失业人口,将农村剩余劳动力排除在统计之外,因此,用城镇失业率推断出其对财产犯罪率的影响少于失业问题对于财产犯罪问题的影响力。
[④] 参见张荆:《社会变迁与犯罪治理》,载《湖北警官学院学报》2019年第1期。

如果不懂得犯罪的文化背景,我们也不会懂得犯罪。换言之,犯罪问题只能以文化来充分解释。"①

现代文化的突出特点表现为世界范围内各民族文化的交流融合,以及在交流融合过程中发生的文化冲突。每一个社会的重大转型,对文化都将形成不同程度、不同层次的冲击和震荡。当前,我国文化冲突主要有三种形式:现代文化与传统文化的冲突;不同地域、民族、群体间的文化冲突;西方文化与中国文化的冲突。在这三种冲突之中,最为突出的是外来文化与我国本土文化的冲突,表现为过分地强调个人利益、无度地追求物质享受、无视社会公德、抛弃理想信念等,这样的文化具有明显的反社会主流价值观的倾向。物欲化的价值观刺激、影响着人们对金钱财物的追求,一些人置法律于不顾,以非法手段攫取钱财,造成财产犯罪案件的高发。

二、个体原因

财产犯罪的个体原因,是指导致犯罪人实施财产犯罪的个体心理和生理方面的原因。具体来说,包括:

(一)心理因素

总的来说,影响财产犯罪的心理因素主要包括:

(1) 思想观念因素。一是极端个人主义思想。对财产犯罪人而言,他们常常把个人的利益看得高于社会利益,采取与社会发生冲突的方式来满足自己的需要,实现个人的价值观。为了享受所谓幸福生活,可以不择手段的偷、抢,将自己的幸福建立在他人的痛苦之上。二是拜金主义思想。市场经济下金钱的影响力较之计划经济时代大大增强,社会上"金钱万能""有钱能使鬼推磨""一切向钱看"的不良思想泛滥。一些人的思想观念、价值和行为取向越来越朝着功利化、物欲化的方向发展。三是享乐主义思想。随着经济的发展,人们的社会物质文化生活不断丰富和提高,消费热潮兴起。高消费导致享乐主义蔓延,一些人不顾自身的经济条件,一味追赶时髦,走上非法取财的道路。

(2) 需要因素。需要既可以激发人们去从事积极的有益于自身身心健康和社会发展的活动,也能推动人们去实施消极的违反社会规范的违法犯罪活动。在财产犯罪活动中,犯罪人的需要主要呈现三个方面的特点:一是反社会性。人的需要应以社会的客观现实生活为基本条件,不受社会经济发展和自身经济条件等方面的制约,一味地追求无限制的物质享受,进而实施盗、抢等犯罪行为,就是犯罪人无限度的反社会性的需要所致。二是低层次性。犯罪人的需要具有较低的层级,只是在满足饮食、娱乐等较低生理层面。犯罪人不顾社会的规范性制约和自我意识的正常控制而恣意放纵,把吃喝玩乐作为人生的终极目标,违法犯罪行为的发生不可避免。三是精神需要的错位和贫乏。精神需要是人的意识结构中的主要成分,属于高层次的需要。个人的精神需要必须符合社会习俗、风尚、道德和法律规范。而精神的贫乏、道德的滑

---

① 严景耀:《中国的犯罪问题与社会变迁的关系》,北京大学出版社1986年版,第2—3页。

坡和理想信念的错位容易诱发财产犯罪。

（3）性格因素。性格是人对现实的稳定性态度以及习惯化的行为方式，是个性心理特征中最为核心的部分。一般来说，财产犯罪中犯罪人对社会、对他人和自己缺乏责任感，生活态度轻率；情绪容易受到环境的影响，自制力差，嫉妒心重；对客观事物和社会现象认识偏颇，不能辨明是非，易受不良因素的诱惑。

需要指出的是，心理失衡是当前我国财产犯罪严重化的一个重要心理因素。心理失衡是指社会中的某些成员在一定时期内与其所处的实际生活环境不相适应的一种心理现象。个体心理失衡容易造成人与人以及人与社会之间的抵触情绪。在心理失衡的队伍中，有些人因为受到各方面条件的限制，不能用合法方式达到所追求的目标，其中法制观念差、自制力弱的，尤其是那些好逸恶劳、贪图享受的，容易产生盲目攀比甚至报复社会的心理。在这种失衡心理的支配下，就会有人采取盗窃、诈骗、抢劫、抢夺等非法手段攫取财物，获得自己心理平衡。

（二）生理因素

早在19世纪后半叶，西方国家的学者就对个体生理特征及其与犯罪的关系开始研究。我国公安机关在办理财产犯罪案件中发现了犯罪人具有的一些体型、遗传等特点，如实施扒窃犯罪中以体型瘦小者多；犯罪人在实施抢劫、抢夺行为中，多处于精神紧张、兴奋状态；财产犯罪人中家庭成员酗酒、脾气暴躁者多，但需要说明的是，这些生理因素对犯罪的影响是通过心理和其他因素而实现的。[①]

三、自然环境因素

犯罪的自然环境因素就是指能够诱发、触引或者促成犯罪行为发生和犯罪现象起伏变化的各种自然环境和条件，主要包括季节因素、气候因素和地理因素。虽然互联网时代的到来，使得一些犯罪行为对自然环境的依赖或受限发生了变化，但传统的财产犯罪还是深受自然环境因素的影响，甚至犯罪人对具体行为方式的选择也要充分考虑环境因素。

（一）季节

季节是人们根据气象科学理论与长期的生活经验划分而成的时段。春夏秋冬四季的周而复始，影响着人们的社会活动和生活节律，也在一定程度上影响犯罪这一社会性行为的变化。表现在：随着季节变化人们的生活规律发生改变，犯罪条件有所不同，导致某类犯罪的增加，如在冬季人们穿着厚重，发生扒窃较多；不同的季节，昼夜时间的长短变化会影响到犯罪人对作案时间的选择，如在夏季，天长夜短，人们在室外的活动时间增加，较容易发生抢劫、抢夺案件。

（二）气候

气候是指一定地区、一定时间内的气象变化情况，包括温度的高低、降雨量的多少、相对湿度及风力的大小等。气候，作为人类赖以生存的自然环境的构成要素，对

---

① 参见靳新：《多发性侵财犯罪实证对策的理论与实践》，群众出版社2006年版，第108页。

人类文化传统的形成、生活方式的演变有着深刻的影响。虽然气候、天气等因素不是犯罪产生的直接原因,但对犯罪包括财产犯罪有着一定的影响。如气温降低、天气寒冷时,人们对衣食住行的需要增加,加之此时谋生难度加大,容易发生财产犯罪;"偷雨不偷雪,偷风不偷月"是盗窃分子总结出来的经验。

(三) 地理

地理环境包括自然地理环境(如地形、地貌、河流等)和人文地理环境(如城市、工矿区等),是社会物质生活的必要条件和自然基础。一般来说,犯罪人可以凭借特殊的地理环境增强既能作案成功又能确保安全的侥幸心理。如城市的商业区,集中了大量的财物和金钱,具有较高的犯罪诱惑力,财产犯罪的发案率高;车站、路口等地,交通便利,人财物的流动性大,容易发生盗窃、抢夺、诈骗等犯罪。

第四节 财产犯罪的对策

对财产犯罪要理性地对待、辩证地分析,积极采取各项对策,有效地予以防控。

一、开展被害调查

国际上研究犯罪问题的一个难点就在于各国警方公布的犯罪统计数据与实际情况存在不同程度的差异。犯罪黑数的存在,使得各国对犯罪问题的认识和治理效用大打折扣。为了真实了解犯罪状况,除了刑事司法机关在已有的统计方法上进行改革外,更为有效的方法就是进行被害调查。我国长期以来,无论是对治安状况的评价,还是对犯罪现象的研究,以至刑事政策的制定,主要都是参考官方的犯罪统计数据。与美国、英国、加拿大等国开展多年的被害调查工作相比,遗憾的是,我国尚未进行全国范围内的被害调查工作。借鉴国外被害调查的经验,建立被害调查制度,把发案多、黑数大的各类财产犯罪纳入被害调查的范围,了解财产犯罪的真实情况,对做好财产犯罪治理工作有着重要的意义。

二、严厉打击犯罪

公安机关要严厉打击各类财产犯罪活动,及时组织开展区域性专项斗争和专项整治活动,把对财产犯罪高发、易发的管理经常化、制度化、信息化。通过依法及时有效地打击这类犯罪,不仅惩罚了犯罪人,而且对于潜在的犯罪人也是极大的震慑,实现特殊预防和一般预防的双重目的。此外,通过打击犯罪,能够帮助我们及时正确地总结财产犯罪的新动向、新特点,以及防治工作中的薄弱环节,从而有针对性地改进工作,提高防治工作的实效。

三、完善社会政策

完善的社会政策对于协调利益关系、保障社会良性运行、治理财产犯罪等,具有不可替代的作用。具体地说:(1) 明确价值取向。要把维护社会公平正义作为社会政策的重要取向,正确处理公平和效率的关系,做到初次分配注重效率,再次分配注重公平;在经济生活中把效率放在第一位,在政治生活和社会生活中把公平放在第一位;加强对收入分配的宏观调节,科学调整不同阶层的利益结构,逐步扭转城乡差距和地区差距扩大的趋势。(2)完善社会保障制度。社会保障是由国家和社会对弱势群体予以救济和物质帮助,以保障其基本生活的制度。健全的社会保障体系是社会震荡的"缓冲器"和社会稳定的"安全阀",为社会的和谐有序发展提供制度保障。应当进一步织密社会保障安全网,在养老、医疗保险方面积极探索,建设中国特色保障体系。(3)制定科学的教育政策。教育是提高人口素质的基本途径,也是社会发展和稳定的动力。目前我国教育中存在一些偏差,如地区教育水平差异、高分低能、学生的社会责任感不强、法律意识缺乏、义务观念淡漠等现象普遍存在。因此,要深化教育体制改革,制定科学的教育政策,引导、规范教育事业,实现人的全面发展。(4)健全就业政策。就业是居民取得安定生活的保障,没有就业机会意味着生存、发展机会的丧失。应当健全和推行科学的就业政策,规范劳动力市场,真正落实再就业政策,尽可能公平、合理地为社会成员提供就业机会。防失业,促就业,是减少犯罪尤其是财产犯罪的有效手段。

四、加强文化道德建设

文化在社会生活中具有极为重要的功能。对个人而言,文化起着塑造人格,实行社会化的作用;对社会而言,文化具有社会整合和社会导向的功能。积极、健康、向上的思想文化对于犯罪欲念能够起到良好的抑制作用,消极、低级、颓废的思想文化对于犯罪则具有诱发作用。在现代化建设全面推进中,要加强文化道德建设,净化文化市场,规范文化产业,加强公共道德和社会责任意识培养,提升网络文化执法监管工作规范化、专业化水平,创造积极向上的文化环境,摒弃色情暴力、拜金主义、享乐主义的侵袭,构筑治理财产犯罪的坚固防线。

五、做好对重点潜在犯罪人群的管理

遏制刑事犯罪的高发态势,需要加强对潜在犯罪人群的管理工作。(1)要积极探索适应新形势的流动人口服务管理的新路径,重点抓好流动人口的社会服务、法制教育和技能培训,完善出租房屋管理协作机制,既有力维护流动人口的合法权益,又坚决打击混迹其中的违法犯罪分子。(2)依靠社区等基层组织和单位,切实加强对失业和待业人群的管理,最大限度地为其提供就业岗位。通过各种途径对失业、下岗人员进行有针对性的职业技术培训,提高他们的职业劳动技能,增强就业竞争能力。(3)做好对流浪儿童、服刑人员子女的关心教育,加强对吸毒人员的感化和管理,改进刑释解教人员帮教安置工作,通过多措并举、多部门联动等机制解决就业回归难题,最大限度地减少诱发滋生违法犯罪的社会消极因素。

六、加强被害预防工作

社会公众增强防范意识、掌握防范技巧,能够更好地预防被害和维护自己的合法

权益。在财产犯罪中,盗窃、抢劫、抢夺、诈骗等犯罪通常具有可防性,被害预防作为减少和治理犯罪的一条有效途径应被纳入财产犯罪预防体系中来。加强被害预防就是要求社会公众做到:一方面要建立被害预防意识,提高防范能力;另一方面要消除自身的易被害因素,如摒弃个人的不良习气,规制自身的言行举止等。预防财产犯罪被害的具体措施包括:采取必要的技术防范措施,如安装防盗门窗、报警器、电子监控、网络安全防护软件等;尽量不要携带大量财物外出;乘坐公共交通工具或者进入商场等公共场所,将包、物置于身体前部视线范围内,避免暴露钱物和其他贵重物品;路边行走时,应将钱物放在身体离道路较远一侧;不要贪小便宜、轻易相信陌生人等。

七、有针对性地矫治犯罪人

根据犯罪的类型,结合犯罪人的性格、能力有针对性地对犯罪人进行矫治,有利于犯罪人顺利回归社会,防止其再犯新罪或进行其他违法行为。针对财产犯罪人的特点,应重点从以下几方面对其进行改造:(1)加强道德教育和法制教育。消除犯罪人金钱至上、贪图享乐思想,树立正确的人生观和价值观,增强法律意识,培养遵纪守法习惯,做到知法、守法。(2)加强劳动教育。帮助犯罪人摒弃不劳而获思想,树立劳动观念,培养自食其力的能力和习惯。(3)加强管理和监督。根据犯罪人的犯罪类型、刑罚种类、性格特征、心理状况、健康状况、改造表现等,对其进行关押和管理,防止犯罪人之间的犯罪交流,杜绝恶习交叉感染。

第七编 独特型犯罪

第十八章 有组织犯罪

有组织犯罪有着悠久的历史。1282年意大利西西里岛首府巴勒莫市出现的家族式犯罪集团是有组织犯罪的最早雏形。[①] 我国的黑社会犯罪则起源于清朝的帮会活动。[②] 目前,有组织犯罪已成为困扰各国政府的全球性犯罪问题。它与恐怖主义犯罪、毒品犯罪被联合国大会并称为"世界三大犯罪灾难"。

第一节 有组织犯罪的概念

1896年纽约预防犯罪协会在其年度报告中首次使用了有组织犯罪概念,用之专门指代受政府官员保护的赌博和卖淫活动。[③] 但学界至今仍未就有组织犯罪概念达成共识。

一、有组织犯罪界说的考究

总体来看,有组织犯罪概念有广义说与狭义说。广义说认为,有组织犯罪是指三人以上故意实施的一切有组织的共同犯罪或者集团犯罪活动。[④] "有组织犯罪最典型、最集中的特征是它有组织形式、组织体系和实施犯罪有组织性和计划性。""常见的有组织犯罪的形态应包括犯罪团伙、犯罪集团、黑社会和实施有组织性犯罪的常规社会组织等。"[⑤] 狭义说认为,"有组织犯罪,俗称黑社会犯罪,是指基于明确的宗旨章程、严格的纪律约束、高度的权威统治等而构建的犯罪组织,成为对抗国家的一股犯

[①] 参见张小虎:《犯罪学》(第二版),中国人民大学出版社2017年版,第212页。

[②] 参见何秉松:《中国有组织犯罪研究:中国大陆黑社会(性质)犯罪研究(第1卷)》,群众出版社2009年版,第1—2页。

[③] Michael Woodiwiss, *Organized Crime and American Power*, Toronto: University of Toronto Press, 2003, p. 177.

[④] 参见邓又天、李永升:《试论有组织犯罪的概念及其类型》,载《法学研究》1997年第6期,第109页。

[⑤] 参见宋浩波:《犯罪社会学》,中国人民公安大学出版社2005年版,第140、141页。

罪力量,在国家党政的某些腐败官员权力的庇护下,以合法的经济组织等为外衣,采取系统、稳妥、严密的手法,实施走私、贩毒、开设赌场、控制股票市场等严重的危害行为。"①其他不同学说则是对广义说或狭义说的限缩或扩张,故此处不再列举。

应当说,有组织犯罪作为专门的犯罪学术语,具有约定俗成的特殊内涵,专指组织严密、等级森严、为牟利专事犯罪的黑手党等黑社会组织,而非指任何有组织形式的犯罪。

二、有组织犯罪的法条表述

我国《刑法》第294条规定了黑社会性质组织的相关犯罪,这些规定具体涉及三个罪名,分别是"组织、领导、参加黑社会性质组织罪""入境发展黑社会组织罪""包庇、纵容黑社会性质组织罪"。

为推进扫黑除恶常态化、制度化,2021年我国出台了《反有组织犯罪法》,该法第2条指出,"本法所称有组织犯罪,是指《中华人民共和国刑法》第294条规定的组织、领导、参加黑社会性质组织犯罪,以及黑社会性质组织、恶势力组织实施的犯罪。"该条对有组织犯罪的类别加以列举,但未对其概念进行定义。

《联合国打击跨国有组织犯罪公约》采用定义模式,在其第2条明确指出:"有组织犯罪集团系指由三人或多人所组成的、在一定时期内存在的、为了实施一项或多项严重犯罪或根据本公约确立的犯罪以直接或间接获得金钱或其他物质利益而一致行动的有组织结构的集团"。此外,该定义模式也为美国、意大利、西班牙等国家所采用。

第二节 有组织犯罪的状况与特点

一、有组织犯罪的发展状况

(一)新中国建立初期有组织犯罪的状况

新中国建立初期,新政权尚未稳固,国民党残余部队、特务人员与旧社会的土匪、恶霸合流,聚众结伙,残害干部群众,严重扰乱了土改运动和新政权建设工作的正常进行。为此,1950年3月,中共中央、中央军委发布了《剿灭土匪,建立革命新秩序》的指示,自此展开了为期三年的剿匪斗争。在剿匪斗争中,明确了"军事打击、政治瓦解、发动群众三者相结合"的基本剿匪方针,以及"镇压和宽大相结合的政策,即首恶必办,胁从者不问,立功者受奖"的剿匪政策。在三年时间内,人民解放军先后动用150万人兵力,剿灭匪特武装240多万人,彻底肃清了横行中国大地数百年的匪患问题。与此同时,中共中央、中央人民政府先后发出《关于镇压反革命分子活动的指示》《关于严禁鸦片烟毒的通令》《关于清理厂矿交通等企业中的反革命分子和在这些企

---

① 参见张小虎:《有组织犯罪的犯罪学类型性考究》,载《江苏社会科学》2016年第6期,第131页。

业中开展民主改革的指示》等文件,积极镇压反革命分子、禁绝鸦片贩运活动、惩治交通、矿山、建筑等行业的帮会分子、流氓恶霸等。在前述工作的基础上,人民政府积极解决城市就业问题,并在农村展开土改运动。由此,绝大部分流动人口得到妥善安置,旧社会的流民问题被彻底解决。改革开放以后,随着市场经济的逐步恢复,有组织犯罪在中国大陆才死灰复燃。

(二) 改革开放后有组织犯罪的状况

改革开放后,国门再次打开,西方的物质文明和犯罪文化一并涌入,我国的犯罪率呈现出较为明显的增长态势,团伙犯罪亦表现出滋长的走势。犯罪率的大幅增长危害了改革开放的国家发展大局。于是,1983年在全国范围内开展了严厉打击严重刑事犯罪分子的斗争。在"严打"期间,犯罪分子遭受严厉打击,社会精神为之一振。但是,"严打"斗争仅起到了扬汤止沸的作用,我国的犯罪率很快在1991年达至新的波峰。仅1990年一年时间内,司法机关就查获犯罪团伙10余万个,打击团伙成员近37万人。而且犯罪团伙在数量急剧增多的同时,大有向黑社会(性质)组织转变的趋势。对此,1990年中央政法委员会明确指出:"一些以劳改释放、解除劳教、越狱逃犯等有前科的不法分子为骨干的犯罪团伙,思想反动,五毒俱全,组织严密,长期作恶,有一套逃避打击的伎俩,有的已形成黑社会性质的组织,较之1983年'严打'前流氓团伙,危害性明显升级。"①总之,20世纪90年代以后,社会主义市场经济体制在我国逐步确立,社会欣欣向荣,但犯罪率却居高不下,严重影响了社会主义建设大局。据统计,1990—1995年,全国共查获犯罪团伙79.4万余个,打击团伙成员298.2万余人。②随着社会治安形势日益严峻,中共中央又相继开展了两次"严打"斗争。1996年"严打"将矛头直接对准严重暴力犯罪、抢劫犯罪,尤其是涉枪犯罪和涉黑的团伙犯罪。

(三) 新千年后有组织犯罪的状况

进入新千年后,社会治安状况并未因1996年"严打"明显好转。相反,刑事治安案件立案数,从1998年起开始直线攀升。尤其值得关注的是,2000年中国法院系统判处的黑社会性质的案件较前一年上升了六倍。因此,2001年"严打"斗争的首要目标便是有黑社会性质的团伙犯罪和流氓恶势力犯罪。不过,1996年和2001年的两次"严打",基本都面临着与1983年"严打"同样的命运。此后,中国大陆地区的有组织犯罪继续蔓延,并呈现出新的状况。

从党的十八大开始,中国发展进入新的历史时期,我国司法机关加大了对黑恶势力的打击力度。随着社会的快速转型,经济迅速发展,改革逐渐进入深水区,涉黑涉恶犯罪也呈现出新的发展。③在政治方面,部分黑恶势力骗取人大代表、政协委员资

---

① 参见何秉松:《中国有组织犯罪研究:中国大陆黑社会(性质)犯罪研究(第1卷)》,群众出版社2009年版,第102页。
② 参见同上书,第112页。
③ 参见杨维汉、熊丰等:《雷霆亮剑:全国扫黑除恶专项斗争纪实》,载《新华月报》2021年第8期,第75—76页。

格,攫取政治资本。在经济方面,黑恶势力渗透到各行各业。在交通运输、建筑工程、娱乐服务等传统行业,以及互联网金融等新兴行业都能看到黑恶势力的身影。此外,黑恶势力还依靠腐败官员的保护逐渐壮大。为严厉打击黑恶势力,2018年中共中央、国务院发出《关于开展扫黑除恶专项斗争的通知》,开展了为期三年的扫黑除恶专项斗争。各级司法机关"打财断血"铲除黑恶势力的经济基础,"打伞破网"严惩公职人员涉黑涉恶犯罪,取得了良好战绩。2021年3月29日,全国扫黑除恶专项斗争总结表彰大会指出,经过为期三年的扫黑除恶专项斗争,黑恶势力得到有效铲除,社会治安环境显著改善,法治权威充分彰显,党风政风社会风气明显好转。

二、有组织犯罪的特点

在当前阶段,我国的有组织犯罪呈现出诸多特点,具体包括以下几个方面。

(一)组织程度严密

当前有组织犯罪的组织程度较为严密。如前所述,有组织犯罪的犯罪目的通常是为了进行非法经济活动以获得金钱或权力。为此目的,有组织犯罪的组织化程度,可能基于组织的目的、规模和运作方式,以及外部环境变化等原因的考量,而呈现出不同的形态。部分有组织犯罪的组织非常严密,甚至像企业的组织管理一样,呈现出高度专业化和分工等特点。这些组织内部有明确的层次结构,组织者、领导者、参加者职责分工清晰。这些组织通常拥有强大的财力基础和社会资源,具有组织高效性,通过实施洗钱、非法贸易等,牟取巨额经济利益。此外,有组织犯罪为了逃避打击和制裁,也会倾向于采用组织化程度较高的组织形式。因为,更严密的组织和更严格的纪律,可以减少有组织犯罪被发现和打击的风险。具体而言,严密的组织和严格的纪律,可以确保成员对组织的忠诚,即使个别成员落网也会拒绝与警方合作并保持沉默。以刘汉特大黑社会组织案为例。刘汉黑社会性质组织人数众多,组织者、领导者明确,骨干成员固定,呈金字塔结构。刘汉是塔尖,他和刘维、孙晓东同为该组织的组织、领导者。唐先兵、孙华君等10人为骨干成员。刘岗、李波等20人为一般成员。组织内部分工明确,刘汉负责决策和指挥整个组织的运转,孙晓东负责执行刘汉指示及汉龙集团日常经营管理,刘维主要负责领导曾建军、陈力铭、文香灼等人充当打手或保镖,为该组织排挤打击对手,以黑护商。刘汉黑社会性质组织盘踞广汉市、绵阳市、什邡市等地近二十年,与其组织的严密性是分不开的。

(二)合法企业掩护

早在20世纪90年代末,有组织犯罪便呈现出纯粹暴力集团减少、合法生意掩护增多的特点。[①] 当前,黑恶势力犯罪以合法公司为掩护、"软暴力"手段增多的特点更为明显。随着我国市场经济体制转型的不断深化,广阔的市场为黑恶势力组织提供了新的生存和发展空间,黑恶势力通过渗透和控制合法企业和产业链,形成行业垄断,以牟取暴利,形成了"以黑护商、以商养黑"的有组织犯罪运行模式。以湖北黄冈

---

① 参见康树华:《我国有组织犯罪的现状及其治理》,载《法学家》2008年第3期,第1页。

洪建国等人涉黑案为例。以洪建国为首的犯罪集团长期盘踞黄州城区,先后注册成立宏达饮品、宏达驾校、宏达物业等 20 余家公司,为实施各类违法犯罪作掩护。该组织以各种暴力和"软暴力"手段打击竞争对手,在饮料、驾培、物业、轮渡、出租车等十几个民生行业形成非法控制,随意殴打集贸市场商户、强占他人厂房,在黄州城区及周边地区实施违法犯罪活动 30 余起。洪建国等人涉黑案展示了黑恶势力组织利用"以黑护商、以商养黑"模式进行非法经济活动的情况。一方面,该组织在其控制的经济领域中,采用各种暴力和"软暴力"手段打击竞争对手,以确保其在市场中的垄断地位,严重破坏了市场秩序。另一方面,该组织通过成立 20 余家公司进行非法经济活动,并为实施各类违法犯罪作掩护,此举既满足了该组织非法牟利的需求,又为其违法犯罪行为提供了更好的保护。

(三)寻求权力庇护

黑恶势力的发展壮大与腐败官员的庇护分不开。习近平总书记在 2018 年中央全面依法治国委员会第一次会议上指出:"黑恶势力怎么就能在我们眼皮子底下从小到大发展起来?我看背后就存在执法者听之任之不作为的情况,一些地方执法部门甚至同黑恶势力沆瀣一气,充当保护伞。"黑恶势力"保护伞"利用手中的权力,包庇、纵容黑恶势力犯罪,"有案不立、立案不查、查案不力",为黑恶势力违法犯罪、逃避惩罚提供便利和帮助,使黑恶势力有恃无恐,趁势坐大。在扫黑除恶专项斗争中查获的黑恶势力犯罪案件,大多存在"保护伞"现象。可以说,"保护伞"的存在,是黑恶势力发展壮大的重要条件。而且,黑恶势力头目,在通过巨额经济利益贿赂、结交腐败官员的同时,自身也会通过骗取人大代表、政协委员资格来获得政治光环,以求庇护。例如,刘汉案发前曾任四川省政协常委。

(四)暴力形式多元

在有组织犯罪企业化的趋势下,有组织犯罪的暴力特征正在逐渐淡化,但是暴力仍然是有组织犯罪的基本后盾力量。对外来说,使用暴力是黑恶势力集团称霸一方、欺压残害群众,以维持自身对特定行业垄断以及对特定领域控制的手段。对内来说,使用暴力是黑恶势力集团维持组织纪律、执行"家法",保证组织高效运行的手段。实际上,"软暴力"之所以称为"暴力",亦与其背后随时可付诸实施的现实暴力分不开。最高人民法院、最高人民检察院、公安部、司法部《关于办理实施"软暴力"的刑事案件若干问题的意见》将"软暴力"解释为"行为人为谋取不法利益或形成非法影响,对他人或者在有关场所进行滋扰、纠缠、哄闹、聚众造势等,足以使他人产生恐惧、恐慌进而形成心理强制,或者足以影响、限制人身自由、危及人身财产安全,影响正常生活、工作、生产、经营的违法犯罪手段"。归根到底,"使他人产生恐惧、恐慌进而形成心理强制""足以影响、限制人身自由、危及人身财产安全"的,只能是随时可付诸实施的现实暴力。

第三节 有组织犯罪的原因

有组织犯罪的产生与宏观经济、政治、文化等因素息息相关。不过,这些方面虽然可能是有组织犯罪形成的背景和条件,但它们过于概括和笼统,并不能深刻解释有组织犯罪的发生机制。有组织犯罪的原因在犯罪学上有专门的理论阐释。国内外较具代表性的学说,列次如下。

一、化解阻断模式理论

研究有组织犯罪的罪因机制,关键是揭示特定犯罪组织实施特定犯罪类型之原因,并且揭示构成这一原因的核心因素及其相互间的作用关系。由此,基于罪因机制的化解阻断模式理论[①],在有组织犯罪的类型性上应表述为:"有组织犯罪是社会结构失衡的社会不良侧面所折射出的集团组织极端行为"。具体地说,组织获利效能与非组织获利效能之间的巨大悬殊,或称"组织高效"与"经济巨利"的整合,构成了有组织犯罪的核心动因;而某些"社会制度侧面"以及某种"不良社会需要"提供组织生存与活动的温床,赋予这种动因以现实的生命,或称未能给予这种动因的现实化以合理有效的阻断。(1)有组织犯罪的核心动因机制:A. 有组织犯罪的犯罪组织是一种国中之"国"的犯罪组织,这种犯罪组织拥有巨人的活动能量。B. 以黑社会组织之独特特征为基底的犯罪组织活动的高效与巨能,决定了其在犯罪活动的成效上可以、并且也只有其能够获得超乎寻常的经济利益。C. 高效组织获得的超乎寻常的经济利益催生了黑社会犯罪。高效组织与超乎寻常的经济利益两者相辅相成,决定了黑社会组织以及黑社会犯罪的存在的根本动因。(2)有组织犯罪生存的土壤机制:"权力庇护""经济外衣"以及对于有组织犯罪的一些独特犯罪类型的社会"消费市场",是有组织犯罪的核心动因机制得以生存的社会土壤。A. 寄生的社会土壤。市场经济条件以及一些腐败官员的庇护,为有组织犯罪的生存或寄生提供了社会土壤。B. 寄生土壤之养分。一定社会机制下的非法"消费需求"为有组织犯罪能量的释放提供了源源不断的渠道,也可谓是为有组织犯罪的滋生提供了养分及营养液。[②]

二、外国人阴谋理论

外国人阴谋理论主要是美国公共政策决定者在公开辩论中逐渐形成的一种理论。该理论认为有组织犯罪不是社会的内生问题,而是随着移民问题而产生的外来犯罪问题。具体而言,该理论认为,在 19 世纪末至 20 世纪初的移民潮中,意大利籍移民将黑手党组织带到了美国。在 20 世纪 50 年代初,美国国会凯福弗委员会(Kefauver Committee)在其报告中得出结论认为,"美国存在一个被称为黑手党的全国性犯罪集团,它的触角在许多大城市都能找到。它具有国际影响力,这在与麻醉品贩运有关的方面表现得最为明显。它的领导人通常控制着其所在城市最有利可图的交

[①] 参见张小虎:《犯罪行为的化解阻断模式论——兼谈违法成本对犯罪行为之影响》,载《中国社会科学》2002 年第 2 期,第 18 页。
[②] 参见张小虎:《有组织犯罪的犯罪学类型性考究》,载《江苏社会科学》2016 年第 6 期,第 131 页。

易。"① 换言之,在凯福弗委员会看来,美国的有组织犯罪活动完全是意大利籍移民控制的黑手党所为,是纯粹的外来犯罪问题。直到 20 世纪 80 年代,外国人阴谋理论在美国仍然非常流行。届至苏联解体,俄罗斯犯罪团伙棋布东西两欧,外国人阴谋理论在欧洲有组织犯罪理论与实践中也甚为流行。

三、科层模式理论

科层模式理论亦可称为官僚模式理论,该理论与以黑手党为核心的外国人阴谋理论有事实渊源。黑手党被认为拥有等级森严、设计合理的组织,是接近韦伯理性官僚制的理想类型。② 正因如此,国内有观点将两种理论视为一体。③ 科层模式理论实际上源于 20 世纪 60 年代黑手党党徒在美国参议院委员会的公开忏悔与自白。这些改过自新的黑手党党徒的证言首次为公众展示了黑手党内部秘而不宣的近似官僚组织的严密等级结构。具体而言,黑手党的组织结构形似金字塔,等级森严、分工明确、纪律严格。如前所述,有组织犯罪作为专门的犯罪学名词即是指具有此种特征的黑手党。科层模式理论对有组织犯罪的发生机制、活动情况、成员逃避打击的机制有很好的解释力。的确,像意大利的黑手党、日本山口组、旧中国的洪帮都在现实中或历史上长期存在。这些组织都因为它们所以生发的社会环境而进化出类似的严密组织结构。科层模式理论所具有的诸多特点对于解释在类似社会环境中有组织犯罪何以生成具有重要价值。

四、非法企业理论

非法企业理论的先驱德怀特(Smith Dwight)认为非法企业是合法市场活动向非法领域的延伸,通过非法需求供给而获得非法利润,即有组织犯罪问题实质上是经济问题。④ 换言之,非法企业理论运用市场经济的运行机制解释有组织犯罪的发生。犯罪分子被视为追求利润的"企业家",只不过他们逐利的领域是法外之地,即通过走私、贩毒、敲诈勒索、洗钱等违法犯罪活动获取收益。非法企业理论对于许多有组织犯罪的产生具有较强的解释力。以禁酒令时期美国有组织犯罪的繁荣为例。从 1920 年至 1933 年,美国政府实施了禁止生产、销售和运输酒精饮料的法令。禁酒令取缔了合法的酒精饮料市场,公众对酒精饮料的需求变为非法需求。因此,在这一时期,美国出现了大量专门从事酒精饮料的非法生产、销售和运输的有组织犯罪集团。它们通过满足公众对酒精饮料的需求,获取高额利润。可以说,禁酒令制造的有组织犯

---

① U. S. Senate, Third Interim Report of the Special Committee to Investigate Organized Crime in Interstate Commerce (Kefavuer Committee), 81st Congress, U. S. Government Printing Office, 1951.

② Letizia Paoli and Tom Vander Beken, "Organized Crime: A Contested Concept", in Letizia Paoli ed. , *The Oxford Handbook of Organized Crime*, Oxford University Press, 2014, p. 18.

③ 参见何秉松:《中国有组织犯罪研究:中国大陆黑社会(性质)犯罪研究(第 1 卷)》,群众出版社 2009 年版,第 264—265 页。

④ Klaus von Lampe, Definitions of Organized Crime, at https://www.organized-crime.de/organizedcrimedefinitions.htm, March 31, 2023.

罪的繁荣,完全遵循了市场经济的基本逻辑。具体而言,市场经济是一个以供需关系为基础的经济体系。在禁酒令时期,政府的干预导致了酒精饮料的市场供应不足,人为地造成了酒精饮料的稀缺性。这种供需的不平衡导致了非法酒精饮料的出现。由于非法行业的利润高于合法行业,更多的犯罪分子进入市场。为了维持高额利润,有组织犯罪集团会通过暴力手段维持对黑市的垄断,并通过贿赂政府官员获得保护。非法企业理论可以较好地解释有组织犯罪得以产生的经济原因。

五、私人保护理论

甘贝塔(Diego Gambetta)在他的《西西里黑手党》(The Sicilian Mafia)一书中指出,黑手党是一个特定的经济企业,它生产、推销和出售私人保护。[①] 简而言之,黑手党提供了国家无法提供的基本服务,即为合法和非法的产权和经济交易提供保护。也即在缺乏国家对产权和经济交易的保护的领域,黑手党集团介入并出售私人保护,以确保经济交易业务的顺畅进行为对价换取高额经济收益。所以私人保护理论实质上也是从市场经济运行逻辑的视角解读有组织犯罪的成因。据此,黑手党集团的活动实际上是对"私人保护"的市场需求作出反应,代替国家提供一种私人保护"服务"。在此视角下,黑手党呈现出国中之"国"的形态,因其所谓的私人保护本质上是以暴力为后盾的。更进一步地说,黑手党实际上攫取了本应由国家垄断的暴力,并以之为手段"征税"。众所周知,黑社会收取"保护费"的行为,在本质上是一种敲诈勒索。私人保护理论从市场供需角度解释有组织犯罪的成因,具有一定说服力。

第四节　有组织犯罪的对策

各国采取了一系列有力举措打击有组织犯罪。例如,美国作为世界上有组织犯罪问题最为严重的国家之一,专门制定了《反敲诈勒索及腐败组织法案》(RICO)。该法规定了严厉的刑罚和没收措施,以打击有组织犯罪活动。再如,英国成立了打击犯罪局(National Crime Agency,NCA),打击有组织犯罪是该局的主要任务之一。如前所述,自2018年开始,我国开展了为期三年的扫黑除恶专项斗争,并积极推进扫黑除恶常态化,以打击有组织犯罪。总结我国以往反有组织犯罪的斗争经验,并借鉴他国打击有组织犯罪的有力举措,有组织犯罪的治理对策可归结为以下几个方面。

一、剥夺有组织犯罪所得

有组织犯罪的发展壮大,离不开强大的经济基础的支持。如前所述,犯罪组织获得经济利益之手段的高效性非普通犯罪可比拟。所以,基于获利手段的高效性,有组织犯罪集团主要是为牟利而生的。犯罪集团成立后的存续与发展,亦离不开源源不断的"黑金"的支持。有组织犯罪集团的财产往往被作为黑色资本,用于集团势力的维持和"再生产"。例如,有组织犯罪集团会通过金钱"收买人心",豢养打手为之"卖

[①] See Diego Gambetta, *The Sicilian Mafia*, Harvard University Press, 1993, p.1.

命",以维护集团的"生意",谋求组织势力的扩张。在司法实践中,有组织犯罪集团的财产用于违法犯罪活动或者维系犯罪组织的生存、发展,一般表现为"购买作案工具、提供作案经费,为受伤、死亡的组织成员提供医疗费、丧葬费,为组织成员及其家属提供工资、奖励、福利、生活费用,为组织寻求非法保护以及其他与实施有组织的违法犯罪活动有关的费用支出等"。此外,在市场经济的大背景下,一些有组织犯罪集团甚至会通过开办公司、企业等方式"以商养黑""以黑护商",将巨额的非法经济利益作为组织存续、发展的基础。因此,剥夺有组织犯罪所得,消除支撑组织发展的经济来源,可有效打击有组织犯罪集团,迫使其无法继续从事犯罪活动。在扫黑除恶专项斗争中,中共中央适时提出"打财断血"的工作部署,瞄准黑恶势力的经济基础,铲除黑恶势力坐大成势的经济根源。扫黑除恶专项斗争的成果表明,众多黑恶势力坐拥巨额财富。截至2020年10月,在为期三年的扫黑除恶专项斗争中,全国累计打掉涉黑组织3463个、涉恶犯罪集团10878个,查控涉黑涉恶资产5439亿余元。其中,资产在亿元以上的涉黑组织528个,查控资产3369亿元;涉金融领域的涉黑组织708个,占比达20.4%。[1] 扫黑除恶常态化以后,随着我国《反有组织犯罪法》的出台,进一步完善了有组织犯罪财产处置制度,将"打财断血"的经验予以制度化。但相较于国外的民事没收、不明财富没收等制度,我国目前的有组织犯罪财产处置制度仍有进一步完善的空间。

二、惩治涉黑涉恶腐败

恶势力由恶转黑为害一方,其发展壮大离不开腐败官员的庇护。剪除黑恶势力"保护伞",严厉打击涉黑涉恶腐败问题,是治理有组织犯罪的重要举措。据中央政法委披露,在为期三年的扫黑除恶专项斗争中,全国纪检监察机关共立案查处涉黑涉恶腐败和"保护伞"案件89742件,立案处理115913人,给予党纪政务处分80649人,移送司法机关10342人。[2] 据此,在涉黑涉恶腐败和"保护伞"问题上,每个涉黑涉恶犯罪集团都会牵涉公职人员。因此,说"凡黑必有伞"亦不为过。一些黑恶势力之所以作恶多端而肆无忌惮,主要是因为可仰仗背后"保护伞"的庇护。例如,在湖南新晃操场埋尸案中,被害人遇害线索清楚、案情明了,黑恶势力却能依靠腐败官员的关系网的保护,逍遥法外十六年。直到反腐败斗争与扫黑除恶专项斗争开始后,全国扫黑办对该案挂牌督办,才使真相大白于天下。该案13名恶势力犯罪集团成员受到刑法制裁,首要分子杜少平被判处死刑(立即执行),10名涉案公职人员因渎职犯罪获刑。因此,治理有组织犯罪问题,应秉持除恶务尽、逢伞必打之理念,将扫黑除恶与反腐败并举。唯其如此,才能标本兼治地扫清黑恶势力。

三、成立专门化机构

有组织犯罪集团的犯罪活动高度组织化,集团成员逃避刑法打击的能力强。而

---

[1] 参见刘奕湛、熊丰:《打准"黑七寸",改善"软环境"》,载《新华每日电讯》2020年12月3日第1版。
[2] 参见王亦君、焦敏龙:《全国3年打掉涉黑组织3644个》,载《中国青年报》2021年3月31日第7版。

且，随着有组织犯罪的企业化发展，相关犯罪活动的专业化程度逐渐增强。因此，有组织犯罪的治理，在有组织犯罪线索的搜集、组织成员的侦查缉捕、组织财产的追踪处置等方面，都对办案机关提出了极高的要求。在此背景下，打击有组织犯罪的机构的专门化、人员的专业化是大势所趋。例如，意大利专门成立了反黑手党调查局(Direzione Investigativa Antimafia，DIA)，独立、专业地负责全国范围内的有组织犯罪的打击行动。反黑手党调查局专门负责反有组织犯罪线索、情报的收集、调查、处理，并指导、协调其他执法机构的反有组织犯罪执法行动。在我国扫黑除恶专项斗争中，从中央到地方的各级扫黑除恶斗争领导小组办公室，发挥了重要的沟通协调作用。但我国各级"扫黑办"与意大利反黑手党调查局存在诸多不同。"扫黑办"是综合多个政府机构人员成立的非常设机构，其主要目标在于协调各部门行动，整合各部门资源，以打击黑恶势力，其职能具有综合性。而反黑手党调查局是专门的侦查机关，运用法律手段专门负责有组织犯罪的侦办工作。我们认为，在扫黑除恶进入常态化以后，可以在总结扫黑除恶专项斗争经验的基础上，成立扫黑除恶的专门化机构，并在法律上明确其职责权限，将扫黑除恶机构予以专门化、制度化，以构建扫黑除恶长效机制。当然，我国反有组织犯罪的专门机构不必像意大利反黑手党调查局一样成为一个独立的办案机关，但是其至少要做到机构的常设化、人员的专门化、职能的专业化。

四、加强国际合作

随着全球化时代的到来，跨国有组织犯罪的出现，使得对有组织犯罪的有效打击离不开广泛的国际合作。如果没有亲密而广泛的国际司法合作，有组织犯罪集团的成员很可能利用不同国家法律制度的差异逃避惩罚。为此，1990年12月联合国大会通过了《国际合作打击有组织犯罪》的决议(第45/123号决议)。此外，世界各国逐渐加强彼此间的司法合作，国家间的引渡程序更加完善、渠道更加畅通。跨国有组织犯罪集团成员利用不同国家法律制度差异逃避惩罚的可能性越来越小。但在金融全球化的时代，仅针对犯罪组织成员的国际司法合作远远不够。当前，没收犯罪所得与反洗钱已成为打击有组织犯罪的重要战略。但是，金融全球化对没收犯罪所得与反洗钱的国际合作提出了更高要求。可以说，没有广泛且深度的国际合作，没收与反洗钱在打击有组织犯罪的效果上将大打折扣。虽然我国当前有组织犯罪集团的地域性特征较为明显，但是随着金融全球化的发展，有组织犯罪的"黑金"却可借助发达的全球金融体系流动到世界的任何角落。可以说，在金融全球化时代，没有广泛的国际司法合作，就不可能彻底清理有组织犯罪集团的"黑金"。如果不深度融入高效有力的打击有组织犯罪财产的国际合作体系，我国"打财断血"的工作部署将在国际层面缺乏实效性，我国扫黑除恶常态化的推进也将受到影响。从国际上看，为了增进打击有组织犯罪财产的国际合作，许多国家适时推出了犯罪资产分享制度，即将所没收犯罪资产的一定份额，分享给达成司法合作协议的外国司法机构，从而为合作方提供经济激励。我国也应适时加强此类制度的建构。

第十九章 高新科技犯罪

第一节 高新科技犯罪的概念

一、高新科技的含义

高新科技是"高新科学技术"的简称。科学与技术不同。科学是指关于自然、人类、社会的各种知识的体系,是对人们社会实践的基础上产生和发展的知识的总结。技术是人类为满足自己物质生产、精神生产以及其他非生产活动的需要,运用自然和社会规律所创造的一切物质手段和方法的总和,包括生产工具和其他物资设备。科学强调人对客观世界的认知水平的提升,技术建立在科学发展的基础上,侧重于以人的目标为导向利用、控制和改造客观世界。高新科学技术是指具有尖端性、前沿性、先进性和创新性的科学与技术,例如人工智能技术、网络信息技术、生物技术、核技术与航天航空技术等。

科学技术在人类社会扮演着举足轻重的角色,但是科学技术是一柄"双刃剑"。一则,科学技术为人类的发展提供各种条件、便利,对人类的社会生活形成了翻天覆地的改变。再则,科学技术也蕴藏了巨大的危险。

二、高新科技犯罪的界说

高新科技犯罪是"高新科学技术"与"犯罪"的结合。高新科技犯罪的核心特征在于"高新科技"的属性。

围绕"什么是高新科技犯罪",理论界形成了"关联说""事实说"与"规范说"三种不同的观点。(1)"关联说"主张,凡是与高新科学技术具有一定关联性的犯罪现象,即属于高新科技犯罪。高新科技犯罪既包括行为人利用高新科学技术实施的犯罪活动,也涵盖了在高新科技领域发生的一切犯罪活动。例如,行为人在高新科学技术研发中心策划、实施的纵火、爆炸、杀人和抢劫等犯罪,均被视作高新科技犯罪。由此可见,"关联说"对高新科技犯罪的界定最为宽泛。(2)"事实说"认为,高新科技犯罪是指行为人以高新科学技术、高新科技产品为手段从事的犯罪行为。唯有行为人在犯罪预备、犯罪实行、犯罪完成或者犯罪后的躲避侦查阶段运用了高新科学技术,才成立高新科技犯罪。因此,凡是发生在高新科技领域的犯罪活动,未必一定属于高新科技犯罪。显然,"事实说"划定的高新科技犯罪定义域小于"关联说"。(3)"规范说"与"事实说"的相同点在于,二者均认可高新科学技术的犯罪工具特性是高新科技犯罪成立的必要条件。二者的分歧在于,"规范说"强调高新科技犯罪的法律属性,"事实说"侧重于高新科技犯罪的客观危害性。例如,"规范说"的典型观点指出:"高科技犯罪是指自然人或法人,在高科技领域实施的危害社会主义社会关系,触犯我国刑事法律,依法应受刑事处罚的故意或过失行为。"[①]

综上,"关联说""事实说"与"规范说"从不同角度、以不同标准定义了高新科技犯罪现象。从高新科技犯罪的外延范围来看,"关联说">"事实说">"规范说"。相对而论,"事实说"的观点基本可取。首先,"关联说"以"犯罪是否与高新科学技术具有一定相关性"为标准,不适当地扩张了高新科技犯罪的认定范围,并不合适。一方面,依据"关联说",几乎所有发生在高新科学技术领域内的犯罪活动都会被定义为高新科技犯罪,这导致高新科技犯罪与普通刑事犯罪的界限模糊,高新科技犯罪这一学理概念的存在价值亦将受到质疑。另一方面,研究高新科技犯罪的目的在于,借助对高新科技犯罪事实的客观观察,分析高新科技犯罪形成的特有原因,探索应对和预防高新科技犯罪的具体对策。行为人在高新科技领域内实施的任何犯罪,未必均能如实地反映出高新科技犯罪的独特个性及其产生、发展的客观规律。因此,采取"关联说",难以满足高新科技犯罪的研究旨趣。其次,"规范说"将刑事违法性列为高新科技犯罪的必要条件之一,从而将具有事实上社会危害性的高新科技危险行为排除在外,也不妥当。犯罪学视角下的高新科技犯罪概念,应与犯罪学的犯罪概念保持立场的一致性。有别于强调法定性以彰显罪刑法定蕴意的刑法学的犯罪概念,犯罪学的犯罪概念更强调危害性的事实特征,其不仅包括法定犯罪,还包括违法行为、越轨行为和社会危险行为等。基于犯罪学立场,高新科技犯罪的概念应采取"事实说"而非"规范说"。

综上所述,高新科技犯罪,是指自然人或者单位利用高新科学技术、高新科技工具或高新科技物品作为犯罪手段实施的具有严重的社会危害性的行为。犯罪行为方式是否利用高新科学技术,是区分高新科技犯罪与普通刑事犯罪的实质标准。

第二节 高新科技犯罪的状况与特点

一、高新科技犯罪的状况

(一)网络犯罪

互联网已经同人类社会的多方面建立联系,现实世界与网络空间呈现深度融合。2022年中国互联网络信息中心发布的第50次《中国互联网络发展状况统计报告》显示,截至2022年6月,我国网民规模为10.51亿,互联网普及率达74.4%。[②] 人类已经越来越难以同虚拟的互联网络世界脱离开来。网络在对人类社会的发展带来诸多益处的同时,也产生了网络安全问题。

[①] 傅晓海、李文涛、田文涛:《高科技犯罪的侦防对策》,载《辽宁公安司法管理干部学院学报》2002年第1期。

[②] 参见《第50次〈中国互联网络发展状况统计报告〉发布》,中华人民共和国中央人民政府网,2022年9月1日,at http://www.gov.cn/xinwen/2022-09/01/content_5707695.htm,访问时间:2023年2月10日。

1. 电脑黑客犯罪

电脑黑客犯罪包括侵入他人电脑网络,继而植入病毒,偷走资料,改掉用户名和密码,操控网页,或者只是简单地勘察网络等。最为人熟知的黑客方式是把病毒植入计算机中,这被称为计算机破坏,因为设计好的病毒能删除重要文件,或者让计算机功能失常。只要一台计算机被感染,该病毒在用户的"帮助"下,就会迅速蔓延到其他用户。结果,几乎每个电脑用户都可能成为受害者。还有一种类似的计算机破坏,就是制造并传播一种蠕虫病毒,恶意程序使电脑不断进行自我复制,如果用户得不到援助,最终会导致系统崩溃。例如,一名德国少年在2004年制造了一种蠕虫病毒,造成数千人的计算机瘫痪。[1]

2. 暗网犯罪

网络空间分为三个层次:表层网(surface web)、深网(deep web)和暗网(dark web)。暗网,是以互联网为基础,使用匿名通信技术搭建的,需要使用特殊的软件和特殊的方式才能访问的加密网络系统。暗网使用多跳代理机制对用户隐私进行保护,对传输的数据进行三层加密,由各个中继节点依次进行解密。2017年美国铲除了集军火买卖、毒品交易、人口贩卖为一体的暗网"阿尔法湾",暗网才成为人们关注的焦点。隐匿性是暗网的核心特征,用户无法通过公共计算机网络或普通搜索引擎进行浏览,必须借助"Tor路由器"等特殊工具,同时还需要进行严格注册。"Tor"会运用特殊算法对用户数据进行加密,数据很难在节点服务器内泄露。经过多节点、多分布的层层加密,用户的IP地址、真实身份等重要信息就变得难以查明。

暗网犯罪,是指利用暗网实施的犯罪活动。暗网犯罪涵盖毒品交易、军火交易、个人信息贩卖、人口拐卖及色情交易等。利用暗网从事暗网交易的网站被称为暗网市场。暗网的匿名性使暗网市场的非法交易和交易参与者难以被追踪定位,从而给惩治和预防暗网犯罪带来了前所未有的挑战。2013年3月,我国警方首次查处一起利用暗网传播未成年人淫秽信息的案件;2019年,针对暗网犯罪在全球的猖獗及其近年来在我国的不断发生,公安部"净网2019"专项行动将依法严厉打击涉暗网等新型犯罪活动列为重点任务之一;2020年,在公安部门"净网2020"专项行动中,江苏省镇江市公安局侦破一起利用暗网倒卖公民个人信息案件,捣毁一条销售贩卖近2亿条公民个人信息的产业链,抓获犯罪嫌疑人3名。[2]

暗网毒品犯罪是暗网犯罪的典型,是传统的毒品犯罪为了逃避打击而逐步转移到互联网直至暗网上进行的犯罪形态,具体包括在暗网空间内实施的买卖毒品犯罪,引诱、教唆、欺骗他人吸毒犯罪,强迫他人吸毒犯罪和非法提供麻醉药品、精神药品犯罪等。根据欧洲警方的情报分析显示,在其所监控的暗网"汉萨"中,最繁荣时期每天

---

[1] 参见〔美〕亚历克斯·梯尔:《越轨:人为什么干"坏事"?》,王海霞等译,中国人民大学出版社2014年版,第306页。
[2] 参见马金强、田俊静、苗志宏:《我国暗网犯罪分析与综合治理研究》,载《武警学院学报》2021年第12期。

有3600多名毒品交易者进行包含各类毒品和精神管制药品在内的毒品交易。① 近年来,我国也出现了在暗网空间的毒品犯罪。例如,2018年成都警方破获外籍男子陈某,登陆境外暗网,用加密币购买毒品,寄到其成都暂住地;2019年厦门警方破获朱某,通过特殊软件登陆暗网,在上面发布毒品信息,试图通过加密币进行跨境毒品交易。② 虽然暗网上也存在其他类型犯罪,但是毒品犯罪已经成为暗网犯罪的最主要的组成部分。暗网几乎成了毒品犯罪的代名词。

3. 元宇宙犯罪

元宇宙(Metaverse)概念最早出现在1992年的科幻小说《雪崩》中。2021年10月,著名社交网站"Facebook"正式宣布改名为"Meta",其创始人扎克伯格对外宣称元宇宙将是人类社会的下一个新世纪。紧随其后,元宇宙概念股、元宇宙产品相继出现,从而将"元宇宙"这一名词推至风口浪尖且成为目前最流行的术语和话题。元宇宙也称为后设宇宙、形上宇宙、元界、超感空间、虚空间,是指在新兴数字科技的发展下,通过现实拓展技术的支持而产生的与现实世界交互的虚拟空间。元宇宙是"一个持久化和去中心化的在线三维虚拟环境,其中的所有事件都是实时发生的,且具有永久的影响力"③。

国际刑警组织指出,犯罪分子已经开始将目标锁定元宇宙平台上,如何在虚拟世界中监管犯罪成为重要议题。④ 元宇宙犯罪表现为:其一,与元宇宙相关的数据犯罪、计算机犯罪、财产犯罪和侵犯公民个人信息犯罪。2023年2月,西班牙国家警察通告了第一起因在元宇宙犯罪而被逮捕的案件。一名18岁的年轻公民在马德里大区被指控参与涉及未成年人的腐败案、持有并销售儿童色情制品以及通过互联网对未成年人进行性剥削。⑤ 其二,发生在元宇宙空间的新型侵犯人身权利犯罪。如在"VR"虚拟社交平台遭遇的"性骚扰"。随着元宇宙空间的不断发展,元宇宙空间的全真性不断得到提高,尤其是随着元宇宙空间中人身本体五官感受和体验的不断增强。届时虚拟角色的虚拟性下降,全真性上升,人们可以通过元宇宙空间实现自己身体的"复制"。类似于"触摸"虚拟角色的行为也将使被"触摸"者的人身本体具有更为真切的感受。在此情况下,当然会导致某种程度侵犯人身权利犯罪的实际发生。⑥

4. 网络恐怖犯罪

网络恐怖犯罪大致分为两类:以网络作为恐怖主义的行为工具的网络工具型恐怖主义,或者以网络作为恐怖主义的攻击对象的网络受害型恐怖主义。网络工具型

---

① 参见杨玉晓:《暗网毒品犯罪刑法治理困境与应对转向》,载《经济与社会发展》2021年第3期。
② 同上。
③ 成生辉:《元宇宙:概念、技术及生态》,机械工业出版社2022年版,第3页。
④ Arijit Sarkari, Wants to Police Metaverse Crimes, Reveals Secretary General, Feb 6, 2023, at https://cointelegraph.com/news/interpol-wants-to-police-metaverse-crimes-reveals-secretary-general,访问时间:2023年2月10日。
⑤ 参见《18岁西班牙青年因在元宇宙犯罪被捕》,新浪财经,2023年2月6日,at https://finance.sina.cn/2023-02-06/detail-imyetivv6259439.d.html? oid=3849649775036804&vt=4,访问时间:2023年2月10日。
⑥ 参见刘宪权:《元宇宙空间犯罪刑法规制的新思路》,载《比较法研究》2022年第3期。

恐怖主义包括：其一，利用网上传播媒介制造、传播虚假恐怖信息，营造网上恐怖氛围。简言之，即"网络恐怖心理战"。其二，运用网络宣扬极端主义意识形态、传播恐怖主义实施方法。其三，线上组织、勾连、策划恐怖活动，包括募集资金、勾结激进分子、共谋犯罪计划和协调具体活动等。网络受害型恐怖主义，是指恐怖分子侵入计算机网络，直接发射数据进行攻击。这种网络袭击可能使国家的基础设施遭到破坏或者陷入瘫痪状态。

（二）人工智能犯罪

人工智能（Artificial Intelligence，AI），是通过计算机语言编写的方式对特定对象的需求信息、数据结构、运行指令等进行处理，进而实现目标对象模仿人类作出类人反应的一种技术方法。人工智能的本质特征，在于能够在深度学习的前提下自主地进行分析、判断和决策。

首先，人工智能技术自身的社会风险可能会导致犯罪现象。其一，人工智能致使一定范围的大量失业现象出现。2016年物理学家史蒂芬·霍金认为"工厂的自动化已经让众多传统制造业工人失业，人工智能的兴起很有可能会让失业潮波及中产阶级，最后只给人类留下护理、创造和监管等工作"[①]。其二，人工智能引发歧视现象。人工智能决策中的机器歧视包括种族歧视、性别歧视、消费歧视等。其三，人工智能使贫富分化差距进一步加大。人工智能的研究和应用不可避免地会使人们加速涌向利润高的领域，从而在一定程度上加剧贫富分化的差距。失业、歧视与贫富分化现象等社会因素可能会导致宏观层面的犯罪率上升。

其次，人工智能技术诱发高新科技犯罪。（1）自动驾驶车辆技术造成的犯罪。2016年5月7日，美国海军退伍老兵约书亚·布朗在佛罗里达州驾驶一辆特斯拉自动驾驶汽车，不幸撞上一辆白色拖车毙命。（2）智能机器人实施的犯罪。1981年，日本发生了人类第一例机器人杀人事件，受害人是名37岁的工人。2015年7月英国《金融时报》报道了大众机器人杀人事件。大众承包商的一名工作人员不幸身亡，事发时其正与同事一起安装机器人，但机器人却突然抓住他的胸部，然后把他重重地压在一块金属板下，最终导致这名工作人员因伤重不治身亡。（3）滥用人工智能换脸技术的犯罪。人工智能换脸技术是利用智能技术使用机器学习算法来分析目标对象的照片或视频，从"习得"相关目标面部和体态特征，并将目标对象的"面部"叠加到某一视频中或直接伪造一个新的视频，从而有效融合视觉、声音等识别类技术，足以产生以假乱真的效果的新型技术。人工智能换脸技术存在严重的滥用风险。犯罪分子可能利用人工智能换脸技术实施诈骗类侵财犯罪。2019年，犯罪分子利用人工智能换脸技术伪造了英国某能源公司在德国母公司CEO的语音，诈骗了22万欧元。另外，人工智能换脸技术也会因为违法收集用户的面部数据等生物信息侵害他人数据安全权益、侵犯公众的隐私权。（4）人工智能恐怖活动。恐怖分子可能利用人工智能实施以下恐怖活动：其一，修改程序设置或以植入芯片的方式改变飞机航线，进而

[①] 吴月辉：《人工智能会取代人类吗》，载《人民日报》2017年7月7日第20版。

劫持飞机、绑架人质，或将飞行器编制为轰炸特定目标的飞行炸弹，在公园、广场、商业大楼、地铁、机场、车站等人员密集场所投掷，造成巨大人员伤亡、财产损失。其二，通过编写程序将人工智能产品改造成"智能刺客"，通过人物图像识别、信息识别与人物、攻击目标锁定等功能，实施精准刺杀、打击等恐怖活动。其三，设计人类可控的普通机器人，在程序设置中植入恐怖袭击信息，使机器人按照程序设计的内容实施暴恐行为，实现恐怖分子预设的目的。①

（三）生物科技犯罪

生物科技又称为生命科技，其研究对象是生命的起源、发展、存续与创新的基本规律和实现方式。生物科技犯罪，是指运用生物学知识和技术手段实施的犯罪现象。典型的生物科技犯罪是 2001 年美国"炭疽邮件袭击事件"。该案件最终造成 22 人被感染，其中 11 人为皮肤性感染，11 人为吸入性感染，共有 5 人死亡。2008 年美国联邦调查局证实，该案件是由美国陆军传染病研究所的生物防御研究科学家布鲁斯·艾文斯博士所为。

1. 非法从事人体基因编辑、克隆胚胎的犯罪

2018 年我国发生了"基因编辑婴儿案"，行为人将使用基因编辑技术改变后的人类生殖系细胞（胚胎）植入子宫启动妊娠。围绕该类行为是否应规定为犯罪，社会曾展开了激烈讨论。② 但多数人认为，鉴于非法从事人体基因编辑行为会带来严重的科技风险隐患以及伦理破坏，应当将该行为规定为犯罪。当前有多个国家明令禁止对人类胚胎进行基因编辑。克隆，是指生物体通过体细胞进行的无性繁殖以及由无性繁殖形成的基因型完全相同的后代个体组成的种群。涉及人类的克隆技术分为治疗性克隆与生殖性克隆。2005 年 3 月，第 59 届联合国大会批准通过《联合国关于人类克隆宣言》，敦促各国政府禁止一切形式的人类克隆。③ 2020 年我国《刑法修正案（十一）》增设了第 336 条之 1"非法植入基因编辑、克隆胚胎罪"，以打击和预防非法从事人体基因编辑、克隆胚胎等生物科技犯罪行为。

2. 基因武器犯罪

基因武器，也称为遗传工程武器或"DNA 武器"，是指运用遗传工程技术，按人们的需要通过基因重组，在一些致病细菌或病毒中接入能够对抗普通疫苗或者药物的基因，或者在一些不会致病的微生物体内接入致病基因而制造生物武器，这是一种可以对敌方造成残酷杀伤力，但对己方可以毫无影响的新型武器。早在 20 世纪 90 年代，美国、俄罗斯、英国、德国和以色列等国家就开始研究基因武器的可行性。

（四）太空科技犯罪

太空科技犯罪，是指个人或者组织通过损毁、破坏、干扰或者劫持在轨航空器、航天员的方式向政府、社会或者国际组织提出经济、政治或其他非法目的的犯罪形态。伴随着科学技术进步，人类进入太空将变得更加简便，但这也为犯罪分子提供了可乘

---

① 参见王燕玲、李瑞华：《人工智能时代恐怖主义犯罪行为的刑法规制》，载《刑法论丛》2020 年第 4 期。
② 参见赵秉志主编：《〈刑法修正案（十一）〉理解与适用》，中国人民大学出版社 2021 年版，第 289—290 页。
③ 参见同上书，第 290 页。

之机。此外,太空系统具有极端的脆弱性,一点点"微不足道"的损害便可酿成"灭顶之灾",太空事故的危害性与影响力是惊人的。因此,必须严密防范犯罪分子将"罪恶之手"伸向太空。

二、高新科技犯罪的特点

(一) 主体特征

(1) 高新科技犯罪的主体包括自然人和单位。其一,自然人犯罪主体呈低龄化。根据我国学者的统计,2017 年至 2020 年间我国暗网犯罪案件的犯罪人平均年龄为 27.3 岁,最小年龄为 18 岁,18 岁至 35 岁之间的暗网犯罪人占总数的 90%。[1] 这说明暗网犯罪主体以青年人群为主。青少年涉足高新科技犯罪明显呈增长趋势,主要原因包括:计算机网络技术的发达与普及为青少年学习犯罪手段提供了便利;青少年喜欢追求新潮事物,学习能力较强,比较容易掌握高新科技犯罪的技术手段;青少年处于社会化发展阶段,对金钱、物质需求较大,但价值观并未稳固,易于为了满足物质上需求产生犯罪动机。其二,单位实施的高新科技犯罪危害严重。公司、企业等社会组织具有雄厚的财力、丰富的人力资源,并掌握着最尖端的科学技术,若其利用技术实施犯罪,危害后果更为严重。

(2) 高新科技犯罪的主体具有知识化和专业化特征。一方面,自然人主体通常具有较高的智力和学历,受过专门培训,具备相关专业的知识和技能,并能够利用复杂的技术、设备。例如,2020 年 7 月,浙江台州警方侦破一起利用"暗网"侵犯公民个人信息的案件。抓获 6 名犯罪嫌疑人,其中 5 人毕业于 985 名牌高校,1 人名牌院校研究生在读。另一方面,单位主体则为拥有高新尖端科学技术和设施的科研机构、金融部门、企事业单位和其他组织。

(3) 高新科技犯罪的主体呈现"平民化"的趋势。互联网是全球最为普及的信息资源共享平台,互联网的发展便利了技术的获取,加之国际社会与各国家对于互联网的监管机制存在缺陷,导致网上各种有害信息泛滥,为高新科技犯罪的发生提供了条件。例如,恶意软件"黑影"(Blackshades)为犯罪分子提供的黑客技术,使犯罪分子即使不懂任何黑客技术也可以在足不出户的情况下,点击鼠标实现攻击,让目标计算机感染勒索软件并对目标进行音频及视频的监控。[2]

(二) 主观特征

高新科技犯罪既包括故意犯罪,也存在过失犯罪。高新科技犯罪人的主观动机比较复杂,包含了贪利动机,自我炫耀、寻求刺激动机和政治性动机。

(1) 基于贪利性动机实施的高新科技犯罪。在现代化条件下,为满足对物质财富的占有欲和享受欲,高新科技无疑是一条捷径。王某是某大学的在校学生,2020 年暑假期间,王某在上网时偶然浏览到了一些关于暗网的信息。王某发现,只要在暗

---

① 参见王子杰、许昆:《我国暗网犯罪的态势、特征及对策研究》,载《河南警察学院学报》2021 年第 5 期。
② 参见孙笛:《人工智能时代的犯罪防控》,载《中国刑警学院学报》2018 年第 5 期。

网论坛充钱就可以购买到自己想要的信息,于是,一个赚钱的"好方法"在王某脑海中诞生了——通过帮他人充值赚取差价。随着找王某充值的人越来越多,尝到甜头的王某逐渐胆大了起来,开始帮一些想购买信息但不愿意激活账号的人购买数据,并从中赚取一定的"手续费"。短短两个月时间,王某购买、出售公民个人信息竟多达17万余条,违法所得1200元。法院认为,被告人王某违反国家有关规定,通过购买等方式获取公民个人信息,并向他人出售公民个人信息,情节特别严重,其行为已构成侵犯公民个人信息罪。①

(2) 基于自我炫耀、寻求刺激动机实施的高新科技犯罪。2014年左右,何某喜欢泡在国外网站论坛里,无意中了解了暗网。网络维护专业出身的他,对此充满好奇。何某最初只是在上面浏览一些新鲜事,后来出于追求新鲜、刺激的动机,开始尝试在暗网上购买某种毒品。此后,他辞去了原来的工作,专门在暗网上联系境外卖家,购买该种毒品,并通过微信和网络联络国内买家进行销售。②

(3) 基于政治性动机实施的高新科技犯罪。境内外敌对势力或者恐怖组织,利用高新科技手段如核武器、生化武器、无人机、人造卫星等实施分裂国家、颠覆政权、危害国家和人民利益的犯罪活动。

(三) 行为特征

(1) 犯罪手段的真实性。高新科技犯罪的主要特点在于手段的科技性,因此利用非科技手段、超现实的"高科技"、伪科技手段,实施的欺诈、诱奸或致人精神失常、自杀、杀人等违法犯罪行为,不属于高新科技犯罪。例如,美国"科学教"(Scientology)、日本"幸福科学教"(Happy Science)等邪教组织常打着"科学"的幌子实施违法犯罪活动,该行为并非高新科技犯罪。

(2) 行为方式的隐蔽性。高新科技犯罪具有更强的隐蔽性,这是因为:其一,犯罪手段的非直观性。高新科技犯罪的实施手法总是包裹着一层专业、科学的"外衣",如使用计算机、医疗行为、化学实验与科学研究等,缺乏专业知识的普通民众很难辨别出其本质属性。其二,实施过程迅速、瞬间完成。很多高新科技犯罪的实施,行为人只需轻轻敲击键盘即可,犯罪指令的执行只需几毫秒甚至微秒,且难以留下物质痕迹。其三,犯罪对象的隐蔽性。网络犯罪的对象是可以复制的数据与信息,即使行为人盗窃了信息,其质量不会发生减损,信息的载体亦不会有变化,受害人很难察觉。其四,反侦察能力强。犯罪人可以利用高新科技增强其反侦察能力,给被害人或司法机关的追查设置重重障碍。

(3) 活动范围的扩大化。通过高新科学技术,犯罪人实施犯罪活动的范围得到扩展。通过运用高新科技,异地犯罪、跨国犯罪、跨区域犯罪越来越容易。犯罪分子

---

① 参见《大学生上暗网发现"财富密码"最终坠入"法网"》,浙江在线,2021年9月9日,at http://tz.zjol.com.cn/tzxw/202109/t20210909_23064899.shtml,访问时间:2023年2月10日。
② 参见《容易滋生各类违法犯罪 警惕"暗网"盯上年轻人》,中国中央电视台网,2019年11月26日,at http://news.cctv.com/2019/11/26/ARTIZXYPLU8xE6htgqdQeDyy191126.shtml,访问时间:2023年2月10日。

既可以利用现代通信技术,在某地组织、指挥另一地的犯罪同伙实施犯罪,也可以通过遥控技术,操纵、完成另一国家或地区的犯罪计划,还可以使用无人机、智能机器人在"千里之外"实施犯罪行为。高新科学技术的发展颠覆了人们对空间、时间的传统理解,也为打击、预防犯罪带来了新的课题。

第三节 高新科技犯罪的原因

一、技术原因

首先,技术的发展为高新科技犯罪提供了必要条件。唯有社会发展到一定阶段,科技进步达到相当水平,犯罪人才有可能以高新科技作为手段实施犯罪活动。电子计算机技术、网络技术、信息技术、人工智能技术、生物技术、化学技术、激光技术与核技术等高新科学技术的产生和运用,既为社会发展贡献了巨大推力,也为犯罪实施提供了机会和条件。网络技术的运用为人们的工作生活提供了便捷和乐趣,更新了人们的意识,拉近了人们之间的距离,但虚拟空间也便于病毒和色情的散布,给打击犯罪活动造成了更多障碍。生物科学技术的发展有助于改良食品的生产方式、完善医疗手段、消除环境污染、延长人类寿命和提高生命质量,但同时也为买卖人体器官、研制克隆人、制造基因武器提供了技术支持。甘油炸药可用于采石场也可用于制造炸弹,核技术被用于生产能源亦被用于制造核武器。技术正在成为一种具有巨大摧毁力的东西。一种技术越成熟、越普及,人类社会对其依赖程度就越高,该技术对社会带来的威胁越大,犯罪分子利用其实施犯罪的危险性越大。

其次,高新科学技术自身的缺陷为犯罪行为构建了温床。人类社会正处于高新科技发展迅速和高新科技应用领域急剧扩张的黄金时期,人们往往更关注高新科技能否带来经济、社会效益而忽略了科学技术在应用过程中的安全问题和其自身潜藏的隐患,这也就成为高新科技犯罪发生的诱因。

二、文化原因

社会科学家长期致力于用文化和结构等相关概念来解释越轨行为与违法行为的模式。例如,韦伯以铁路上的扳道工来作类比,认为文化可以决定轨道,而由某些动机性动力(motivational dynamic)推动的行为则沿着这一轨道运行。[①] 亚文化理论认为,犯罪亚文化对犯罪行为的生成机理具有重要诠释价值。"在暴力亚文化中,一个强有力的暴力主体影响着人们的生活方式、社会化过程以及人际交往,特别是在男性青少年中,暴力是暴力亚文化的准则。在这种环境中大家对暴力都习以为常,因此施暴者对他们的暴力行为没有负罪感。"[②]

在高新科技犯罪领域,也常常蔓延着一种"科学技术无罪""科学技术中立"的亚

[①] 参见〔美〕亚历克斯·皮盖惹主编:《犯罪学理论手册》,吴宗宪主译,法律出版社2019年版,第321页。
[②] 张小虎:《当代中国社会结构与犯罪》,群众出版社2009年版,第366页。

文化。这种亚文化源自"技术中立原则",该原则又被称为"菜刀理论",是指科学技术或者工具的发明者或销售者,无法控制科技或工具的使用者如何使用该项科技工具,所以他们也不应为意料之外的工具用途来负责。① 高新科技领域的犯罪人常常以"科技无罪""科技中立"为自己的犯罪行为辩解,具有极强的迷惑性。典型如2016年我国"快播传播淫秽物品牟利案"。这种亚文化也造成了高新科技犯罪的"无意识化",通常表现为人类社会对科学技术的盲目崇拜致使对犯罪行为的否定性评价不足以及科学技术价值观同人类伦理道德的剧烈冲突。例如,坚守"科学无禁区"的科学家罔顾伦理道德的约束滥用生物技术,非法从事人体基因编辑或人体克隆。

三、经济原因

利益驱动、追逐金钱是高新科技犯罪的主要动因。与传统犯罪相比,利用高新科技手段实施犯罪的效益高,对犯罪人而言具有巨大的诱惑力。犯罪效益是犯罪人实施犯罪行为所取得的非法收益,犯罪效益与犯罪收益成正比,与犯罪成本成反比。一方面,科学技术是第一生产力,将其应用于犯罪,则犯罪的收益将会大大提高。另一方面,高新科技能够有效地降低犯罪成本,如犯罪投入成本和惩罚成本,这促使犯罪分子不断铤而走险、以身试法。另外,当前网络环境复杂,一些隐蔽的网络社群、网站传播不良思想,甚至传授犯罪手段,一部分年轻人由于物质基础、社会地位都处于不利状况,容易受金钱至上和"快速赚钱"等思想的误导,从而走上犯罪之路。阿列克谢·伊万诺夫就是这样一个典型,这个电脑神童生活在俄罗斯的一个贫困地区,他大学退学,当了一个家具搬运工,收入微薄,最后他加入了一个电脑黑客团队,侵入企业网站,窃取信用卡号码。②

四、法律原因

高新科技犯罪的发生屡屡冲击着现行刑事立法及其解释原理,现有刑事立法和理论的不足,是影响和制约打击与预防高新科技犯罪的原因之一。例如,在规制暗网毒品犯罪方面,就存在着行为性质认定困难、共犯认定困难等问题。一方面,我国《刑法》第349条规定了"窝藏、转移、隐瞒毒品、毒赃罪",但在暗网中毒赃常常表现为加密币。由于我国不承认加密币的货币地位,以其为对价进行毒品交易是否构成贩卖毒品罪?在我国隐藏毒品交易换来的加密币本质是一串"数字代码",是否构成隐瞒毒赃罪?尚存疑问。另一方面,在暗网毒品共同犯罪中,存在着主观上共同故意难以认定和实际共同犯罪人难以查证的难题。又如,伴随着人工智能技术的成熟及其普及,在未来的刑事立法中,人工智能能否被视为独立于自然人与单位之外的新犯罪主体,即人工智能犯罪主体的法律定位问题,当前学界依然存在"人工智能犯罪主体肯

---

① 参见"技术中立原则"词条,维基百科,at https://zh.wikipedia.org/zh-hans/%E6%8A%80%E8%A1%93%E4%B8%AD%E7%AB%8B%E5%8E%9F%E5%89%87,访问时间:2023年2月10日。
② 参见〔美〕亚历克斯·梯尔:《越轨:人为什么干"坏事"?》,王海霞等译,中国人民大学出版社2014年版,第307页。

定说"与"人工智能犯罪主体否定说"的激烈争论。① 另外,人工智能技术对刑法理论产生了强烈冲击。例如,部分学者打破了"机器不能被骗"的传统观念,主张在特定情况下人工智能机器人也可能成为诈骗罪的"被骗者"。②

第四节 高新科技犯罪的对策

一、技术对策

运用先进科学技术,是预防和打击高新科技犯罪的首要方法。

(1) 加强对犯罪技术的研究。高新科技犯罪的特殊性,在于利用高新科学技术实施犯罪和逃避打击。因此,只有在科学技术层面上掌握主动权,方能占据治理高新科技犯罪的"高地"。其一,要研究高新科技犯罪的基本技术原理与最新发展动态,以及高新科学技术同传统犯罪形态的结合方式,将其作为治理策略和明确打击重点的基础。其二,要重点研究高新科技犯罪的关键技术,如暗网犯罪的"去匿名技术",从而实现暗网犯罪的虚拟身份与真实犯罪主体的对应。通过技术手段突破暗网的匿名保护,从而追踪、查控和打击利用暗网实施高新科技犯罪的行为人。

(2) 充分运用高新科学技术治理犯罪现象。例如,可以通过大数据分析技术打击暗网犯罪。一方面,大数据分析技术能够辅助侦查打击暗网犯罪。暗网虽具有匿名性,但利用暗网实施犯罪并非无痕可寻。犯罪分子在网上查询暗网市场资料、搜索登陆暗网方法和获取相关软件等行为都可能留下痕迹。通过大数据分析技术对数据痕迹进行追踪、研判和交叉比对,有利于及时抓捕犯罪分子。另一方面,还能够利用大数据分析技术,在全面、深入收集暗网犯罪数据的基础上,判断暗网犯罪的防治重点。又如,还可以通过人工智能技术进行犯罪预测。截至 2018 年,美国超过半数的警察机构已经配备了智能犯罪预测系统。我国的侦查人员也在逐步探索将基于决策树、向量自回归等多种算法的人工智能预测模型应用于犯罪预测中。③

(3) 强化执法能力培训教育,推进治理高新科技犯罪的专业人才培养。打击高新科技犯罪,人才保障是关键。要加强现有人员的培训教育,创新培训方式,通过部门、企业与科研院所的协作,共同开发治理高新科技犯罪的教育培训课程与案例研讨,科学解析高新科技犯罪的技术原理,提升执法人员的办案能力。

(4) 建立新型合作机制。与传统犯罪相比,高新科技犯罪的智能性、隐匿性、跨国性和复杂性等特点为我国社会治理带来诸多挑战。因此,"不仅需要完善公权力机关之间的沟通机制,而且需要强化公权力机关与私营机构尤其是大型互联网公司之

---

① 参见叶良芳、马路瑶:《风险社会视阈下人工智能犯罪的刑法应对》,载《浙江学刊》2018 年第 6 期。
② 参见刘宪权:《新型支付方式下网络侵财犯罪性质认定的新思路》,载《法学评论》2020 年第 5 期。
③ 参见胡向阳、丁寒:《人工智能犯罪预测》,载《中国刑警学院学报》2020 年第 6 期。

间的合作机制,倡导一种新型的'公私合作伙伴关系'。"[1]

二、文化对策

树立正确的科学伦理道德观念,强化对高新科技犯罪的文化防控。高新科学技术的发展及其应用,必须严格地受到法律制度框架的约束,违法地运用高新科学技术也将受到法律责任的追究。例如,我国《刑法》第 286 条"破坏计算机信息系统罪"将故意制作、传播计算机病毒等破坏性程序,影响计算机系统正常运行,后果严重的行为规定为犯罪。因此,政法机关、安全部门、高等院校、科研机构及其他社会组织、单位都应做好科技安全宣传教育工作,特别是利用好现代媒体工具和重要活动节点,促使科技工作者与社会大众能够自觉遵守国家相关法律法规,树立正确的科技安全观念。

三、社会对策

"犯罪是社会的一扇窗户""犯罪是社会变革的晴雨表"。[2] 在影响犯罪的诸多社会因素中,经济因素的作用尤其显著。"贫富差距与犯罪存在正相关性是学界的基本共识。"[3]高新科技犯罪的犯罪动机以贪利性动机为主。一些处于成长阶段的青少年面对收入窘迫的社会现实和对物质财富强烈的心理预期之间形成的巨大落差,不惜走上利用高新科技谋取不法利益的犯罪之路。"应当说,对财富追逐本身不一定就带来恶,竞争伴随着紧张,适度的社会紧张有利于社会的生机和发展。然而,过度的紧张却不利于社会稳定的整合,并且日益聚集成一种不满的情绪。"[4]唯有完善基本经济制度和分配制度,健全社会保障体系,推动社会发展,缩小贫富差距,促进社会公平,化解不合理的社会紧张,才能从根本上消除高新科技犯罪的社会根源。

四、法律对策

(1) 完善治理高新科技犯罪的刑事立法及配套法律制度等法律体系。例如,应当借鉴其他国家网络犯罪治理经验,根据我国的实际情况,加快开展网络空间安全法律的修订工作,健全暗网相关的监管配套政策,完善网络犯罪罪名适用、电子证据、网络侦查手段等方面的司法解释。又如,根据人工智能技术的发展趋向,可以在我国《刑法》总则赋予智能机器人刑事责任主体地位,增设相应的刑罚措施,在我国《刑法》分则设置涉人工智能的具体罪名,如"智能机器人实施恐怖主义罪"[5]。另外,还应当制定人工智能统一的质量标准或安全标准,制定人工智能产品研发设计人员的道德

---

[1] 郭洪平:《非法买卖公民个人信息 检察机关已起诉多起利用"暗网"犯罪案件》,中华人民共和国最高人民检察院网,2020 年 8 月 31 日,at https://www.spp.gov.cn/spp/zdgz/202008/t20200831_478261.shtml,访问时间:2023 年 2 月 10 日。
[2] 张小虎:《当代中国社会结构与犯罪》,群众出版社 2009 年版,第 1—3 页。
[3] 王良顺、郭泽强、周凌:《全球视野下的犯罪学原理》,法律出版社 2022 年版,第 252 页。
[4] 张小虎:《当代中国社会结构与犯罪》,群众出版社 2009 年版,第 518 页。
[5] 参见王燕玲、李瑞华:《人工智能时代恐怖主义犯罪行为的刑法规制》,载《刑法论丛》2020 年第 4 期。

规范和行为守则,明确人工智能研发禁区。

(2) 推进打击高新科技犯罪的国际司法协作。例如,针对跨国性的元宇宙违法行为问题,一是坚持网络空间命运共同体作为治理元宇宙犯罪的指导思想和治理战略;二是积极参与和推动国际规则制定,推动数字领域新规则新标准形成,构建数字证据交换、证据互认等相关问题的国际规则;三是寻求更广泛和更高效的司法协助,与更多国家签署司法合作文件,积极构建双边和多边快捷司法协助方案,顺畅跨国犯罪的侦防流程;四是强化与各国的经验交流、技术合作与情报信息共享;等等。

第八编　主体类型性犯罪

第二十章　流动人口犯罪

第一节　流动人口犯罪的概念

一、流动人口的概念

流动人口概念的核心要素是流动性和活跃性,但是究竟何为流动人口?实务部门与理论界尚无统一的认识。有的学者立于滞留人口的视角,认为流动人口是指不具有实际居住地常住户口,但却在某地长期和短期滞留的人员。[①]也有学者从离开常住地人员的角度,认为"城市外来流动人口是相对于城市常住人口而言的,是指离开常住地到城市从事各种活动的人口。"[②]

我国公安户籍管理部门曾经将流动人口定义为"未依法改变法定住址而在常住地市乡镇范围以内滞留一昼夜以上的移动人口"[③]。我国某些省市也有在行政法规中明文确定了"外来流动人口"的概念,如认为外来流动人口"是指离开常住户口所在地,跨市在本市居住的人员,以及在本市行政辖区内跨县(市)、乡(镇)居住的人员"[④]。因此在实践中,流动的人口显然还应当包括非中国国籍的人士和无国籍流动人员。

流动人口是基于属地视角对人口流动这一社会现象的描述,流动人口包含了外来与流动的双重特性,并体现出人口流动性的异地性趋势,是以本地人口结构的社会变动为依托而提出的一个人口地缘属性的构成性描述。根据相关行政管理规定的精神,流动人口是指暂时离开常住地,到异地短期居住或活动的人口,包括了暂住人口和流动人口,其中暂住人口是指离开原籍地或常住地在外地市短时居住超过3日并申报登记暂住情况的人口,流动人口是指暂住时间未超过3日作短暂停留的往来人口。

[①] 参见杜建人:《城市犯罪研究》,台湾五南图书出版公司1997年版,第149页。
[②] 刘海燕:《我国城市外来人口犯罪问题》,载《河南公安高等专科学校学报》2005年第6期,第69页。
[③] 公安部政治部编:《户籍管理教程》,中国人民公安大学出版社1997年版,第158页。
[④] 《苏州市外来人口管理规定》第2条。

二、流动人口犯罪的含义

概括而言,流动人口犯罪基本是指在一定的社会经济动机与目的驱动下外迁进入特定地区却不具有该地区人口户籍或非在该地区长期居住的流动人员,在该区域内所实施的严重违法与犯罪活动。

流动人口犯罪表述的仅仅是流动人口中极少数人员的违法犯罪现象。流动人口犯罪研究的核心是流动人口中的违法犯罪者,流动人口的整体并不是流动人口犯罪的主要研究对象。同时应当注意,流动人口犯罪的概念也容易使人联想到流窜犯罪,但是流窜犯罪是以较强的流动性为独显特征的,而这并不能取代流动人口犯罪的具体情况。理论界也有观点指出外来人口和流动人口并不是等同的概念:一方面,外来人口强调以本地为观察点,而流动人口可以任何地点为观察点。另一方面,若以本地为观察点的流动人口,应该包括外来流动人口和外出流动人口两部分。[①] 应当说,这个观点基本是科学适当的,但也应当注意从不同角度观察得出的结论必然会存在差异。

第二节 流动人口犯罪的状况与特点

一、流动人口犯罪的状况

随着社会经济实力增长,社会生产力水平不断提升,社会传统产业部门对人工劳动力需求逐渐减低,农村地区剩余劳动力人口骤增,加之经济发达地区的物质吸引力加速了人口流入,流动人口群体的总量不断增加。根据北京市第六次人口普查办公室 2011 年 7 月 4 日发布的统计数据:北京市常住外来流动人口达到 704 万,已占到北京市常住人口总量的三分之一强,其中流动人口居住最多的朝阳区与海淀区数量超过百万,占全市外来流动人口的 4 成。[②] 可见流动人口占据了北京城市人口增长相当大的比重。

根据犯罪统计学原理,一定地域内人口总量的增加必然会导致犯罪总数量的上升,二者以一定的比例呈现增长趋势。据有关方面统计,在我国主要城市中流动人口犯罪已经达到了相当高的比例。如流动人口犯罪占上海全部犯罪的 50% 以上。以北京为例,自从 20 世纪 90 年代中期以来,每年被证实的流动人口中违法犯罪人员持续占据违法犯罪总数的一半以上,1998 年更是达到了 62%,而在首都的城乡结合部,自发形成众多外来人口聚居区域,而在此类区域中流动人口犯罪比例高达 70%—80%。因此,城市流动人口犯罪在全国范围内都出现持续上升的趋势。另据 1998 年统计,

---

① 参见俞德鹏、卢美芬、汪锋晔:《合理评估外来人口犯罪严重程度应注意的几个问题》,载《浙江社会科学》1998 年第 1 期,第 80 页注释①。
② 参见《外来人口呈举家迁京特点》,载《北京晚报》2011 年 7 月 5 日第 5 版。

在我国一些主要大中型城市中,流动人口犯罪案件已经占总刑事案件数量的50%以上。[①]

流动人口犯罪类型也具有一定特点,这与流动人口自身的经济文化条件具有极大的关系。流动人口中的犯罪人员通常自身文化水平不高、经济条件拮据、缺乏基本的专业技能,在大中城市不易找到适当的工作机会,或只能从事高强度的重体力劳动,其收入低、待遇差、时间长,并且工作环境恶劣。因此为了能够在竞争激烈的发达城市环境中站稳脚跟,满足物质欲求并进一步谋求物质利益,并且由于本身法治观念淡薄,无从分清是非,往往铤而走险通过实施违法犯罪的手段窃取不法利益。受这些条件的局限,流动人口犯罪类型传统上集中于普通自然犯中,如实施盗窃、抢夺、赌博、介绍或组织卖淫、拐卖妇女儿童、诈骗、敲诈勒索、贩卖毒品等犯罪行为,有时也会出于特定的动机实施具有重大危害性及社会影响的故意杀人、故意伤害、绑架、抢劫、强奸等恶性暴力犯罪活动。

二、流动人口犯罪的特点

(1) 流动人口犯罪的侵财目的性。财产性犯罪是我国社会中常见性、多发性的犯罪形态。但是相对于普通刑事犯罪人群,城市流动人口在侵害财产性利益的犯罪统计中显得尤为突出。流动人口流入发达地区城市的一个重要动因就是发家致富、寻求物质生活水平的提升。他们当中的绝大多数来自经济相对落后的偏远地区,因此对于财富的需求较为强烈,这也是他们外出流动的主要目的。其中的绝大多数人是希望通过务工经商活动,合法经营、诚实劳动,用自己的努力挣取个人财富。但是也有一小部分违法犯罪分子欲壑难填,妄图实施违法犯罪以获取不义之财。流动人口的侵财犯罪还具有一定的行为特点,相当一部分盗窃犯罪,是以合法的所谓废品回收经营活动作为幌子,实际上却以公共财物为窃取、毁损、侵占的犯罪对象。流动人口的侵财犯罪也往往形成较为完善的犯罪链条,从直接实施盗窃破坏行为、收购藏匿赃物直至销赃变现都有专人分工负责。除盗窃之外,流动人口侵财犯罪还会表现为抢夺及抢劫等犯罪。以广州市流动人员犯罪为例,其犯罪形式多为"两抢一盗"型犯罪,"两抢一盗"型犯罪占刑事立案总数的61.7%。

(2) 流动人口犯罪的地缘勾连性。在流动人口犯罪的涉案人员中,大多具有典型的团伙勾结或亲属裙带关系。这是由于很多流动人员是从同一地区甚至同一乡村区域中流出,并且彼此之间或远或近地存在血缘或亲属关系。在流动人口流入地,犯罪人员也往往根据血缘、亲缘或地缘关系结群而居,并倾向于采用同样或类似的谋生手段以获得尽量稳定的收入与社会安全感。这样的居住和行为特征使得流动人口犯罪人在较为陌生的城市环境中,迅速获得相对稳定的人际支持和信息沟通,同样的文化语言习惯、类似的认知水平和行为方式,为外来人口犯罪提供了一个较为稳定的庇

[①] 参见杨炯:《相对贫困是外来人口犯罪的一个重要因素》,载《上海公安高等专科学校学报》2000年第2期,第40页。

护环境,这一特点也正契合了熟人社会、乡土观念的传统文化心理。地缘性特征对流动人口的犯罪形态也会产生深远的影响,源于亲缘关系的宗族式心理,相同的文化特质加强了犯罪人员彼此的关联,这也强化了犯罪活动的关联性,常常出现某一类犯罪活动或某一具有犯罪倾向的行业由某一群特定的人垄断实施。与此同时,这一群体团伙的紧密关联更容易形成黑社会性质的有组织犯罪集团,促使流动人口犯罪由最初的零散的个别罪行转变为规模化、专业化的犯罪活动,社会危害性显著增强。流动人口犯罪的结伙形式包括四种类型:亲缘型犯罪团伙;地缘型犯罪团伙;混合型犯罪团伙;偶然结合型犯罪团伙。

(3) 流动人口犯罪的残酷冷漠性。如前所述,流动人口犯罪的主要动机之一是贪财图利。犯罪人涌入城市等经济发达地区的目的就是追逐物质利益和金钱享受,由于事先对在城市生存立足并发家致富存有盲目幻想,而在现实中这种幻想往往迅速破灭。因为,在城市生存的必备的劳动技能他们并不具备,他们更多的是无知的勇气。可是他们在城市耳濡目染的经历,城市生活富足繁荣、纸醉金迷的形式表象又进一步刺激着犯罪人员,他们容易确立"有钱就有一切"的信条,并往往认为遭受了社会不公平的对待而发生反社会的观念畸变,久而久之致使其逻辑思维也产生异化,形成通过犯罪致富的邪念。由此构成的犯罪动机指向简单直白、冷漠残酷,即不计后果地企图获取金钱财富。因此,犯罪人一般无所顾忌,为了敛取财富不惜代价,就算迫于环境条件的限制而不得不进行一定的犯罪谋划,也是尽可能地直截了当,犯罪计划简单露骨、残酷冷漠。例如1995年发生在云南省昆明市震惊中外的"一·一四"昆明百货大楼爆炸案,案犯为了劫取了区区几百元钱,不计后果、对他人生命与公共安全极端漠视,反映出其主观恶性与愚昧无知。[①]

(4) 流动人口犯罪的随机性与贪婪性。城市流动人口的人员成分大多是农民[②],文化程度普遍较低甚至文盲人口也不在少数。虽然绝大多数外来流动人员能够诚实劳动、合法致富,但是仍有一些人受到外界因素的影响,好逸恶劳,寻找所谓发财的"捷径",加之缺乏法制观念并与根深蒂固的狭隘小农意识所交织,愈发无法克制胸中膨胀的罪恶贪欲。这些因素综合决定了这部分犯罪分子贪婪而迫切的犯罪动机。这样的犯罪动机决定了他们经常会因企图谋取一点蝇头小利而来者不拒,或者不惜明目张胆地大肆破坏公共设施,造成有形与无形的巨大社会财富的毁损。常见的情况之一,有些流动作案人员在盗窃过程中,对门窗橱柜等,或乱撬乱砸、或猛踢猛撞,对保险柜乱砸乱撬,仍不得要领,从房间客厅到厨房、卫生间都要翻动,能拿则拿,多多益善;有的为了安家生存,就连低档衣服被褥、炊具碗筷、米面食物都要。[③]较为常见的

---

① 参见丘岭:《昆明百货大楼爆炸案》,载《法律与生活》1995年第6期,第22—27页。
② 根据第四次全国人口普查的资料,"流动人口的户口状况以农业为主,占81.3%,非农户仅占16.4%",参见杨恩国:《关于城市外来人口犯罪的思考》,载《广西政法管理干部学院学报》2003年第4期,第76页。
③ 参见宋小宁、周钢:《外来人口犯罪问题及对策研究》,载《云南公安高等专科学校学报》2000年第4期,第57页。

情形是,流动人口的犯罪人员常常垂涎于城市通讯或电力设施中含有贵重金属的信号电缆及输变电缆,因此疯狂盗割破坏通讯电力设施,为了窃取一点"废旧金属"用以变卖获取赃款而常常导致城市整个电讯网络的瘫痪,造成难以计量的社会损失。

(5) 流动人口犯罪的周期波动性。城市流动人口犯罪还会呈现一定的期间循环变化性。这一规律性曾被实务界归纳为"两进两出规律",即麦收回家安顿、麦收后外出打工;春节回家过年、春节后进城谋生。[1]这主要是由于流动人口的流出地多位于农耕地区,外来务工人口大多属于进城的农民工,他们外出活动的规律会围绕农业耕作的时间特点呈现出相应的季节性起伏变化。农闲季节,农村剩余劳动力易于外出流向城市打工谋生,促使城市的流动人口犯罪率也同步上升;至每年年末,这一期间是中国传统春节假期,流动人口犯罪产生相应变化,这一阶段正好处在中国传统回乡团聚的时间段中,传统的喜庆氛围和法定假期导致社会生产生活大多暂时处在停止休整状态,各单位、各社区都在为一年一度的团聚庆典而忙碌,因此日常的秩序管理相对放松,正常社会防范注意力有可能被节日的躁动气氛所分散,这对于觊觎犯罪时机的流动性犯罪分子而言正好可以充分利用;而且由于流动犯罪人员自身也有回乡团聚的情感需求,加之有可能在先前的打工工作中尚未赚到足够的钱物,所以无颜回乡过节,故而往往在虚荣心的驱使下铤而走险实施侵犯财产犯罪活动,大肆窃取金钱财物。同样的犯罪现象特性还会伴随着其他重大节假日、发薪日而发生变化,只是幅度大小不同,总括诱因也在于:此时段内社会市场内外物资资金大量流动、社会关注点易于被分散、人们平时紧绷的安全防范意识较为松弛,流动犯罪人员利用这一社会预防力的减弱期间实施犯罪活动更加易于得逞,所以形成了流动人口犯罪的高发性周期波动特征。

(6) 流动人口犯罪以男性青壮年为主体。从年龄层次划分上,城市流动人口的犯罪人员多集中于男性青壮年群体中。由于城市外来青壮年农民工与城市居民之间具有严重的社群隔离障碍,一些城市居民从心理上轻视贬低农民工,缺乏对农民工应有的尊重和理解,更多的是冷漠、歧视和排斥。而农民工对城市则有着强烈的疏离情绪。在这种冷漠与隔膜中,青年农民工更容易出现心理失范并走向犯罪道路。[2] 青壮年流动人口实施的犯罪不仅占据了流动人口犯罪总数的绝大部分,而且其中还包括了相当数量的未成年流动人口的犯罪人员。对这一部分未成年流动犯罪人员不能忽视。在流动人口犯罪中未成年人犯罪的上升趋势是令人格外担忧的,这些未成年人犯罪会迅速成为青壮年人犯罪的后备力量。

---

[1] 参见宋小宁、周钢:《当前外来人口犯罪的特点及其预防对策》,载《公安部管理干部学院山西分院学报》2000年第2期,第11—12页。

[2] 参见张雪筠:《社群隔离与青年农民工的犯罪》,载《青少年犯罪问题》2007年第1期,第21页。

第三节 流动人口犯罪的原因

一、城乡经济结构失衡与人员心理失范

改革开放前,我国国民经济总体上实行计划经济制度。在当时的国家经济活动中,生产资料与生活资料都由国家按计划统筹分配给城乡各单位及人民群众使用,由于经济体总量规模不大,社会生产力水平不高,城乡经济差距并不显著,并且社会物资的统一调配使用,城乡居民的经济收入及生活水平相差也不是很大。这样的局面形成的是城乡人口生活范围固化,生活水平基本持平。农业生产对于农村人口也发挥着主要的吸附作用,致农村人口流动性不大;并且城镇化发展缓慢,城市生活也并无太大的物质吸引力,加之严格的计划型区域流动行政管理制度,流动人口运动总量非常小,流动人口犯罪几乎不成为社会问题。

改革开放伊始,我国展开了全方位的经济体制变革。农村经济发生了天翻地覆的变化,农业生产力大幅提高,解放了大量的农村劳动力人口,农村劳动力首次在总量上出现剩余。工业制造业在引进国外先进技术的基础上坚持消化吸收、自主创新,外汇储备日渐丰厚,经济实力空前雄厚,国家以战略眼光拉动经济、改善民生,造就了大量基础建设就业岗位需求,同时伴随我国改革开放的深化,进一步顺应了国际发展趋势,第三产业勃兴并逐渐成为国民经济的重要拉动部门,城市服务业也飞快发展,产生了大量劳动密集型岗位需求。这些都刺激了农村剩余劳动力的流动,城市流动人口随着这一驱动而迅速上升。随着社会经济总体的增长,城乡之间、地区之间的经济不平衡现象也逐步加剧,原本不明显的城乡、地区二元经济对立逐步显现出来。

流动人口多出自经济较为落后的偏远农村地区。大部分流动人员在生活习惯、思维方式和劳动技能上与城市的生存需要大相径庭,故初到城市往往处处碰壁,无法顺利找到工作赖以谋生,更难以融入城市文化氛围,偶尔也可能因行为举止具有明显的外埠特点而在日常生活中遭到歧视,明确的户籍归属也时时标示着他们的流动人员身份,个别意志不坚定的流动务工人员为了急于改变现状、迅速发财致富,企图获取钱财而不择手段,引发了包括流动人口犯罪等诸多社会问题。

综上,城乡二元化的经济态势实质上是国家经济文化发展不平衡的一个主要表现,是流动犯罪人心理失范的根本原因。城乡地域经济不平衡的巨大反差易于导致不同地域流动人员的心理产生不公平感,而传统户籍管理制度对外来人口加以标签化归属,这一心理潜在的认知加剧了天生不公平的感受,加之急于谋生、发财的迫切心理和缺乏稳定收入造成的不安全感、城市物质文化产品的相对富足与其自身生活境遇的窘迫,更加剧了一些流动人员的自卑感或失败心理。原本美好、兴奋的生活进取梦想被严酷的生存现实所替代,这些因素相互牵连、综合互动,导致意志薄弱的流动犯罪人员心理失范并最终崩溃,从而走上犯罪道路。

二、社会管理手段不足与行为控制弱化

改革开放以来,社会管理手段从单一型向综合型、从行政化向科学化转变,制度管理层面中的户籍档案制度的具体约束力无形中也降低了,无论是农民还是城镇居民,所获得的社会活动的空间自由度大大增加。由于社会经济体制的转型过于迅猛,而社会管理手段的转变相对滞后,脱离了原有社会管理模式的社会化人口流动趋于相对的放任自流,社会对这部分人员的行为监管存在疏漏,主要表现在以下几个方面:

(1)流动人口个人行为基础管理信息缺失。流动人口是脱离了原户籍地管理范围的流动群体,其具体的社会管理信息与详细历史情况只有原籍所在地的行政管理机关与档案部门才有可能掌握。但是在流入地区,城市户籍管理机关与档案部门对于该管理资料通常无法掌握,尽管在现代网络科技的协助下,电子传送个人档案户籍信息并无障碍,但是作为全局性的流动人口历史户籍档案信息共享基础工作,在我国当前尚未全面落实。同时,流动人口在流入地的日常行为管理情况也无法及时录入管理系统,并及时加入档案记录。因此,缺乏流动人口基础信息对于及时了解和管理流动人员的社会活动并为其提供科学化的服务造成了巨大的障碍。

(2)户籍档案管理手段单一无法适应现代社会经济发展特点。户籍档案管理方式是传统的静态行政控制手段,当丧失了计划经济社会的基本环境依托以后,其管理功能被削弱,因为户籍管理着眼于一定地域内基本的人口信息记录与统计功能,对于流动人员的控制管理效用不足,无法根据其社会经济活动适时追踪管理对象和更新管理信息。脱离了原籍的流动人口实际上脱离了原有的制度管理环境,削弱了社会对其正常的管理控制力度,从而增加了其行为失范的危险性。

(3)城市管理制度对于流动人口管控力度不足。目前的城市流动人口管理更多地集中在基本信息的被动收集统计层面,如数量统计、就业统计和治安统计,但是并未实际改善外来人口的生存环境及面临的社会困难,无法做到深入了解流动人口的实际情况并针对其面临的生存困境提供主动及时的管理、疏导、教育、帮助的解决方案,社会管理制度针对性较差,基本无法产生预防犯罪的直接效果。

可见,由于社会经济环境的转变,人口流动的现象日趋复杂多样,这一复杂的社会现象需要制定一整套与变动转型期社会条件相匹配的人口控制与管理制度,从而提高社会秩序的管理与控制水平,增强预防和治理流动人口犯罪的综合能力。

三、相对利益被侵犯及地域歧视感加深

流动人口多来自欠发达地区,人均受教育程度和专业技术水平较低,由于其中大多数又是农村剩余青壮年劳动力,所以流动人口从事的工作大多以粗放型、体力化的劳动密集型岗位为主,这些工作通常缺乏足够劳动保障条件,同时又面临着大批流动人口用工及城市下岗再就业人员的激烈竞争,为了能够获得基本的生存基础,鉴于自身有限的技能条件,很多外来务工人员没有任何可以选择的余地。处于这种形势下,

用工单位也往往存在大量用工不规范的情况。流动人口正当利益被侵犯以及相对歧视性境遇主要表现在以下几方面：

一方面，城市用工环境恶劣，流动人口人身财产安全没有切实保障。有些用工单位为了防止务工人员中途离开岗位，非法扣押工人的身份证件、扣留应发的工资或者干脆强行规定工人交纳"保证金"，从而达到防止工人流动的目的；还有更为恶劣的用工单位或个体经营人员，为了达到赚取更大利润的目的，寻找借口拖欠、克扣工人应得的劳动报酬，严重侵犯雇佣工人的合法权益，这种状况很容易激起个别法制观念淡漠的外来务工者以非法手段进行反抗，从而导致犯罪。

另一方面，社会保障机制尚存在一定的缺失。我国城市社会保障体系正在迅速完善，但是目前大多数地区对于流动人口的社会保障尚无法全面覆盖。失业对于流动人口劳动者是最常见的社会问题，而一旦失去工作岗位，在没有相应制度依托的情况下，失业人员的生活就会面临崩溃，成为社会不安定因素。此外，在工伤、医疗以及文化教育保障上，任何一个环节出现问题，都会把外来流动人口劳动者推入无以自持的贫困境地，这些因素导致压抑紧张的心理也可能招致其对政府与社会的对立心理，这也是流动人口实施犯罪的一个重要社会动因。

另外不能忽视的是，受地域文化歧视、相对社会待遇不公导致的流动人口心理逆反。流动人口进入城市的主要动机在于打工赚钱改善生活，而流动人口数量的不断上升必然逐步超出当地劳动力市场的需求，从而打破相对平衡的供需与原有的岗位竞争环境，而廉价的外来劳动力在一定程度上对本地工作与生活环境形成压力和扰乱，这种现状加深了流动人口与本地居民之间的不信任与隔阂，随着时间积累某些矛盾与隔阂还有可能在一定条件下激化。加之流动人口远离故土、身在异乡，往往会产生自卑的社会心理感受，任何外来的歧视和敌对都有可能激起不自觉的抵制和反击，在极端的情况下就会导致行为出轨而犯罪。

四、文化综合素质低与个人法制观念淡薄

农村剩余劳动力是城市流动人口的主力军。由于农村地区整体上文化、教育方面发展极不平衡，大多数农村地区教育文化水平比较落后，从而导致来自农村地区的流动人口的文化、技术等综合素质较差。当仅具有较低文化教育背景并且生活阅历单一的流动人员进入经济文化发达的城市地区后，面对城市丰富多样的物质体验和享乐思潮，极易产生巨大心理落差，或者茫然不知如何面对。其中有些人见异思迁，好逸恶劳，妄想不劳而获，或者企图用最轻松、最省力的途径获取富足的物质生活享受，直接通过实施犯罪活动获取不义之财就成为实现骄奢淫逸的致富梦想的首选途径。与此同时，受制于有限的文化教育背景，流动人口中的大多数人缺乏系统正规的职业技能训练，因此他们能够支配的社会资源和获得成功的正当手段非常有限。根据统计，某地区流动人口中各类专业技术人员仅占人口总数的 2.78%，而从事粗放型劳动的流动人员却占近80%的比例。① 可从事这类岗位劳动强度大、工作条件差、职业待遇低、社会地位不高,这又易促使一些流动人员产生自卑心理,加之缺乏法制观念、守法意识淡薄,纪律性与服从意识不强,其中的一些人便容易走向犯罪。

第四节 流动人口犯罪的对策

城市与农村的经济社会进步应当平衡协调、相互促进、共同发展。只有立足于此,才能逐步消解城乡二元结构的对立矛盾,真正实现社会全体公民共同利益。并且,唯有在经济社会公平正义发展的基础上,才能科学有力地打击外来人口中的犯罪分子,有效预防和抑制流动人口犯罪现象,从而充分发挥流动人口这一巨大社会资源的潜在效能。这才是我国解决城市流动人口犯罪问题的根本途径。

一、促进城市化建设与推动农村经济化改革并举

在我国城市化过程中,大量流动人口涌入是不可避免的社会发展现象。从城市管理的角度而言,对于流动人口不能单独依靠堵截、转移的方法简单处理。应当加快城市本身的基础建设同时提高城市管理水平。在城市化全局发展层面上,大城市应加快基础部门建设,例如,促进交通、产业、医疗、教育等各个部门的发展,增强城市接纳能力与服务能力,增添就业机会。中小城市和中心城镇也应当承担起分流流动人口压力的作用。未来促进城市化建设的目标应当是:科学规划、合理布局,全面平衡经济发展的热点地区和中心地域,并将城市化逐步推进到中西部等经济欠发达地区,使城市化发展在经济全局中发挥以点带面、以局部带动全局的先锋示范作用。在城市化的内部经济发展模式上,应当注重基础设施的建设与完善,在科学规划的基础上增强城市接纳能力、合理调配城市资源使用并发挥最大效能。发展现代产业特别是现代服务业,为流动人口就业提供合理的机会。同时加快建立流动人口的社会保障制度,为其投入到城市化建设与自身发展消除后顾之忧,缓和社会矛盾,进而预防和抑制引发的流动人口犯罪现象。

解决城市流动人口问题,就要注重流动人口的产生与构成,根据有关部门的估算,全国约七成的人口是农村人口,并且每年新增劳动力的多一半也在农村。因此如何妥善管理和安置农村剩余劳动人口,为其提供适当有效的劳动就业致富的机会,是解决城市流动人口盲目流入导致犯罪率上升的一个重要前提。现阶段庞大的农村剩余人口基数已经远远超过了发达城市地区的接纳能力,城市流动人口总量压力直线上升,这也是造成城市各类安全问题的一个重要原因,因此,摆脱传统单一农耕模式,应当大力发展完善农业化经济体,尤其是第三产业等非农经济类型产业,例如手工业、初级产品加工业、各类养殖业经济高附加值产业形式,推动农村现代服务业等综

---

① 参见徐志林:《上海外来流动人口犯罪现状的社会学分析与控制对策》,载《上海公安高等专科学校学报》2004年第2期,第71页。

合产业部门带动农村剩余劳动力的再就业,依托新型非农经济产业就地吸纳解决大部分剩余人口,平抑人口流出势头,实现"离土不离乡"和"进厂不进城"的农村工业化、现代化道路。通过这一途径能够有效减少城市流动人口压力,降低城市流动人口的生存竞争压力,也就直接减少了流动人口犯罪的总量。

二、改革户籍管理制度与打破城乡二元结构并重

我国现阶段的户籍制度在改革开放和社会主义现代化建设这一新的历史时期已经显露出种种的弊端,主要问题是由于在户籍制度上附加了过多的行政的、经济的、福利的管理行为,人为地制造了各种差异与不公,在社会深层次意义上具有一定的等级和身份色彩。户籍身份属性的不同实际造成了社会认识和社会待遇的差别。

进入21世纪,我国户籍制度的进一步改革和完善将直接影响到城市流动人口的管理和服务水平,并且城市流动人口犯罪的控制也对户籍管理提出了新要求和高标准。新的户籍管理体系应当体现高度科学化与综合性,提高基础人口数据的查询和采集能力,尤其对于非本地人员情况的监控必须打破地域或类型的障碍,建立全国统一的社会人口基础信息管理数据库,从而提升新的社会治安与预防犯罪等综合信息保障功能。传统的地域户籍制度应逐步转变为社会统一身份识别管理制度,这样才能及时有效地实现户籍管理信息化,打破城乡户籍二元化管理的落后状态。

通过有效转变城市户籍管理制度并完善综合配套治理政策与措施,才能最终缓解城乡之间的差别,尽快实现城乡一体化科学发展与布局。坚持综合型犯罪治理对策才是流动人口犯罪问题的治本之道,才能够取得标本兼治的良好社会效果。

三、强化基本培训辅导与防控外来人口犯罪并行

城市流动人口总体是进城务工的农业人口,受到教育程度与思想意识的制约,他们往往文化水平不高、法制观念较差,缺乏社会化自我控制与约束的公民意识,行事往往表现出"无知无畏"的行为特点。这个问题既是行为个体问题,也具有普遍性的意义。因此,当务之急是通过技术培训与中短期教育,尽快提高外来人口总体专业技能与文化水平,及时提供心理疏导与矫正,同时也不能忽视法律法规的学习培训工作。

一方面,从加强流动人口的培训与教育的层面而言,应注意几个具体问题:一是必须强化政治法律知识与社会公德教育,树立社会责任意识。二是应当加强文化素质与专业技能培训,增强就业竞争能力。具备一定的文化知识是现代社会成员间进行沟通交流并进一步社会化的重要条件,也是养成合格公民的基本要求。三是加强流动人员的心理辅导与疏导,构筑科学有效的心理预防、疏导与矫正机制,帮助他们走出心理误区。

另一方面,从城市防控流动人口犯罪方面,应当建立制度化和体系性的管理措施。一是应当注重与流动人口来源地管理部门的沟通合作与信息共享,加强区域合作,及时掌握流动人员的基本信息,对于具有犯罪前科或违法记录的重点人员加强教

育或监控。二是加强社会治安管理长效机制,建立群防群治的联动体制。具体应当以公安管理机关为主体,联合其他城市有关职能部门,针对流动人口犯罪较为集中的侵犯财产、团伙犯罪等依法给予常态化打击,抑制犯罪蔓延态势。[①] 三是利用科学手段提升综合防范能力,及时加强城市犯罪防控的专业化技术水平,研究掌握新型治安防控技术和刑事侦查手段。

四、规范行业市场管理与消除犯罪外部环境结合

流动人口进入城市首先是寻找劳动力市场,借以实现打工谋生。但是很多城市缺乏对于流动人口劳动力市场的监管与政策支持,因此很多外来务工人员在打工无门或者被非法用工场所欺骗的情况下,铤而走险实施违法犯罪活动。因此,加强对于劳动力市场等行业的管理与监控,对于消除刺激流动人口犯罪发生的外部环境因素更具有重要作用。

首先,应当建立规范用工机制。城市管理部门应当建立统一的劳动力交易市场,为用工企业与务工人员建立畅通的联系渠道,严厉打击并取缔非法、地下劳务市场,严查非法用工情况,将城市雇工信息及时纳入社会治安基础统计信息网络,为进一步预防城市犯罪提供依据。其次,城市管理部门应当走出去,积极与流动人员流出地联系并建立城市用工信息交流体系,及时、定期将城市劳动力的总体需求与行业种类等情况实时提供给来源地管理部门,由流出地提前建立用工市场,降低城市流动人口的盲目性与分散性。

此外,在各行业内部也要针对流动人口特点,加强行业监督与管理,强化流动人口劳动与社会权益的保护和开发。一方面,劳动管理部门应当对于集中了大量流动人口的典型行业企业加以特殊监管,定期巡视检查,防止个别企业故意违反法律法规,侵害劳动者合法权益;另一方面,劳动管理部门应对私营、个体用工企业着重监控,一旦发现违法用工问题要及时处理,并监督企业改正,及时化解劳资矛盾,最大限度地消除可能由此引发的流动人口违法犯罪危险。

---

① 参见刘海燕:《我国城市外来人口犯罪问题》,载《河南公安高等专科学校学报》2005年第6期,第71页。

第二十一章 职务犯罪

第一节 职务犯罪的概念

一、职务犯罪界说的考究

有关职务犯罪的界说林林总总，总体上均强调职务犯罪的主体是国家公职人员，不过也有学者将职务犯罪的主体扩展至具有职务身份的人或单位。(1) 具有职务身份的人：职务犯罪是指具备一定职务身份的人利用职务上的便利，滥用职权、玩忽职守，破坏国家对职务行为的管理活动，致使国家和人民利益遭受重大损失的一类犯罪行为的总称。[①] (2) 包括单位：职务犯罪有广义与狭义之分，广义的职务犯罪的主体是指依法从事公务的人员或者单位，狭义的职务犯罪的主体是指依法从事公务的国家工作人员或者单位。[②]

根据具体行为等特征上的差异，有关职务犯罪的界说概括起来主要有以下几种：(1) 滥用职权及玩忽职守：职务犯罪是指国家公职人员利用职务上的便利，滥用职权或放弃职责玩忽职守而危害国家机关正常活动及其公正、廉洁、高效的信誉，致使国家、集体和人民利益遭受损失的行为。[③] (2) 非法活动及滥用职权与玩忽职守：职务犯罪是指国家公职人员利用职务之便进行非法活动，或者滥用职权、玩忽职守或者徇私舞弊，破坏国家对职务行为的管理活动，依照刑法应当受到刑罚处罚的犯罪行为总称。[④] (3) 违背义务：职务犯罪是指依照法律、依法授权或者合同而承担一定职务的人员，在进行相应的管理活动中，利用职务上的便利，违背其依法应承担的义务，依照刑法具体罪刑规范性规定应当承担刑事责任的行为。[⑤] (4) 利用职务或亵渎职务：职务犯罪是指从事公务的人员，利用职务或者亵渎职务，给国家和人民利益造成严重损失的一类犯罪。[⑥]

关于职务犯罪的概念之所以有那么多不同的表述，原因在于大家是从不同的角度对其进行界定的。职务犯罪不是我国《刑法》明确规定的一类犯罪，更不是某一个具体罪名，是理论研究和司法实践中对犯罪进行分类所归结出的一种犯罪类型。

在犯罪学意义上，对职务犯罪的界定，应该着眼于对这类犯罪现象事实特征的剖

[①] 参见冯殿美：《关于职务犯罪的概念、特征和类型》，载《山东大学学报（哲学社会科学版）》1999年第3期。
[②] 参见陈成雄：《论我国刑法中的职务犯罪概念》，载《国家检察官学院学报》2003年第5期。
[③] 参见王昌学主编：《职务犯罪特论》，中国政法大学出版社1995年版，第49页。
[④] 参见孙谦主编：《国家工作人员职务犯罪研究》，法律出版社1998年版，第21页。
[⑤] 参见于志刚主编：《多发十种职务犯罪的定罪与量刑》，中国方正出版社2001年版，第5页。
[⑥] 参见周其华：《职务犯罪热点、难点问题解析》，中国方正出版社2007年版，第9页。

析,归纳提炼出其不同于其他类型犯罪的特质。认定职务犯罪的关键是"职务",有职务才有可能利用职务之便实施职务犯罪,因此对职务的正确理解是界定职务犯罪的关键。

二、职务犯罪的犯罪学界说

根据《现代汉语词典》,"职务"是指"职位规定应该担任的工作"[①]。日常生活中的职务大多和一定的工作或社会地位联系在一起,和职位具有一一对应的关系,具有相对稳定性,且有些职务是徒有虚名而实际上并不具有对相关机构、社会组织的管理权,比如名誉主席、名誉院长、名誉主任等名誉上的职务往往是与其主体的特定身份或地位相关,实际上他们基于该名誉职务并不享有在该机构或组织中的决策、指挥、协调、管理或监督等权力[②],也不具有相应的职责,不可能构成相关职务犯罪。还有基于私人雇用关系而形成的所谓职务也只能是日常生活中的职务,比如一名富豪通过招聘雇用三名私人保镖并分别封为"保安主任""副主任",或者聘请一名财务退休人员为其专职"理财顾问",这些所谓的职务只具有处理私人事务的职责权限,行为人不可能利用这些职务构成相关职务犯罪,利用接近富豪或处理其财产的方便条件实施盗窃等行为的只能按普通犯罪处理。

犯罪学意义上的职务不同于日常生活中的职务。犯罪学上的职务主要是为了解决犯罪问题,只有和犯罪联系起来的"职务"才是我们关心和研究的对象。职务只有在可被利用的条件下才有可能构成犯罪,而是否具有职权或职责是能否被利用的关键,利用职务实质上是利用职权或职责。犯罪学中的职务和职位并不是一一对应的关系,没有职位的人却可能有职务,职位是政治学和行政法中的概念,其语言学的定义是:机关或团体中执行一定职务的位置[③]。犯罪学意义上,职权和职责才是职务的核心,由于受某些机关或团体的临时聘用或委托从事一定事务的人在该机关或团体中并无职位可言,或者说他们是没有正式编制的,还有可能仅仅是受委托临时处理某一项事务,他们虽然没有编制或职位,但仍然是在代表该单位从事公务并因而具有职权、职责,因此可以认为他们具有临时职务,其在受委托或聘任过程中实施的行为当然是职务行为,其利用职权或职责构成犯罪的应该按照相关职务犯罪的规定定罪处罚,而不能因为其主体不具有某种身份或地位就按普通犯罪进行处理[④]。另外,虽然

---

① 参见《现代汉语词典》(第7版),商务印书馆2016年版,第1683页。
② 如果某些名誉职务主体对外声称其具有某种职权可以帮人办事并接受别人物质或非物质利益的,则可能构成招摇撞骗罪或诈骗罪,而不成立相应的职务犯罪,因为其并无职权可以利用,其行为并不是权钱交易,而是通过欺骗的手段使对方相信自己具有某种权力从而骗取对方某种利益。当然,如果其利用该机构或组织中国家工作人员职务上的便利为他人谋取不正当利益并索取或收受他人财物的,还可能构成利用影响力受贿罪。
③ 参见《现代汉语词典》(第7版),商务印书馆2016年版,第1683页。
④ 2003年11月最高人民法院《全国法院审理经济犯罪案件工作座谈会纪要》第1条关于国家机关工作人员的认定以及2000年9月最高人民法院《关于未被公安机关正式录用的人员、狱医能否构成失职致使在押人员脱逃罪主体问题的批复》、2001年3月最高人民检察院《关于工人等非监管机关在编监管人员私放在押人员脱逃行为适用法律问题的解释》等相关司法解释的规定已经明确认定相关职务犯罪的关键是是否履行相关职权、职责,而不在于主体是否具有公务员编制或身份。

表面上看不具有法定的职权或职责，但从事某种特殊业务之人也可能基于其业务行为而具有一定的职权或职责，例如，医生可以利用其诊疗活动中开处方的便利条件索取或收受医药销售方财物；医生还可能基于其业务便利而具有调配一定医疗资源的权力，比如可以利用开具住院手续的方便条件索取或收受病人及其家属财物，利用对病人诊疗过程中的方便条件而具有选择使用不同种类药物、使用不同的治疗方案等自主决定权，其滥用这种权力索取或收受病人或家属财物的也构成相关的职务犯罪。综上，只要具有一定的职权、职责可以利用从而构成相关的犯罪都可以认为是犯罪学意义上的职务，构成的相关犯罪相应也是职务犯罪。因此，职务没必要局限在"国家事务"或"公共事务"的范围，只要从事的是非个人的事务，都有可能因为具有对人、财、物、事的管理权而实施相应的职务犯罪。在公司、企业等非国有单位中具有一定职权、职责的人同样可以利用该职权或职责实施一定的犯罪行为，这些犯罪行为性质上也应该认定为职务犯罪。由此，职务犯罪的主体也不仅仅是国家工作人员或国家公职人员[①]，凡是具有一定的职权、职责可以利用的人均可以成为职务犯罪的主体。当然，这里的"人"既包括自然人，也包括单位，单位利用其职权、职责实施相关犯罪的同样构成职务犯罪。概言之，犯罪学中的职务犯罪应该如此定义：具有职权、职责的人利用职权或职责实施的一类犯罪。

我国《刑法》分则中所规定的一些具体罪名在性质上是职务犯罪。判断职务犯罪的标准是行为人是否利用相关职务便利实施犯罪[②]，而不在于行为人的身份。比如叛逃罪，很多学者都因其主体是国家机关工作人员或掌握国家秘密的国家工作人员而将其认定为职务犯罪，实际上叛逃罪的成立并不需要行为人利用职务便利来实施，只要行为人擅离工作岗位叛逃境外或者在境外叛逃的即可构成。也存在同一个罪名在不同的时空范围条件下既可能是职务犯罪，也可能是非职务犯罪。比如非法拘禁罪，如果是国家机关工作人员利用职权非法剥夺他人人身自由的，则性质上是职务犯罪；如果国家机关工作人员并没有利用职权非法拘禁他人，就不是职务犯罪，不能因为其特殊身份就对他从重处罚，只能按照普通主体实施的非法拘禁罪定罪量刑。

第二节 职务犯罪的状况与特点

一、我国现阶段职务犯罪的状况

（一）检察机关通报的职务犯罪状况

为了深化国家监察体制改革，加强对所有行使公权力的公职人员的监督，实现国

[①] 关于国家公职人员的范围如何界定以及其与国家工作人员的关系目前并无定论，但不管何种表述，以上好几种观点都将非国家工作人员排除在职务犯罪主体之外，显然不可取。

[②] 虽然我国《刑法》分则中一些具体罪名的罪状描述并没有"利用职务便利"等字眼，但也隐含了利用职务便利的应有之意，比如刑讯逼供罪、暴力取证罪、虐待被监管人罪等罪名虽然被列入侵犯公民人身权利罪一章，但实际上行为人正是利用其刑事侦查权、调查取证权、监管权而实施的侵犯公民人身权利的行为，是滥用职权行为，一方面侵犯了公民的人身权利，另一方面侵犯了国家的司法管理秩序，同样构成职务犯罪。

家监察全面覆盖,深入开展反腐败工作,推进国家治理体系和治理能力现代化,2018年3月20日第十三届全国人民代表大会第一次会议通过了我国《监察法》。之前由检察机关立案侦查的贪污贿赂犯罪、失职渎职犯罪等职务犯罪改由国家各级监察委员会先行立案调查,经过调查认为涉嫌职务犯罪的,由各级监察委员会制作起诉意见书,连同案件材料、证据一并移送人民检察院依法审查、提起公诉。根据我国《刑事诉讼法》的规定,检察机关对司法工作人员利用职权实施侵犯公民权利、损害司法公正犯罪享有侦查权。根据2018—2022年《最高人民检察院工作报告》通报的全国检察机关受理各级监察委员会移送职务犯罪数据以及检察机关直接立案侦查的职务犯罪案件数据,我国现阶段的贪污贿赂犯罪、渎职犯罪、司法工作人员利用职权实施的侵犯公民人身权利和民主权利犯罪等职务犯罪案件情况如下:

2018年职务犯罪状况:2018年全国检察机关受理各级监委移送职务犯罪16092人,已起诉9802人,不起诉250人,退回补充调查1869人次,不起诉率、退查率同比分别下降9.5和37个百分点。依法对孙政才、王三运等32名原省部级以上人员提起公诉。积极参与许超凡、蒋雷等"百名红通人员"追逃,会同有关部门发布公告,敦促外逃人员投案自首。指导地方检察机关对17件职务犯罪嫌疑人逃匿、死亡案件启动违法所得没收程序,追回涉案赃款。2018年全国有20个省区市检察机关立案侦查司法工作人员职务犯罪71人。[1]

2019年职务犯罪状况:2019年全国检察机关共受理各级监委移送职务犯罪24234人,同比上升50.6%。已起诉18585人,同比上升89.6%;不起诉704人,退回补充调查7806人次,不起诉率、退补率同比分别增加1.1和16.3个百分点。对秦光荣、陈刚等16名原省部级干部提起公诉。对13起贪污贿赂犯罪嫌疑人逃匿、死亡案件提出没收违法所得申请。对司法工作人员侵犯公民权利、损害司法公正犯罪立案侦查871人。[2]

2020年职务犯罪状况:2020年全国检察机关共受理各级监委移送职务犯罪19760人,已起诉15346人,不起诉662人,不起诉率同比增加0.5个百分点;退回补充调查4013人次,退查率同比减少12.4个百分点。对赵正永等12名原省部级干部提起公诉。赖小民受贿数额特别巨大、罪行极其严重,提出判处死刑的公诉意见,判决予以采纳。用好法定特别程序,力促追逃追赃。对逃匿、死亡贪污贿赂犯罪嫌疑人启动违法所得没收程序;首次适用缺席审判程序,对潜逃境外19年的贪污犯罪嫌疑人程三昌提起公诉。立案查办司法工作人员利用职权实施的侵犯公民权利、损害司法公正犯罪1421人,同比上升63.1%。[3]

2021年职务犯罪状况:2021年全国检察机关共受理各级监委移送职务犯罪20754人,已起诉16693人,同比分别上升5%和8.8%。2021年,最高人民检察院与

---

[1] 参见2019年《最高人民检察院工作报告》。
[2] 参见2020年《最高人民检察院工作报告》。
[3] 参见2021年《最高人民检察院工作报告》。

国家监委等共同推进受贿行贿一起查,起诉受贿犯罪9083人、行贿犯罪2689人,同比分别上升21.5%和16.6%。对王富玉、王立科等23名原省部级干部提起公诉。对17名逃匿、死亡贪污贿赂犯罪嫌疑人启动违法所得没收程序;河南检察机关对逃匿境外拒不归案的程三昌适用缺席审判程序提起公诉,已依法追究其刑事责任。立案侦查司法工作人员利用职权实施的侵犯公民权利、损害司法公正犯罪2253人,同比上升58.6%。①

2022年职务犯罪状况:2022年全国检察机关共受理各级监委移送职务犯罪7160人,已起诉17574人,其中原省部级以上干部21人。立案侦查司法工作人员利用职权实施的侵犯公民权利、损害司法公正犯罪1377人。②

(二)公安机关立案侦查的职务犯罪状况

非国家工作人员受贿罪、职务侵占罪、挪用资金罪、背信损害上市公司利益罪等非国家工作人员利用职务便利实施的职务犯罪由公安机关立案侦查,无法从公安部门获取相关统计数据。以特定具体罪名为案由,在中国裁判文书网选择"刑事案件""判决书"进行搜索后,得到如下数据:**(1)非国家工作人员受贿罪**:2018年1453起;2019年1658起;2020年1482起;2021年565起;2022年75起。**(2)职务侵占罪**:2018年4990起;2019年6333起;2020年5518起;2021年2236起;2022年381起。**(3)挪用资金罪**:2018年2357起;2019年2660起;2020年2261起;2021年858起;2022年139起。虽然可能由于相关案件没有全部上网或者受检索条件限制,这些数据不一定完整,但还是可以看出非国家工作人员职务犯罪数量近几年的一些变化规律。

二、我国现阶段职务犯罪的特点

(一)案件总体数量变化明显

通过以上统计数据可以看出,2018—2022年,全国检察机关受理各级监察委员会移送职务犯罪案件数量2018年至2019年呈上升趋势,2020年数量减少,2021年数量略有回升,2022年数量明显减少。检察机关直接立案侦查的司法工作人员侵犯公民权利、损害司法公正相关职务犯罪案件数量从2018年至2021年逐年上升,2022年明显减少。非国家工作人员职务犯罪案件数量2018年至2019年呈上升趋势,2020年略有减少,2021年至2022年明显减少。

(二)犯罪人高级别、高学历、年轻化趋势明显

近年来,县处级以上领导干部及公司高管人员因贪污、受贿、挪用公款、职务侵占、非国家工作人员受贿、挪用资金等犯罪被追究刑事责任的人员数量占比较大。以上统计数据显示,县处级以上特别是厅局级以上高级别领导干部职务犯罪人数比例增加,公司高管人员利用职务便利侵吞公司财物、挪用公司资金等犯罪行为层出不

---

① 参见2022年《最高人民检察院工作报告》。
② 本年度相关数据根据2023年《最高人民检察院工作报告》中2018—2022年五年总数据减去前四年相应数据后得出。

穷。通过对相关案例的分析发现,这些领导干部和公司高管大多具有本科以上学历,相当一部分人还拥有硕士、博士学位,有的还具有海外著名高校留学经历。在国家干部年轻化及科技兴国政策的带动下,一批高学历的年轻人很快就走上领导岗位。被查处的领导干部及高级管理人员犯罪人的年龄已不再是前些年的"59岁"现象,而是逐步年轻化,多集中在30—55岁之间,还有不少30岁以下的"青年才俊"因职务犯罪锒铛入狱。

(三)重点行业犯罪突出并向多领域扩散

虽然职务犯罪可能涉及任何行业和领域,但凡有权力的地方就存在以权谋私的空间,但关系公众生活必需、生产流通奇缺、国家垄断程度高的行业职务犯罪更为突出。近年来,铁路、金融、电力、电信、医疗、教育、土地、交通、市场监管、税收、海关、外贸、商检、公安、司法等行业职务犯罪仍然占据职务犯罪案件的主体。同时,随着国家农村政策的优化,针对"三农"的各项补贴等优惠政策出台,由此也引发了"三农"领域职务犯罪急剧上升。伴随经济的飞速发展和国家城镇化建设的推进,资源供求矛盾凸显,环境问题恶化,近年来在资源开发和环境保护方面的职务犯罪也时有发生。随着国家科教兴国战略的推进,高校、科研院所等机构的科研人员通过虚开发票、利用无关人员的身份信息领取劳务费等不当套取科研经费的科研腐败案件近年来也备受关注。总体上看,职务犯罪正在从重点行业和领域向社会方方面面渗透,从经济领域向政治领域、科技领域、司法领域、社会环境等领域扩散。

(四)犯罪方式更具隐蔽性、犯罪形式表现多样化

近年来,由于职务犯罪人员中很多是高学历、高智商人群,同时随着科技的飞速发展,职务犯罪手段具有智能性、迷惑性的特点。以受贿行为为例,犯罪方式出现了一些新的变化:通过投资收益、股份分红等形式收受贿赂;通过赌博的形式收受贿赂;通过变相劳务①的形式收受贿赂;通过接受旅游服务、房屋装修等财产性利益的方式收受贿赂;通过假借企业破产、企业改制、资产重组等方式获取"差额利益",或购买远低于市场价的"特价房""特价车";通过长期"借用"高档住房、高级豪车等方式收受贿赂;有些贿赂手段还呈现出非财物化的特点,比如提供性服务、安排工作、职务升迁等形式②。概言之,职务犯罪方式更隐蔽,从而使得对职务犯罪的调查工作难度加大。另外,职务犯罪在表现形式上更具多样化:共同犯罪、家族犯罪及群体腐败案件多发,主要表现为同一单位内部多名人员勾结共同实施职务犯罪、上下级单位多名人员勾结共同实施职务犯罪、不同单位的人员各自利用自己的职务便利相互勾结共同实施职务犯罪、单位工作人员与社会人员相互勾结共同实施职务犯罪以及家庭成员共同职务犯罪,目前,查处的案件中涉及犯罪人员配偶、子女还有其他直系亲属的现象屡

---

① 行贿人通过聘用国家工作人员及其亲属、情人等关系密切的人作为某单位或某经济实体的名誉职工或职工,或者通过邀请参与相关活动,从而以支付"劳动报酬"或"劳务费"的方式予以贿赂。

② 虽然根据现行规定受贿罪的对象仅限于财物或财产性利益,但不容否认的是当前确实存在以提供性服务、安排就业或职务晋升等以主要满足"受贿人"精神欲望的非财产性的利益,权色交易有时比权钱交易更有效,一些国家已经将非财产性利益纳入受贿罪的对象范围,我国也应该考虑将非财产性利益逐步纳入立法中。

见不鲜。当前职务犯罪还有一种形式上的特点即"前腐后继",一些关键岗位的前任与其继任者相继实施职务犯罪的情况屡有报道。

（五）跨国（跨境）犯罪及携款外逃现象较为突出

随着经济全球化的不断发展,一些跨国公司为了占据中国市场、谋取高额利润,采取多种方式行贿国内主管部门的工作人员或国内相关公司、企业的高管人员。基于我国资源丰富、劳动力廉价、投资环境宽松,吸引了大批国外及境外投资者,其中有一些黄、赌、毒、偷渡跨国（跨境）集团的犯罪分子往往以合法投资者的面貌出现,为实现犯罪目的,凭借其经济优势拉拢某些意志薄弱的官员或社会组织充当"保护伞",使得这些人员或组织利用职务便利为跨国犯罪集团及其成员提供帮助、进行包庇纵容,从而构成受贿罪、滥用职权罪、玩忽职守罪、背信损害上市公司利益罪、非法经营同类营业罪等职务犯罪。同时,由于我国的金融管理体制尚不完备,金融监管能力有待提高,因此许多境外人员与境内相关职务犯罪分子相勾结,利用这一薄弱环节,在我国境内大肆实施洗钱犯罪活动,或者将职务犯罪所得通过现代金融手段汇往境外,直接实现资金转移及洗白。还有相当一部分犯罪分子个人或全家携带职务犯罪赃款潜逃国外、境外。虽然近几年国家加大了对职务犯罪的海外追逃、追赃力度,但每年因职务犯罪外逃的现象仍然较为突出。跨国（跨境）职务犯罪及犯罪分子携款外逃的行为具有更大的社会危害性,资金大量外流冲击了国家的经济秩序,影响国家经济安全和政治、社会稳定。

第三节　职务犯罪的原因

一、对权力缺乏有效的监督制约机制

目前我国的社会主义民主和法制建设尚不健全,这是当前产生职务犯罪的重要原因之一。例如,目前我国的政治体制中还存在权力过分集中的弊端,领导干部"一支笔""一言堂"的现象大量存在,从而使得领导干部职务犯罪数量几乎逐年上升[①];对一些关键行业、关键岗位的工作人员的监管存在漏洞,从而出现大批"小官巨贪"职务犯罪;对公司、企业自主经营活动赋予了充分的自由,却对公司高管等工作人员滥用公司管理权实施商业贿赂、侵占公司资产等行为缺乏有效的监督,使得非国家工作人员职务犯罪活动大量滋生。

二、经济体制转轨为职务犯罪提供了现实环境

现阶段多元化的经济体制为职务犯罪提供了温床,多种所有制经济并存固然可以充分发挥市场调节的作用,提高社会生产力、推动经济的发展,但市场环境条件下,

---

① 从上文统计数据可以看出 2020 年至 2022 年相关职务犯罪数量有下降的现象,但并不是逐年下降,比如 2021 年各级监察委员会移送到各级检察机关的职务犯罪数量比 2020 年有所增加,司法工作人员相关职务犯罪数量从 2018 年至 2021 年逐年上升。

各种经济实体为了在激烈的市场竞争中获取优势地位和最大的经济利益,会采取商业贿赂等方式收买相关国家工作人员及公司、企业工作人员。同时,随着分配方式的多元化,人们的经济收入差距迅速拉开,一部分人先富裕了起来,当一些国家工作人员不能通过自己的正当收入达到自认为应有的物质生活水平时,一旦受到外界利益的诱惑就会产生心理失衡,从而利用手中的权力获取不正当利益,实施贪污、受贿、为亲友非法牟利、非法经营同类营业等贪利型职务犯罪。

三、预防与惩治职务犯罪的相关法律制度不足

我国现行《刑法》在规制职务犯罪方面还存在一定的问题,比如对职务犯罪规定了较行为方式相似的普通犯罪更高的入罪标准和更轻的刑罚,这不利于对职务犯罪的预防与惩治。相对而言,利用职务便利实施的相关犯罪应该比普通犯罪具有更大的社会危害性,行为人主观恶性也更大,比如利用职务便利实施的窃取公共财物或单位财物的行为比普通盗窃罪性质更恶劣,而根据我国现行法律及相关司法解释的规定,贪污罪一般情况下的立案标准是3万元,职务侵占罪立案标准3万元,盗窃罪一般情况下的立案标准是1000—3000元[①]。在不同量刑幅度对应的数额标准要求方面也存在巨大差异[②],这样将直接影响相似行为罪与非罪以及量刑的轻重,显然对职务犯罪保持了更为宽容的态度。虽然2011年取消了盗窃罪的死刑,贪污罪等职务犯罪的死刑仍然存在,但司法实践中很少对职务犯罪的犯罪人适用死刑。我国《刑法》在对一些具体职务犯罪罪名的规定上也存在问题,从而使得一些具有严重社会危害性的行为因法律没有规定而逃避刑法追究。另外,预防职务犯罪的专门法律尚未出台,开展职务犯罪预防工作没有明确的法律依据。

四、特权思想、官僚主义、拜金主义思想的影响

在我国,尽管特权产生的基础已被铲除,但封建特权思想在许多国家工作人员,尤其在某些高级领导干部的思想之中仍然很有市场。这些国家工作人员在特权思想的影响和支配下,不能正确理解和对待国家和人民赋予的权力,大幅度扭曲和变更权力的性质。他们认为有权就是真理、权比法大,因而盛气凌人,滥用职权。另外,机构庞大、臃肿造成人浮于事的官僚主义,官僚主义者脱离群众和实际,一方面对职权范围内的事不闻不问,极端不负责任,视国家和人民利益为儿戏,另一方面对事故隐患漠不关心,视而不见,以致酿成大祸,给国家、集体和人民的利益造成巨大损失,从而构成玩忽职守罪等渎职犯罪。近年来,随着经济全球化趋势的影响,西方社会所推崇

---

① 多次盗窃、入户盗窃、携带凶器盗窃、扒窃的,并不要求数额较大即可构成犯罪。另外,根据2013年4月最高人民法院、最高人民检察院《关于办理盗窃刑事案件适用法律若干问题的解释》的规定,盗窃公私财物,如果具有"曾因盗窃受过刑事处罚的、1年内曾因盗窃受过行政处罚的"等八种情形之一的,"数额较大"的标准按照1000—3000元标准的50%确定。
② 参见2016年4月最高人民法院、最高人民检察院《关于办理贪污贿赂刑事案件适用法律若干问题的解释》、2022年4月最高人民检察院、公安部《关于公安机关管辖的刑事案件立案追诉标准的规定(二)》、2013年4月最高人民法院、最高人民检察院《关于办理盗窃刑事案件适用法律若干问题的解释》。

的拜金主义、享乐主义、极端个人主义及一切向钱看的思想在我国有所抬头,职务犯罪人的价值观念产生了个人与社会的错位,他们把公共权力视为私人特权,把个人利益凌驾于国家和社会利益之上,在面临外界的各种诱惑之下,其价值错位导致的贪欲膨胀和心理失衡驱使其肆无忌惮地实施贪污、受贿等职务犯罪。

第四节 职务犯罪的对策

一、加强对权力的监督制约

国家各级监察委员会对职务犯罪的调查及各级公安机关、人民检察院、人民法院对职务犯罪案件的侦查、审查起诉、审判均是事后监督,单纯依靠监察机关及公检法机关对具体职务犯罪案件的处理并不足以有效控制职务犯罪。预防与打击职务犯罪,需要加强对权力的监督与制约。要加强对领导干部特别是"一把手"的监督和制约,构建"一把手"的选任制度、重大事项报告制度等一系列约束控制"一把手"具体行为的制度体系。同时,针对容易产生腐败、导致职务犯罪的环节和领域,应加快推进政治、经济机制改革和创新,健全和完善依法行使权力的监督体系和制约机制,加强对权力运行的监督,防止权力被异化和滥用。另外,应鼓励新闻媒体和人民群众对权力的监督。实践证明,媒体和社会公众在揭露腐败、打击职务犯罪方面发挥了很大的作用,近年来许多备受社会关注的案件线索均来源于媒体报道和群众举报。建议进一步保障和强化媒体监督与群众监督,使他们对打击职务犯罪有更大作为。

二、逐步建立高薪养廉的经济保障机制

推进高薪机制是防治职务犯罪的一项重要举措。一方面要通过大力发展经济、提高国家的整体经济实力,在增加国家财政总体投入的情况下提高国家工作人员及公司企业工作人员工资等合法性收入;另一方面要通过精简机构、削减公务开支等途径提高现职人员工资待遇,实现高薪养廉。虽然党的十八大以来,随着中央反腐倡廉工作的深入推进,人浮于事、机构臃肿、"吃空饷"等现象得到一定程度的整改,党政机关铺张浪费的现象得到明显遏制,公款吃喝、公费出国、公车私用、公务招待等行为已被明确禁止,公务支出明显减少,但是仍有一些国家工作人员顶风作案。因此,需要进一步通过制度建设削减公务开支。

三、加强相关法律制度建设

(一)修改完善当前刑法规范中关于职务犯罪的有关规定

首先,建议对行为手段相似的职务犯罪比非职务犯罪从严惩处,因为享有职权、职责的人员特别是其中的国家工作人员,代表国家行使对公共事务的组织、管理和监督权,享有权力,接受监督,这是现代法学公认的理念,因此应对他们从严要求。实践中,职务犯罪的社会危害性和犯罪人的主观恶性要比一般社会成员的犯罪严重得多,

并且具有较大的示范效应,因此从我国刑法的罪责刑相适应原则考虑应该对职务犯罪从严惩处。其次,应扩大受贿罪等贿赂犯罪的对象范围,如对性贿赂等以非财产性利益作为权力交易对价这个不容忽视的现实问题,由于其对职权的收买在性质及社会危害性上与权钱交易并无二致,立法者应与时俱进地适时调整刑法关于受贿罪的构成要件规定。最后,增设拒不申报财产罪①,对相关人员无故拒不申报或虚假申报财产的行为规定为犯罪,并依据情节轻重分设不同的量刑幅度。

(二) 加强配套法律制度建设

为了更有效地预防和惩治贪污贿赂等职务犯罪,应加快建立国家工作人员财产申报制度。虽然我国在某些相关规定中规定了领导干部要对其个人及家庭住房、投资及从业等情况向各级组织(人事)部门报告②,但是真正的财产申报制度在我国尚未建立,且现有的规定也存在诸多问题。2017年中共中央办公厅、国务院办公厅发布的《领导干部报告个人有关事项规定》(以下简称《规定》)是在总结、修改以前类似规定的基础上对领导干部报告个人事项作出的最新及相对全面的规定,但因其法律地位不明确、对申报主体的规定不完备、对受理机构的规定实际效用不大、申报资料不公开及罚则规定过轻等缺陷,不足以有效地预防和打击职务犯罪。建议通过立法的形式使其成为对全体国家工作人员具有普遍约束力的行为规范,具体可出台《国家工作人员财产申报法》,或者在未来《国家反腐败法》中设专章规定国家工作人员财产申报制度。可喜的是,《国家反腐败法》已在近期提上立法议程。不管是单独立法,还是在《国家反腐败法》中设专章规定国家工作人员财产申报制度,在内容上都应该克服以上《规定》的缺陷,应扩大申报主体,使纪检监察部门成为专门的受理机关,申报资料依据一定的程序公开,并规定对违反者苛以包括刑事责任在内的法律责任,使其成为真正有效的法律制度,从而有力地预防和惩治职务犯罪。

四、加强法制教育和思想道德建设

职务犯罪的产生固然有政治、经济、社会等多方面因素,但在同等的社会环境条件下,有的人犯罪,有的人清廉,有的人违法乱纪,有的人守法奉公,这表明个人的思想道德素质和法制观念存在差异,因此加强法制宣传教育和思想道德建设也是预防与惩治职务犯罪的关键。一方面,需要对具有职务的人员进行刑法等法律规范的宣传和培训,使他们了解哪些行为是犯罪并受到何种刑罚处罚,从而让其权衡犯罪所得之乐与犯罪所受刑罚之苦的得失,抑制自己不去犯罪。司法实践中很多职务犯罪人,

---

① 这一罪名的设立应与关于国家工作人员财产申报制度的立法建议结合起来理解并同步推进。
② 中共中央办公厅、国务院办公厅先后印发了《关于党政机关县(处)级以上领导干部收入申报的规定》(1995年)、《关于领导干部报告个人重大事项的规定》(1997年)、《关于党员领导干部报告个人有关事项的规定》(2006年)、《关于领导干部报告个人有关事项的规定》(2010年)、《领导干部报告个人有关事项规定》及《领导干部个人有关事项报告查核结果处理办法》(2017年),根据2010年的《规定》,以上1995年及2006年两项规定于2010年《规定》实施之日起同时废止,根据2017年的《规定》,2010年《规定》自2017年《规定》施行之日起(2017年2月8日)同时废止。

包括一些高级领导干部、公司高管人员及高级科技骨干因为不懂法而使自己沦为阶下囚;另一方面,要通过以案说法、犯罪分子现身说法、建立警示教育基地、组织对职务犯罪案件审理的旁听或者职务犯罪专题研讨等形式,使相关人员自重、自省、自励、自警,不敢以身试法。此外,要通过多种形式加强对具有职务人员的思想道德教育,肃清"官本位"等封建特权思想及拜金主义、享乐主义、个人主义等思想的影响,从而从思想深处筑起预防与抵制职务犯罪的防线。

五、加强国际、区际合作

针对我国当前职务犯罪所具有的跨国(境)性、大量职务犯罪赃款外流的状况,我们应加强打击职务犯罪的国际及区际合作。国际刑事司法协助是我国有效打击职务犯罪的重要保障,追逃并追回犯罪嫌疑人、被告人是打击职务犯罪的重要环节,这取决于我国与有关国家及地区的司法合作。可喜的是,2018年,全国人大常委会通过了《国际刑事司法协助法》,将国家监察委员会、最高人民法院、最高人民检察院、公安部等部门列为国际刑事司法协助的主管机关,完善了职务犯罪案件国际刑事司法协助机制。国家监察委员会成立后,已积极争取与有关国家及联合国等国际组织建立了更多的合作渠道。比如,2018年12月,国家监察委员会成立后首次同西方国家成功签署反腐败执法合作文件——《中华人民共和国国家监察委员会与澳大利亚联邦警察反腐败执法合作谅解备忘录》[①];2019年10月,国家监察委员会成立后首次同联合国(毒品和犯罪问题办公室)签署合作打击腐败的机制性文件——《中华人民共和国国家监察委员会和联合国关于反腐败合作的谅解备忘录》,就围绕预防和惩治腐败、资产追回、信息分享及交流、培训和能力建设等开展了务实合作[②];2019年以来,监察机关首次正式牵头开展职务犯罪国际追逃追赃专项行动,协调美国、加拿大、澳大利亚、新西兰等国执法人员赴国内有关省份开展案件磋商或联合调查,推动重点职务犯罪追逃案件取得突破[③];国家监察委员会还首次牵头开展境外集中缉捕行动,将藏匿在柬埔寨的四名职务犯罪嫌疑人缉捕归案。[④] 虽然有以上积极的行动值得肯定,但我国目前的国际刑事司法合作仍然面临着诸多困难,与我国签订刑事司法协助类条约的国家不到90个,且有的合作条约还没有生效,这就意味着事实上不少国家与我国并没有固定的司法合作制度或模式。没有条约的相关合作只能根据个案进行,这极大增加了合作的不确定性,带来送达困难、合作请求被拒绝等问题,从而增加了对外逃职务犯罪分子缺席审判的实施难度,拉长了诉讼期限,浪费了有限的司法资

---

① 参见《中国和澳大利亚签署反腐败执法合作谅解备忘录》,at https://news.sina.com.cn/c/2018-12-14/doc-ihmutuec8945349.shtml,访问日期:2022年12月2日。

② 参见《国家监委与联合国签署反腐败合作谅解备忘录》,at http://fanfu.people.com.cn/n1/2019/1019/c64371-31409178.html,访问日期:2022年12月2日。

③ 参见王卓:《1至10月全国共追回外逃人员1634名 追赃金额29.54亿元》,载《中国纪检监察报》2019年12月9日。

④ 参见姜洁:《四名外逃职务犯罪嫌疑人被缉捕归案》,载《人民日报》2019年8月3日。

源,大大影响对外逃人员的刑事责任追究。① 由此,我们一方面要吸收各国打击职务犯罪的经验,制定和完善有关引渡等法律法规,完善反跨国洗钱、反资金外逃等金融制度;另一方面,要切实加强防控职务犯罪的国际合作与区际合作,在信息沟通、资源共享、技术交流、司法协作等多方面提高合作的层次和深度,从而更加有效地追究外逃职务犯罪分子的刑事责任,追回外流职务犯罪赃款。

---

① 参见陈海锋:《职务犯罪刑事程序的体系化检视》,载《政治与法律》2021年第6期。

第二十二章 青少年犯罪

第一节 青少年犯罪的概念

一、青少年犯罪的界说

通说认为,青少年犯罪的上限年龄应为 25 周岁,而对其下限年龄,在我国《刑法》的意义上则相对明确,即 12 周岁。① 另外,青少年"犯罪"在刑法上仅指实施的具有严重社会危害性、刑事违法性和应受刑罚惩罚性的行为。立于我国司法统计的标准,青少年犯罪包括未成年人犯罪(不满 18 周岁的人犯罪)及青年犯罪(18 周岁至 25 周岁的人犯罪)。②

二、青少年犯罪的分类

将青少年犯罪分为未成年人犯罪和青年犯罪,有利于"保护未成年人""坚持最有利于未成年人的原则"③在处理涉及未成年人事项时,基于未成人和成年人的生理、心理状况的不同,对未成年人给予特殊、优先保护。

第二节 青少年犯罪的状况与特点

一、青少年犯罪的状况

从总体上看,新中国成立后,我国出现过两个青少年犯罪的高峰期。(1)第一个高峰期开始于"文化大革命"后,发生在 20 世纪 70 年代末到 80 年代初。据统计,1978 年、1979 年和 1980 年,青少年犯罪达到新中国成立以来的最高峰,犯罪青少年占整个刑事犯罪作案成员总数的百分比,大中城市为 70% 至 80%,农村约为 60% 至 70%,青少年犯罪演变成了严重影响社会安定的突出问题。④ (2)第二个高峰期发生在 20 世纪 80 年代末到 90 年代初。如果第一个高峰期是"文化大革命"的后遗症,那么第二个高峰期则是在我国改革开放后,社会经济空前发展和繁荣的背景下,多种消极因素综合作用的结果,且在犯罪数量、犯罪恶性程度、犯罪复杂性和危害后果上,都

---

① 我国《刑法修正案(十一)》对法定刑事责任年龄作了个别下调,明确了在特定情形下,经特别程序,部分严重暴力犯罪的刑事责任年龄起点不再是 14 周岁,而是 12 周岁。
② 参见张小虎:《当代中国社会结构与犯罪》,群众出版社 2009 年版,第 256 页。
③ 参见我国《未成年人保护法》第 4 条。
④ 参见中国青少年犯罪研究编委会:《中国青少年犯罪研究年鉴(1987·首卷)》,春秋出版社 1988 年版,第 41 页。

超过了上一个高峰期。①

从 1987 年到 2017 年,经过三十年的综合治理,包括不断完善青少年保护立法,高度重视青少年司法体制改革,系统开展青少年犯罪预防工作,我国最终扭转了青少年作为犯罪"主力军"的局面,使青少年罪犯的比例目前稳定到了刑事罪犯总数的20%以下。

二、青少年犯罪的特点

(一)低龄化趋势明显

随着社会经济的发展,儿童的身心成熟年龄提前,实施不良行为、违法犯罪行为的年龄也在不断提前。以检察机关公布的数据为例,2017 年至 2021 年,检察机关受理审查起诉 14 至 16 周岁未成年犯罪嫌疑人数分别为 5189 人、4695 人、5445 人、5259 人、8169 人,分别占受理审查起诉未成年人犯罪总数的 8.71%、8.05%、8.88%、9.57%、11.04%。从犯罪人数看,2021 年较 2017 年增加 2980 人,增幅达 57.4%。②此外,由于近年来低龄未成年人实施严重犯罪的案件时有发生,例如,2017 年四川大竹县 13 岁男孩弑母案,2019 年辽宁大连 13 岁男孩杀害同小区 10 岁女孩案,2020 年安徽郎溪县未满 13 周岁男孩杀害堂妹抛尸案,这些案件引发了社会广泛关注。

(二)犯罪类型集中

青少年犯罪,主要集中在侵犯财产罪、妨害社会管理秩序罪上,其次是侵害公民人身权利、民主权利罪。根据审判机关公布的数据,2017 年至 2021 年青少年犯侵犯财产罪、妨害社会管理秩序罪的,约占全部犯罪的七成。③ 其中,未成年人犯罪案件中,罪名最多集中在盗窃罪上。根据 2015 年到 2017 年审判机关的统计数据,盗窃罪稳居榜首,并且犯罪数量远超第二。④ 根据检察机关公布的数据,2018 年至 2022 年 9 月,受理审查起诉未成年人犯罪居前六位的分别是盗窃、聚众斗殴、寻衅滋事、抢劫、强奸和故意伤害,六类犯罪人数占受理总数的 76.5%。⑤

(三)与网络高度关联

青少年犯罪与网络的高度关联主要体现在以下两个方面。一方面,网络上充斥的淫秽、色情、暴力、赌博等不良内容,成为诱发青少年犯罪的重要因素。另一方面,青少年利用网络实施犯罪的数量也在不断上升。以未成年人涉电信网络犯罪为例,2019 年、2020 年、2021 年检察机关分别起诉未成年人涉嫌利用电信网络犯罪 2130人、2932 人、3555 人,同比分别上升 37.65%、21.25%。其中,未成年人涉嫌帮助信息网络犯罪活动罪明显上升,2020 年起诉 130 人、2021 年起诉 911 人,同比上升 6 倍。⑥

---

① 参见中国法律年鉴编辑部编:《中国法律年鉴(1997)》,中国法律年鉴社 1997 年版,第 949—950 页。
② 参见最高人民检察院:《未成年人检察工作白皮书(2021)》。
③ 根据《中国法律年鉴》(2018—2022 年)全国罪犯情况统计得出。
④ 参见中国司法大数据研究院:《从司法大数据看我国未成年人权益司法保护和未成年人犯罪特点及其预防》,at https://www.court.gov.cn/fabu-gengduo-21.html,访问日期:2023 年 2 月 21 日。
⑤ 参见最高人民检察院:《关于人民检察院开展未成年人检察工作情况的报告》(2022 年 10 月 28 日)。
⑥ 参见最高人民检察院:《未成年人检察工作白皮书(2021)》。

在 2017 年到 2021 年涉信息网络犯罪被告人的相关统计中,青少年已经成为涉信息网络犯罪的主力军。①

(四) 犯罪主体多为男性

青少年犯罪中,男性罪犯所占比例超九成,远超女性罪犯。(1) 就未成年人犯罪而言,女性罪犯的比例同样远低于男性。2014 年的一项调查发现,男性未成年犯所占比例很大,为 93.6%,远远超过女性未成年犯所占比例(6.4%),同时该调查发现,女性未成年人犯罪比例近年来有所增加,2001 年女性占比 4.2%,2014 年女性占比增加到 6.4%。② 2016 年 1 月 1 日到 2017 年 12 月 31 日,全国法院收到的未成年人犯罪案件中,男性占比 93.44%,女性占比 6.56%。③ (2) 就青少年犯罪整体来看,女性罪犯所占比例近年来也呈现出增加趋势,2017 年到 2021 年,五年间稳步增长了 2.81%。2017 年女性罪犯占青少年罪犯总数的比例为 6.57%,2018 年为 7.94%,2019 年为 9.11%,2020 年为 9.29%,2021 年为 9.38%。④

(五) 犯罪组织形式具有团伙性

不论中外,团伙作案都是青少年犯罪的显著特点。相关调查研究显示,我国青少年犯罪的大多数为共同犯罪、团伙犯罪。2014 年的一项调查发现,在所调查的未成年人犯罪案件中,83.2% 是共同犯罪,71% 是团伙犯罪。⑤ 2015 年到 2016 年的一项调查研究发现,青少年犯对共同犯罪表现出明显偏好,70% 以上的青少年犯罪属于共同犯罪,其中,未成年犯中共同犯罪的比例为 77.7%,高出成年犯(64.3%)与女犯(65.9%)。⑥ 这是由青少年的生理、心理特征决定的。青春期前后的青少年,一方面想摆脱家庭、学校的束缚,渴望独立,另一方面身心没有完全成熟,情绪情感尚不稳定,缺乏自主能力,易与趣味相投的同龄人结交,形成小团体,以消解空虚、孤独、忧虑等负面情绪。在作案时,由于青少年社会经验少,能力差,结伙犯罪可以弥补个人力量的不足,同时在一定程度上减轻心理上的恐惧感和孤独感。

第三节 青少年犯罪的原因

一、青少年犯罪的自身原因

青少年生理上发育相对超前与心理上发展相对滞后带来的身心矛盾,包括精力旺盛与调整能力弱的矛盾、容易兴奋与控制能力差的矛盾、性发育成熟与道德法治观念缺乏的矛盾等,容易使青少年在外界影响和刺激下,盲目冲动,不计后果,走上违法

---

① 参见中国司法大数据研究院:《涉信息网络犯罪特点和趋势司法大数据专题报告》,at https://www.court.gov.cn/fabu-gengduo-21.html,访问日期:2023 年 2 月 21 日。
② 参见郭开元:《中国未成年犯的群体特征分析》,载《中国青年社会科学》2015 年第 1 期,第 35 页。
③ 参见中国司法大数据研究院:《从司法大数据看我国未成年人权益司法保护和未成年人犯罪特点及其预防》,at https://www.court.gov.cn/fabu-gengduo-21.html,访问日期:2023 年 2 月 21 日。
④ 根据《中国法律年鉴》(2018—2022 年)全国罪犯情况统计得出。
⑤ 参见郭开元:《中国未成年犯的群体特征分析》,载《中国青年社会科学》2015 年第 1 期,第 37 页。
⑥ 参见林毓敏:《中国当代青少年犯罪状况调查》,载《福建警察学院学报》2017 年第 2 期,第 43 页。

犯罪的道路。除身心矛盾外,青少年还同时面临着多种心理冲突,例如,一方面强烈渴望独立自主,不受约束,另一方面在生活上又不得不依赖父母;一方面情感强烈、情绪冲动,另一方面认识能力有限、辨别能力不足。这些心理矛盾在不良社会因素的影响下,容易形成犯罪心理。[1]

二、青少年犯罪的家庭原因

家庭是人生的第一所学校,家长是孩子的第一任老师。家庭环境对青少年的社会化过程有着重要影响,良好的家庭环境有助于青少年形成健康的人格,家庭破裂、教育缺失、父母行为不端,则会阻碍青少年的社会化,甚至导致青少年的不良行为和违法犯罪行为。例如,过于强调家庭的经济功能,弱化甚至放弃对子女的教育,或者家庭消费功能异化,过度消费使孩子形成贪图享乐的不良人格,再或者家庭娱乐功能扭曲,家长沉迷于不良的娱乐活动,导致孩子出现沉迷网络等不良行为。[2]

三、青少年犯罪的学校原因

在应试教育背景下,如果片面追求升学率,过分看重分数,以分数作为评价学生能力的唯一标准,不注重对学生道德素质的培养,容易让学习成绩差的学生的自尊心、自信心受到伤害,形成自卑、自暴自弃或者逆反的心理,出现厌学、逃学、沉迷网络等不良行为,进而诱发青少年犯罪。学校对法治教育的忽视也会导致青少年法治观念淡薄,在实施违法犯罪活动之前,青少年可能不清楚自己行为后果的严重性,青少年只有知法、懂法之后,才能畏法、守法。

四、青少年犯罪的社会原因

社会转型所带来的社会风气恶化、社会道德滑坡对青少年犯罪有着重要的影响。改革开放以来,我国现代化进程大大加快,计划经济体制向社会主义市场经济体制转型的同时,也带来了一些负面影响,拜金主义、享乐主义等不良思潮涌入,社会的主流价值观遭到冲击,青少年受到这些不良思想的侵袭,可能在贪慕虚荣、攀比嫉妒心理的刺激下,不惜以违法犯罪手段满足自己的物质欲望。另外,网络暴力、淫秽、色情等不良信息的泛滥也会诱发青少年犯罪。媒体中展现的暴力所带来的痛苦和伤害常常是不真实和轻描淡写的,这容易让青少年误以为暴力行为的后果是微不足道的,进而对暴力行为的性质产生错觉,在遇到问题时,倾向于以暴力来解决。[3]

---

[1] 参见梅传强主编:《犯罪心理学(第四版)》,中国法制出版社2022年版,第135—137页。
[2] 参见郭开元:《青少年犯罪预防的理论和实务研究》,中国人民公安大学出版社2014年版,第75页。
[3] 参见周振想主编:《青少年犯罪学》,中国青年出版社2004年版,第204—208页。

第四节 青少年犯罪的对策

一、青少年犯罪的自我预防

青少年犯罪的自我预防是青少年犯罪预防体系的细胞工程，是从犯罪预防主体的角度，强调发挥青少年的主观能动性，增强青少年的自我控制能力。青少年应当自觉学习法律、遵守法律，遵守社会公共道德，增强自尊、自强、自律意识，提高辨别是非的能力，自觉抵制各种不良行为、违法犯罪行为的引诱。当然，青少年预防犯罪自我防线的构筑，自我控制能力的增强、自我防范意识的提高，离不开家庭、学校、社会等各方面的引导和帮助。

二、青少年犯罪的家庭预防

良好的家庭氛围、和谐的家庭关系，能够有效预防犯罪的发生。未成年人的父母或者其他监护人及其他家庭成员应当注重家庭建设，培育积极健康的家庭文化，树立和传承优良家风，弘扬中华民族家庭美德，共同构建文明、和睦的家庭关系，为未成年人健康成长营造良好的家庭环境。同时，要尊重未成年人身心发展规律和个体差异，尊重未成年人人格尊严，保护未成年人隐私权和个人信息，保障未成年人合法权益。要正确看待学习成绩，避免唯成绩论，帮助未成年人树立正确的成才观，引导其培养广泛兴趣爱好、健康审美追求和良好学习习惯，增强科学探索精神、创新意识和能力。要教育未成年人崇德向善、尊老爱幼、热爱家庭、勤俭节约、团结互助、诚信友爱、遵纪守法，培养其良好社会公德、家庭美德、个人品德意识和法治意识。

三、青少年犯罪的学校预防

立德树人是教育的根本任务，学校在传授知识的同时，必须同时进行思想政治教育，加强法制教育，将之贯穿于学校教育的全过程和各环节，培养学生明大德、守公德、严私德。不能片面追求升学率，要克服唯分数论倾向，促进学生德智体美劳全面发展。同时，应当着力净化学校周边环境。为了防止青少年沾染不良习惯和嗜好，实现青少年犯罪的前端治理，要禁止特定场所设置在学校、幼儿园周边，在学校、幼儿园周边不得设置烟、酒、彩票销售网点。[①] 这些禁止性规定能够有效切断未成年人获得烟、酒的途径，防止未成年人沉溺网络，为青少年营造一个干净、良好的学习、成长环境。

四、青少年犯罪的社会预防

清理和整治社会文化环境，加大"扫黄打非"工作力度，打击各类侵权盗版行为，

[①] 参见我国《未成年人保护法》第58条及第59条。

加强对影视节目的审查,强化以未成年人为题材和主要销售对象的出版物市场监管。净化网络空间,完善网络文化、网络出版、网络视听节目审查制度和市场监管,定期开展专项整治行动,持续整治网络涉毒、淫秽色情及低俗信息[①],为青少年营造一个良好的网络环境。并且,在工作机制上推动预防青少年违法犯罪工作列入各地工作规划和财政预算,不断健全组织机构和工作体系。在全国县级地区全面推开并不断深化重点青少年群体服务管理工作,明确各类群体工作重点,建立覆盖完整、切实有效、主责清晰、协调联动的工作机制。

五、青少年犯罪的综合治理

预防青少年犯罪必须坚持综合治理的原则。青少年犯罪的综合治理,一方面要求合理运用各种预防手段,提升预防犯罪的效果,另一方面要求各工作主体相互配合,形成合力。我国《预防未成年人犯罪法》第 4 条将综合治理确定为预防未成年人犯罪的基本原则。

---

① 参见《中长期青年发展规划(2016—2025 年)》。